Secours en montagne

Du même auteur

Livres saisis à Paris entre 1678 et 1701,
La Haye, Nijhoff, 1972.
Les Flammes de pierre.
Nouvelles, Paris, Éd. Montalba, 1982.
Rééd. Grenoble, P.U.G., 1993 et 1998.
Le Jeu de la montagne et du hasard.
Nouvelles, Paris, Éd. Montalba, 1985.
Rééd. Grenoble, P.U.G., 1995.
Le Miroir du cœur.
Quatre siècles d'images savantes
et populaires, Paris, Cerf, 1989.
Pierre Leroux. Guide.
Paris, Arthaud-Flammarion, 1989.
La Ténèbre et l'azur.
Nouvelles, Paris, Arthaud-Flammarion, 1991.
Nadir.
Roman, Grenoble, Éd. Glénat, 1995.

SANS LIMITES

Anne Sauvy

Secours en montagne

Chronique d'un été

ARTHAUD

Collection dirigée par Christine de Colombel

ISBN 2-7003-1163-9 ISSN 1269-8875
Imprimé en France

à Régis Michoux

Dominic Green

Elena Akoulova

Dagoberto Delgado

Bertrand Heinrich et Sophie Payrol

et aux autres...

car l'amour est plus fort que la mort.

Avant-propos

> Je ne trempe pas ma plume dans un encrier mais dans la vie.
> (Blaise Cendrars. *L'Homme foudroyé*)

Ce livre est né d'une admiration.

En une époque qui n'en suscite guère...

Il s'agit de la chronique d'une saison de secours en montagne, telle qu'elle s'est déroulée durant l'été 1997, à Chamonix.

Au départ, le projet fut simple. J'avais eu, trois ans plus tôt, l'autorisation de passer un été avec le P.G.H.M.[1] de la Haute-Savoie, afin d'obtenir la documentation nécessaire à un roman qui évoquerait le déroulement d'une journée imaginaire de secours en montagne[2]. Cette expérience fut riche de découvertes, d'émotions, d'amitiés et il en naquit, tout naturelle-

1. Peloton de Gendarmerie de Haute Montagne.
2. *Nadir*, éd. Glénat, 1995.

ment, l'idée d'écrire en contrepoint ce qu'est la réalité d'une saison de secours. Le dessein originel fut donc clair et logique, quoique ouvert sur un avenir inconnu.

Pourquoi cet intérêt pour la montagne ? Pour le secours ?

La montagne... Que répliquer à l'éternelle question « pourquoi fait-on de la montagne ? », toujours posée par ceux qui ne comprennent pas et ont donc peu de chance de comprendre jamais. Certains alpinistes s'en tirent par une boutade, « on grimpe sur les montagnes parce qu'elles sont là », d'autres éludent un problème qui les dépasse. Quelle est la bonne réponse ?

Peut-être faut-il dire que la montagne est belle, qu'elle est un autre monde, hors des standards, un monde de magnificence, un monde où la nature est restée plus sauvage, un monde qui n'est accessible que par l'effort personnel, par une victoire sur soi-même, et qui ouvre sur des horizons nouveaux. Horizons concrets et réels, certes — dans des lointains de brume et de lumière — mais aussi horizons d'équilibre, d'émerveillement, de joie, de plénitude intérieure.

Sans doute en a-t-il toujours été ainsi, même si les traces qui en demeurent sont rares. Déjà saint Augustin notait : « Les hommes s'en vont admirer les cimes des montagnes [1]. »

Et onze siècles plus tard, le savant Gesner écrivait :

> « Aussi longtemps que Dieu me laissera vivre, je ferai chaque année l'ascension de quelques montagnes... Quelle volupté, n'y trouve-t-on pas ? Quelles délices pour l'âme justement émue, que d'admirer le spectacle offert par l'immensité de ces monts et de dresser la tête en quelque sorte au sein des nuages ! Sans pouvoir me l'expliquer, je sens

1. Vers l'an 400, *Confessions*, X, 8.

mon esprit frappé par ces hauteurs étonnantes et ravi dans la contemplation...
Je déclare ennemi de la nature quiconque ne juge pas les hautes montagnes très dignes d'une longue contemplation... Là-haut, l'action du soleil tout puissant n'est pas la même, non plus que celle de l'air et des vents... Les neiges y sont éternelles... Tout ce que la nature produit ailleurs avec parcimonie, dans la montagne elle le fait voir, le donne, le procure en abondance et en entier, étalant au regard toutes ses richesses, tous ses joyaux...
Le spectacle des montagnes me saisit au-delà de toute mesure... »

Mais le courant qui porte les hommes vers la montagne s'est de nos jours accentué. Pourquoi ?

Notre temps, notre société, qui se veulent les sommets d'une civilisation, ne sont pas ce qu'ils prétendent être. En dépit des progrès de la science, parfois même à cause d'eux, en dépit de tant de proclamations fracassantes, le XXe siècle aura été — je le dis en tant qu'historienne — le plus mauvais de l'histoire des hommes, cruel, sanguinaire, hypocrite, empli de faux-semblants, d'égoïsme, d'ignorances déguisées en certitudes, d'erreurs déguisées en idéologies. Il n'est que de voir les doutes et les flottements d'une jeunesse désorientée pour en juger, avec malaise. Il y a échec. Nombre de générations passées ont pu se référer à des valeurs qui semblaient primordiales, bien ancrées en tout cas, et tenaient. Cela n'est plus.

Quels sont les phares de notre société actuelle ? L'argent ? L'information ? La vitesse ? Le confort ? La permissivité ? Le matérialisme ? La politique ? Tant de militantismes creux et irréels jusqu'à l'absurde ? Ou les dispensateurs d'oubli qu'offrent des évasions variées et trop souvent impersonnelles :

télévision, jeux informatiques, déplacements multiples, ou bien sexe, sectes, violence, drogue, le tout donnant en fin de compte des fruits fort peu satisfaisants ? Quoi d'autre ?

Certains ne s'en contentent pas. Ils cherchent, ailleurs, autrement, des valeurs plus vraies et plus saines. Ils acceptent, pour les atteindre, l'inverse de ce que nous venons d'énumérer. Or on trouve en montagne le dépouillement, la solitude, la lenteur et la peine, le risque parfois. On y vit dans l'inconfort, on se lève au milieu de la nuit, on a froid, on a chaud, on cherche son souffle, on se donne et on se dépense, on lutte d'abord contre soi-même, on partage avec d'autres, un petit nombre, d'inoubliables instants qui apprennent à replacer le reste dans une juste échelle. La montagne fait partie des chances qu'a l'homme de trouver de nouvelles perspectives au sein de notre monde clos et de sa culture fourvoyée, parce qu'elle offre un sens qui leur manque. En montagne, on touche parfois à un bonheur incomparable. Et la récompense est plus grande que ce que l'on a mis dans la balance...

Face à tant d'épanouissement possible et de splendeur entrevue, pourquoi traiter alors des accidents ? Pourquoi ne pas les oublier, les reléguer dans l'ombre ?

D'emblée, il faut le dire : ce n'est aucunement dans un dessein morbide, tout au contraire. Ce n'est pas l'accident qui est notre propos, c'est le secours, sujet dans lequel s'unissent deux mondes fascinants : celui de la montagne, celui de l'aide apportée à des hommes par d'autres hommes. Mais il faut en outre souligner que l'accident est une part infime de ce qui se vit en montagne. Sur les milliers de personnes qui parcourent, chaque jour d'été, les voies d'escalade, de promenade ou de randonnée, il n'y a qu'une proportion très faible d'accidents et le retentissement que les médias leur donnent participe souvent à une grande désinformation du public et à la propagation de clichés erronés. Il est utile de les dénoncer.

Aux beaux jours d'août, dans la vallée de Chamonix, un des sites les plus beaux et les plus fréquentés du monde, on estime qu'il y a environ cent dix mille personnes, dont le dixième seulement est constitué de résidents permanents. Si, en tel de ces jours, on a à déplorer une dizaine d'accidents, bénins pour la plupart, on comprend qu'il importe de donner au sujet sa mesure, de démythifier le déferlement d'images qui s'ensuit, ainsi que les commentaires fournis par des enquêteurs totalement étrangers à l'univers de la montagne et qui omettent de dire qu'à côté d'un accident grave, tant et tant d'autres gens ont accompli des courses, des randonnées, des promenades, sans un ennui, avec bonheur.

C'est donc de la très petite frange concernant les sauvetages qu'il va être question ici car, lorsqu'il s'en produit, il est émouvant de rencontrer des dévouements obscurs, des gestes d'amitié, des sourires entre inconnus, de voir en action ce qu'est le secours quand il est effectué par des professionnels qui sont aussi des alpinistes et qui mettent dans leur métier beaucoup d'humanité, beaucoup de cœur, beaucoup d'amour de la montagne.

Telle est la raison de ce livre.

Au 1er juillet, jour de mon arrivée à Chamonix, rien n'en existait encore sinon deux phrases que j'avais jetées sur une feuille au cours du printemps, pour définir la ligne de conduite que j'entendais adopter : « Le projet est le contraire de ce que peuvent chercher les journalistes : je ne souhaite pas qu'il y ait des drames, des morts, du sang, mais tout au contraire de beaux secours, peut-être difficiles, réalisés en urgence sur des situations de crise mais qui aboutissent à des conclusions heureuses, à des visages rayonnants, habités de la joie d'être sauvés, d'être vivants. »

De tels secours, j'en avais vus au cours de l'été 1994 et je savais leur prix et leur noblesse.

Mais l'ouvrage qui était ainsi prévu, je n'étais pas même certaine de le faire. C'était un livre blanc que l'avenir, peut-être, remplirait. Sur mon contrat d'édition j'avais demandé qu'il ne fût pas prévu d'à-valoir. Un été de mauvais temps, un pur été de chance où tout se passerait sans encombres, et le livre n'aurait pas lieu d'être. Si par ailleurs il se faisait, il me semblait inopportun de percevoir, sans travail accompli, un quelconque argent dépendant d'accidents à venir. Tel était mon état d'esprit. Ce livre, je savais qu'il méritait d'être, car le monde du secours est passionnant, mais j'espérais aussi que les circonstances feraient qu'il ne verrait pas le jour.

La saison commença en douceur, par des secours sans gravité, par des conversations intéressantes. Dès le début, pourtant, l'astreinte me fut infiniment plus rude que je ne l'avais prévu. Si je voulais me donner toute à cette tâche, je ne pouvais m'accorder ni un jour de repos ni un répit. Ma vie propre avait à s'effacer devant l'obligation d'être en prise permanente avec une réalité extérieure et imprévisible. Et ce fut difficile. Dans les pages qui suivent, je n'ai que peu laissé entrevoir le fardeau que fut cette contrainte, bien moins qu'il ne figure dans les notes que, tout au long de l'été, inlassablement, j'écrivis. En voici pourtant un exemple : John, mon mari, professeur à l'université d'Oxford, prenait sa retraite et, quittant son pays, me rejoignait à Chamonix, dans une maison qui n'était encore qu'un vaste chantier. Mais tout cela, et lui compris, avait à passer en second. C'était le coût d'un travail consciencieux.

Par ailleurs, ces circonstances, si lourdes qu'elles fussent déjà, pesaient peu à côté du reste, car la confrontation quotidienne, sans une pause, avec les accidents qui survenaient, était une épreuve dense et dure. Il est impossible de toucher à la vie en ayant pu la prévoir, et la vie surprend toujours. L'actualité qui se développa fut donc conforme à la nature, à ses hasards, à ses sourires, à son perpétuel mouvement, à ses tensions, à ses remous, parfois à ses tempêtes.

Alors que j'avais commencé mon travail sans idée préconçue, et que j'avais envisagé qu'il conviendrait, peut-être, d'observer les faits de l'extérieur — comme il en est pour la recherche historique — il n'en fut vite plus question. Ce qui se déroulait n'était pas du passé mais du présent, très fort, incluant des événements, une ambiance, les réactions de chacun, et les miennes... Je ne pouvais pas être un miroir insensible. J'étais impliquée, moi aussi. J'ai donc participé à la vie équilibrée, parfois joyeuse, de la D.Z., d'où partaient et revenaient les secouristes, dans un esprit très sain. J'ai aussi passé des nuits blanches, bouleversée que j'étais par un accident, ses conséquences. J'ai douté, je me suis effondrée, j'ai repris. L'aventure a aussi été une aventure personnelle.

Ce livre, je le crois humain, parce que j'y ai mis tout mon cœur, ainsi que le mettaient dans leur mission ceux que je côtoyais journellement. Qu'ils en soient profondément remerciés et notamment le capitaine Jean-Claude Gin, qui apparaît peu dans le récit lui-même, occupé qu'il était par de multiples tâches d'administration et de relations publiques, mais qui a consacré, lors de la rédaction de l'ouvrage, beaucoup de temps à me chercher des informations complémentaires, à m'expliquer les problèmes relevant du secours, à lire et relire tant d'ébauches, de brouillons et de textes. Que soit aussi remerciée Christine de Colombel, responsable de ce livre chez Flammarion, qui a su être là quand j'avais besoin d'elle. Que soit encore remercié John, qui a courageusement subi cette exigeante aventure et qui l'a épaulée... Et enfin tous les autres, innombrables, dont les noms seront mentionnés à la fin de ce livre.

Première partie

- I -

Accident et secours

L'arête de la Kuffner, au Mont Maudit, est belle et aérienne. Son parcours se déroule avec beaucoup de vide à droite, encore plus de vide à gauche, et mieux vaut ne pas y tomber...

Un couple, Philippe et Marie Claveau, la gravissait ce jour-là. C'était le 9 août 1994. Il faisait beau et chaud. Le fœhn soufflait. La montagne était sèche comme personne ne se rappelait l'avoir jamais vue. Les deux alpinistes avaient accompli la majeure partie de la course et se trouvaient vers le gendarme de l'Androsace, progressant ensemble, quand Philippe, victime sans doute d'un bloc instable, dévissa, du côté ouest, entraînant Marie par la corde. Sous eux, environ cinq cents mètres de chute. Ils commencèrent à tomber, débaroulant. L'impression, raconta Marie, « d'être dans une machine à laver ».

C'est rapide, une chute, et cependant on a le temps de penser, vite.

« Ce coup-ci, c'est fini », se dit Philippe.

Et Marie : « C'est fini !... Pour nous deux !... Comment

vais-je mourir ?... Si je pouvais m'évanouir, avant de trop souffrir... Nous voulions un enfant... On ne va pas mourir, puisqu'il doit y avoir un enfant ! »

Dès le début de la chute, Philippe avait dû heurter un rocher qui avait fait éclater son genou. Vingt et une fractures, ouvertes. Marie avait la main gauche cassée, le bras brûlé par le frottement. Tous deux commençaient, malgré leur casque, à être couverts de plaies et d'ecchymoses, avant que ne surviennent les blessures qui seraient fatales. Puis, soudain, et ce fut là une sorte de miracle, la chute s'arrêta, en pleine pente, la corde freinée dans de la neige, pas même bloquée sur un rocher.

Les rescapés se trouvaient dans deux petits couloirs parallèles, des goulottes plutôt. Il était neuf heures du matin.

La situation était des plus précaires. Tous deux étaient blessés, dans une pente raide, dangereuse, où risquaient de se produire des coulées. Le secours ne pouvait venir que de l'extérieur. Philippe avait une radio VHF [1] mais la crête qui les dominait empêcha le passage de son appel. Ils crièrent, mais ils étaient loin de tout, dans ce cirque sauvage qui se trouve du côté des voies italiennes du Mont Blanc, versant Brenva, et il soufflait un vent abominable, couvrant leurs voix.

L'un et l'autre se firent une assurance incertaine dans la pente qui était en neige et glace de qualité médiocre.

Philippe ne pouvait pas bouger, souffrait, perdait du sang. Marie regarda vers le haut, vers l'arête, qui lui semblait lointaine, inaccessible, dans l'état où elle-même se trouvait. Mais la chance unique de secours passait par cette arête d'où, sans doute, la radio accrocherait un relais. Le couple avait une

1. Conçues pour les parapentistes qui ont toujours un espace dégagé autour d'eux, les radios VHF fonctionnent diversement en montagne tandis que les UHF se réverbèrent dans les couches atmosphériques.

corde de cent mètres. « En cent mètres, j'y arrive peut-être ? » pensa Marie. Elle avait perdu ses piolets dans la chute, mais Philippe avait encore les siens, qu'il lui fit parvenir, ainsi que la radio. Elle partit.

La montée en glace raide, qui correspondait à cent cinquante mètres environ, lui prit quatre heures. Secouée, choquée, peinant, souffrant, Marie se crut, un certain nombre de fois, sur le point d'abandonner.

« Je n'y arriverai jamais ! », pensait-elle. Puis : « Si je n'y arrive pas, Philippe meurt. »

Lorsqu'elle atteignit le bout des cent mètres de corde, pour constater combien l'arête était loin encore, elle éprouva un doute encore plus grand. Mais, renonçant à l'impression, illusoire peut-être, d'une assurance, elle se décorda et continua, très seule, pas après pas et finit par atteindre l'arête, à une heure passée. Elle vit au loin des alpinistes qui descendaient du Mont Blanc du Tacul, cria, les appela par gestes, en vain. C'est l'appel de radio, qu'elle lança alors, qui les sauva, intercepté par Helbronner. Elle entendit répondre :

— La personne qui demande du secours dans la Kuffner, je vous reçois, mais mal. Veuillez attendre. Je monte un peu...

La joie qu'elle ressentit alors, celle de toucher enfin à l'aboutissement de ses efforts, fut immense.

Le message ayant été transmis, mais sans que l'on disposât encore de beaucoup de précisions, le secours fut déclenché, en urgence.

Je me trouvais alors à la D.Z. [1], pour recueillir la documentation nécessaire à *Nadir*, et ce 9 août fut une journée fabu-

1. *Dropping Zone*, mot franglais, d'autant moins correct qu'en anglais il désigne uniquement un terrain où sont largués des parachutistes. La « D.Z. » française correspond à ce que les Anglo-Saxons appellent, plus justement, « *heliport* ».

leuse. L'hélicoptère de permanence était celui de la gendarmerie, *Bravo Lima*, avec comme pilote Daniel Poujol et comme mécanicien Pascal Sciberras. Les alertes tombaient, incessantes, pour des accidents graves survenus en divers endroits et les secours s'enchevêtraient, l'appareil volant d'un site à l'autre pour suffire à tout, ou du moins essayer. On avait demandé l'assistance d'un autre hélicoptère, mais celui de la Sécurité civile, basé à Annecy, n'était pas disponible, ni aucun autre, et *Bravo Lima* devait donc faire face à ces secours multiples, alors que non seulement les quatre secouristes « premiers à marcher[1] », Éric Lazzeri, Michel Médici, Max Buttoud et Laurent Leteneur, étaient en action mais que les « seconds à marcher », Gilles Mathé et Bernard Guérin, avaient également été requis.

Peu avant, un « mort » avait été signalé sous la face nord du Dôme du Goûter, mais il avait en fait été retrouvé à la limite extrême qui sépare la vie de la mort, blessé, défiguré, hypotherme, choqué, avec un gros traumatisme crânien, respirant pourtant encore un peu et il avait été sauvé.

Lorsque la demande de secours en provenance de la Kuffner tomba, elle eut priorité absolue sur le reste et *Bravo Lima* partit immédiatement avec, à son bord, Michel Médici et Éric Lazzeri.

Cette journée, venteuse, exigeait que l'hélicoptère soit léger, pour manœuvrer sans prendre trop de risques. Malgré le temps calme qui régnait en vallée, les conditions de vol en altitude étaient en effet particulièrement périlleuses. Il faisait froid et un vent terrible soufflait, causant des turbulences imprévisibles, de violentes bourrasques, des déferlantes. Voler

1. Voir l'annexe : *L'Organisation des secours.*

dans de bonnes conditions était impossible, mais il fallait chercher les moins mauvaises marges de sécurité. Ainsi l'appareil devait-il rester peu chargé en kérosène, ce qui l'obligeait à de nombreux retours pour « refiouler ». Il devait effectuer aussi un très grand nombre de posés intermédiaires : laisser un secouriste, transporter l'autre, revenir chercher le premier. L'ensemble de la journée se déroula dans ces conditions délicates.

Et en même temps qu'avait lieu l'alerte de la Kuffner, deux autres secours étaient requis. Aux Aiguilles Crochues, il y avait une hémorragie interne, et vers le col d'Anterne, une phlébite. Trois sites très distants les uns des autres, donc, et trois secours également urgents.

Daniel Poujol et Pascal Sciberras déposèrent Michel Médici dans la Combe maudite et, franchissant l'arête, allèrent juger de la situation qui se présentait de l'autre côté afin de repérer l'accidenté. Ces moments où l'hélicoptère arrive vers un blessé, où s'échangent entre lui et ses sauveteurs des regards intenses, à travers la bulle de l'appareil, sans qu'une communication soit possible autrement que par les yeux, sont, paraît-il, d'une étonnante densité.

Etre hélitreuillé dans une pente raide, 50°, abîmée, en début d'après-midi n'a rien de rassurant. C'est pourtant ce qu'eut à faire Éric Lazzeri qui fut descendu vers le relais, peu sûr, de Philippe et chercha à l'aménager avant de se détacher du câble. Des pierres tombaient. Le fœhn soufflait, la neige dans laquelle il tentait de prendre pied était décomposée. Rien ne tenait vraiment. Il dut dégager de la neige instable sur une cinquantaine de centimètres d'épaisseur pour pouvoir arrimer des broches dans de la glace. Philippe l'entendit murmurer :

— Voilà !... L'assurance est béton...

Et il eut l'impression que son sauveteur avait tout autant besoin de se réconforter lui-même que de le réconforter, lui.

Tout de suite, d'ailleurs, Éric Lazzeri avait jaugé la gravité de la blessure et demandé le médecin. Durant sa longue attente, tandis que Marie montait, Philippe s'était fait des garrots à la cuisse, pour enrayer l'hémorragie, les desserrant de temps à autre.

— Regarde ailleurs ! lui dit Éric.

Et il coupa la guêtre qui, ayant joué le rôle d'une poche, laissa échapper un demi-litre de sang.

— Il faut que je coupe aussi le pantalon.

— C'est un pantalon neuf !

— T'en fais pas ! Mon couteau est neuf !

Dialogue surréaliste, mais ce qui compte, c'est de parler, c'est d'échanger des mots humains, c'est d'être par cela plus fort que la nature adverse.

Pendant ce temps, Daniel Poujol avait fait savoir au Dr. Mingant qu'il venait le chercher en urgence à Merlet, où il se trouvait pour un malaise. Il l'avertit que le blessé saignait et souffrait beaucoup et expliqua dans quelle situation il se trouvait exactement. Loïc Mingant avait avec lui son sac de secours et le matériel de réanimation, la « réa ». Il mit son casque et chaussa les crampons prêt ainsi, lorsqu'il embarqua, au treuillage en paroi d'altitude qui allait suivre.

Quand ils arrivèrent au-dessus d'Éric et de Philippe, Daniel Poujol prévint Loïc de la manœuvre :

— Ça va secouer ! annonça-t-il.

Pascal Sciberras commença à treuiller le médecin mais, au moment où celui-ci allait toucher la neige, l'hélicoptère, en limite de puissance, s'écarta soudain de la paroi, s'écroula, plongea. La force de gravité qui tirait l'appareil vers le bas était plus grande que celle qui permettait le vol stationnaire. Il faut imaginer ce que cela peut être que pendre au bout du câble d'un hélicoptère et être subitement arraché, en plongée, au moment où l'on s'apprête à prendre pied dans une paroi raide, exposée, périlleuse...

— Ça ne passe pas ! dit Daniel. On est trop lourds... Ça n'ira pas !... Il faut s'alléger.

Ils allèrent déposer la « réa » dans la Combe maudite, près de Médici, volèrent un peu pour brûler dix kilos de kérosène et tentèrent de nouveau la manœuvre qui, l'appareil ainsi délesté, réussit. Loïc Mingant prit pied auprès de Philippe et d'Éric et fit un diagnostic rapide. Il y avait une plaie diagonale de quinze centimètres environ. On voyait l'os. La rotule était « explosée », le bas du fémur aussi, peut-être. L'accidenté avait en outre subi une grosse perte de sang. Par ailleurs les conditions de travail étaient mauvaises, sur un relais petit et guère sûr, en glace pourrie. Il fallait faire vite. Dans un bon emplacement, l'idéal aurait été de mettre une voie veineuse, une perfusion. Ce n'était pas possible. Philippe souffrait beaucoup et il était nécessaire de l'endormir pour soulager sa douleur. Loïc demanda à Éric de poser un garrot au bras, afin qu'il puisse lui injecter directement dans une veine un produit analogue à la morphine, ce qui fut fait. Éric avait si bien serré le garrot qu'il ne put le dénouer et dut le couper à l'opinel. Loïc remit alors la jambe dans son axe et les deux hommes installèrent Philippe dans la perche Piguillem [1] qu'ils tinrent à l'horizontale, afin que l'hélicoptère puisse venir procéder à l'évacuation.

A peine la perche était-elle ainsi disposée qu'une coulée de neige partit dans le haut de la pente, à la verticale du relais

1. La perche Piguillem, familièrement appelée « Pigui » est un brancard pliable utilisé dans les secours en montagne.

et, balayant au passage le visage du médecin, se rassembla, en un gros tas, sur le brancard et la fracture. Philippe, heureusement, était anesthésié, « shooté », dormait, ne sentit rien. L'hélicoptère qui était allé reprendre du kérosène revint. Le point fut fait entre le pilote, le secouriste et le médecin.

— Je ne peux en prendre qu'un à la fois ! annonça Daniel Poujol.

— Le blessé, sans moi, répondit Loïc Mingant.

Mais, pour réussir à se mettre en vol stationnaire au-dessus du relais, Daniel dut faire un ou deux passages puis s'écarter brusquement, car le vent ne lui permettait pas de tenir. Enfin il réussit à se mettre en bonne position, Pascal Sciberras envoya le treuil, auquel le brancard fut attaché. Daniel dut dégager très rapidement et la perche Piguillem voltigea en bout de câble, avec un gros ballant. Pascal la treuilla et l'introduisit dans l'appareil. Ils descendirent la déposer à la D.Z. d'urgence de l'hôpital.

Durant ce temps, restés seuls et n'ayant plus rien d'autre à faire que d'attendre, Éric et le Dr. Mingant réalisèrent mieux encore la dangereuse position dans laquelle ils se trouvaient. Le relais s'était déstabilisé au cours des opérations précédentes. Soudain, à leur gauche, d'en haut, se détacha, sur une vingtaine de mètres de large une énorme avalanche de fonte qui roula, sans les toucher. Si elle était partie au-dessus d'eux, ils auraient été arrachés, d'autant que les amarrages en glace commençaient à flotter. Un peu plus tard, une coulée identique, aussi large, se produisit encore, mais à leur droite. L'attente fut longue car l'hélicoptère avait dû tout à la fois descendre et « refiouler » à la D.Z. Mais il revint enfin et arracha l'un, puis l'autre au relais, chaque fois avec un immense ballant, et il alla les déposer dans la Combe maudite auprès de Michel Médici.

Ce dernier fut alors monté sur l'arête, près de Marie, dont le secours fut plus simple. Elle fut hélitreuillée, puis Médici.

Je la vis arriver à la D.Z. et remarquai ses cheveux blonds. Elle fut évacuée vers l'hôpital. Le secours s'acheva à 16 heures. Deux vies qui auraient dû être perdues venaient d'être sauvées, d'abord par un petit miracle, puis par le courage des blessés, enfin par le P.G.H.M. qui avait effectué là une mission de caractère extrême.

-II -

Le décor des secours

Durant la longue et dure journée de secours du 9 août 1994, où je me trouvais à la D.Z., le suspense avait été angoissant. Déjà émus par le « mort » sauvé de si peu, le matin, on s'attendait, à tout instant, à apprendre le pire, en un endroit, ou un autre, ou partout. Des bouts de messages parvenaient, mal audibles ou hachés. L'hélicoptère revenait se poser en hâte, reprenait du carburant, repartait avec un nouveau secouriste ou un brancard. L'ambiance était à couper au couteau.

Mais en cette journée où avaient eu lieu de nombreux secours graves, il n'y eut aucun mort. Lorsque je quittai la D.Z. vers dix-neuf heures, l'équipage n'avait pas encore déjeuné... Je fus frappée de remarquer que le Dr. Mingant, normalement bronzé au début de la journée, avait, le soir, le visage couleur rouge brique tant il était resté exposé au soleil et à la réverbération de la neige. Dans la journée, il y avait eu trente-deux treuillages et les véhicules de secours des pompiers étaient sortis trente-cinq fois, pour la D.Z. ou d'autres destinations d'urgence. Et quand je partis, je ne me doutai pas qu'un secours supplémentaire allait encore avoir lieu, que Daniel Poujol me commenta le lendemain en le qualifiant de « point d'orgue ».

Cette dernière intervention concernait une jeune Anglaise, Katerine Cartwright, fille d'un ami de mon mari. Fracture ouverte de la jambe dans le versant nord de l'aiguille d'Argentière. Secours « limite ». La blessée fut d'abord enlevée puis, lorsque l'hélicoptère revint chercher le secouriste Max Buttoud et qu'il descendit vers lui le câble du treuil, une « dégueulante » rabattit la machine qui s'effondra, comme cela s'était souvent produit dans la journée. Le câble se prit alors dans de gros blocs de granit, en dessous. L'hélicoptère pouvait s'écraser dans la pente. Mais le câble se dégagea et l'appareil reprit sa ligne de vol. Puis il revint à l'aplomb de Max Buttoud qui attrapa le câble redescendu, s'y attacha, à vingt-cinq ou trente mètres sous la machine et celle-ci dégagea, à quatre-vingt à l'heure, l'entraînant au-dessus du vide. C'était gagné. L'opération fut terminée à 21 heures 30. Il faisait nuit.

Voilà ce que peut être une journée de secours et celle-ci fut exemplaire. Que de difficultés surmontées ! Que de dangers courus, par tous, grimpeurs, secouristes, équipage... Pas un mort mais tant de vies sauvées, parfois à la limite du miracle. Des amitiés se nouèrent entre blessés et secouristes. Allant rendre visite à Katerine Cartwright, à l'hôpital, je reconnus, non loin d'elle, Marie Claveau et lui parlai. Puis j'allai voir Philippe qui, opéré la veille, était à un étage différent. Nous leur rendîmes quelques services, comme celui d'aller chercher des affaires dans leur voiture. Nous sommes devenus des amis.

Le 9 août 1994 avait été une grande et belle journée de secours et c'est elle, je crois, qui m'inspira l'idée d'écrire, un jour, ce qu'est une vraie saison de secours en montagne. Nous y voici...

Mais pour comprendre, dans sa vérité quotidienne, ce qu'est une telle saison, il faut avoir une idée du cadre dans lequel elle se déroule. Les acteurs, nous les verrons entrer en scène, peu à peu. Il convient en premier lieu de décrire le décor, réel, des événements tout aussi réels qui vont suivre.

Le P.G.H.M.

Tout d'abord, il y a le P.G.H.M. lui-même. Actuellement situé dans le centre de Chamonix, en bas de la côte de la Mollard, non loin du chevet de l'église Saint-Michel, il se trouvait autrefois au premier étage d'un l'immeuble de la place du Mont-Blanc, à l'intersection de la route qui conduit aux Praz par le Bois du Bouchet. Maintenant, donc, il partage avec le C.N.I.S.A.G. [1] un ancien bâtiment militaire dont il occupe la partie avant.

Celle-ci est séparée de la route par une grille, grand ouverte durant la journée, et par une courette où peuvent stationner trois ou quatre voitures. Sur la façade, en grandes lettre tricolores, lumineuses la nuit, l'indication : « Secours en montagne ». Au centre, une forte porte de bois munie de guichets triangulaires. Elle ouvre sur un petit hall, meublé de deux fauteuils bas et orné d'une carte en relief du massif, d'une belle photographie du capitaine Mollaret, qui commanda l'unité de 1965 à 1973, et d'une citation de Whymper, rédigée à la main et encadrée, sur laquelle ont dû méditer bien des visiteurs : « Grimpez si vous le voulez mais souvenez-vous que le courage et la force ne sont rien sans la prudence et qu'un moment de négligence peut détruire le bonheur de toute une vie. »

A gauche se trouve une sorte de comptoir où se tient le gendarme de permanence. C'est là aussi qu'arrivent en premier

1. Centre National d'Instruction de Ski et d'Alpinisme de la Gendarmerie.

lieu les appels téléphoniques. Derrière ce comptoir, de gauche à droite, une petite chambre avec une couchette pour l'homme de garde qui y passe la nuit, une pièce encombrée de radios et de divers appareils de transmission, un arrière-bureau, qui sert à la cellule de commandement en charge de la régulation des secours.

Revenons dans le hall qui donne, à droite, sur deux bureaux munis d'ordinateurs, où se rédigent les procès-verbaux, et sur un petit espace muni de bancs pour la détente, la tasse de café ou certaines conversations privées, comme celles des familles des victimes avec le secouriste qui a été en charge de l'opération qui les concerne. Du hall, encore, part un escalier qui conduit au premier étage où se trouvent le secrétariat, le bureau du major, celui du capitaine et une salle de réunion, dite salle de presse, qui a en fait des fonctions multiples car elle sert également à la réception des familles, permet leur isolement, quand elles veulent se retrouver seules, tout en se prêtant à diverses autres activités.

Et puis il y a des sous-sols, des magasins de matériel, celui du P.G.H.M. et celui de la S.C.S.M. [1], une armurerie, un local à skis et enfin un local réservé à la cellule de recherche, où se fait le travail de création ou d'amélioration du matériel de secours. Enfin, tout en haut du bâtiment, un grenier où sont entreposées les archives.

A la D.Z.

C'est à Chamonix que se trouve donc le centre vital de l'institution. Mais les secours partent de la D.Z., située aux Bois, petit hameau proche de Chamonix.

Cette D.Z. a toute une histoire. Lorsque les secours

1. Société Chamoniarde de Secours en Montagne.

commencèrent à être faits par hélicoptère — une Alouette II assez peu performante — on ne savait trop où garer cette bizarre machine, surtout pour les cas d'urgence. Les secours étant bien moins fréquents, et Chamonix moins encombré qu'il ne l'est aujourd'hui, on la posa alors, avec l'aide de la gendarmerie, sur l'actuelle place du Mont-Blanc. Mais, en l'y abandonnant un vendredi soir, on avait oublié le marché... et, au matin suivant, l'hélicoptère se retrouva coincé entre divers stands et étals de légumes, fruits, fromages et autres cochonnailles... Certains marchands avaient même amarré des tendeurs à l'appareil qui se trouvait bloqué au sol, tel Gulliver chez les Lilliputiens.

Il fallut chercher une autre solution. L'hélicoptère fut donc, durant un temps, stationné sur un terrain de football qui occupait l'emplacement où se trouve maintenant la patinoire. Puis on l'établit dans le quartier des Coverays, près des Mouilles, ce qui suscita une levée de boucliers des riverains, très proches. On le mit aux Pèlerins, près de l'endroit où se trouve actuellement le nouvel hôpital. On le déplaça jusqu'aux Houches et plus précisément à Taconnaz, dans la sablière de M. Cachat. On le ramena à proximité du téléphérique de la Flégère, quand le golf n'arrivait pas encore jusque-là. En d'autres lieux peut-être encore...

La municipalité décida de mettre un terme à ces errances en lui vouant le terrain actuel, non loin des Bois. C'était alors une clairière entre de hauts arbres, sans clôture, et l'hélicoptère se posait ainsi dans une trouée de la forêt. La nuit, on le protégeait par une bâche. Puis, il y a une vingtaine d'années un hangar de béton fut construit pour l'abriter, les arbres furent coupés, les badauds affluèrent. On entoura le terrain d'un grillage.

Ensuite fut récupérée et mise en place, du côté nord-ouest

du terrain, une modeste cabane de chantier pour abriter les équipages. Y étaient installés un petit bureau, un magasin, des toilettes. Les secouristes, venant de la place du Mont-Blanc, se déplaçaient pour chaque secours et repartaient après l'intervention. Il n'y avait pas de médecin.

Enfin, les maîtres-chiens de la vallée décidèrent d'avoir là un local permanent. Une occasion se présenta. On connaît, à Chamonix, la pharmacie Piot qui est située dans un immeuble du centre ville. Quand celui-ci fut restauré, elle s'installa dans un chalet de bois provisoire, érigé sur la place de la Poste, et lorsqu'elle réintégra ses pénates, les maîtres-chiens acquirent le chalet et le reconstruisirent sur la D.Z., un peu plus loin que la cabane déjà présente, puis la mairie décida d'attribuer le local à l'ensemble des secouristes, ce qui semble avoir été diversement apprécié par les maîtres-chiens. Toujours est-il que la cabane de chantier est maintenant affectée au matériel de secours, perches Piguillem, Ked, treuils, matériels de levage, déglaçants, sacs prêts pour le travail en avalanche, etc., tandis que les équipages, les secouristes et le médecin se tiennent dans l'ancien chalet de la pharmacie Piot.

Le « progrès » nous menace d'une D.Z. en béton [1]. Le principe en a été adopté. Elle fut mise en concours voici peu et suscita trois projets. L'un d'eux, paraît-il, ne permettait pas à l'hélicoptère de décoller. Un autre, assez agréable, dépassait le P.O.S. [2] d'un mètre. Ce désagrément aurait pu être rectifié, mais le projet devant être choisi sous la forme présentée, il était sûr que les concurrents déçus se lanceraient dans un procès que la loi leur permettait de gagner. Ce fut donc le troi-

1. Ainsi le décor sera-t-il peut-être en cours de modification lorsque ce livre paraîtra.
2. Plan d'occupation des sols.

sième projet qui fut retenu. Son financement a été trouvé le 2 octobre 1997, la C.E.E. y participant.

Il devrait être composé de trois blocs de béton [1], conçus dans le gracieux style néo-blockhaus qui aura caractérisé notre XXe siècle, et où équipages, secouristes et médecin auraient des locaux séparés. Cela peut sembler raisonnable, mais à mon sens, ne l'est pas. J'ai demandé si l'un des trois architectes avait sollicité l'autorisation de vivre une journée de secours avec ceux qui le pratiquent, pour comprendre et étudier leurs besoins, leurs désirs... Aucun des trois ! Ils avaient seulement travaillé sur les plans du cadastre. C'est ainsi que va notre monde [2].

L'aspect humain est plus important encore que l'esthétique de l'architecture. La communauté qui se forme entre personnes travaillant ensemble à une activité difficile, délicate, parfois dangereuse, a besoin de mille liens s'établissant hors de la pure action du secours.

— Ça va être comme à Annecy, m'ont dit d'un ton déçu plusieurs secouristes.

Je ne suis pas allée à la base d'Annecy mais il est facile

1. Cette critique esthétique n'est faite qu'en fonction des utilisateurs du local. La construction ne sera pas visible des habitations les plus proches et les vacanciers ne l'apercevront que lorsqu'ils viendront montrer l'hélicoptère à leurs enfants.

2. L'exemple d'aberration architecturale le plus frappant est néanmoins celui de la Bibliothèque de France. Le caprice d'un président qui se prétendait bibliophile et l'ignorance d'un architecte avaient voulu que les livres soient visibles de l'extérieur, derrière des panneaux de verre. Penser que la lumière est fatale au papier et aux cuirs des reliures ne leur était pas venu à l'esprit. Quand enfin les spécialistes purent faire entendre leur voix, le mal était fait et il fallut réduire considérablement la surface de chaque étage, pour doubler les parois de verre d'inesthétiques et coûteux volets de bois exotique, qui déjà gondolent. L'architecte avait-il même consulté le cadastre ? Il est permis d'en douter quand on sait que la montée de la Seine, très proche, a inondé les sous-sols lors de la première crue, sous-sols destinés également à recevoir des livres. La B.N.F. a coûté plus de sept milliards de francs et son coût de fonctionnement sera de près d'un milliard par an. En regard de ces chiffres, le problème de la D.Z. des Bois peut faire sourire. Mais l'argent public n'est-il pas dépensé d'un cœur plus léger par ceux qui en disposent qu'il n'est facile à gagner par ceux à qui on le soutire ?

de comprendre que chaque corps y a son local et que les contacts ne s'y établissent guère. Or ces contacts sont essentiels. Pas seulement pour l'entente générale, les plaisanteries communes, les repas, le café pris ensemble et la détente qui s'ensuit, si nécessaire dans le milieu du secours, mais même par des relations de type professionnel. Combien de fois, par exemple, n'ai-je pas entendu un médecin donner à un gendarme-secouriste des explications et des conseils ? Chacun partage ses connaissances avec les autres. Le pilote énonce des données sur l'aérologie ; le mécanicien sur les treuillages ; les secouristes sur des questions techniques d'assurance ou de progression en montagne. Tous sont concernés par ces échanges [1].

Toujours est-il que, tel qu'il est, bâti pour une pharmacie provisoire, récupéré par des maîtres-chiens, enfin consacré au secours, le chalet actuel est génial. Visitons-le...

Le tour, d'ailleurs en sera vite fait car il se compose en somme d'une pièce unique. Il s'agit d'un chalet de bois d'environ huit mètres de large et dix de profondeur, dont les murs s'évasent à partir du bas comme ce fut la mode dans les années cinquante et qui est recouvert d'un toit symétrique à deux pans. L'intérieur est presque d'un seul tenant mais compartimenté par des solives et des bouts de cloisons de-ci de-là. Au fond, en travers, une petite cuisine. Dans le reste de l'espace, trois compartiments non fermés à gauche et trois à droite, où se trouvent, par exemple, une couchette, un coin pour les ordina-

1. Il convient de dire ici que le capitaine Gin, commandant le P.G.H.M. en 1997, ne partage pas mon point de vue. S'il préférait le deuxième projet, il m'a appris que, pour celui qui a été retenu, l'agencement intérieur a été rediscuté par le P.G.H.M., la S.C.S.M. et la Sécurité civile — et modifié en fonction des besoins. Il dit qu'il y aura une « salle opérationnelle » où le regroupement de tous sera possible (mais se fera-t-il ?). Il considère enfin que le plus grand centre de secours en montagne du monde ne peut se contenter d'une baraque de chantier et d'un chalet de récupération que l'âge a fatigué. Sans doute, mais l'idéal n'a certes pas été atteint. La loi est peut-être en cause, qui ne permet pas aux candidats de revoir leur copie.

teurs, des bureaux et des tables de travail au « design » plutôt hétéroclite.

Dans le compartiment du milieu sur la droite, qui est vitré, trône celle qui est la Reine des lieux aux moments de calme : la TÉLÉ ! En juillet, le Tour de France s'empare de la Reine et l'occupe toute, quitte à manquer souvent de ses spectateurs, requis ailleurs par la besogne.

La contemplation de la Reine s'étant trouvée gênée par des reflets sur son écran, produits par la porte-fenêtre de l'entrée, un bricoleur ingénieux y remédia en suspendant au plafond, entre ladite porte et la Reine, une couverture rosâtre qui, durant des années, remplit courageusement son office. Ce n'était pas d'une folle élégance décorative et, au moment de la guerre civile en Yougoslavie, j'entendis le docteur Lecoq déplorer l'effet « Sarajevo » que donnait au local cette loque laineuse. Mais, récemment, un bricoleur encore plus ingénieux a mis en place une porte de récupération qui abrite totalement la Reine des reflets et des vents coulis.

Ce qui fait le charme d'un lieu, ce n'est pas sa magnificence mais son histoire, les efforts déployés par ceux qui y ont vécu, la vie qui en émane. De ce point de vue la D.Z. ne craint personne.

Continuons la visite ! Au centre de la pièce, alignés ou adossés, trois canapés, de récupération aussi, qui ont connu de meilleurs jours, achèvent leur existence sur cette terre en s'affalant de fatigue. N'importe ! Ils servent et sont, selon le mot à la mode, très « conviviaux ». Une brochette de téléspectateurs s'y concentre aux jours de mauvais temps. A côté de la Reine Télé, se trouve en outre un autre petit canapé à deux places, réservé aux non-adeptes du culte, qui peuvent ainsi contempler les adeptes, ce que j'ai souvent fait.

Au sol, des linos, de récupération toujours. Au plafond, de

la frisette et des tubes de néon. Aux murs, quelques affiches d'hélicoptère ou de grimpe. La façade sud est largement vitrée et s'ouvre par une vaste porte-fenêtre. Une grosse pierre ronde et grise fait office de cale-porte.

Le lieu, en fait, est remarquablement intelligent. Tout le monde y est ensemble mais on peut s'y isoler plus ou moins pour une conversation, une confidence, un moment de repos, un coup de téléphone, sans être malgré tout totalement seul. Au même moment, il arrive qu'il y ait deux coups de fil, la télévision, un dialogue et quelqu'un qui dort. Cela rappelle les salles de château, au Moyen Age, où l'on vivait en groupe, mais qui étaient ponctuées d'embrasures ornées de bancs de pierre permettant les sous-groupes. En clair, c'est un lieu humain.

Le jour où nous bénéficierons d'un bâtiment cloisonné qui fera, au moins partiellement, éclater la structure communautaire, la D.Z. risque de perdre une bonne partie de son âme.

Mais qu'elle soit indispensable, c'est une évidence, et les discussions mille fois répétées dans les dîners de Chamonix : contre la D.Z. [1], contre le MacDo, etc. semblent aussi vaines qu'irréalistes. Il est plus important de se mobiliser pour les vrais problèmes de la vallée : la survie de l'hôpital, la diminution du trafic du tunnel, le ferroutage des poids lourds sous le Mont Blanc.

Parkinson [2], entre bien d'autres observations de bon sens,

1. Il n'est pas pensable de supprimer la D.Z. ou le secours en montagne par hélicoptère et leur activité dépend exclusivement des demandes de secours, non des bâtiments mis à la disposition du personnel. Seule, peut-être, la privatisation des secours, si elle menaçait, pourrait donner lieu à d'autres activités (voir : *De la gratuité des secours*). Remarquons enfin qu'au contraire de ce qui se passe en Suisse, les déposes en altitude sont interdites en France, ce qui limite le nombre de vols des hélicoptères privés et que ces hélicoptères privés ont leur base à Argentière.
2. Parkinson (C. Northcote), *Les Lois de Parkinson*, Éd. Robert Laffont.

a décrit un phénomène frappant, mais les sphères responsables ont ignoré son ouvrage, trop plein d'humour et de sagesse pour qu'il soit pris au sérieux. Il constatait que les institutions les plus efficaces vivent dans une complète improvisation : « La perfection topographique des bureaux est un symptôme de décadence... Durant une période de découvertes excitantes et de progrès, on n'a pas le temps de concevoir un quartier général parfait. Ce moment-là vient plus tard, quand tout le travail important a été fait. La perfection, on le sait, est définitive ; et ce qui est définitif est la mort. »

Les exemples qu'il cite ne sont pas des moindres : Saint-Pierre de Rome où « les papes les plus récents avaient déjà perdu la moitié de leur autorité alors que les travaux étaient encore en cours » ; Versailles, qui ne fut achevé que lors de l'histoire déclinante de la royauté ; la Société des Nations, fondée en 1920 et dont l'échec était patent en 1933, mais dont « l'incarnation physique, le Palais des nations, ne fut inauguré qu'en 1937 », alors que « la S.D.N. avait pratiquement cessé d'exister ». On pourrait de nos jours y ajouter l'O.N.U., dépourvu en cette fin de siècle de véritable puissance mais disposant à New York d'un immense immeuble, d'un hôtel de luxe, d'innombrables annexes pourvues d'un personnel babélien et pléthorique, alors que les vrais problèmes sont pris en charge par d'autres institutions telles que le F.M.I., le B.I.T., l'O.M.S., etc.

Il est probable que la D.Z. actuelle aura marqué la plus solide et la plus intéressante époque des secours, celle d'un véritable travail en commun.

Enfin, rappelons-le, le décor du secours, c'est aussi et surtout l'immense et imprévisible montagne qui s'étend au-dessus des édifices humains, arêtes aériennes, faces nord, parois hostiles et gelées, glaciers où coulent des bédières, rognons rocheux, rimayes glauques, crevasses béantes, séracs suspendus au-dessus de profondeurs inexplorées, moraines, pierriers instables, raides pentes herbeuses où poussent les varosses, torrents, neige, ciel, soleil, glaces, nuages et vent.

-III -

La responsabilité en montagne

Premières approches

C'est le 1er juillet que l'on ouvre la D.Z. en permanence, car à partir de cette date les secours risquent de se multiplier. Mais lorsque la D.Z. est fermée entre les saisons d'hiver et d'été, les secours ont évidemment lieu s'il en est besoin. L'hélicoptère vient alors soit de Megève, soit d'Annecy, les secouristes eux-mêmes restant disponibles dans les locaux du P.G.H.M. qui ne sont qu'à cinq ou six minutes de la D.Z. des Bois, qu'ils ouvrent le temps de l'opération.

Ainsi, du 31 mai au 30 juin 1997, y a-t-il eu cinquante-sept secours, dans l'ensemble de la Haute-Savoie, massif du Mont-Blanc compris. Ces secours, concernant tout aussi bien des alpinistes que des skieurs, des randonneurs, des promeneurs, des parapentistes, des accidentés du travail, etc. correspondaient à deux cas d'épuisement, trente-huit blessés (dont l'un, retrouvé en bas du couloir Whymper à l'aiguille Verte, devait décéder le lendemain), dix-sept malades (malaise cardiaque, crise de tétanie, intoxication respiratoire en refuge, etc. mais le plus souvent des « M.A.M. »[1]), une recherche de disparu, une découverte de cadavre dans un ravin et cinq morts.

On voit donc qu'en tout temps les secours sont sollicités, et non pour des broutilles, et que les morts ne surviennent pas seulement en haute montagne, comme le public se le figure souvent. En fait, sur les cinq morts de cette période (sans y inclure la découverte de cadavre ou les blessés éventuellement morts par la suite), aucun n'avait été tué en haute montagne ; il s'agissait de deux randonneurs, d'un pratiquant de delta-plane, d'un homme victime d'un malaise mortel, dans son chalet d'alpage et d'un chauffeur de car ayant tenté de porter secours à un enfant faisant du rafting.

De cette première approche, on peut déjà déduire que l'information passe mal, ou est mal faite. Le public se forge souvent des idées fausses sur les raisons des accidents et l'activité du secours en montagne. Les journalistes aussi. Les télévisions encore plus... Nous aurons à y revenir.

1er juillet

La vraie saison d'été a commençé dans la froidure et sous la pluie. La neige est descendue jusque vers deux mille mètres. Les montagnes sont invisibles, égarées dans des nuages gris. Les forêts de sapins qui s'accrochent aux pentes que le brouillard n'a pas envahies sont noires et mouillées. La ville est triste. Ce n'est qu'en arrivant à la D. Z., sous un parapluie, que je n'ai plus regretté de n'être pas ailleurs. La D. Z. est un

1. Mal aigu des montagnes.

lieu de chaleur humaine, seule chaleur possible par ce temps perturbé.

En cette première semaine de juillet, c'est *Dragon*, l'hélicoptère de la Sécurité civile, qui est de permanence.

Pour compléter le décor précédemment brossé, il faut dire que les équipages de la Sécurité civile sont vêtus de combinaisons rouges, les équipages d'hélicoptère de la gendarmerie de combinaisons kaki et les gendarmes-secouristes de combinaisons bleues. C'est commode, on sait à qui on a affaire.

Les médecins bénéficient du privilège consistant à apporter une note de fantaisie en s'habillant selon leur gré : en rose, en mauve, en bigarré... Mais cette créativité qui leur est offerte reste théorique. Ils sont le plus souvent en rouge et, simplification suprême, comme le docteur Cauchy est le plus connu d'entre eux, parce qu'il écrit dans *Vertical*, la plupart des gens considèrent que tous sont *« le Docteur Cauchy »*. « J'ai été secouru par *le Docteur Cauchy* »... « J'ai été reçu aux urgences par *le Docteur Cauchy »*, m'ont dit des accidentés, alors que ce n'était pas le cas.

En fait, se sont occupés des secours, durant l'été 1997, deux autres médecins de l'hôpital, François Lecoq et Guy Duperrex, parfois Bernard Marsigny, chef du service des urgences, ou Benoît Couzineau, médecin militaire à l'E.M.H.M. Parmi eux, François Lecoq a adopté une attitude simplificatrice et quand on lui demande son nom, il répond : « Moi ? Je suis *le Docteur Cauchy* bien sûr ! ».

Passons aux acteurs de ce jour. Jean-Michel Vialle, connu comme excellent pilote, est brun, avec une barbe en collier, très gentil. Il m'a fait un jour un joli cadeau pour lequel je lui garde une profonde reconnaissance. Le mécanicien est Ivan Commène. Gilles Mathé, un des deux secouristes, a un visage clair, des cheveux blonds et des yeux bleus, un caractère précis. Il possède les diplômes de guide et de moniteur. L'autre, Jean-Luc Yvon est un des hommes les plus âgés de l'unité, et un élément fort efficace. Il est de taille moyenne, avec des cheveux gris en brosse et une moustache aux pointes retroussées. Maître-chien, il vient toujours avec Hadja, un berger allemand de six ans, excellent pour les recherches en avalanche, mais qui inspire à tout le monde un respect patent. Yvon est aussi un spécialiste du parapente et se charge, au P.G.H.M., de ce qui est technique audiovisuelle.

Donc, en cette bonne compagnie, la conversation s'est orientée sur la responsabilité en montagne, grave problème lorsqu'il s'agit d'accidents et sujet d'autant plus sérieux qu'il tend à donner lieu à des procès.

En fait, j'avais évoqué le cas de « Smiler », pour savoir s'il était connu en France. Smiler est un guide anglais, qui a eu, voici quelques années, un triste accident où son client, un ami, est mort. Le procureur de la République de Bonneville n'avait retenu contre lui aucune responsabilité pénale.

En Angleterre, sept ans plus tard, il venait d'en être jugé autrement, au civil. Notre pays n'échappe d'ailleurs pas à ce qui peut devenir un réflexe fréquent, de même qu'aux États-Unis la moindre erreur médicale se voit souvent sanctionnée.

Mais j'appris ce jour-là qu'un guide français, jugé coupable de diverses fautes et négligences dans un accident de canyoning, où trois adolescents avaient trouvé la mort, avait été récemment condamné, sur plainte des parents, à de lourdes peines, y compris de la prison ferme et l'interdiction à vie de la profession de guide, qu'il avait fait appel de cette sentence et qu'il fallait attendre pour savoir comment la chose serait définitivement jugée.

Le canyoning est en cause parce que le métier de guide tend à s'orienter vers des disciplines annexes, à commencer par le ski, devenu obligatoire pour le stage de guide. Tenons-nous en ici à la simple activité de l'alpinisme.

On m'apprit également que l'accident au Whymper, signalé au début de ce chapitre, pouvait donner lieu à des suites pénales. Voici ce qui m'en fut rapporté.

Trois alpinistes étaient partis faire l'ascension du couloir Couturier à l'aiguille Verte. L'un d'eux était de bon niveau, un autre moyen, le troisième, âgé de vingt ans, peu expérimenté. Les grimpeurs ne s'étaient pas encordés, ce qui se pratique lorsque l'on juge que la corde peut être l'occasion d'un accident double ou triple, plutôt qu'une certitude d'assurance, mais c'est un choix qui se justifie mal dans le cas de grimpeurs de niveaux différents. Chacun marcha à son rythme. Le plus faible perdit ou cassa un crampon. Les autres ne l'attendirent pas, nouvelle erreur sans doute, mais lui dirent qu'ils feraient de bonnes marches. Le meilleur des trois parvint au sommet deux heures avant le second. Ne voyant pas arriver le troisième, ils jugèrent qu'il avait dû renoncer, descendirent eux-mêmes par le couloir Whymper, avec la corde qu'ils savaient nécessaire pour le passage de la rimaye, et parvinrent au refuge du Couvercle. S'ils avaient alors demandé une reconnaissance au P.G.H.M., la conclusion de l'aventure aurait pu être très différente.

C'est le lendemain matin, non du refuge mais une fois de retour dans la vallée, qu'ils signalèrent le cas au P.G.H.M. et sollicitèrent une recherche. On retrouva le disparu, encore vivant, au bas du couloir Whymper. Il avait donc poursuivi l'ascension, seul, lentement, avait dû se terrer quelque part pour laisser passer la nuit et un orage, puis avait tenté la descente. Sans doute n'était-il pas tombé très haut au-dessus de la rimaye, deux cents mètres peut-être, car son corps n'était guère meurtri. Il était dans le coma, en hypothermie à 26°. A l'hôpital de Chamonix, on le réchauffa mais le cerveau ne repartit pas. Il fut dirigé vers le service neurologique de l'hôpital de Genève où la mort cérébrale fut constatée, puis vers Lyon, d'où il était originaire et où il mourut officiellement, quand, sans espoir d'aucune sorte, on débrancha les appareils qui le maintenaient dans un état de vie artificielle.

On ne savait pas encore ce que seraient les conclusions du procureur de la République, pour ce décès qui datait du 12 juin. Il pouvait conclure à la responsabilité des deux autres grimpeurs et les poursuivre pour non-assistance à personne en danger. La famille aussi, qui a trente ans pour déposer plainte [1]. Il faut reconnaître que l'on est ici en présence de l'évolution des mentalités dans le monde alpin [2]. Loin de nous l'idée de dire que tout était bien dans le passé, mal aujourd'hui. Mais on ne peut nier cette évolution, qui n'est peut-être qu'un reflet de la mentalité générale.

La justice prend donc dans le domaine de la montagne une place qu'elle n'occupait pas autrefois. Au pénal comme au civil les responsabilités peuvent maintenant être recherchées. Je connais un guide qui s'est formalisé que l'on ait demandé à la famille de sa cliente si elle déposait plainte, la cliente n'étant pas en état d'en décider elle-même. Il avait tort de s'en scandaliser. La question est systématiquement posée, parce que la loi le demande pour la logique de l'enquête, quand un professionnel est en cause. Le cas de Smiler, que nous allons exposer, en est un exemple douloureux.

1. Au début de 1998 le P.G.H.M. a appris qu'une plainte avait en effet été déposée.
2. Voir l'autre chapitre consacré à la responsabilité en montagne.

Le Cas de Smiler

Ses amis anglais l'avaient surnommé Smiler, « le souriant », en raison de son heureux caractère et de sa gentillesse.

Il est à craindre qu'il ne sourie plus guère depuis l'accident de 1990.

Son cas, qui concerne la responsabilité en montagne d'un professionnel, risque de devenir plus fréquent en raison de la pression des compagnies d'assurance et des possibilités financières qu'elles offrent aux accidentés ou à leur famille.

Avant d'aborder ce sujet, je tiens à définir nettement ce qu'est ma position personnelle. J'ai fait de la montagne à bon niveau, soit avec des amis, soit avec des guides. Je sais que nul, fût-il le meilleur, n'est à l'abri d'une faute. J'en ai commises et j'en ai vu commettre. En aucun cas, je n'aurais porté plainte, ni contre un ami, ni contre un guide, car, allant en montagne j'en connaissais les dangers éventuels, je prenais mes risques et mes responsabilités, y compris dans le choix de mes compagnons, et j'en assumais les conséquences, quelles qu'elles fussent. Ceci posé, je ne sais quelle conduite j'aurais adoptée s'il s'était agi d'un proche, d'un enfant notamment. On verra que le cas s'est présenté lors de l'été 1997.

Le problème de la responsabilité en montagne n'est pas nouveau. Il convient de le rappeler. On peut même considérer qu'il s'est présenté très rapidement quand naquit l'alpinisme.

Il existe des cas bien connus, comme celui du docteur Hamel qui, en 1820, partit au Mont Blanc avec trois amis et douze guides. Trois de ces derniers trouvèrent la mort dans une avalanche. On chercha des responsabilités, dont celle des touristes qui auraient insisté pour continuer la route en dépit de mauvaises conditions. Ce fut la première tragédie de l'histoire alpine.

En 1865, le 14 juillet, eut lieu la première ascension du

Cervin. Edward Whymper, alors âgé de vingt-cinq ans, qui en était l'instigateur, revint vivant de l'aventure ainsi que deux guides de Zermatt, les Taugwalder père et fils. Une corde avait cassé, incroyablement mince. On peut la voir au musée de Zermatt. Cette rupture avait entraîné la mort des quatre autres alpinistes : le révérend Hadow, lord Douglas, Charles Hudson et le guide d'Argentière Michel Croz. L'affaire fit en son temps grand bruit et le problème des responsabilités fut soulevé, sans qu'il soit alors question de poursuites. Mais l'accident pesa sur toute la vie de Whymper en raison des accusations, fondées ou non, qu'il entraîna.

On pourrait multiplier les exemples de ce type. Ils ont jalonné l'histoire de l'alpinisme. Ce qui est nouveau actuellement, ce sont les plaintes qui en résultent.

Revenons au cas de Smiler, qui a été tragique et qui risque de faire école, sinon jurisprudence. Il est sans doute l'un des premiers d'une série appelée à s'allonger, en une époque où, de façon générale, est refusée l'idée de la responsabilité personnelle de chacun.

L'accident de David Cuthbertson, dit Smiler, eut lieu le 21 juillet 1990, dans la face nord de la Tour Ronde. Guide professionnel britannique, alors âgé de quarante-deux ans, Smiler était engagé pour une semaine par son client Gérald Anthony Hedley, âgé lui-même de quarante et un ans. Les deux hommes se connaissaient bien et entretenaient des rapports amicaux. Ils grimpaient ensemble depuis deux ans. Ayant quitté le refuge Torino à trois heures du matin, ils franchirent la rimaye vers quatre heures. C'était une précaution que de partir si tôt, et d'un refuge. Très couramment, la face nord de la Tour Ronde se fait par la première benne. Mais il se peut que la cordée ait envisagé d'effectuer plusieurs courses à partir du refuge. Quoi qu'il en ait été, l'ascension commença de bonne heure, conformément à la sage coutume qui recommande de partir tôt dans les courses de glace. Notons que cette course n'a rien d'extrême, malgré son titre de « face nord ». La raideur moyenne de la pente est de 52° et sa hauteur n'est que de 350 mètres.

Bon glaciairiste, Gerald Hedley s'était entendu avec son guide pour prendre la tête de la cordée dès les premières longueurs. En arrivant au rétrécissement qui est situé au milieu de la face, parce qu'il jugeait que son client ne progressait pas assez vite et que les risques de chutes de pierres ou de glace, causées notamment par les cordées qui les précédaient, augmentaient, David Cuthbertson décida de reprendre la tête. Il gravit une cinquantaine de mètres, installa un relais sur une broche à glace, fit venir son client et, l'ayant attaché à ce relais, poursuivit l'ascension, assuré par son client à la broche, une boucle de corde en demi-cabestan y étant reliée par un mousqueton. Dans sa progression au-dessus du relais, il ne mit pas de broche intermédiaire. Il est rare que l'on mette autant de protections dans la face nord de la Tour Ronde où de fait, souvent, les membres d'une cordée marchent ensemble et sans même d'assurance. Tout dépend, évidemment, des conditions rencontrées. David Cuthbertson entendait rejoindre rapidement une zone protégée du soleil levant et des chutes de pierres ou de glace. Il y était d'autant plus incité qu'une cordée qui les précédait et se trouvait haut dans la face avait laissé tomber un piolet quelque temps auparavant. La situation n'était pas sûre et il jugea qu'il fallait faire vite.

Il se trouvait à une vingtaine de mètres au-dessus du relais lorsqu'il dévissa. Il ne put, par la suite, expliquer la raison de ce qui aurait pu n'être qu'un banal incident. Il se rappela seulement avoir eu l'impression que la glace, friable, s'était dérobée sous ses crampons. Il avait certainement commis une erreur de cramponnage et ne put la corriger. Son marteau-piolet ayant été éjecté dans le premier choc, il essaya avec son piolet, d'enrayer sa chute, y réussit presque, mais le piolet s'arracha, provoquant un nouveau dévissage. Lorsque le choc parvint à la broche d'assurance, Smiler avait déjà parcouru une quarantaine de mètres (vingt au-dessus du relais et vingt en dessous), et, même si sa chute avait été momentanément freinée, la secousse qui en résulta arracha la broche et le client. C'était fatal, en raison de la force exercée sur la broche par un si long dévissage.

Les deux hommes tombèrent, s'entraînant l'un l'autre par la corde, comme il arrive en pareil cas. Un rognon rocheux, derrière lequel la corde se prit, stoppa la chute, mais Gerald Hedley, qui avait été projeté une cinquantaine de mètres plus bas, sur des rochers, avait été tué sur le coup. Smiler souffrait de multiples plaies à la face et aux jambes. Une cordée se porta immédiatement à leur secours et lança des appels de détresse. Alerté à 8 heures 55 par les gardes frontières de la Pointe Helbronner, l'hélicoptère fut sur les lieux à 9 heures 10. Le pilote était René Romet. Les gendarmes-secouristes Jean-Luc Yvon et Luc Karleskind [1]. Ils ne purent que constater le décès de Gerald Hedley. Ils hélitreuillèrent Smiler qui fut emmené à l'hôpital de Chamonix. Examinant l'équipement et le matériel des deux hommes, les secouristes observèrent qu'il était adapté et en bon état. Les piolets et crampons avaient été aiguisés la veille au soir. Le guide était assuré par l'intermédiaire de l'U.I.A.G.M. [2] en responsabilité civile et par le

1. Rappelons que Luc Karleskind devait trouver la mort deux ans plus tard, presque jour pour jour (le 19 juillet 1992), sur cette même Tour Ronde, en effectuant un secours. Cherchant à sauver les membres d'une cordée emportée par une coulée et tombée dans la rimaye de la voie normale, il fut lui-même recouvert par une nouvelle avalanche.
2. Union Internationale des Associations de Guides de Montagne.

B.M.C.[1] pour les risques professionnels. Le procès-verbal de l'accident fut envoyé, comme ils le sont tous, au préfet de la Haute-Savoie et au procureur de la République, qui ne conclut pas à une responsabilité pénale.

Cette tragédie se révéla plus dramatique encore qu'elle ne l'était déjà. Gerald Hedley était marié. Sa femme, Lynda Jane Woodroofe, attendait depuis peu un enfant et avait décidé d'attendre la fin des vacances pour l'annoncer à son mari, qui mourut donc sans avoir connu cet espoir de paternité.

Lynda Hedley porta plainte et demanda des réparations pour Daniel, fils posthume de Gerald Hedley.

C'est seulement le 20 juin 1997 qu'a été rendu le jugement. Sévère, il conclut à l'entière responsabilité du guide, estimant qu'avoir mis une seule broche à glace au relais était une faute professionnelle, et il accorda deux cent mille livres[2] de dédommagement à la famille du défunt.

Ce qu'il faut noter dans cette triste aventure, quelle que soit la sympathie que l'on ne peut manquer d'éprouver pour la veuve et l'orphelin, c'est que le jugement fut rendu des années plus tard, par des magistrats incompétents en matière de faces nord glaciaires. Ils eurent recours à des experts mais firent tourner tout le débat autour de la broche à glace unique qui servait de relais. D'autres points techniques eussent pu être soulevés. Il est possible, mais pas certain, que deux broches au relais et une broche intermédiaire auraient pu enrayer la chute, mais c'était du temps encore perdu dans cette voie qui n'est pas une « grande » course.

Le défaut principal d'un tel jugement est de s'appuyer sur des règles présentées comme absolues, dans un domaine aussi

1. British Mountaineering Council.
2. Environ deux millions de francs.

variable et sauvage que l'est la haute montagne. Vaut-il mieux se hâter de sortir d'une zone dangereuse ou y demeurer plus longtemps, en mettant nombre de points d'assurance, au risque d'être atteint par des chutes de pierres, de neige ou de glace durant ce long parcours ? Tout est affaire de choix. Le bon professionnel doit savoir prendre, la bonne décision, en fonction de l'heure, des conditions, de l'état physique et technique de ses clients, etc. Sans jamais éliminer tous les risques puisque le terrain est, par essence, dangereux. Vouloir édicter, après coup, la technique qui aurait dû être adoptée dans un cas très précis et non reconstituable, alors que le dévissage du guide était hautement improbable, est un exercice douteux.

Au cours de l'été 1997, nous verrons qu'il se présenta d'autres cas douloureux, qui laissent plus perplexes que celui de Smiler.

Nous n'entrons pas dans les détails de cette affaire qui occupa toute la presse nationale britannique en juin 1997. Bien d'autres points que ceux qui furent évoqués pouvaient sans doute être examinés, discutés, parce qu'il y eut mort d'homme. Avec un peu de chance, car tout cela tient souvent à peu de chose, l'accident n'avait pas lieu ou n'était pas si grave, et personne n'eût épilogué sur cette broche unique placée à un relais, alors que le cas est fréquent.

Reproduisons en conclusion, avec l'autorisation de l'auteur, la lettre que George Band, président du British Mountaineering Council[1], adressa à la presse, après ce jugement qui restera dans les annales comme problématique :

1. George Band a fait partie de l'expédition de 1951 à l'Everest. Grand montagnard, il est une des autorités actuelles de l'alpinisme britannique.

« Le jugement rendu dans le procès intenté à un guide de montagne britannique, au bénéfice de l'enfant Daniel Woodroofe Hedley, âgé de six ans (cf. *The Guardian*, 21 juin 1997) crée à propos de la sécurité et de la responsabilité en montagne une image trompeuse.

« Le jugement, qui découle d'un accident mortel survenu durant une ascension de la face nord de la Tour Ronde en juillet 1990, suggère que le fait de placer deux broches à glace à un relais et des broches à glace intermédiaires entre les relais constitue un protocole standard de sécurité lors de l'ascension de voies de ce type et que cette façon de procéder est à la fois "universelle" et "élémentaire et fondamentale". Il n'en est rien. En fonction des conditions qui se rencontrent, un nombre varié d'attitudes peuvent être adoptées. Tout au long d'une ascension, il s'agit de prendre des décisions conduisant à choisir le procédé le meilleur.

« Le jugement suppose aussi que si une seconde broche à glace avait été fixée, l'accident n'aurait pas eu lieu. Rien n'est moins sûr ; dans une glace de qualité médiocre, deux broches n'offrent guère plus de protection qu'une seule.

« Il a aussi été dit que "une chute était prévisible mais que le risque de chutes de pierres était peu probable". Une telle supposition témoigne d'une réelle méconnaissance des dangers inhérents à une ascension alpine. Les chutes de rochers et de pierres constituent un danger courant et fréquent lors des ascensions de ce type, et la rapidité est une façon de réduire les risques attachés à cette occurrence, tandis qu'un dévissage est une bien moindre probabilité. Les assurances sur broches à glace n'offrent pas une garantie de sécurité et tout grimpeur qui "prévoirait" la possibilité d'une chute lors d'une telle ascension n'envisagerait pas de s'engager dans la voie.

« En résumé, pour minimiser les risques de toute escalade, on fait appel à son bon sens et non à des règles fixes. Les décisions que l'on prend en montagne sont le fait d'un équilibre complexe entre diverses variables, et parfois la sécurité immédiate doit être sacrifiée à la rapidité. Qu'un accident soit arrivé ne signifie pas que quelqu'un en est fautif. Le risque est inhérent à la pratique de la montagne ; il ne peut être éliminé, mais seulement réduit. »

David Cuthbertson n'a pas fait appel du jugement, bien que les attendus en aient été discutables. De toute façon il n'en avait pas les moyens financiers. La procédure avait été très longue. De ressources modestes, il avait dû avoir recours à l'assistance judiciaire et ce sont ses assurances qui ont eu à régler le coût des dommages et intérêts.

Signalons enfin que, le 28 septembre 1997, l'association des guides de montagne britanniques ayant délibéré sur le sujet, a considéré que le cas ne relevait pas d'une faute professionnelle et a jugé que le comportement que David Cuthbertson avait eu envers son client était celui d'un guide de montagne qualifié et compétent, chaque décision prise en montagne étant faite selon les conditions du lieu et du moment, non en fonction d'une pratique standardisée.

Ce cas est exemplaire en ce qu'il introduit, de façon figée, un aspect légal, juridique, dans une activité où il est impossible d'énoncer des règles précises et où chacun s'engage avec liberté. Si un code de la route est applicable sur un réseau routier créé par l'homme, avec des véhicules également créés par lui, il n'en est pas de même en montagne où les grimpeurs s'affrontent à un monde encore sauvage, toujours changeant. Le choc, entre notre monde civilisé et cet autre monde, resté plus ou moins naturel, est inévitable, mais le plus souvent il se traduit par des incompréhensions.

Notons enfin qu'un jugement rendu par un tribunal peut être différent en d'autres temps ou ailleurs, ainsi qu'il en est de toute décision de justice. Une cour de Californie, saisie d'un accident survenu à la suite de la rupture de l'ancrage d'un rappel, a, elle, estimé que : « Une chute, qu'elle soit due au propre dévissage de l'accidenté, au faux-pas d'un compagnon de cordée ou à la rupture d'un système d'assurance, est un risque inhérent au sport qui consiste à escalader les montagnes et ne peut être complètement éliminé sous peine de détruire ce sport même. »

Mais le problème de la responsabilité en montagne est de plus en plus souvent évoqué. On l'a vu, en janvier 1998, à propos de la catastrophe du Lauzet, que les médias ont improprement située aux Orres.

- IV -

Début de saison

Mercredi 2 Juillet

S'il n'y a eu aucun secours le jour du 1er juillet, il y en eut deux ce mercredi : la descente d'un aide-gardien de refuge, âgé de dix-neuf ans, malade d'une rougeole ; puis des soins apportés à une promeneuse de soixante-dix ans atteinte de troubles cardiaques et sa descente en vallée.

On voit par cela que bien des « secours en montagne » ne concernent pas seulement l'altitude et « les jeunes imprudents qui sont en baskets sur les glaciers, s'engagent inconsciemment dans des ascensions qu'ils ne sont pas en mesure de faire, mettant en péril la vie des sauveteurs et méritant de payer pour leurs fautes, ou même de n'être pas recherchés, etc. », clichés erronés, mais qui imprègnent la mentalité collective ainsi que les esprits de ceux qui sont censés apporter l'information aux autres.

Le secours en montagne est fréquemment fait pour « Monsieur Tout-le-Monde », sa famille, ses enfants en vacances, ses parents âgés, etc. Par ailleurs, bon nombre des secours du

P.G.H.M. se déroulent hors de la vallée de Chamonix [1], et souvent pour des accidents qui n'ont rien de bénin. Sur cela encore, il faudra revenir.

Jeudi 3 juillet

Temps de plus en plus lugubre. Le bulletin météorologique du jour le prévoit « médiocre », celui de demain « nuageux », d'après-demain « perturbé ». Ces prévisions sont galamment tournées mais le moins que l'on puisse en dire est que « médiocre » est une litote. Poudrées de neige fraîche, gelées, hostiles, les aiguilles sont encapuchonnées de brouillard sale. Les pentes de sapins noirâtres qui dominent la vallée disparaissent la plupart du temps dans le crachin. A mi-hauteur, traînent des bancs de brume semblables à des nuages de mousson. Le vent, car en plus il y a du vent, les brasse et les déplace. S'il n'y avait des feuilles et de l'herbe verte, en bas, pour rappeler que c'est l'été, le plein été, on l'oublierait tant il fait glacial, gris et humide. Des formes frileuses circulent dans les rues de Chamonix, recroquevillées sous des anoraks.

Impossible d'imaginer qui que ce soit en montagne ! Impossible ? Mais si ! Il faut plus d'imagination. Deux secours rien que le matin !

Tout d'abord, le client « épuisé » d'un guide sur la voie du col du Géant, cas qui appelle un bref commentaire. L'éthique voudrait qu'on ne demande le secours que lorsqu'il est vraiment nécessaire. Ce client fatigué, qui avait pu gagner le refuge du Requin pendant que se déroulait un secours plus important, serait autrefois redescendu par lui-même après un peu de repos. Son « secours » a surtout servi à sauver la course des autres.

1. Environ un quart des interventions : accidents de travail, chutes hors sentier, etc.

Revenons à l'accident sérieux. Il s'agit de Coréens qui, vaille que vaille, avaient décidé de tenter l'ascension du Mont Blanc et étaient partis hier, sous la pluie et la neige, en direction du refuge de l'Aiguille du Goûter. Ils avaient été, paraît-il, avertis des mauvaises conditions, mais attendaient depuis longtemps et avaient décidé d'attaquer quand même. Ils ont hier atteint le refuge du Goûter. Cette seule entreprise a déjà dû être passablement sportive... Mais ce matin, devant tant de neige et de mauvais temps, de vent sans doute, ils ont décidé le demi-tour. Ils étaient onze, se sont séparés en deux groupes, l'un de sept, l'autre de quatre. Ces derniers, pris par une avalanche après la traversée du grand couloir, sont tombés de deux ou trois cents mètres. Certains étaient enfouis mais la corde a aidé les autres à les retrouver rapidement. L'un d'eux était inanimé : ils l'ont sauvé en lui faisant du bouche à bouche. Et le moins atteint a gagné le refuge de Tête Rousse pour donner l'alerte.

Ils ont en somme « eu de la chance », comme on dit des personnes qui doivent juger n'en avoir pas eu du tout... Mais l'histoire aurait pu être plus tragique, tout autant que banale. Une imprudence : partir par ce temps et dans ces conditions, le hasard d'une avalanche et il aurait pu y avoir quatre morts. Mais tout finit relativement bien et c'est souvent le cas. La montagne pardonne plus qu'on ne le croit.

Deux autres interventions ont également eu lieu ce jour-là, qui sortent du cadre du massif mais rentrent dans les attributions du P.G.H.M. : la recherche d'un promeneur égaré dans la région de Samoëns et une enquête faisant suite à l'effraction d'un chalet d'altitude.

A la D.Z. l'après-midi se passe dans une attente calme. Il en est souvent ainsi lorsque le temps est mauvais, mais à tout moment peut tomber un appel débouchant sur un vol, lorsque c'est possible, ou sur une caravane de secours pédestre, si l'hélicoptère ne peut pas décoller.

La D.Z. a, cette année, des hôtes dont on devine l'histoire. C'est un couple d'oiseaux, des rouges-queues, qui, le printemps venu, a cherché où bâtir son nid. L'un d'eux a avisé l'auvent du chalet de la D. Z., entre le plafond et le toit. On imagine leur conversation émerveillée :

— Comme c'est tranquille, ici !

— Parfait !... C'est absolument ce qu'il nous faut !

— Une bonne exposition sud-sud-est !

— Et un calme !

— On y sera complètement peinards !

— Pas d'homme !... Pas de chien !... Pas de chat !

— Il est super, cet endroit !

— Et tu as vu cette grande clairière par devant ? Qui semble faite pour prendre son envol...

— C'est simple, je n'ai jamais vu de meilleur lieu pour installer un nid !

La D.Z. a ouvert avant-hier et est encore relativement paisible, malgré les quelques secours d'aujourd'hui. Comme il pleut, nous nous tenons à l'intérieur, porte fermée. De temps à autre, on voit un oiseau faire du surplace, comme un hélico, devant la vitre frontale, avant de rentrer chez lui.

Mais quand la saison de secours battra son plein, que vont devenir les oiseaux ?

Je commence une conversation avec l'un des secouristes, récemment arrivé ici, Alain Place. Je lui demande d'où il est, parce que, dans sa voix, un certain accent... Gagné ! Il est des Pyrénées-Orientales, berceau de ma famille. Je lui en parle et lui de la sienne, de sa femme qui est de Villemolaque, près de Tressères, et qui écrit sur l'Aspre.

Quelqu'un apporte un carton de petits gâteaux que nous nous partageons. Diverses conversations suivent, où prend place un fou-rire. Voilà ce que cela peut être, la D.Z., un jour de pluie. L'après-midi s'achève. Il va être sept heures du soir. La Sécurité civile range l'hélicoptère rouge dans le hangar et nous quitte. Le docteur Lecoq s'apprête à en faire autant et moi aussi. Il me dit :

— Au fait, ce livre, vous le voyez comment ?

— Je ne le vois pas encore... Ce sera vous tous qui le ferez, avec ce que vous me direz, ce que je sentirai des secours...

Et j'ajoute :

— Je compte beaucoup sur vous pour me transmettre le côté humain.

Il s'étonne, mais je n'ai pas parlé au hasard. François Lecoq est observateur, il est sensible, il « pige » les réactions des gens et il sait les exprimer. Parmi les médecins, c'est un de ceux sur lequel je compte le plus. Agé d'une trentaine d'années, grand et mince, il a un visage toujours en mouvement, rieur, surpris, explicatif, passionné

J'ajoute, presque pour causer :

— Le côté humain des Coréens, ce matin, c'était quoi ?

— Ah ! s'exclame-t-il... Ah oui ! Il y en a eu un, de côté humain !

Revoilà donc les Coréens sur la sellette. J'ignore de quoi il s'agit. Quel pouvait être ce côté humain ? La peur, peut-être, qui résulte d'un accident loin de chez soi, en pays étranger ?

Non. François Lecoq m'explique :

— Les Asiatiques, c'est terrible quand ils ne savent même pas l'anglais. Celui dont je me suis le plus occupé ne connaissait ni le français, évidemment, ni un mot d'anglais... Rien !... On ne pouvait pas communiquer... C'est souvent comme ça avec les Asiatiques, les Japonais, par exemple... Il faut naviguer à vue... Je vais vous dire, ce n'est même plus de la médecine, mais c'est tout ce qu'on veut : de la médecine pédiatrique, intergalactique, vétérinaire !... On ne peut pas communiquer ! On ne sait pas ce qu'ils ont, où ils ont mal, s'ils ont mal, on ne peut rien leur dire et ils restent impassibles, sans un mot en n'importe quelle langue... Les Italiens, par contre, ah la la !... Ils vous débitent tout ce qu'ils ont et tout ce qui leur est arrivé... Ils parlent, ils parlent !... "*Sono disgraziato !... E siccura che la gamba e rota, dottore !... E il mia ditta ! Guarda ! Perde il sangue !*"... Ah ! Les Italiens !... Et même les Français, tenez ! On va les ramasser parce qu'ils se sont pété la cheville et ils vous expliquent que le matin, déjà, ils ne se sentaient pas bien parce qu'ils avaient bu du chocolat... On s'en fout, mais ils vous le racontent... Les Asiatiques, rien !... Ce n'est pas le hasard, c'est culturel... Le Coréen dont je me suis occupé ce matin, s'il avait été français, je lui aurais sûrement fait une piqûre pour qu'il ne souffre pas dans l'hélico... Mais je ne pouvais pas la faire à l'aveuglette... Alors, je l'ai conditionné, vite, et j'avais juste l'idée qu'il parte et qu'il soit à l'hôpital, parce que je ne pou-vais-pas savoir ce qu'il avait... Et aux urgences, avec les Asiatiques, c'est pareil !... Ils ne disent rien... Ils sont prêts à attendre deux heures sur une chaise, parce qu'en plus ils ne rouspètent pas, et qu'on a tendance à s'occuper de ceux qui réclament, de ceux qui se plaignent, de ceux dont on voit qu'ils ont mal... On a eu un Japonais, comme ça, qui avait fait une chute à ski... On croyait comprendre qu'il souffrait d'un bras... On le lui radiographie, rien !.. Coup de bol, on lui fait, par acquis de conscience, une radio des cervicales et il s'était fracturé une cervicale !... Ça aurait pu nous échapper... Le côté humain des Coréens, ce matin, le voilà : il n'y avait aucun moyen de communiquer... C'est comme de soigner les petits enfants, quand on ne sait pas s'ils ont mal au ventre, ou à la tête, ou ailleurs...

— Tu as raison, dit l'un des secouristes ! Ces Coréens, il y en a un qui est descendu de l'hélicoptère et qui boîtait beaucoup. J'ai essayé de savoir s'il était blessé, mais il m'a fait signe qu'il n'avait rien... C'est comme les gens des pays de l'Est, qui n'ont pas un mot pour se plaindre... Mais les Asiatiques, en plus, ils vous sourient, on croirait qu'ils rigolent...

— Les Asiatiques, conclut sentencieusement François Lecoq, c'est la hantise du toubib qui fait du secours en montagne !

Vendredi 4 juillet

Matinée nuageuse, sans trop de pluie, les montagnes restant perdues dans le brouillard et dans la neige. L'après-midi et le soir, c'est le déluge ! Et malgré ce temps, il y a eu un secours le matin ! Un M.A.M. à l'Aiguille du Goûter, avec suspicion d'œdème pulmonaire. Quand je l'apprends, je m'exclame :

— Avec un temps pareil, des conditions pareilles, une météo pareille, il y a encore d'autres gens que les Coréens pour vouloir aller au Mont Blanc ?

Dieu sait que j'ai fait des courses par mauvais temps, à tort sans doute. Mais quand on a vu, entre des pans de brume, l'état actuel de la montagne, les tonnes de neige fraîche qui se sont accumulées, dans les faces, sur les pentes, dans les couloirs, sur les vires, il semble inimaginable de tenter d'aller au Mont Blanc avec de telles conditions.

Eh bien, non seulement il y a du monde à l'Aiguille du Goûter, mais il y a aussi des gens bloqués au refuge Vallot, à près de 4 400 mètres... Grâce à la balise qui y est placée et qui permet au P.G.H.M. d'écouter le refuge, et à ceux qui s'y trouvent de parler au P.G.H.M., on a appris la nouvelle ce matin... Refuge est un bien grand mot pour désigner Vallot... Il s'agit plutôt d'un abri de haute altitude, cabane d'aluminium où l'on entre par le dessous. Toujours sale, glacé, humide, un peu puant.

On pense que ceux qui y sont ce soir sont des Polonais. Il faut bien être polonais pour avoir réussi à parvenir là-haut ! Le P.G.H.M. n'a guère pu communiquer avec eux. Ils disaient : « *Frigo... Frigo...* » Pour avoir froid, ils doivent avoir froid. Quelle température peut-il faire à Vallot ? -10° ? -15° ? Le refuge ne les protège que du vent. Il y a des couvertures mais mouillées et regelées...

A la moindre éclaircie, l'hélicoptère irait les chercher, mais il n'y a pas d'éclaircie. Il pleut de plus en plus. On espère qu'ils auront pu descendre au refuge du Goûter qui leur apparaîtrait alors comme le plus luxueux des palaces...

Si les Coréens s'étaient tués, si les Polonais de Vallot sont retrouvés gelés lorsque le beau temps reviendra, on criera, bien sûr, à l'imprudence, et on aura peut-être raison.

Mais il faut savoir sortir de soi et se mettre à la place des autres.

Des Coréens... Quel voyage ont-ils entrepris pour venir grimper dans les Alpes ?... Quels sacrifices peut-être... Quels rêves assurément... Et ils se retrouvent ici, dans cette vallée noyée de brume et d'eau, où il pleut, paraît-il depuis trois semaines. Le terme de leur séjour approche. Vont-ils repartir ainsi ? Revenir sans avoir rien fait d'autre que voir dégringoler la pluie ?... Peut-être ont-ils manqué une occasion ? Décidé de ne pas s'engager un jour où le temps était moyen ? Voulu attendre le vrai beau temps, qui nécessairement arrive, et gravir le Mont Blanc sous le soleil, dans la splendeur qu'ils avaient imaginée ? Mais le beau temps n'est pas venu. Alors, ils ont décidé d'attaquer, coûte que coûte. Ils ont quand même réussi à monter à l'Aiguille du Goûter, ce qui a déjà dû être une sacrée expédition, en brassant la neige fraîche dans les bourrasques et les rafales, avec les flocons qui se collent aux lunettes, les glaçons qui se forment sur les sourcils, sur les cheveux sortant de l'anorak, et l'onglée qui pince les doigts... Ils ont atteint le refuge, tous les onze, y ont passé la nuit, se rendant compte que les mille mètres qui restaient au-dessus étaient vraiment inaccessibles. Ils ont décidé la retraite et l'ont presque réussie. Descendre du Goûter quand il a neigé toute la nuit et que ça continue, n'a rien d'une partie de plaisir. Ils ont fait le plus dur, franchi le grand couloir sans accident. La coulée qui les a pris ensuite, ce n'était vraiment pas de chance.

Et les Polonais !... Sait-on ce que c'est que la montagne, pour les Polonais ? Longtemps, dans un pays écrasé sous une dictature qui n'engendrait que pauvreté et frustrations, la montagne fut pour certains le moyen d'échapper à la tristesse et à l'absurdité de la vie quotidienne. Ce n'est pas leur faute si l'économie marxiste a engendré les désastres économiques que l'on sait. Ils l'ont subie, ils en ont souffert, la liberté leur est rendue, ils peuvent en profiter, sortir de chez eux, réaliser de vieux rêves. Nous, nous étions du bon côté du rideau de fer...

Maintenant, dans un pays libre mais exsangue, la montagne ouvre les mêmes promesses : oublier, se réaliser, être heureux... Et la vie peut se passer à préparer ces merveilleux instants de plénitude. Les alpinistes des pays de l'Est viennent à Chamonix dans des autocars dont les places doivent être très convoitées. Souvent, ils n'ont pas les moyens de camper. Quand ils sont dans la vallée, ils couchent dans l'autocar, ou dessous, ou dehors... La montagne en tout cas n'est pas pire... Sauf Vallot... Ils ont dû passer l'année à se priver, à vivre d'expédients, pour entreprendre le voyage, dans l'attente du bonheur projeté. Eux aussi, devant ce temps désastreux, pour tenter de donner vie à ce rêve, ils sont partis dans le mauvais temps et ce qu'ils ont réalisé, c'est déjà quelque chose ! En notre siècle de mollesse, qui osera leur jeter la pierre ? Mais voilà, ils sont bloqués à Vallot et cela peut durer...

Samedi 5 juillet

De la pluie du matin au soir. Les montagnes complètement bouchées. Tout est trempé, mouillé, noyé. Pas question que l'hélicoptère puisse voler. Je n'ai pas même le courage d'aller affronter les flaques de la D.Z., sous des trombes d'eau. De toute façon, cela aurait été pour voir à la télévision le Tour de France qui doit mobiliser les forces vives du P.G.H.M. Au refuge Vallot, le confort ne doit pas s'améliorer...

Dimanche 6 juillet

Beau temps, ou presque. L'hélicoptère a pu aller chercher les Polonais.

Ces Polonais, me dit quelqu'un, ils nous ont avertis qu'ils étaient là, bloqués à Vallot dans la tempête, et qu'ils avaient besoin qu'on aille à leur secours quand on pourrait, et puis pendant les quarante-huit heures qui ont suivi, où ils voyaient bien qu'on ne pouvait rien faire, ils n'ont plus fait signe... D'autres, dans le même cas, nous rappellent sans arrêt, pour dire qu'ils sont toujours là, redemander qu'on vienne, savoir quand on pense qu'on pourra... Les Polonais ne sont pas comme ça ! Une fois qu'ils ont su le message passé, ils ont simplement fait confiance et attendu.

Il faisait -10°, à Vallot.

Les commentateurs sportifs ont récemment mis à la mode

un mot, dans leur jargon : le « mental ». Disons donc que les Polonais dominent sacrément leur « mental ».

Autre secours, un peu bizarre pour la saison. Il s'agit d'un Parisien d'une trentaine d'années qui est arrivé en train cette nuit, a loué des skis, des chaussures et est parti descendre la Vallée blanche. En juillet ! Il a dû penser qu'avec le mauvais temps, les conditions seraient redevenues hivernales. Mais on est quand même en été et, au début des séracs du Géant, il s'est trouvé en mauvaise posture et a été aperçu du refuge du Requin, complètement bloqué. Averti, le P.G.H.M. est allé le sortir de son dédale.

Autre secours aussi, annuellement prévisible : un des coureurs du cross du Mont Blanc a été victime d'une hypoglycémie vers la Flégère.

A part cela, la D.Z. est relativement calme pour un jour de beau temps. La télévision diffuse la finale de Wimbledon. Pete Sampras bat Cédric Pioline. Amusants sont les commentaires qui, ici, accompagnent les réactions de leurs petites amies à l'instant décisif :

— Ah, dis donc, elle est heureuse la petite à Sampras !... Elle voit la décapotable qui se profile !... La machine à laver la vaisselle à douze programmes... Ah ! Pour être contente, elle est contente !

— Et regarde l'autre ! Elle, pas du tout !... Celle-là, ce soir, elle fait la vaisselle à la main et, demain lundi, elle va pointer à l'A.N.P.E... Oh, la gueule !

C'est cela aussi, l'ambiance de la D.Z. L'attente, la détente, la relâche qui peuvent en une seconde se muer en action immédiate.

Puis la télévision retransmet le Tour de France, ce qui ne convient guère au pilote de la Sécurité civile, Vincent Saffioti, surnommé Aldo, parce qu'il roule un peu des mécaniques :

— Bof ! Le Tour de France, je ne comprends pas... Il y a des Fangio, des Ferrari qui se sont défoncés pour faire avancer la technique et d'autres qui sont encore à pédaler comme des bêtes... Moi, ce qui me plaît, ce sont les sports mé-ca-ni-ques !

Mais c'est un Italien, Cippolini, qui remporte l'étape. Alors Saffioti, qui, comme son nom l'indique, est d'origine italienne, en est ravi. Le vainqueur monte sur le podium. Deux jolies blondes l'encadrent, l'embrassent, lui offrent des bouquets.

— C'est comme nous, remarque Saffioti... Chaque fois qu'on revient d'un secours, on s'imagine qu'il va y avoir deux belles « *ragazze* », comme ça, pour nous féliciter, nous faire la bise, nous remettre des fleurs... Eh bien, non !... Nous, on n'intéresse pas !

Dehors, les oiseaux continuent à ravitailler leur nichée installée sous le toit. Un ver dans le bec, ils se posent, pour observer le terrain, sur le faisceau horizontal de fils et de câbles qui relie le chalet de la D.Z. au pylône où sont installées les antennes et la manche à air. Mais souvent, au moment où ils vont entrer chez eux, on les dérange. C'est le mécanicien qui va fermer la porte de l'hélicoptère, ou un secouriste qui prend les jumelles, sort et va inspecter la montagne, un autre qui le rejoint, une visite qui arrive... L'oiseau alors s'envole... Il revient patiemment, un peu plus tard, parvient enfin à rentrer dans son nid, sort de nouveau...

J'imagine les conversations du couple, le soir.

— Je ne comprends pas. C'était un endroit parfaitement tranquille, quand tu as pondu.

— Ah, oui ?... Eh bien moi, j'ai toujours eu l'impression de quelque chose de louche... J'avais une intuition...

— Si tu avais une intuition, tu aurais pu m'en faire part... Nous ne sommes plus chez nous !... Enfin, ce qui est fait est fait et les petits sont là. Il est probable que l'agitation ici est provisoire. Ces bonshommes et cette grosse machine vont s'en aller.

— Tu crois ?

— J'en suis sûr !... Qu'est-ce qui les pousserait à rester là ? Ils ne couchent même pas ici. Ils vont rentrer chez eux.

— Je l'espère... Parce que lorsque les petits commenceront à voler, il faudra qu'on soit tranquilles.

— On le sera !... Tu verras... C'est mon intuition, à moi !

Qu'adviendra-t-il de ces petits oiseaux ?

Lundi 7 juillet

Comme chaque lundi, changement d'hélicoptère. *Bravo Lima* va remplacer *Dragon.* C'est-à-dire que l'hélicoptère de la Gendarmerie, qui est bleu, va remplacer celui de la Sécurité civile, qui est rouge.

Lors de mes premiers jours à la D.Z., en 94, j'avais demandé avec intérêt si l'hélicoptère de service — c'était le bleu — avait un nom. On m'avait répondu qu'il s'appelait *Bravo Lima.* Cela m'avait éblouie. Je crois que j'ai de l'imagination. Mais jamais, s'il m'avait fallu donner un nom à un hélicoptère, je n'aurais pensé à associer les mots de *Bravo* et de *Lima*... Ce *Bravo* plein d'enthousiasme suivi de ce *Lima*, avec son exotisme de bout du monde ! Il fallait s'incliner... La Gendarmerie nationale avait beaucoup plus d'imagination que moi.

Ces réflexions, lorsque j'en fis part à mon mari, eurent un succès différent de celui que j'attendais. Il m'apprit qu'il s'agissait seulement de l'application d'un alphabet aéronautique international qui veut que A s'énonce *Alpha*, B : *Bravo*, C : *Charlie*, etc. L'hélicoptère bleu étant immatriculé JBL, il s'appelait tout naturellement *Juliet Bravo Lima,* et, par aphérèse, *Bravo Lima.* C'était un peu décevant mais logique.

Quant aux hélicoptères de la Sécurité civile, ils s'appellent tous *Dragon,* et se distinguent par le numéro du département auquel ils appartiennent.

Il n'empêche que la phrase « *Bravo Lima* va remplacer *Dragon* » sonne admirablement. Elle a des allures de message codé auxquelles je reste toujours sensible. Elle dégage une impression de grand jeu. Elle est pleine d'évocations ésotériques, sauvages, empreintes de ténébreux mystère... Elle vaut mille fois mieux en tout cas que des assemblages de numéros.

En fait, ce n'est pas *Bravo Lima*, en révision, qui est venu, mais *Bravo Novembre*. Encore un nom superbe ! Ils se ressemblent, à part cela, comme des frères. Tous ces hélicoptères, *Dragons* ou *Alpha Bravo Charlie*, etc. sont des Alouette III.

Le pilote est Daniel Poujol, que je suis heureuse de revoir. Il appartient à la base de gendarmerie de Megève. On a fêté ses quarante ans il y a un an ou deux, à la D.Z. Il est grand, large, fort, massif, baraqué et a un caractère extrêmement équilibré. Les gens qui travaillent ici doivent nécessairement être équilibrés, mais lui l'est particulièrement. Je l'ai vu travailler, le fameux jour du 9 août 1994 — où les secours étaient incessants, imbriqués, graves, dans des lieux différents, éloignés les uns des autres, avec de mauvaises conditions d'aérologie — en faisant preuve d'une maestria et d'un calme imperturbables. Il a un visage régulier, des cheveux noirs coiffés avec une raie sur le côté, assez courts, des yeux sombres, un air habituellement souriant, mais l'impression principale qui se dégage de lui est la force. Quand je pense que tel homme politique, plutôt sinueux, avait pris comme slogan publicitaire « la force tranquille », cela me fait bondir. La force tranquille, c'est Daniel Poujol !

Il fait beau ou à peu près mais la montagne est plâtrée de neige comme en hiver. La journée a donc été calme.

Le matin, deux petits secours : une jeune fille qui est tombée dans l'escalier du refuge Albert Ier et un mal des montagnes au refuge du Goûter.

Ce n'est pas manque de charité, mais le coup de l'escalier me ravit, parce qu'à dix-huit ans je m'étais abîmé une épaule au Mont Blanc et que, ma mère ne voulant pas que je fasse de montagne, j'étais embarrassée pour avouer l'accident et payer les soins qui s'en étaient suivis. J'avais composé un petit chef-d'œuvre épistolaire, criant de vérité, où je racontais comment, en ratant une marche, j'étais tombée dans l'escalier du chalet d'étudiants où j'étais en vacances. Ce fieffé mensonge avait pris... Je questionne le Dr. Cousineau, aujourd'hui de permanence, sur cet accident d'escalier, mais il paraît que c'était un vrai accident sur le vrai escalier du refuge. Tout arrive !

Benoît Cousineau, je suis contente aussi de le retrouver et de savoir qu'il prendra des gardes, cet été. Il est médecin militaire à l'E.M.H.M. [1], est allé comme médecin dans les casques bleus au Liban, en Yougoslavie, à Djibouti. C'est un homme d'une quarantaine d'années, au visage sensible et intelligent, avec de grands yeux noirs, une bouche expressive, les cheveux coiffés en brosse, mais pas très courts. Il a sûrement vécu bien des choses, dans sa carrière. Il est capable d'en faire comprendre aussi beaucoup, d'un simple regard pensif, d'un léger haussement de sourcils, d'un sourire esquissé. Il perçoit les gens en profondeur, les réactions, les situations.

Nous bavardons. Je lui explique le livre à venir, tel que je peux l'envisager, et lui dis, à lui aussi, combien je compte sur ce qu'il pourra me transmettre de « l'aspect humain ». Il me

1. École militaire de haute montagne.

parle du cas de mal des montagnes qui a eu lieu le matin et me signale à quel point il est difficile d'en connaître l'aspect humain :

— Les M.A.M., on ne sait rien d'eux ! Ils ont en général tellement mal à la tête qu'ils se referment sur leur problème et, quand ils arrivent en bas, même si cela commence à aller mieux, ils souffrent encore, ne parlent guère...

Puis il m'apprend un changement qui semble secondaire mais qui a son importance. Changement survenu depuis peu dans l'organisation des secours. Ce ne sont plus les pompiers de Chamonix qui évacuent les blessés arrivant à la D.Z., ou les corps. Une décision venant d'on ne sait où a imposé aux pompiers de ne plus procéder à ces transports, qu'ils faisaient pourtant extrêmement bien. On doit maintenant faire appel aux ambulances privées ou aux Pompes funèbres, avec un résultat moins satisfaisant. Les blessés restent parfois une demi-heure sur leur brancard, avant qu'on ne vienne les chercher.

Cet état de choses est aggravé par le fait que le P.G.H.M. n'a plus l'autorisation d'avertir lui-même les ambulances mais doit passer par le S.A.M.U. d'Annecy où des fonctionnaires débordés — et qu'est-ce que cela sera si on passe aux trente-cinq heures ! — sont pris entre tous les appels graves qui concernent la Haute-Savoie. Moyennant quoi, l'ambulance pour la D.Z., à Chamonix, est appelée quand il y a le temps. Il se passe en moyenne vingt minutes entre l'appel de Chamonix à Annecy et celui qui fait le retour.

Manifestement, il y a là un problème, en partie court-circuité, pour résoudre ce qu'il a de trop gênant, car les médecins décident plus souvent qu'autrefois de déposer les blessés en D.Z. d'urgence, à l'hôpital même.

Enfin, je confie à Benoît Cousineau que mon appréhension, face à cette saison qui commence, ce sont les morts, l'idée qu'il risque d'y avoir des morts et qu'il serait même irréaliste d'espérer qu'il n'y en aura pas. Je voudrais n'avoir à parler que de beaux secours, lorsqu'on sauve des gens, difficilement mais admirablement...

C'est sur la mort que Benoît Cousineau me répond. Il sait bien que l'été ne se passera pas sans les tragédies coutumières.

— Observez quelque chose, me dit-il. Quand on ramène un mort ici, le comportement de chacun change... Personne n'y est pour rien... On est arrivé, le gars était mort, on le descend... Bon !... Mais chacun est ramené à son propre problème de mort... Surtout ici !... Alors ils deviennent différents... C'est subtil mais c'est frappant... Cela se voit aussi dans la grande gentillesse qu'ils montrent ensuite aux proches des victimes...

Un peu de temps s'est écoulé. Arrive sur la D.Z. *Dragon,* qui l'a cependant quittée ce matin, pour une semaine. Mais c'est lui qui a été appelé pour effectuer un secours dans la falaise des Vuardes, au-dessus de Magland. Henri Cazemajor, qui assurait la permanence à Annecy, a accompli l'intervention. Il descend de l'hélicoptère et, entrant dans le chalet, tout secoué encore, il s'exclame, avec son accent chantant du Midi :

— Putain ! Quel secours !... Dur !... Sous un surplomb !... Et le gars, il n'est pas bien !... Il a volé sur cinquante mètres... Il perdait connaissance et tout... Il saignait de l'oreille... Ah, putain !... Mais dites, ho ! Qui est-ce qui a gagné l'étape ?

— Cippolini.

— Ah ! Bon !

Les équipages d'hélicoptère fraternisent. Mais, les retrouvailles faites, le docteur Cousineau s'enquiert de l'accidenté, qui a été transporté à l'hôpital de Sallanches. Le ton redevient grave.

— Ça, il était touché !... Polytraumatisé... Fracture du fémur... Fracture du crâne... Fracture de la main droite... Un œil fermé...

L'accident s'est produit dans une voie qui s'appelle *Henri tu vas rire,* et qui a son histoire. Elle a été ouverte au printemps dernier par des secouristes du P.G.H.M. de Chamonix : Pascal Saudemont, Philippe Klein et Gilles Mathé. Ils étaient partis avec un 4/4 et il se trouve qu'Henri Cazemajor est, au P.G.H.M., responsable des véhicules. Or, pour parvenir aux Vuardes, il faut emprunter un chemin qui conduit au sommet de la falaise, et l'on descend alors en rappel jusqu'au pied de la voie. Mais, malencontreusement, les vaillants grimpeurs ont embourbé la voiture et ont dû téléphoner à Cazemajor, pas trop fiers. Pour minimiser l'événement, celui qui a appelé a choisi d'aborder le sujet de la sorte :

— Henri ! Tu vas rire...

Il semble qu'Henri n'a pas trop ri... Mais l'affaire s'est bien terminée grâce à l'intervention d'un paysan et d'un tracteur.

Toujours est-il que lorsqu'il a fallu baptiser la voie, le nom choisi a été : *Henri, tu vas rire.*

Et voici que le premier secours qui a lieu dans *Henri, tu vas rire* tombe sur Henri Cazemajor. Et qu'il n'y a eu là rien non plus pour le faire rire.

Il s'agit d'un Italien qui, en compagnie de trois camarades et d'un professeur, se trouvait dans la voie à l'occasion de son stage de guide. Grimpant en tête, il a fait une erreur d'itinéraire dans la sixième longueur, saisi une prise-tiroir qui s'est dérobée et est tombé d'une vingtaine de mètres. L'alerte est venue de Patrick Poirot et Philippe Klein qui, grimpant dans une voie proche, ont vu la chute.

L'accident s'étant produit dans une zone de surplombs, le

P.G.H.M. envisagea de faire le secours par la voie-même, mais les compatriotes du blessé, comprenant à quel point le sauvetage serait difficile, avaient descendu à la corde leur camarade, de deux longueurs.

Gagnant les Vuardes, l'hélicoptère a posé au sol le médecin et le pompier associés au secours, puis treuillé Henri vers le blessé qui était alors au deuxième relais de la voie, pendu à son baudrier et perdant parfois connaissance. Le temps était compté et il n'y avait place ni pour une médicalisation, ni pour un travail de secours dans des conditions satisfaisantes. L'hélicoptère descendit une perche Piguillem dans laquelle, tenu en biais, le blessé fut introduit. Henri Cazemajor prépara un treuillage horizontal car une position verticale aurait pu désamorcer le cœur. Revenant, l'hélicoptère fit descendre son câble où le secouriste attacha la perche avant de couper, avec son couteau, l'assurance qui retenait encore le blessé à la paroi, non sans susciter l'inquiétude de ses camarades.

— Ils ont eu peur, les mecs ! commente Henri. Mais c'est une manœuvre simple et rapide.

Transporté sous le treuil, le blessé fut déposé près du médecin, qui attendait au bord de l'autoroute. Aussitôt conditionné et perfusé, il refit un court vol, sous surveillance médicale, vers l'hôpital de Sallanches. Le soir, le pronostic médical était relativement bon. Le blessé vivrait et récupérerait.

Cette opération, technique et difficile, montre ce que peuvent apporter au secours une alerte vite transmise, l'usage de l'hélicoptère, l'entraînement des secouristes à toutes les situations, le perfectionnement des techniques de treuillage et la médicalisation rapide des accidentés.

A la D.Z., un autre secours tombe. Pascal Brun, de C.M.B.H. signale qu'il semble y avoir un accident, du côté du rocher des Mottets, sous le Montenvers. L'hélicoptère s'envole, dans un beau mouvement inhabituel, un peu incliné sur sa droite, en direction des gorges de l'Arveyron.

Moins de dix minutes plus tard, il ramène une petite dame, d'un certain âge, en short, avec des boucles d'oreille et un bras dans une attelle gonflable. Elle s'est fracturé le poignet en faisant une promenade. L'ambulance l'évacue.

— Comme cas humain, demandé-je à Benoît Cousineau, ça ne devait pas être terrible ?

— En effet ! me répond-il. Rien du tout...

Nombre d'accidents sont ainsi et il est hors de question de les rapporter tous. C'est ce que l'on appelle du « ramassage ». Un blessé ou un malade, mais pas trop touché. On le rejoint, on le soigne, on le redescend, c'est fini.

Sans doute, pour l'intéressé, c'est l'aventure, ou la mésaventure, de ses vacances et un souvenir qui durera. Mais c'est le pain quotidien de la D.Z.

- V -

8-12 juillet

Mardi 8 juillet

Les secours commencent : deux Allemands malades au refuge du Goûter, un Français atteint d'un mal des montagnes à Vallot, un Anglais qui s'est fait une entorse du genou vers le glacier de Leschaux. Et, quand j'arrive, un guide qui a reçu une pierre sur la tête en montant à l'Aiguille du Goûter, veut et peut continuer, mais a besoin que sa plaie soit recousue. Il est d'ailleurs plus simple de monter le médecin afin qu'il fasse la suture que de descendre trois personnes du Goûter. Mais cela correspond quand même à deux rotations, parce que deux journalistes sont là, avec leur caméra et qu'il faut les monter...

Parlons-en un peu, des journalistes ! Ils viennent ici un jour, rarement plus, espèrent photographier ou filmer quelque chose de dur, censé plaire au public, ou veulent en tout cas se conformer à la règle du jeu de l'information non politique : l'exception. Que peut-on comprendre du secours après un temps aussi bref et dans la recherche d'une conformité ? Pas grand-chose ! Ils ne voient que ce qu'ils sont venus voir et je ne pense pas qu'ils cherchent à discerner quoi que ce soit.

Or, ce qu'il faut saisir, ce n'est pas tant l'acte sec et apparent que tout ce qui l'entoure : les motivations des secouristes, la personnalité de chacun, la vie de l'unité, les attentes à la D.Z., la demande de secours qui soudain tombe... Et là-haut, identiquement, ce sont les motivations des alpinistes et leur personnalité, mais c'est aussi le bonheur attendu de la course, subitement interrompu par l'accident... Et dans le secours, ce qui compte, c'est le monde de l'altitude devenu étranger et hostile, c'est la peur, la souffrance, l'angoisse, puis l'émotion lorsque s'approche l'hélicoptère. C'est le regard émerveillé et reconnaissant qui se tourne vers sa coupole, le contact humain qui s'établit entre des inconnus qui sans doute ne se reverront plus ensuite mais qui vivent ensemble, parfois intensément, des moments susceptibles d'être très difficiles, pour les uns comme pour les autres.

Le docteur Emmanuel Cauchy, dit Manu, dit Docteur Vertical parce qu'il écrit dans *Vertical,* dit Docteur Horizontal pour l'en plaisanter, bref *Le Docteur Cauchy* revient du secours au Goûter. Nous ne nous sommes pas encore revus cet été.

— Alors ? On rattaque ? demande-t-il.

Il nous montre deux petits appareils médicaux extraordinaires dont les médecins disposent cet été : un tensiomètre automatique et un saturomètre en oxygène qui donne aussi le nombre des battements cardiaques.

Pendant ce temps, profitant d'une D.Z. dont l'extérieur est redevenu calme, les oiseaux qui ont fait leur nid sous le toit du chalet s'affairent pour ravitailler leurs insatiables petits. S'habituant à notre constante présence humaine, ils disparaissent pourtant lorsque quelqu'un passe la porte ou stationne sur le seuil, juste en dessous de chez eux.

— C'est fou, remarque Daniel Poujol, comme les animaux s'habituent à n'importe quoi ! Quand un hélico passe au-dessus d'un troupeau de vaches, les bêtes s'affolent, courent, donnent des coups de corne... Mais près de notre base, à Megève, il y a une ferme dont les vaches ne lèvent même plus la tête quand on décolle !

Les animaux sont plus sages que les hommes qui, eux, continuent à stresser. Et je pense à la sagesse de ma grand-mère, qui habitait à Villeneuve-Saint-Georges, sous les décollages d'Orly. On se contentait d'arrêter les conversations quand on ne pouvait plus s'entendre et elle remarquait, tout au plus : « Il faut bien qu'ils passent quelque part ! ». Elle est morte à 109 ans, ce qui ne lui serait sans doute pas arrivé si elle avait passé son temps à se tracasser et protester, pour le bruit des avions ou autre chose...

Ces petits oiseaux de la D.Z. intéressent tout les Dézédiens que nous sommes. Des hypothèses sont émises sur ce qui se passera lorsque les oisillons apprendront à voler. Quelqu'un a suggéré qu'ils seront des mutants effectuant des décollages verticaux, pour avoir trop observé comment on s'envole, quand on est un hélicoptère.

Mercredi 9 juillet

Un incident rappelle un ancien livre de Saint-Loup, *La Montagne n'a pas voulu*, où étaient relatés divers « miracles » survenus lors d'accidents de montagne, mais ne prenant en compte que ceux survenus lorsqu'une chute, par exemple, avait laissé indemnes des grimpeurs qui auraient dû, selon toute vraisemblance, être morts. Ce matin, donc, un cas de chance, très joli : une énorme chute de séracs à droite du Grand

Capucin. L'hélicoptère et les secouristes ont fait une reconnaissance inquiète. Deux cordées étaient dans le secteur mais l'avalanche de glace est passée exactement entre elles, sans les toucher.

Chance, encore, pour ce parapentiste dont la chute, sous le Brévent, a été signalée par des randonneurs qui en avaient été les témoins. Le malheureux pouvait s'être fracassé sur des rochers. Mais le temps que l'hélicoptère arrive sur les lieux et, indemne, l'accidenté avait déjà plié sa voile !

La D.Z. est ensuite au repos. Un secouriste, puis deux, puis le mécanicien se mettent à regarder l'étape du Tour de France. Benoît Cousineau qui donne derrière eux, à un autre médecin, des explications sur du matériel médical, brouille, ce faisant, les commentaires sportifs.

— Benoît, lui dit Sylvain Haquin, comme vous seriez mieux dehors pour discuter !... Au soleil... La nature... Les petits oiseaux...

Cousineau reçoit le message :

— Ah ! Votre Tour de France !... Lundi !... On a eu droit à l'étape la plus longue, de 1 heure et demie à 7 heures du soir !... Ici, la télé a été branchée dessus tout le temps... Bon !... L'étape finie, on éteint enfin le poste... Et à 7 heures et demie une voix propose : "Tiens ! Si on regardait le journal du Tour ?".

Gentiment, après avoir donné cette appréciation sur les prouesses vélocipédistes en cours, il sort avec son interlocuteur poursuivre dehors la conversation.

— Bon ! approuve Sylvain. Maintenant, pour être tout à fait tranquilles, il n'y aurait plus qu'à supprimer le téléphone...

Le sort ménage l'équipage et les secouristes. L'étape est finie et le vainqueur récompensé quand tombe une nouvelle demande de secours. C'est un mari, très inquiet, qui vient de signaler qu'il a laissé sa femme, blessée à une cheville, sous le sommet du Brévent. L'hélicoptère s'envole, cherche, en vain, rappelle pour en savoir plus, explique ce qu'il voit, tourne encore et retourne. Rien ! La blessée s'est évaporée.

On saura un peu plus tard que des Anglais l'ont convaincue de marcher, et qu'elle est repartie, en boîtant peut-être, mais sur ses deux jambes.

— Ça, ce serait une histoire à écrire ! me dit Benoît Cousineau... L'histoire des secours qui n'ont pas eu lieu !

Ils sont multiples en effet. Le temps qu'avait pris le mari pour aller donner l'alerte, a permis à la femme de récupérer et de partir, d'autant qu'elle voyait le temps passer et a dû préférer se prendre en charge avant la nuit.

Certains accidentés le font. C'est souvent du courage. Cela peut aussi aggraver le mal dont ils souffrent et compliquer le traitement médical, en le rendant par ailleurs plus onéreux. Le juste milieu n'est pas évident à trouver.

On sait qu'il y a aussi, notamment parmi les étrangers, des blessés dont l'accident est signalé par d'autres et qui se cachent dans un recoin de rocher, ou sous des buissons s'il y en a, en voyant arriver l'hélicoptère. C'est regrettable et cela peut entraîner des conséquences graves. Ils ont peur des frais du secours, sans savoir qu'en France, l'été, il est gratuit.

Notre conversation s'oriente sur ce problème de la gratuité des secours, sur lequel le public a toujours une opinion sans rien connaître des tenants et des aboutissants de la question. Il ne viendrait à l'idée de personne de donner son avis sur les produits chimiques employés lors d'une anesthésie et encore moins sur la théorie des quanta, qui nous concernent pourtant. On reconnaît que c'est affaire de spécialistes. Mais dans tant d'autres domaines également spécialisés, ne serait-ce que l'économie, on entend chacun discourir, sans rien connaître aux faits, aux chiffres, aux lois qui les gouvernent. Le sentiment, parfois généreux, parfois même utopique, parfois strictement égoïste, tient alors lieu de science. La sécurité sociale, le secours en général, le secours en montagne en particulier n'échappent pas à la règle. Il en sera question plus loin [1].

Actuellement, passe à la télévision une publicité qui amuse tout le monde. Peu importe qu'elle soit complètement erronée, d'autant qu'on oublie aussitôt quel produit elle vante... On y voit un alpiniste pendant à bout de corde, dans une paroi en surplomb. Un hélicoptère suisse s'approche et le sauveteur crie à l'accidenté, avec l'accent helvétique adéquat, qu'il ne peut le secourir parce qu'il est tombé du côté français, mais que s'il remonte et va tomber du côté suisse, on le prendra en charge et l'assurance aussi, ou quelque chose de ce genre.

Évidemment, où que ce soit, le malheureux serait secouru. Surtout côté français ! Car en Suisse les secours sont payants et l'on ne peut dire que cette solution soit pour autant satisfaisante.

Le Dr. Cousineau, skiant au-dessus de Zermatt, a vu un jour un blessé qui était tombé à une cinquantaine de mètres de la piste, donc en hors-piste et les pisteurs n'avaient pas le droit de se porter à son secours... Tant de réglements rigides nous régissent !... Il est allé vers l'accidenté, mais lorsque la demande de secours a été transmise, ce dernier a dû dire d'abord comment il allait payer, en espèces, par chèque ou par carte de crédit, et dans ce cas donner le numéro de sa carte bancaire ! L'histoire ne dit pas ce qui serait advenu s'il n'avait eu ni assurance, ni moyens personnels.

1. Voir : *De la gratuité des secours.*

Jeudi 10 juillet

Les orages énormes qui ont éclaté hier soir ont laissé place, ce matin, à un temps relativement ensoleillé. Ce sont donc plutôt des randonneurs ou des alpinistes montant en refuge qui sont victimes d'accidents, comme celui qui a lieu aux Rognes, sous le refuge de Tête Rousse, où un marcheur a dévissé sur un névé. Traumatisme crânien, perte de mémoire, cuir chevelu scalpé, des ecchymoses. Cela aurait pu être pis... Et l'on devine que tous ses amis défileront dans sa chambre d'hôpital en lui disant : « Eh bien, dis donc, tu as eu de la chance ! »

Vers quatre heures, le ciel se couvre et devient carrément noir à l'ouest. Le Brévent se plombe de teintes gris fer. Autour de la D.Z. les branches des arbres s'agitent de droite et de gauche, s'abaissent, se relèvent, oscillent, frissonnent.

L'orage a éclaté sur le Bargy. Une cordée, qui en est descendue, signale par téléphone que quatre grimpeurs sont bloqués dans le haut de la falaise. Celui qui appelle ajoute : « Vu l'orage et la grêle que, nous, on s'est pris, là-haut ils ne doivent pas être bien... ». Peu après l'alerte est confirmée.

— Vous allez être secoués, avec l'orage qui se prépare ici ! remarque David, le G.A. [1] de la semaine, à l'intention des sauveteurs.

Le souffle de la turbine et celui du rotor s'ajoutent aux vents. Lors du décollage, les arbres plient, tressautent, s'écrasent avant de revenir au calme, tout relatif, qui précédait l'envol.

Quand revient l'hélicoptère, mission accomplie, avec les secouristes et le docteur Lecoq, j'apprends que les quatre grim-

1. Il ne s'agit pas, comme on pourrait le penser au Club Med, d'un « gentil animateur », mais d'un « gendarme auxiliaire » c'est-à-dire d'un jeune homme, d'ailleurs toujours gentil, qui accomplit son service militaire dans la gendarmerie. L'un d'eux est souvent affecté à la D.Z. dans des fonctions d'aide et de permanence.

peurs n'ont pas été touchés par la foudre, ce qui était à craindre, mais très choqués, d'autant que parmi eux se trouvait une femme qui avait déjà été foudroyée et redoutait particulièrement l'orage. Ils ont été sortis de leur fâcheuse position et laissés en vallée.

Vendredi 11 juillet

Le capitaine Gin et Pierre Raveneau, futur major, ont pris leur tour comme premiers à marcher. Le principe est maintenant que chacun, même si son rôle est plutôt de bureau, ne perde pas contact avec le travail de terrain. Mais aucun secours !

Tant mieux !

S'il n'y a pas de livre, parce que la saison aura été trop calme, cela voudra dire qu'il n'y aura guère eu d'accident et j'en serai la première ravie.

Samedi 12 juillet

Dans la journée cinq interventions seulement et ne concernant pas précisément des gamins.

Voilà une des idées fausses qui traînent : que le secours en montagne concerne des personnes jeunes, sportives, bronzées, imprudentes de mille façons, follement aventurées en haute altitude et qu'on ferait tout aussi bien de laisser où elles sont, pour leur apprendre !

Examinons les cas d'aujourd'hui.

Le benjamin ! Un Français, de trente-huit ans quand même. Mal aigu des montagnes aux Rochers rouges, lors de la traversée des « trois Monts Blancs[1] ».

1. Il n'y a qu'un Mont Blanc ! On appelle ainsi le parcours qui, à partir de l'Aiguille du Midi, atteinte en téléphérique, traverse l'épaule du Mont Blanc du Tacul et celle du Mont Maudit. L'ensemble se déroule à 4 000 mètres et peut être rude lorsque l'entraînement est insuffisant.

Vient après lui, par ordre d'âge, un Danois de quarante-huit ans. Même cause. Un M.A.M. si important qu'il a provoqué une perte de connaissance d'une dizaine de secondes, puis une autre et une chute dans le couloir du Goûter, mais sans conséquence ni blessures. Il était avec un guide, qui a appelé par sa radio. Le malade était grand, costaud, sportif, mais n'était jamais monté à plus de 3000 mètres. Pour lui, le fait d'être sportif le rendait apte à tout. Le Dr. Cousineau m'explique l'émotion éprouvée par les gens qui ont à se rendre compte qu'ils ne sont pas, ou plus, prêts à tout. Principalement les adolescents, qui se sentent en position d'échec et sont tristes, inquiets, déçus.

Nous avons ensuite un randonneur français, de cinquante-trois ans, qui a eu un malaise cardiaque sur le sentier de la Jonction, à hauteur des Pyramides. Son cas est le plus douloureux, moralement, humainement. Des problèmes cardio-vasculaires, il en a déjà eus. Il a fallu lui faire des angioplasties, c'est-à-dire des dilatations d'artères. Son cardiologue l'a suivi attentivement et lui a dit qu'en se ré-entraînant doucement il pouvait envisager de mener une vie normale. Habitué de la vallée, il a repris le dessus, s'est entraîné progressivement et, ce matin, a donc essayé de monter à la Jonction. Alors qu'il n'était pas loin du but, il a ressenti une douleur cardiaque qu'il a su identifier. C'est l'échec. Il va se sentir vieillir. Médicalement, ce n'est pas un « grand » secours. Mais l'aspect psychologique pèse.

Soixante-deux ans. Une Écossaise. Victime d'épuisement au refuge de Tête Rousse, avec en plus une douleur au genou.

Soixante et onze ans, le doyen de notre journée ! Un secours, pas trop grave, déclenché pour un malaise cardiaque, vers le Lac Blanc. En fait il semble s'agir plutôt de déshydratation et d'hypoglycémie. Benoît Cousineau a néanmoins eu une émotion lors de ce secours. Avec le nouveau petit appareil magique, il a pris la tension : rien ! Mais aucun signe fâcheux à l'électrocardiogramme. Pose d'une perfusion. Avec un tensiomètre normal, la tension était à 14. Suspicion jetée sur le petit tensiomètre magique.

Cette énumération par ordre d'âge ne correspond pas à l'ordre chronologique. Trois des secours se sont succédés et même imbriqués l'après-midi, d'autant qu'il fallait transporter un cinéaste, donc effectuer des rotations supplémentaires, laisser le cinéaste et un secouriste, aller sur un autre secours, repartir chercher des secouristes... Le travail de la D.Z. se déroule souvent ainsi : il y a un calme absolu. Et soudain une explosion de violence.

Aujourd'hui, donc, nous n'avons eu affaire qu'à des cas médicaux et jamais à de la traumatologie, bien que celle-ci reste la cause la plus fréquente des secours. Mais en ce début de juillet, il faut le reconnaître, ce sont plutôt des marcheurs du troisième âge qui réclament une aide.

Je parle avec le cinéaste. Il est jeune et semble sympathique. Je lui explique quel livre je désire écrire : parler de beaux secours, de gens sauvés et heureux. Il me dit que c'est exactement son point de vue, qu'il ne cherche pas le sensationnel mais le secours réussi. Il travaille pour une émission qui devrait traiter des « anges gardiens de nos vacances », C.R.S. des plages, etc. Souhaitons que le passage sur la montagne soit bon... Mais les secours ici, avec un vieux monsieur ou une vieille dame épuisés, ne correspondent en rien aux idées reçues. Et je doute que soient présentés des secours si différents de ce qu'attendent les médias.

- VI -

Sombre dimanche

Dimanche 13 juillet

Il doit y avoir du monde en montagne. Avec le 14 juillet, qui tombe un lundi, le pont est appréciable. Et il fait beau !... Ça, c'est la réalité, non les prévisions de la météo qui ont changé je ne sais combien de fois à propos de ce week-end. En milieu de semaine, elles jugeaient qu'il serait très mauvais. Puis elles ont annoncé du beau temps. Ce matin, elles pronostiquaient des orages pour la mi-journée... Auxquelles se fier ?

Trois secours tout d'abord dont un dans de la montagne « sérieuse » : il s'agit de deux jeunes gens bloqués sur le pilier Gervasutti. Ils ont effectué la plus grande partie de l'ascension, en trouvant de la neige partout. Ayant franchi les principales difficultés, ils ont inconfortablement bivouaqué et, au matin, le meilleur grimpeur des deux, celui qui marchait en tête, n'était plus en état de continuer. On ne saurait dans leur cas parler d'imprudence. Ils pensaient terminer la voie dans la journée, avaient dû espérer de meilleures conditions. Ils sortent de l'aventure vivants et indemnes, ce qui est l'essentiel. Mieux vaut parfois un secours qu'un acharnement qui finit mal.

Autre secours assez curieux, à la Petite Verte : un accident de prothèse. C'est un Savoyard de soixante-douze ans, qui continue à grimper malgré deux prothèses de hanche. En remettant un crampon qui s'était détaché, il s'en est luxé une. Cet homme, par son effort pour continuer à grimper, fût-ce dans des courses faciles, force l'admiration.

Puis un guide signale par sa radio quelqu'un, seul et malade, qui tremble et qui vomit, sur l'arête des Bosses, au Mont Blanc. Un M.A.M. ! L'hélicoptère part chercher le malheureux et ramène un jeune homme qui parle anglais suffisamment pour qu'il s'établisse un échange. Il a un bon visage rond, avec un peu de barbe blonde, le nez rouge d'un gros coup de soleil et des yeux bleus très pâles qui brillent derrière de petites lunettes d'acier et des lunettes de ski à large visière.

Lorsqu'il est question de l'envoyer à l'hôpital, il refuse farouchement. Venant d'un pays de l'Est, il n'a ni argent, ni assurance. Un gendarme le rassure quant au secours qui vient d'être effectué :

— *Free !... You don't pay !*

Ça le soulage sur ce point, mais nous comprenons qu'il a encore un souci : il a laissé du matériel, et surtout son duvet, au refuge de l'Aiguille du Goûter, par lequel il pensait revenir. On lui explique qu'il faudra qu'il remonte chercher ses affaires, quand il sera reposé. Oui, mais il a loué ses chaussures et la location semble avoir déjà lourdement pesé sur son budget. Alors, les secouristes lui disent qu'on préviendra le gardien pour qu'il prépare ce qu'il a laissé et que lorsqu'il y aura un secours dans le coin, on le prendra. Il n'y a évidemment pas de vol d'hélicoptère à seule fin de récupérer des affaires personnelles. Mais pour les gens de l'Est, perdre un matériel chèrement acquis ressemble à une catastrophe.

Puis vient la formalité nécessaire pour le procès-verbal de chaque secours : prendre l'identité de ceux qui ont été descendus. C'est indispensable pour la régularité des opérations et parfois assez difficile. Mais dans le cas présent, c'est tout simple. Le jeune homme est là, il va mieux et parle un peu anglais.Il s'appelle Michael Sirotny, a vingt-cinq ans. Et son pays ?

— *Slovak*, dit-il.

Et, pour que nous comprenions mieux :

— *Communist country...*

Un secouriste le rassure :

— *Yes... But no more... Finished* !

Il sourit.

Un gendarme propose de lui appeler un taxi, mais il refuse. Il n'a pas d'argent. Alors je dis que je vais l'emmener. J'ai souvent rendu ce genre de service en 1994. Ça ne fera jamais qu'une fois de plus. Mais on ne peut pas laisser marcher ce pauvre garçon sur une route au soleil alors qu'il vient d'être malade.

Comme le jeune homme ne sait pas exactement où on va et qu'il ne connaît pas cette vallée où il n'est que de passage, il nous faut chercher partout un camping dont il ne sait ni le nom ni le lieu, mais seulement qu'il est de l'autre côté de Chamonix. Mille allées et venues, jusqu'aux Bossons, presque au hasard, qui nous donnent du moins le temps de bavarder. Il est moniteur de tennis et voyage avec sa petite amie, en stop, pour découvrir le vaste monde. Ils sont d'abord allés en Suisse, puis à Chamonix. Demain ils comptent aller en Italie, ensuite en Croatie. Et puis rentrer.

Il juge que les Français valent mieux que les Suisses. De

fait, entre l'hélicoptère qui est venu le chercher quand il était si mal en point et qui ne s'est pas fait payer, puis cette dame qui le raccompagne en voiture pour chercher patiemment son camping, on peut dire qu'il n'a pas trop à se plaindre !

Il parle aussi de sa course et dit pourquoi il se trouvait seul là-haut. La chose est pour lui des plus simples. A Chamonix, il y a le Mont Blanc. Le jeune homme est sportif, si sa petite amie ne l'est pas. Donc, au passage il ferait le Mont Blanc, la laissant, elle, en bas. Rien d'anormal, ou guère à tout cela. Mais ce qui surprend, c'est la façon dont il a organisé son entreprise. Pas d'argent. Louer des chaussures a déjà représenté un gros effort financier. Donc, pas de train ni de téléphérique. Ce brave jeune homme est parti hier matin de Chamonix. Il a marché d'abord jusqu'aux Houches, à pied. Puis il est monté au col de Voza, à pied. De là, il est monté au Nid d'Aigle, à pied. C'est là que les autres commencent, eux, à marcher. Lui n'a fait que continuer... Il est passé par Tête Rousse, a escaladé l'Aiguille du Goûter et, là, un peu fatigué, après quelque trois mille mètres de dénivellation, il a vu un « cottage ». Il ne connaît pas le mot anglais pour désigner un refuge, mais le mot de « cottage » n'est pas celui que j'emploierais pour décrire le Goûter. L'expérience qu'il a vécue dans ledit cottage l'a d'ailleurs douloureusement surpris : cent francs pour une nuit par terre ! Il n'a pas dormi, à deux heures on l'a fait lever et il a fallu qu'il parte. Drôle d'endroit !

Il est donc allé faire son Mont Blanc. Il l'a réussi, dans un temps relativement correct : cinq heures, s'est bravement retrouvé au sommet, puis a commencé à redescendre et il ne comprend pas pourquoi il a été malade ! On connaît la suite.

Sa performance est intéressante, pour quelqu'un qui n'a pas de connaissance des lieux, pas d'entraînement à l'altitude, pas de matériel de montagne... Le Mont Blanc draine une quantité de gens comme ça [1].

Pendant tout ce temps, nous continuons à chercher le camping. Enfin, il le reconnaît ! C'est aux Pèlerins. Il m'explique d'ailleurs qu'ils n'ont pas de quoi payer le camping et, de toute façon, pas de tente, alors ils dorment sous un auvent qu'on veut bien leur laisser. Je lui souhaite une bonne suite de vacances. Débrouillard comme il a l'air de l'être, je pense que tout ira bien !

Si j'avais été seule, je crois que j'aurais proposé à ces braves jeunes gens de les héberger jusqu'à la récupération du matériel. Ils seraient revenus chez eux en pensant plus encore que les Français sont compréhensifs, aimables, gentils, etc. Mais je ne suis pas certaine que mon initiative ravirait John.

De fait, même non accompagnée d'une tribu de Slovaques, ce dernier m'accueille un peu fraîchement lorsque j'arrive, très en retard, pour qu'on déjeune.

Daniel Poujol, le pilote, a été plus psychologue que moi. Lorsque je lui ai expliqué, en début de semaine, comment je concevais, pour l'instant, ce projet de livre, on en a discuté et puis à un moment, il m'a dit :

— Et le mari, il prend ça comment ?

La question m'a étonnée.

— Il le prend bien, évidemment !... Enfin, il arrive demain, mais il le prendra bien !... Il sait que pendant mes vacances, j'écris... Il connaît la montagne... Ce sera comme en 94 !

Oui, mais alors, je n'étais pas à la D.Z. tous les jours, tout le temps. Et John avait un camarade de cordée.

1. Voir : *Le Cas du Mont Blanc.*

La réaction d'aujourd'hui me surprend donc. Bon !... A peine le déjeuner avalé, je repars pour la D.Z.

Pendant mon absence il y a eu deux secours dont un à l'Aiguille Verte pour un guide et un client qui ont fait le couloir en Y et sont indemnes. Ils avaient quitté le refuge de la Charpoua à une heure du matin et atteint le sommet à une heure de l'après-midi, mais, après douze heures de course difficile, le client s'est senti trop fatigué pour descendre le couloir Whymper.

Ce genre de secours peut se discuter. Il l'est quelquefois. Quand on entreprend une course, on devrait être capable de la mener à son terme, descente comprise... Dans le cas présent, voyant son client vraiment épuisé, le guide avait pensé à le descendre à bout de corde, dans le Whymper, de relais en relais, mais c'est un couloir dangereux où personne n'aime passer trop de temps. Et s'il était arrivé quelque chose au client, on aurait dit au guide : « Vous aviez une radio... Vous avez bien dû voir que votre client était épuisé... Pourquoi n'avoir pas, à temps, demandé le secours ? » Il arrive que l'on descende ainsi des gens qui n'ont rien, comme ce matin au pilier Gervasutti. Parfois c'est justifié, parfois moins. Tout est affaire de cas.

Après ces secours, la D.Z. est redevenue calme. Daniel Poujol remplit son carnet de vol. Gérard Peyraud-Magnin, dit Gégé, rédige un procès-verbal sur un ordinateur. Il tape sur le clavier avec une grande énergie.

— Tu fais du piano ? lui demande Benoît Cousineau.

— Non.

— Tu aurais du potentiel !

C'est vrai que Gégé joue son P.V. fortissimo...

Mais, l'exercice terminé, Gégé propose :

— On va mettre le Tour !

— Tiens ! Ça nous manquait ! remarque Cousineau.

C'est finalement une interminable course de voitures que nous montre la Reine.

Mais survient une nouvelle demande de secours. Il s'agit d'une entorse dans le secteur des Chéserys et du Lac Blanc, cas banal s'il en est. Ce qui l'est moins, c'est la façon dont l'alerte a été donnée. La randonneuse dont il est question avait son téléphone portable avec elle. Blessée, elle a téléphoné à Paris, d'où l'on a prévenu Chamonix. Pourquoi faire simple quand on peut faire compliqué ? Il est vrai que les portables permettent de demander rapidement un secours. Mais les sommets sont maintenant envahis de gens qui sortent leur portable et passent leurs communications vers tous leurs proches :

— Devine d'où je t'appelle !

Enfin, bon, c'est comme ça. Dire que c'est du « progrès », c'est autre chose... Le problème du secours en question, c'est qu'il n'y a aucun signalement physique ou vestimentaire de l'accidentée.

— Mets deux cents litres ! dit Daniel Poujol à Sylvain Haquin, son mécanicien. On va tourner...

Comme il arrive souvent en saison, plusieurs secours alors se superposent et s'imbriquent. Les deux premiers à marcher du matin, Michel Médici et Philippe Pouts, sont revenus à la D.Z. dès qu'ils ont su leurs collègues partis. Puis on fait appel aux seconds à marcher.

Il y a eu une chute sur le sentier de Taconnaz. Il y a eu un dévissage aux rochers d'escalade des gorges de l'Arveyron. En même temps arrive à la D.Z. une ambulance militaire afin que Benoît Cousineau, médecin à l'E.M.H.M., fasse une consultation sur place, quand il en aura le temps... L'ensemble devient très complexe. Pour ne pas gêner, je reste à l'intérieur et me contente d'observer toutes les allées et venues, les retours de l'hélicoptère qui fait du fioul, les envols avec les uns et les autres des six secouristes mobilisés... Comme toujours, Daniel Poujol se sort admirablement de ces interventions simultanées pour mettre qui il faut au bon endroit, déplacer le médecin d'un lieu à l'autre, etc. Personne ne sait au juste ce qui se passe ailleurs. Seul l'équipage de l'hélicoptère doit être au courant de tout, ainsi que Pierre Raveneau, responsable au P.G. Il règne tout à coup cette tension qui accompagne les opérations multiples, compliquées et graves.

L'entorse des Chéserys semble avoir été plutôt une fracture du tibia. Je comprends qu'on emmène directement à la D.Z. d'urgence de l'hôpital le grimpeur qui a dévissé dans les gorges de l'Arveyron. Il est donc sérieusement blessé. J'entends dire :

— Polycontusionné... Fracture du fémur... Traumatisme crânien... Coude...

Il doit s'agir de celui-là, qu'on descend en D.Z. d'urgence.

Le Dr. Cousineau revient et annonce brièvement :

— Oui... Il y en a un qui est bien touché !

— Celui qu'on a emmené à l'hôpital ? lui demande Robert Petit-Prestoud, qui vient souvent à la D.Z., en tant que secrétaire de la S.C.S.M.

— Oui !... Et il y en a un, c'est encore plus grave...

Je lève un regard inquiet.

— Il est mort, me dit-il.

Me parviennent des informations sur le blessé. C'est un Anglais de vingt ans. Il grimpait en falaise, se sentait bien, a négligé un ou deux points d'assurance. Mais il est tombé et se trouve maintenant aux urgences. Je n'ose penser à ce que deviendrait le problème du secours en montagne si l'hôpital de Chamonix était supprimé au profit de celui de Sallanches, comme il en est question. L'hélicoptère ferait de longues allées et venues, tandis que d'autres blessés attendraient l'arrivée des secours. Or il y en a qui sont sauvés à si peu près...

Heureusement, nous n'avons pas vu l'ombre d'un des orages annoncés par la météo. Ils n'auraient rien simplifié.

Quant au mort, celui qui est tombé vers Taconnaz, je ne sais encore rien de lui. Sinon que quelqu'un m'a dit :

— On l'emballe... Ils vont arriver...

Le cinéaste ne tient plus en place à l'idée qu'il y a un mort. Lui qui me disait, pas plus tard qu'hier, que ce qui l'intéressait, comme moi, c'étaient les beaux secours, pas les morts... Il est surexcité et chacun ici le ressent mal.

L'hélicoptère arrive donc, avec le mort, qui n'est pas dans le panier extérieur, comme c'est l'habitude.

Je demande :

— On ne l'a pas mis dans le panier ?

On me répond :

— Non. Peut-être parce qu'ils l'ont treuillé. Ou à cause du journaliste...

Effectivement, le journaliste, ou plutôt le cinéaste, est dehors, son énorme caméra sur l'épaule, cherchant à être le plus près possible. Robert Petit-Prestoud intervient et lui dit de s'éloigner. Il recule près de la cabane du matériel, mais avec son gros téléobjectif.

Robert grommelle :

— Ils sont tous pareils ! Quand ils sont là, ils veulent les morts en gros plan. Ils ne respectent rien !

L'hélicoptère ne se pose pas à sa place habituelle mais atterrit en douceur, près du hangar, sa porte tournée vers lui.

Le corps, qui est sur une perche Piguillem, à l'intérieur de l'appareil, est aussitôt transféré dans le hangar. Puis l'hélicoptère, d'un petit saut, vient se remettre dans sa position normale.

Je retrouve le réflexe que j'avais il y a trois ans, quand on ramenait un mort. Je pense intérieurement une sorte de prière. Pour certains, ce sera peut-être la seule...

Le cinéaste n'a pas cessé de filmer. Quelqu'un dit, amèrement :

— Tu vas voir que c'est cette image qu'on aura à la télévision...

Poujol rentre dans le chalet. Pouts et Médici, qui ont ramassé les débris, reviennent aussi, l'air sombre. Médici a des gants de caoutchouc blancs. Il passe devant moi et m'adresse un petit sourire crispé. Le cinéaste se précipite sur eux, avec son micro et sa caméra. Il veut tout savoir.

Le rôle que je m'assigne est différent. A lui, il faut de l'image et du son, en direct. Moi, je me coule dans la D.Z. Je fais partie des meubles... Ce qui m'intéresse, ce sont les gens, non les faits dramatiques, même si je dois aussi les prendre en compte. Quand j'ai envie de poser une question, je vois d'abord si c'est le moment, et si ça ne l'est pas, je ne la pose pas et ne la poserai peut-être jamais. Tant pis. Ce n'est pas du « reportage » que je veux faire, c'est aller plus profond que les faits bruts.

Pouts, libéré du cinéaste, vient de lui-même vers moi.

— Ça commence ! me dit-il tristement.

Oui, ça commence. Le premier mort de la saison... Une morte, je l'apprends maintenant. D'une cinquantaine d'années. Elle a dû trébucher, sortir du sentier. Et elle est tombée.

C'est vrai qu'à part le cinéaste, les attitudes ont changé. On est atteint. Cousineau est sorti fumer en silence une cigarette dehors. Si, le secours, ce n'était que ramasser les morts, je crois que personne ne resterait au P.G.H.M.

Des détails arrivent peu à peu, quand quelqu'un a besoin de les sortir de soi, de se purger des souvenirs.

— Quand je lui ai retourné la tête pour voir sa figure, dit Pouts, il y a la moitié du scalp qui est venue... Ah ! Ce n'était pas besoin de tenter de la réa...

Sylvain Haquin réagit par de la colère, contre les curieux qui, déjà, s'agglutinent aux grillages.

— Lâche Jimmy ! dit-il, excédé, à Gonzalez, le maître-chien de Saint-Gervais, qui répond, considérant les badauds :

— Ils sont comme des singes ! Sauf que c'est nous qui sommes à l'intérieur...

Mais Sylvain est encore plus furieux contre le cinéaste qui, il y a un instant, vient de filmer Gonzalez passant, sur le sac taché de Cousineau, un produit pour enlever le sang et désinfecter.

— Lâche surtout Jimmy sur le cameraman !

Ce dernier est maintenant debout à côté de l'hélicoptère. La voiture des Pompes funèbres vient d'arriver pour prendre en charge le corps. Tout se déroule sous le hangar et je ne veux pas savoir ce qui se passe du transfert. Le cinéaste filme ça durant cinq longues minutes, caméra sur l'épaule, jambes écartées, bouche entrouverte.

— Autant c'est agréable de vous avoir ici, me dit Sylvain, autant celui-là, je ne peux pas le supporter !

Pour continuer à filmer, peut-être parce qu'il se fatigue d'avoir sa caméra sur l'épaule, le cinéaste vient vite prendre le pied de son appareil. Il s'avance. Puis, comme Sylvain sort et va vers lui, d'un air peu engageant, il recule jusqu'à la ligne jaune.

— Dis donc ! On se croirait dans les studios de la Metro Goldwyn Mayer ! grogne Robert Petit-Prestoud.

Le cinéaste choque tout le monde.

David, le G.A., dit à son tour qu'il ne supporte pas la scène.

— Il faut t'y faire, lui dit quelqu'un, sinon tu ne dormiras pas ce soir.

— Ça oui, je dormirai ! Mais ce n'est pas ça... C'est le respect... Il n'a pas de respect.

Impuissants, nous regardons le cinéaste qui maintenant, son portable à l'oreille, téléphone, très excité, en tournant en rond sur la D.Z.

Le fourgon des Pompes funèbres, tristement anonyme, quitte le hangar et s'en va.

La mort, c'est l'échec. Surtout ici. C'est ce qu'on n'aime pas. Bien sûr, il faut ramasser les morts, mais c'est ce qui ne sert à rien. Ça ne sert qu'aux vivants. Même quand c'est pour ramasser un grand blessé, le secours sert à quelque chose, puisque alors il y a l'espoir.

On ne sait rien encore de cette femme qui est morte, pas même son nom. Je me demande qui elle était et si je le saurai jamais, si elle avait des petits-enfants, si un mari va être désespéré... Avec cet accident, on mesure à quoi tiennent la vie et la mort. Un sentier, un faux-pas sur un caillou ou une racine, la chute du mauvais côté, non enrayée, non enrayable peut-être... Il n'y a que le journaliste qui peut être satisfait de sa journée... Quand je pense qu'hier il m'était plutôt sympathique lorsqu'il parlait de son métier ! Mais il trouvait qu'il n'avait pas « eu » grand-chose...

A son tour, le calme Daniel Poujol, après avoir rempli son carnet de vol, donne son opinion :

— Les journalistes, on en a tout le temps. Eh bien celui-là, il est aussi chiant que les autres !

Il est tard. Je rentre. Malheureuse. Une saison sans morts, bien sûr que ça n'existe pas. Mais nous étions déjà au 13 juillet, au quart de l'été presque, sans qu'il y en ait eu encore.

- VII -

Les ados

Fraîche histoire que celle-ci ! Et heureuse, parce qu'elle finit bien. Et assez particulière pour moi car, tandis qu'elle se déroulait, je n'en ai pas même eu connaissance... Mais peu à peu, elle s'est emparée de mon esprit, je l'ai suivie, elle a correspondu à des visages entrevus, à des sourires, et enfin à trois belles petites copies racontant toute une aventure...

Par où la prendre ? Elle a commencé le 13 juillet au soir, alors que j'avais quitté la D.Z. Elle était terminée depuis un bon moment lorsque j'y suis arrivée le 14. Finie, réglée, bouclée ! Et quand, la veille, tard en soirée, nous avions, John et moi, rejoint pilotes et secouristes, il est probable qu'en ce jour marqué d'une première mort, nous avions parlé d'autre chose que du secours et d'une reconnaissance qui avait eu lieu, à la tombée de la nuit, en moyenne montagne, vers les gorges de la Diosaz. Bien des reconnaissances de ce genre ont lieu tous les étés et souvent sans objet parce que les « égarés » reviennent seuls, ou sont partis ailleurs.

Dans mes notes, prises le 14 juillet, seulement ces quelques lignes :

« Ce matin ont été retrouvés trois jeunes qui étaient descendus trop bas vers les gorges de la Diosaz. 14 et 16 ans. En vacances ici. L'un d'eux, qui était moins bas, avait vu le problème, était remonté, avait donné l'alerte. L'hélicoptère les avait cherchés hier soir, mais presque à la nuit, et il était revenu sans les avoir vus. Les jeunes étaient très heureux d'être retrouvés, descendus. Mais les parents n'étaient pas contents du tout. »

Voilà ! Rien de plus ! Et cela aurait pu apparaître aussi brièvement dans mon texte, ou même n'y être aucunement signalé car mon intention n'est pas d'établir une liste exhaustive de tous les secours qui auront eu lieu cet été ! Mais bien de chercher à dépeindre, par des facettes multiples, en m'attachant à ce qui me semble le plus vrai, le plus touchant, le plus caractéristique aussi, en quoi consiste une saison de secours en montagne.

Tout de même, le secours des ados me trottait dans la tête. J'imaginais ce que c'est que d'être égarés, de se dire « Oh la la, tu sais quelle heure il est ? Qu'est-ce qu'on va se faire passer ! », de voir tomber la nuit, de bivouaquer sans équipement, puis au petit matin d'entendre arriver l'hélicoptère sauveur, avec le fracas de son rotor qui se fait de plus en plus proche, puis le voir s'immobiliser, puis assister à la descente, au bout d'un fil, de quelqu'un dont on ne sait pas trop ce qu'il va vous dire — mais dont moi, je savais, quel qu'il ait été, qu'il descendait avec un bon sourire... Cependant restent encore les parents à affronter... « Oh là, là ! C'est pas fini... Qu'est-ce qu'on va prendre ! »... Lorsque je pensais à ce secours, il me semblait être tout à la fois dans la peau des enfants, dans celle des parents...

C'était Daniel Poujol qui avait fait la reconnaissance du soir et le secours du matin. Et puis, en ce lundi, *Dragon* avait remplacé *Bravo Novembre* et lorsque j'arrivai, ayant fait dans la matinée, avec le capitaine Gin, un petit pèlerinage au cimetière d'Argentière, dont il sera question plus loin, l'équipage était remplacé, Daniel Poujol reparti et d'autres secours ou d'autres conversations se proposaient à mon attention.

Les « ados », à peine en vérité si j'en avais su quelque chose... Une des difficultés pour raconter cette saison est de ne pouvoir être présente, à chaque instant, du lever du jour à la nuit, au P.G. et à la D.Z... Ce qui allait être aussi, le lendemain, le problème du cinéaste qui allait rater le secours de sa vie !

L'avantage de ma position par rapport à la sienne c'est de pouvoir continuer à apprendre, si lui ne peut filmer des événements terminés... Je me situe moins « en direct » mais, avec le temps, les aspects psychologiques ressortent beaucoup plus, les impressions de chacun, ce qu'il a vu, observé, pensé, les petits détails donnant la tonalité d'un secours, le grain d'humour ou de détresse, les impondérables.

Cette aventure des « ados » se développait dans mon esprit, y prenait une place croissante. Au cours de la semaine, revoyant un secouriste ou l'autre, je posais une question sur ce qu'il en savait. Plusieurs, en effet, avaient été mêlés à l'affaire : Jacky Paillé, « planton » qui avait reçu l'appel d'alerte, Pascal Saudemont, planton « montant » qui le remplaçait au matin, Philippe Pouts, Jacques Ottonello, Alain Iglesis, qui avaient été prêts pour le secours ou l'avaient accompli, enfin ceux qui s'étaient trouvés au P.G. où avaient eu lieu les retrouvailles.

Ainsi, loin d'oublier ce secours, j'y pensais davantage, j'en apprenais de plus en plus. Je vivais l'inquiétude des parents, qui n'avaient pas dormi :

— Je crois, me disait-on, que le lendemain, chez eux, le plancher devait être usé tellement ils ont dû tourner en rond toute la nuit...

Je découvrais les impressions mêlées qu'on avait recueillies des enfants :

— De là où ils étaient, le soir, ils ont vu le feu d'artifice du 14 juillet ! Ça leur a fait du bien !... Et puis ils ont vu aussi des tas d'étoiles filantes... La fille m'a dit qu'elle n'en avait jamais vues autant... Ils ont eu de la chance que la météo se soit trompée et que le temps soit resté beau !... Le matin, ils ont fait un feu pour qu'on les repère... Les parents ont du caractère, la maman est enseignante. Elle n'était pas trop contente... On a fait ce qu'on a pu pour que les retrouvailles se passent bien, mais elles étaient quand même un peu tendues...

Le coup du feu me ravissait. Ces enfants n'avaient en tout cas pas perdu la tête !... Qu'avaient-ils lu, quand ils étaient plus jeunes ? Tintin, Jules Verne, Jack London ?... J'aurais bien voulu les connaître...

N'y tenant plus, le vendredi, alors que je passais au P.G., je demandai à Jean-Claude Gin s'il avait le droit de me donner l'adresse des parents. Il réfléchit un peu et m'avertit que la mère avait refusé la demande du cinéaste de filmer les retrouvailles. Il ne savait donc pas si elle accepterait la mienne, mais pensait que j'avais une autre façon de travailler, un autre contact, et il m'avait donné un numéro de téléphone. J'appelai dès que je rentrai chez moi, à midi, et bien m'en prit : j'eus la mère au téléphone et la famille partait le lendemain !

Je m'embrouillai un peu dans ma demande. Expliquer ce que je veux faire n'est pas évident en quelques phrases...

— Ces jeunes, dis-je à un moment, me semblent avoir eu beaucoup de présence d'esprit !... Avoir allumé du feu... Ils ont été courageux !

— C'est peut-être votre point de vue, mais ce n'est pas le mien ! me fis-je répondre. Nous avions posé des règles, pour qu'ils soient autorisés à faire cette promenade, et ils les ont enfreintes... On parle des "ados", eh bien, ils sont des "ados", avec tout ce que cela comporte !

Le ton n'était pas admiratif... La voix qui était au bout du fil ne partageait assurément pas mon enthousiasme. Mais cependant, quelque chose passait, de sympathique. J'eus plus de chance que le cinéaste ! Malgré le départ du lendemain, les bagages, rendez-vous fut pris pour le soir. Je débordai de reconnaissance d'être reçue dans de telles conditions où il était si facile de m'écarter.

Vers six heures du soir, me voici donc qui quitte la D.Z. et descends vers Servoz, me demandant vers quoi je me dirige. Débarquer ainsi à l'improviste chez de parfaits inconnus me semble difficile. J'apporte un exemplaire de *Nadir* à leur offrir. Ce sera un petit remerciement, un moyen de nouer la conversation. Le chalet est enfoui dans la verdure. J'ai eu du mal à le trouver et suis un peu en retard. Bon ! Je sonne !

C'est la mère qui vient m'ouvrir. Elle m'introduit dans la pièce principale où, autour d'une table, cinq ou six jeunes aux yeux brillants sont en train de jouer aux tarots. Ils me regardent entrer avec une curiosité qui ne demande qu'à s'épanouir en gaieté. Ils se disent : « La voilà donc, cette dame qui s'intéresse à nos bêtises ! » Et moi, je me dis : « Les voilà donc ! »... Mais je ne les verrai pas davantage...

— Allez, allez ! leur dit-on... Vous dégagez la table !... Montez là-haut !

— Ils peuvent rester...

Mais non ! Ma timide protestation reste sans effet... Ils montent, avec obéissance. Grands bruits de pas et de rires dans l'escalier.

On reste entre grandes personnes sé-ri-eu-ses : le père, la mère et moi ! Je leur offre *Nadir,* je leur explique ce que je fais cette année. Le courant passe. Nous échangeons des propos qui mettent à mal les journalistes et font l'éloge des secouristes. Ce sont des sujets sur lesquels je n'ai pas à me forcer ! Ils coulent de source !

Et puis on en vient à l'histoire elle-même que, tour à tour, le père et la mère me racontent, se complétant l'un l'autre, livrant leurs souvenirs, leurs émotions.

Au moment de partir, je vois Gaëlle, une des « héroïnes » de l'aventure. C'est une jolie adolescente, coiffée d'un petit chignon, avec des tas de cheveux fous qui frisottent autour de son visage. Je la trouve charmante. On parle un peu. Elle est en seconde, voudrait faire du droit et être magistrate. Je suis certaine qu'elle y arrivera. Elle me questionne un instant sur ceux qui lui ont, au début de la semaine, laissé de si bons souvenirs :

— Et le gentil secouriste qui nous a accueillis dans l'hélicoptère ? Celui qui a une petite moustache noire ?

— Ce devait être Sylvain Haquin.

— Ah !... Et le pilote ? Celui qui était un peu fort et si gentil ?

— Daniel Poujol.

— Ah ! Et ceux qui sont venus vers nous...

La mère, à son tour, se répand en louanges. Il paraît qu'il y a des gens qui n'ont aucune reconnaissance pour le secours qu'on leur a apporté. Ce n'est pas le cas ici !

Courant août, j'envoie à la famille un texte que je lui avais promis : *« P.G.H.M. »,* article qu'*Alpinisme et Randonnée* m'avait demandé en 1994. J'ajoute un petit mot pour dire que si jamais les « ados » voulaient me raconter, à leur façon, leur aventure, j'en serais bien contente. Et je n'y crois pas trop, à ce devoir de vacances supplémentaire, que je prétends imposer. Mais en septembre, je reçois les trois récits, tout frais. Et ils me permettent, comme je l'ai vécu moi-même, de présenter, à la fin, l'histoire vraie de ce qui s'est passé au début. La voici :

Ils étaient quatre. Il y a Pierre-Baptiste, 14 ans, et Gaëlle, 15 ans, qui sont frère et sœur. Il y a Samuel, 16 ans, qui est aussi en vacances, dans le chalet voisin. Et il y a Gaël qui, lui, est de la région.

Les vacances se passent bien. Les enfants forment une petite bande et ils « décident » de partir deux jours en moyenne montagne, en passant une nuit au refuge. Les parents ne sont pas d'accord. Les relations ne sont d'ailleurs pas au beau fixe à cause d'une histoire de cigarettes. Bref, la permission est refusée. Deux jours plus tard, les enfants soumettent un nouveau projet : celui de partir seuls un jour. Objectif : le refuge de Villy et se baigner dans la Diosaz. Les conditions sont discutées et mises au point : départ à six heures et demie du matin et retour, au plus tard, à cinq heures et demie, la météo annonçant des orages en milieu de journée. Autre consigne : ne pas s'écarter des chemins.

Moyennant quoi, le dimanche 13 juillet, lever à six heures, préparatifs rapides et départ dans la joie. La longue montée n'occupe aucune place dans les récits : « agréable », dit tout au plus Gaëlle. Vers onze heures, en tout cas, les ados sont au refuge de Villy, à côté de la Diosaz. La baignade est plus rapide que prévu, car l'eau est glacée... On déjeune, on partage les provisions, on joue aux tarots et on décide de rentrer. Reprendre le même chemin ennuie. Gaël et Samuel le connaissent par cœur. Et puis, ce sentier-là fait remonter jusqu'à 2 000 mètres pour redescendre ensuite à 800. Il reste beaucoup de temps. Pourquoi ne pas suivre, jusqu'à Servoz, cette jolie rivière qu'est la Diosaz ? On vote à main levée. Tout le monde est d'accord !

Mais c'est dans cette décision que se situe la grosse, l'énorme erreur ! C'est à partir de ce moment que tout peut arriver... Parce que la moyenne montagne, c'est la montagne : ça ne « passe » pas partout !

Ce qui arrive au début n'est pas trop désagréable et l'enthousiasme règne. En sautant de pierre en pierre, les quatre complices traversent des marécages agréablement peuplés de grenouilles. Au bout d'un certain temps, ils souhaitent quand même retrouver un chemin... Justement, en voici un ! Et, après quelques minutes de marche, on aperçoit au-dessus un pont et des panneaux. Gaël et Samuel vont voir. Déception ! Les panneaux indiquent Nice et Amsterdam ! La facétie ne semble pas très drôle. On continue à marcher et l'on comprend, au bout d'une petite heure, qu'on ne va pas vers Servoz mais vers le Brévent. On poursuit cependant, dans l'espoir de trouver une bifurcation. Mais le temps passe... D'un virage avec bonne visibilité, on croit apercevoir, au loin, le refuge de la Tête de la Fontaine. A travers les alpages, on devrait pouvoir l'atteindre, mais le temps continue de passer. Il est déjà trois heures et demie... Mieux vaut revenir au projet initial : suivre la Diosaz, sur laquelle on trouvera, pour traverser, un barrage que les garçons connaissent. La descente reprend, plutôt agréable : on passe entre des arbres et des arbustes, on se laisse glisser sur l'herbe et on arrive au barrage, enfin ! Pour connaître une nouvelle déception : il n'y a toujours pas de chemin...

Gaëlle est fatiguée. Elle se rend compte, intérieurement, qu'elle est un « poids » pour les garçons. Car Gaël, lui, traverse. Samuel et Pierre-Baptiste pourraient le faire, sans doute, mais Gaëlle non, et ils restent, bien sûr, avec elle.

— Rendez-vous chez Samuel ! leur crie Gaël qui sait à peu près comment rejoindre Servoz, une fois ce barrage franchi. Les autres décident de repartir par le haut, toujours sans chemin. Gaëlle commence à s'angoisser. Elle pense aux parents qui sont sûrement « morts de trouille » Et la remontée, en suivant des traces de fougères couchées, dure infiniment...

En bas, l'heure fatidique du retour est arrivée. Et les enfants ne sont pas là ! Les parents de Gaëlle et Pierre-Baptiste estiment qu'il faut s'accorder un temps de répit, avant de vraiment s'inquiéter. Mais à six heures, personne... Ils décident alors de prendre le chemin et de monter à la rencontre des enfants. Si, à huit heures, il n'y a rien de nouveau, ils préviendront les secours. Hélas, sur le chemin toujours personne. A huit heures, donc, les parents téléphonent au P.G.H.M. Le planton est Jacky Paillé. C'est un homme expérimenté, efficace. Il explique que ce qu'il convient d'abord de faire, c'est que le père téléphone lui-même aux refuges du secteur, dont il lui donne les numéros, afin qu'il décrive les enfants et la façon dont ils sont habillés. Il cherche à rassurer, il dit : « Maintenant, c'est sous contrôle ! » Par ailleurs, il faut se renseigner auprès de la Compagnie des guides, afin de savoir si des accompagnateurs de moyenne montagne les aurait rencontrés et où... Ces démarches ne donnent rien. Il va falloir envoyer l'hélicoptère, mais au hasard.

Durant ce temps, Gaëlle, Samuel et Pierre-Baptiste ont continué à monter. Pendant quatre heures et sans chemin... Gaëlle n'en peut plus « physiquement, moralement, nerveusement ». Sans l'aide des garçons, elle s'arrêterait. Tous en sont bien conscients, et notamment Samuel, qui a écrit : « Il fallait sans cesse lui remonter le moral. Et durant quatre heures d'ascension, je passai mon temps derrière elle à lui mentir en quelque sorte puisque je savais que passer la nuit en montagne devenait inévitable. »

Vers neuf heures du soir, après avoir franchi des passages délicats, les trois jeunes se trouvent sur une sorte de corniche. « Un replat, dit Pierre-Baptiste, avec le vide à droite, à gauche, devant nous et la paroi derrière. Je décide de continuer mais Gaëlle n'en peut plus. Nous sommes épuisés moralement et physiquement, nous prenons la décision de rester là. » Samuel fait la même remarque : « Gaëlle me posait sans cesse des questions, me parlait de ses angoisses, de celles de ses parents, pensait qu'elle allait mourir ici. » Et Gaëlle raconte : « Pour moi, c'était impossible de continuer. J'avais peur. Je ne m'étais jamais trouvée confrontée à une situation comme celle-là. Je perdais tous mes moyens, je pleurais. »

Mais, vers neuf heures, Gaël a réussi à rejoindre la vallée, à donner l'alarme, à expliquer la situation. On prévient tout de suite le P.G.H.M. Vite, l'hélicoptère, qui était prêt à effectuer la reconnaissance, vient le prendre sur le terrain de football de Servoz, pour qu'il guide la recherche. Mais les trois autres ont fait du chemin, depuis le barrage. On ne les aperçoit nulle part. Eux entendent et voient l'appareil. Ils sont vêtus de couleurs sombres. « Les jeunes, m'a dit la mère, ils s'habillent de noir, de brun, de bleu marine... C'est leur mode !... Qui fabrique d'ailleurs des vêtements fluo ? Dites-moi ! »... Et les gendarmes ont confirmé : « Ils étaient dans les mêmes teintes qu'utilisent les braconniers pour ne pas se faire repérer ! »... Les trois enfants, pourtant, ont cherché à être vus, se sont agités, ont tenté d'allumer un petit feu, pris une photo pour qu'il y ait un flash — qui n'a pas été aperçu — d'autant qu'une brume montait et que c'était sur le versant opposé qu'on les cherchait alors... La nuit était tombée. L'hélicoptère est reparti...

Les trois « ados » comprennent qu'ils doivent attendre là où ils sont jusqu'au matin. C'est angoissant et le désespoir saisit de nouveau Gaëlle. Le serein tombe, cette rosée du soir... L'obscurité... Le vide autour... Pierre-Baptiste et Gaëlle sont en short et ont froid. Les garçons font un petit feu d'herbes sèches et puis ils cherchent à blaguer, à raconter des histoires drôles.

Vers onze heures, trois feux d'artifice s'élèvent, en bas, dans la vallée et leur spectacle, leur ambiance de fête, leur présence familière contribuent à rehausser le moral du petit groupe. Durant une demi-heure ils égayent la nuit. Et puis l'ombre revient. Pierre-Baptiste pense à ce qui se passe en bas et confie à Gaëlle : « Maman doit être morte de trouille ! » Il pense aussi au repas qu'elle avait préparé pour leur retour, au confort de son lit.

Par chance, les orages annoncés ne se produisent pas. Mais il faut traverser la nuit qui, comme toutes les nuits de bivouac imprévu se révèle terriblement longue. On procède par compte à rebours. Gaëlle demande souvent l'heure à Pierre et veut savoir où l'on en est... Plus que quatre heures... Plus que trois... Il tombe des étoiles filantes.

En bas, la situation n'est pas meilleure, sinon pire. Car les enfants savent, eux, qu'ils sont vivants et installés dans une sécurité relative. Mais les parents ne savent rien, sauf que l'hélicoptère n'a repéré personne !

Ces infinis moments d'attente, j'en ai connus. Moments très durs car la seule réalité qui est là et à laquelle on se heurte sans cesse, c'est l'absence anormale, c'est la totale incertitude, c'est le fait indéniable qu'il s'est passé quelque chose mais on ne sait pas quoi. Et l'imagination s'emballe, envisage des catastrophes. Rien ne peut soulager cette angoisse et je ne suis pas sûre que le fait de la partager l'adoucisse. Ressasser à deux les mêmes données, les mêmes hypothèses, les mêmes explications, les mêmes espoirs ne doit guère combler le vide béant de la réalité.

Mais peu à peu les heures passent. Quand vient le moment lugubre où, sans céder vraiment, la nuit se fait grise, froide, hostile, Gaëlle est reprise d'angoisses : « Ils ne nous trouveront jamais ! »

Le jour point, cependant, très lentement. Pour que les recherches puissent reprendre, il faut qu'il fasse suffisamment clair. Se doutant de la prochaine arrivée des secours, les « ados » ont préparé un nouveau petit feu. Entendant le bruit de l'hélicoptère, ils le rallument. Ils voient l'appareil qui tourne, les cherche. Et les repère ! Par le haut-parleur, une voix les enveloppe, s'adresse à eux !

« S'ensuit un énorme soulagement pour tout le monde », écrit Samuel. Pierre-Baptiste dit de ce moment : « Je suis euphorique. » Et Gaëlle : « La sensation que j'ai ressentie à ce moment-là est indescriptible, une sensation de tristesse mêlée à une joie intense qui fait monter les larmes aux yeux. »

« L'hélico, raconte Pierre-Baptiste, nous demande de nous asseoir et se met en vol stationnaire au-dessus de nous. Très vite, un secouriste descend. Samuel et Gaëlle sont hélitreuillés et, comme il n'y a pas assez de place dans l'hélico, je reste avec un secouriste et j'entends : "On fait une première rotation et on revient."Pendant la rotation, le secouriste m'a fait prendre conscience de notre insouciance avec beaucoup de gentillesse. »

Et Gaëlle : « Nous sommes montés dans l'hélico où l'attitude du P.G.H.M. a vraiment été très agréable : un accueil très chaleureux sans leçons de morale ni reproches, mais en nous faisant quand même prendre conscience des risques que nous avions pris. »

« Tout de suite, dit Samuel, les sauveteurs nous ont souri, nous ont réconfortés. En arrivant, après quelques formalités, on nous offrit un café. Puis nous avons discuté ensemble, calmement. Jamais ils ne nous ont fait un reproche. »

Pour les parents, en bas, la fin de la nuit, aussi, a été dure. A six heures, ils ont téléphoné au P.G.H.M., voulaient venir à la D.Z. « Non, leur a répondu Jacky Paillé. On peut ne pas les redescendre ici. » Et cela pouvait, en effet, être vers un hôpital. La fin de l'aventure restait encore très incertaine.

« Restez chez vous, a-t-il ajouté. Près du téléphone. On vous joindra dès qu'on les aura retrouvés ! »

Et plus tard, il les a rappelés : « Ils sont sains et saufs ! »

Lorsque j'ai, moi-même, demandé à la mère comment s'étaient passées les « retrouvailles », elle m'a dit : « Les retrouvailles, le journaliste voulait les filmer et je n'ai pas accepté. Mais en vérité, les retrouvailles, elles ont eu lieu le matin, quand on nous a téléphoné : "Ils sont sains et saufs !... Sains et saufs !". »

Alors, les parents ont pris leur voiture et sont arrivés au P.G.H.M. Jacky Paillé s'est occupé de les préparer, pour que tout se passe bien : « Allez ! Ils ont eu leur leçon !... Pas la peine de les engueuler !... Dites-moi si, quand vous aviez leur âge, vous n'avez pas fait des bêtises, vous aussi... »

La mère m'a dit de ces moments : « Nous avons tellement apprécié la gentillesse de tout le monde ! Et même, tandis que nous attendions avec eux, ils savaient mettre un peu d'humour pour que nous soyons plus à l'aise... Ils ont été parfaits ! »

La conclusion ? Ce sont les « ados », ou plutôt chacun d'eux, qui l'ont donnée, dans leur récit.

Voilà celle de Gaëlle : « Je pense que cette expérience a été bénéfique pour moi. Elle a resserré les liens que nous avons avec mon frère, et surtout elle m'a fait connaître un super-garçon : Samuel. J'ai essayé de raconter cette histoire telle que je l'ai vécue et de retranscrire mes sentiments le mieux possible. »

Celle de Pierre-Baptiste : « Avec le recul de quelques mois, je ne regrette pas cette expérience, même s'il y a eu des moments de souffrance pour tout le monde. Les gendarmes de montagne étaient à mes yeux des gendarmes comme les autres avec leur rôle répressif faisant un sale boulot... Après le sauvetage, j'ai découvert des hommes calmes et pleins de gentillesse. En résumé, des hommes qui ont toute mon admiration. »

Et celle de Samuel : « Une fois rentré à la maison, je pensais aux sauveteurs et comment les remercier pour ce qu'ils ont fait. Je leur ai finalement apporté des chocolats et du champagne. Quoi de plus banal ? Et je suis reparti avec la conviction qu'ils faisaient le plus beau métier du monde. »

- VIII -

Quatorze juillet

Lundi 14 juillet

Lorsque j'avais parlé au commandant Fanet, à Paris, du projet que j'avais de dresser le tableau de ce qu'est une saison de secours en montagne, il m'avait dit, à un moment :

— Et votre imagination fera le reste...

Je lui avais répondu que l'imagination serait en veilleuse, n'interviendrait aucunement. Mais, en un sens, il était dans le vrai, car devant la réalité mon imagination fonctionne, sans trêve. Cette femme, morte hier dans une promenade, a hanté ma nuit. Surtout quant aux vivants qu'elle laissait. Un mari ? Des enfants ? Des petits-enfants peut-être ?... Comme un drame est soudain ! Celui-ci d'autant moins attendu que la randonnée en moyenne montagne n'est pas considérée comme une activité dangereuse. A tort ?

L'imagination se fourvoie souvent quand elle cherche à reconstruire — et la réalité, apprise aujourd'hui, est plus triste sans doute que mes chimères de la nuit.

Cette femme, une Suissesse, était avec un groupe qui randonnait chaque dimanche. Des gens compétents, bien équipés. Ils étaient partis tôt pour venir ici et gagner la Jonction par la montagne de la Côte. C'est une très belle promenade que j'ai faite souvent et parfois seule. Rien de dangereux donc, en principe... Pour varier, les marcheurs ont décidé de revenir par le versant de Taconnaz. Et vers quatre heures de l'après-midi, au cours de cette descente, la malheureuse a mis le pied sur des rhododendrons qui bordaient le chemin, y semblant sans doute enracinés, mais qui surplombaient la pente. Ils ont cédé, elle est tombée, elle a échappé au regard de ses compagnons. Ceux-ci l'ont appelée, en vain. Munis d'une radio ou d'un téléphone cellulaire, ils ont alors averti le P.G.H.M.

Rien ne laissait encore supposer qu'elle était morte. C'était le moment où trois secours étaient demandés en même temps : l'entorse des Chéserys, l'Anglais gravement blessé dans les falaises de l'Arveyron, la chute de cette femme. Il a fallu mêler ces trois secours, avec des priorités. Cela arrive fréquemment.

Lorsque l'hélicoptère a aperçu le groupe des randonneurs, ceux-ci, par gestes, ont indiqué l'endroit de la chute. C'est le sac à dos qui, d'abord, a été repéré, cinquante mètres plus bas. Puis le corps, cent mètres encore au-dessous, dans un couloir pentu de dalles humides. Les secouristes ont été treuillés et, dans ce terrain délicat et raide, se sont amarrés comme ils ont pu à des arbustes. La mort de la victime était certaine et avait dû, au moins, être rapide. Il y avait plusieurs ruptures de la colonne vertébrale. Je passe sur d'autres détails. Les secouristes ont conditionné le corps dans une perche Piguillem. Ce ne sont pas eux qui constatent la mort, si évidente soit-elle. Ils déclarent un « état de mort apparente ». Ce sont les médecins, à l'hôpital, qui font le constat officiel.

Cette pauvre femme avait cinquante-huit ans. Je me suis livrée, sachant sa date de naissance, à une expérience que je voulais faire sur la non-crédibilité des horoscopes... Il n'est pas sensé que l'humanité puisse être répartie en douze catégories ayant chacune, en fonction d'une date de naissance, le même caractère et le même destin quotidien... C'est absurde !... Le caractère vient, comme l'aspect physique, de l'hérédité — et un peu de l'éducation. Quant au destin, il est ce qu'on le fait, avec une dose de hasard en plus. J'ai regardé l'horoscope émis pour cette première victime de la saison, le jour de sa mort. Il annonçait : « Juste un peu de fatigue sans gravité [1]. »

Quant au mari dont j'avais tant redouté le chagrin, pensant qu'il faisait peut-être même partie du groupe, il n'existait pas : cette dame était divorcée. Et elle avait deux fils adultes, penchant plutôt du côté du mari et qui ont fait rapatrier le corps sans se déranger. La nouvelle m'a touchée d'autant plus que je connais, dans mon entourage assez proche, un cas analogue de deux filles adultes qui n'iraient pas à l'enterrement de leur mère, mais chez son notaire, certes oui. Et mon cœur s'est serré pour cette femme plus encore qu'il ne l'avait fait dans la nuit écoulée.

Guère de secours en cette après-midi passée à la D.Z. Souvent, on apprend beaucoup dans les moments d'accalmie, si l'on veut s'en donner la peine. On cause avec l'un, avec l'autre.

J'ai longuement parlé avec le Dr. Cousineau, notamment du malaise causé par le cinéaste hier. Benoît me donne son avis :

1. L'expérience tiendra dans cette note. Voici le type de prédictions concernant certains de ceux qui ont trouvé la mort : « Vous avez la forme », « Ménagez votre foie », « Ne craquez pas devant les sucreries », « Protégez-vous des coups de soleil », « Équilibrez plus vos repas », « Surveillez mieux votre alimentation », « Forme éblouissante », « Vous finirez par les perdre, ces kilos », etc. Tissu d'affligeantes absurdités.

— Il n'a rien compris. Il n'a pas compris qu'il y a une sorte de règle du jeu. Car ici, chacun est concerné. Ce qui arrive aux accidentés en montagne, ça peut arriver à tous car tous font de la montagne : les secouristes, bien sûr, pour s'entraîner, et par goût ; les pilotes et les mécaniciens aussi. L'accident peut les toucher en secours, en entraînement, quand ils font des courses pour eux... Même chose pour la moyenne montagne. Le sentier de la Jonction, où l'accident d'hier a eu lieu, ils y ont emmené ou peuvent y emmener leur famille. Personne ici n'a envie de plaisanter avec la mort qui survient aux autres. Dans la médecine courante, le cancérologue soigne ses patients comme si lui-même ne pouvait être en cause. Et c'est pareil pour les S.A.M.U., car un médecin de trente-cinq ans qui traite un infarctus, ça ne le concerne pas. Dans ces équipes, il y a souvent, ne serait-ce que pour échapper à l'ambiance, des plaisanteries d'humour noir. Pas ici, où il existe un respect de cette mort, qui peut être la leur... Ou celle des proches... Ici, chacun connaît des amis qui sont morts en montagne et il n'y a jamais un mot irrespectueux ou déplacé sur les morts. Et ici encore, observez-le, quand il y a un mort, se déroule une sorte de ballet, où chacun est atteint, se comporte en fonction de ce qu'il a à faire et cependant autrement. S'isole volontiers, d'un ou deux mètres...

Ce terme de ballet, qu'il a employé, me frappe. L'espace commun et libre de la D.Z. permet tout un jeu des uns et des autres... Mais Benoît Cousineau en revient au journaliste :

— Il a enfreint la règle du jeu et n'a pas compris pourquoi ensuite tout le monde devenait désagréable avec lui. Filmer un brancard où il y a un mort n'a rien d'intéressant ! Des morts, avec le ski en hiver, on en a une cinquantaine par an, ici. Ça n'a rien d'un scoop quand il y en a un !... Mais lui, il avait l'impression que c'était un scoop. Et plus on avait envie de l'éloigner, plus il croyait que c'était intéressant. Mais ce qui était intéressant hier, c'étaient les réactions de chacun, la tenue gardée, le respect. Et l'irritation contre celui qui ne jouait pas le jeu.

Cela rejoint mes impressions. J'avais pensé aussi que le cinéaste focalisait les humeurs, le chagrin ressenti de cette mort, même si elle concernait une inconnue. On ne pouvait pas se rebeller contre la mort elle-même, ni contre les touffes de rhododendrons, contre les couloirs raides... Mais on pouvait s'en prendre à celui qui violait la mort en cherchant à la filmer comme une curiosité. Ce mot de viol qui vient sous ma plume, je m'aperçois que Benoît Cousineau l'a utilisé plusieurs fois en me parlant tout à l'heure. Car c'est bien cela. Le corps d'un être humain mérite le respect qu'on doit à tous les hommes, ainsi qu'à la dépouille qui reste d'eux. Mal se comporter avec un corps, même quand la vie ne l'anime plus, c'est un viol.

Il est bon de penser qu'ici on respecte la règle du jeu.

- IX -

Un accident d'autrefois : Bobi Arsandaux

Il convient de parler ici d'un accident d'autrefois, afin qu'il ne soit pas oublié. C'est celui de la mort d'Octave Arsandaux, dit Bobi, à l'Aiguille Verte, il y a bien longtemps. Son souvenir mérite de rester dans les mémoires pour nombre de raisons : la personnalité certaine du jeune homme, les circonstances tragiques de son accident, l'immense fidélité que lui ont gardée ses amis. Et c'est pour cela que j'ai mentionné plus haut le petit pèlerinage que le capitaine Gin et moi avions effectué, le 14 juillet, au cimetière d'Argentière, pour remplacer ses amis, devenus si vieux que, cette année, ils ne pouvaient plus venir.

Mais, pour présenter Bobi Arsandaux, il faut parler du G.D.B., en premier lieu. Le G.D.B., ou Groupe de Bleau [1], a réuni, dans les années vingt, une bande de jeunes grimpeurs enthousiastes. Chaque samedi, le groupe partait bivouaquer à

1. Fontainebleau.

Bleau, dans des grottes ou sous les rochers, grimpait le dimanche, s'entraînait, s'amusait. En semaine, la vingtaine de membres qu'il comportait se retrouvait encore. Et l'été, bien sûr, ils allaient en montagne où certains d'entre eux devaient s'illustrer : il n'est que d'évoquer les noms de Marcel Ichac, Pierre Allain ou Raymond Leininger. Mais il y avait aussi Robert Moch, dit « le Moloch », Madeleine Anizan, surnommée « la Marquise », Pierre Chevalier, André Tournon, Henri Brénot, Guy Labour, dont nous parlerons dans un autre chapitre, tant d'autres encore et, bien sûr, Bobi Arsandaux, initiateur, animateur et président du G.D.B. [1].

Le groupe avait des statuts. Féroces ! Pour y entrer il fallait avoir plus de dix-neuf ans, il fallait avoir effectué au moins dix bivouacs, à Bleau ou en montagne, en compagnie chaque fois d'au moins cinq membres du G.D.B., il fallait avoir fait, sans corde d'assurance, le grand rappel de la Dame-Jeanne, devant-témoins-membres-du-G.D.B., il fallait avoir effectué en montagne quatre ascensions de plus de mille mètres de dénivellation chacune, et il fallait avoir payé à boire, à Bleau, un soir après dix heures. Moyennant quoi on avait accès à l'une des plus joyeuses bandes de copains de toute cette après-guerre. Et attention ! Si l'on quittait le célibat pour se marier hors du groupe, on tombait d'office dans la triste condition de membre honoraire.

Des mille histoires, blagues et aventures du G.D.B. — de celles qu'on vit dans l'allégresse et qui souvent s'oublient, parce que la vie continue — certaines ont survécu dans la mémoire de ceux qui y ont participé. C'était la traversée du boulevard Saint-Michel avec corde, sacs à dos, chaussures à

1. Cf. Sylvain Jouty, *Bleau*, p. 122 ; *Alpinisme et Randonnée*, n° 152, mars 1992, Ghyslaine Beaux, « La Belle époque des Bleausards ».

ailes de mouches et petite lanterne à bougie, en sondant du piolet devant soi, pour dépister les éventuelles crevasses... C'était André Tournon jouant les fantômes en forêt, vêtu de son sac de couchage blanc et pendulant du haut d'un vieux chêne tandis qu'éclairé d'en bas par les copains, il émettait des sons grinçants... C'était le même, déguisé en chevalier avec heaume, armure et lance, qui arrêtait, au Carrefour de l'Épine, les automobilistes roulant sur la R.N.6 en leur offrant le verre de l'amitié, jusqu'à trois heures du matin, moment où, avertis, les gendarmes de Chailly-en-Bière, qui apprécièrent sans doute médiocrement la plaisanterie, vinrent mettre un terme à ces bacchiques manifestations.

Le G.D.B. se distinguait aussi par une sorte de danse rituelle qui répondait au joli nom de *La Gadouillette* et qui avait sans doute été importée des Beaux-Arts par Bobi Arsandaux. Les paroles en étaient empreintes d'un message métaphysique auquel, aujourd'hui encore, on ne peut manquer d'être sensible :

J'irai danser la gadouillette (bis)
Tra la la la la la, la gadouillette !
Tra la la la la la, la gadouilla !

Ai-je réussi à faire comprendre ce que dut être la joyeuse jeunesse qui animait le G.D.B. ?

Le drame qui le frappa en 1931 n'en fut que plus profondément ressenti. Bobi Arsandaux était devenu un excellent alpiniste. Il avait réalisé des courses telles que la traversée de la Meije, le Grépon-Mer de Glace (lors de cette ascension il fut le premier Français amateur à franchir la fissure Knubel), la face nord de la Grande Casse, la première du couloir Lagarde aux Droites[1], etc., ce qui le classait parmi les grands espoirs de l'alpinisme français. Malheureusement, ses parents, non par manque de moyens, car son père était le directeur des sténographes du Sénat, mais parce qu'ils réprouvaient l'amour que leur fils portait à la montagne et la place qu'elle tenait dans sa vie, refusaient de subvenir à ses besoins d'équipement, espérant ainsi refréner une passion jugée déraisonnable. Bobi Arsandaux était donc, en montagne, vêtu d'oripeaux et son matériel ne valait guère mieux.

En 1931, âgé de vingt-quatre ans et venant de terminer ses études d'architecture, il effectuait son service militaire et réussit à obtenir une permission concordant avec un pont de 14 juillet. Avec deux camarades, Eddy Stofer et Jacques Jonquière, il partit, le 13, faire l'arête des Grands Montets à la Verte, course engagée qui n'avait encore été réussie que deux fois. A onze heures, jugeant avoir été trop lents, les grimpeurs décidèrent de se contenter du sommet de la Tour Carrée, avant de rebrousser chemin. Mais alors que Bobi Arsandaux, hors de la vue de ses compagnons, tardait à les rejoindre, la corde se tendit, puis se relâcha, ses deux brins rompus net. C'était sa corde. « Une corde, m'a écrit Guy Labour, dont le chanvre était devenu grisâtre, et que tous ses camarades refusaient énergiquement d'utiliser... Et il a fallu qu'une fois, un ami, pas au courant, l'accepte sans savoir... » La longue chute, de huit cents mètres, vers le glacier d'Argentière ne pouvait pardonner.

Les parents de Bobi Arsandaux comprirent mieux sans doute, en voyant ses amis, la passion de leur fils. Ils le firent

1. C'est en effet par J. Lagarde et Bobi Arsandaux que fut ouverte, le 31 juillet 1930, cette voie restée célèbre.

enterrer au cimetière d'Argentière, proche de l'Aiguille Verte, et l'y rejoignirent plus tard.

J'ai sous les yeux l'article nécrologique que Jacques Boell lui consacra. Certaines de ses lignes semblent prémonitoires : « Bobi, cher grand ami aux yeux rêveurs, tu peux dormir en paix en terre de montagne ; ton souvenir restera vif... Notre amitié était de celles qui passent le tombeau... Le petit cimetière d'Argentière recevra de nombreuses visites, et, je n'en doute pas, nombreux seront les amis de Bobi qui viendront chercher, parmi les fleurs de cette tombe, un peu du parfum de leurs souvenirs d'antan. »

Cela est vrai. Et ces dernières années encore, deux de ses amis, âgés maintenant de quelque quatre-vingt-dix ans, Guy Labour et « la marquise », venaient, l'un de la Drôme et l'autre de Paris, se retrouver à Argentière. En janvier 1997, j'ai demandé au capitaine Gin, qui ignorait alors jusqu'à leur existence, de leur envoyer une carte de vœux du P.G.H.M., pour leur montrer que le monde alpin d'aujourd'hui tissait un lien jusques à eux, à travers les années. Ils en avaient été, je crois, profondément touchés. C'est pourquoi, ce matin du 14 juillet, nous sommes allés, lui et moi, sur la tombe de Bobi Arsandaux et nous avons envoyé une carte à chacun de ses deux vieux amis. Ainsi se passent les flambeaux et peut-être ce livre conduira-t-il parfois quelques lecteurs vers le tombeau d'un jeune alpiniste inconnu...

Un inconnu qui valait la peine de ce souvenir. Bobi Arsandaux était sans aucun doute un être d'exception. Dessinateur aussi doué que Samivel, qui était de la même génération. Mais surtout, caractère frappant. Je reprends Jacques Boell, qui a écrit de lui : « Tantôt rêveur et idéaliste, tantôt matériel, tantôt gavroche et follement gai, tantôt triste et renfermé, mais toujours artiste et même mystique... » Et ce passage de la lettre que Guy Labour a envoyée, le 25 août 1997, au capitaine Gin : « C'était un garçon qui a laissé un souvenir exceptionnel. C'était, non pas un "pur esprit", oh combien non ! un étudiant des Beaux-Arts gai, joyeux, blagueur et bon vivant ! Mais je dirais "un esprit pur" : parfaitement propre, droit, d'un jugement scrupuleux, jamais médisant, en qui on pouvait avoir une confiance absolue et qui avait une conscience extrême de la droiture — et aussi de la beauté des choses... En montagne, parfois, il s'arrêtait pour dire : « Que c'est beau ! » et l'on continuait heureux, en plein accord. »

N'oublions pas Bobi Arsandaux !... Ni ses amis.

- X -

Deux journées dissemblables

Mardi 15 Juillet

Pour ce 15 juillet, la météo a annoncé du mauvais temps. En réalité, il fait beau. Mais comme on est toujours influencé par les oracles, on ne peut s'empêcher de croire aux prévisions. Du coup, personne n'a osé aller en montagne, les projets ont dû être reportés au lendemain... Mais voilà, il fait beau, chaud.

A l'intérieur du chalet de la D.Z., Pouts tape un procès-verbal, Poirot lit un bulletin de liaison de la gendarmerie et le Dr. Cauchy fait des plans sur l'ordinateur de la Sécurité civile. Le pilote entre.

— C'est normal qu'il fume, votre ordinateur ? lui demande, de son ton égal, Manu Cauchy.

Sursaut de l'interpellé qui fait quand même un mètre pour voir de ses yeux que, non, ça ne fume pas...

Pouts, lui, doit taper le rapport concernant l'accident de la Suissesse. On le devine aux réflexions qui lui échappent. Philippe Pouts est un méridional, souvent le boute-en-train du P.G.H.M., parfois peut-être le désarroi de ses supérieurs tant il est vif, bavard, primesautier, imprévisible éventuellement. Mais ces apparences tout extérieures cachent un caractère solide et, je le sais, plus que sensible. C'est souvent le cas avec les gens du Midi. Je l'ai vu tendu et triste alors qu'il revenait avant-hier de l'accident de la Suissesse. Mais il a besoin de parler et, tapant le procès-verbal, il ne peut s'empêcher de marmonner des commentaires.

— Chemin muletier... Chemin muletier... Sauf qu'il n'y a plus de mulets... Bon !... Chemin muletier quand même...

— De bonne heure... C'est un singulier ?... Oui, hein ?... De bonne heure...

— Week-end...

Il se retourne vers nous.

— Vous pensez que ça figure dans les dictionnaires français, ça ?... « Week-end » ?

Poirot et moi l'assurons que ça doit y être (hélas !).

— Qu'est-ce que c'est con à écrire, rhododendron !... Il n'y a que des d !

— Et elle était ouvrière en horlogerie... La pauvre !... C'était son heure !

Alain Iglesis, dit Julio, passe, en visite. Alain Iglesis est un personnage étonnant. Sa liste de courses remplirait un volume. Lui aussi est méridional et même plus, il est des Pyrénées-Orientales. Allant, ce printemps, à Villeneuve-de-la-Raho, où naquit mon père, j'ai eu la surprise de trouver, à la mairie, son frère. Alain Iglesis est brun, plutôt petit, avec de grands yeux vert sombre ombragés d'une longue frange de cils, et ces yeux ont une particularité que je crois n'avoir jamais rencontrée ailleurs que chez lui. Souvent, les gens qui reviennent de haute montagne, d'une grande course, ont un regard spécial, une lumière. Leurs yeux semblent le reflet vivant d'un autre monde. Ceux d'Alain Iglesis sont ainsi, en permanence. Sans doute à cause de tant de visions d'altitude, de tant de neige, de tant de ciel. Mais le personnage n'est pas un rêveur. Il est secret mais d'une efficacité extrême. Il n'a pas son pareil, lorsqu'il est premier à marcher à la D.Z. pour tout balayer, laver, nettoyer, mettre en ordre. En montagne il doit être parfait quand on arrive dans un petit refuge bien crade. En une demi-heure, il doit avoir tout remis en état, jeté la neige à l'extérieur, briqué, porté les couvertures à sécher au soleil, allumé le réchaud, fait la soupe...

Iglesis a participé au secours des « ados », hier matin, et me donne des renseignements. L'endroit où ils étaient coincés, c'était sous la montagne de la Coquille. La terrasse herbeuse où ils ont bivouaqué était grande comme deux canapés (le canapé est une des grandes références de la D.Z.). C'est alors que je commence à m'intéresser vraiment aux « ados ».

Après le départ d'Iglesis, un mécanicien de la Sécurité civile me raconte comment il s'est mis à la haute montagne et ce qu'il en retire :

— Ça fait voir les choses autrement. De l'hélico, tout semble écrasé. Mais quand on est sur place, ce n'est plus du tout pareil !... Prenez l'arête des Cosmiques... J'y avais fait plusieurs secours et je me demandais comment les gars pouvaient avoir des problèmes là-dedans... Mais lorsqu'on s'y trouve, c'est tout à fait autre chose !... Et puis, les gens qu'on rencontre là-haut, ils ont le goût de l'effort... Voilà ! C'est ça !... Là-haut, c'est l'effort et l'amitié... Ah ! C'est différent des rencontres qu'on peut faire en bas autour d'un pastis !

Tombe un secours, simple. Une chute au glacier des Nantillons. La victime est une jeune fille, membre brillant, on le saura plus tard, de l'équipe suisse d'escalade. Mais l'escalade, ce n'est pas la montagne... Elle, et des amis à elle, avaient leur tente au Plan de l'Aiguille et ont voulu s'entraîner en glace. Ils avaient des casques, mais pas sur la tête, dans le sac !... Moyennant quoi, quand la jeune fille est tombée, parce qu'elle n'avait pas pris le terrain au sérieux, sa tête a heurté. L'hélicoptère revient et la descend, sur une Piguillem. C'est une gamine. Très agitée. Elle veut sortir du brancard sur lequel elle est attachée. Il paraît qu'on a eu beaucoup de mal à l'y mettre. Elle ne parle ni français ni anglais. Elle est boudeuse, désagréable. Pas contente d'être là. Rebelle comme une ado envers les grandes personnes, étrangères, qui l'entourent. Le G.A. de la semaine, Xavier Sonnensheim, qui est alsacien, lui a parlé allemand, mais elle refusait d'entendre et de répondre. On descend un de ses copains qui, lui, sait le français et est coopératif, explique, écrit.

— Elle a quatorze ans ? demande le Dr. Cauchy, à l'aspect de son visage.

Non, dix-sept...

— Il faut qu'il parte avec elle, demande Cauchy. Sans ça, elle va paniquer. J'aimerais qu'elle soit assez vite à l'hosto.

Elle est déjà dans l'ambulance, avec son petit visage blanc et buté. Son copain la rejoint et le véhicule part.

Je demande à Manu Cauchy s'il l'avait « shootée ».

— Non, me répond-il. On ne le fait aux traumatismes crâniens que s'ils risquent d'être trop dangereux dans l'hélico... Elle, on pouvait la dominer.

L'impression qu'elle me laisse est déplaisante. Quel sale caractère, alors que tout le monde faisait tout pour elle !

— C'est comme ça souvent, les traumatismes crâniens, m'explique Cauchy. Ils bougent, ils s'agitent, ils refusent... Vous avez vu... Elle a peut-être un excellent caractère dans la vie, mais quelquefois les centres d'agressivité sont touchés.

On apprendra le soir qu'elle avait une sérieuse fracture du

crâne et qu'elle a été transférée à l'hôpital de Genève, en neurologie.

Mercredi 16 juillet

Cette fois, il fait vraiment beau, puisque la météo et le ciel s'accordent à le dire. La conjugaison de ces deux éléments fait qu'il y a un monde fou en montagne.

Lorsque j'arrive, deux sauvetages sont en cours, avec les deux équipes de premiers à marcher. Sur le glacier d'Envers du Plan opèrent Cazemajor et Renard pour une entorse du genou. Mais c'est à l'Aiguille Pierre Allain, près du Requin, que se déroule l'autre opération, difficile, me dit-on, technique, délicate, tangente, urgente... L'hélicoptère doit, comme cela arrive souvent, aller des uns aux autres en fonction des besoins, déposer des secouristes ou le médecin, revenir faire du kérosène, prendre du matériel, ramener un blessé, repartir, etc. La journée verra, de fait, onze secours dans le massif et trois autres dans le département.

A la D.Z., on attend, ne disposant, sur le moment, que d'informations occasionnelles.

Arrivée d'une chaîne de télévision.

— Il est là, Cauchy ?

— Non. Il est en secours, répond le G.A.

— C'est quoi, le secours ?

— Deux types qui se sont fait coincer dans une voie.

— Dans quoi ?

— Dans une voie.

— Ah... Bon ! On n'a pas le temps d'attendre. Dites-lui qu'on a fait un sujet. Tout s'est bien passé. On s'en va.

Et ils partent, sans se donner la peine de dire au revoir ou merci.

Entre maintenant Pepito, l'employé municipal. Il est plus

civil, mais n'y va pas par quatre chemins et lance d'un ton joyeux :

— Bonjour !... Ça va ?... Ça bosse ?... Ça tombe toujours ?

Son costume est nettement moins élégant que celui des gendarmes. Pepito porte un pantalon de survêtement gris clair, des Adidas et un long gilet fluo, orné de barres blanches, d'où dépassent ses bras nus, rougis d'un coup de soleil. Il s'assied trois secondes, pour absorber une petite dose de télévision, puis s'en va en constatant qu'il faudra qu'il rapporte des sacs-poubelle.

Retour du secours de l'Envers du Plan. L'accidenté est un noir guadeloupéen, militaire. Pas trop atteint et soutenu par un secouriste, il sautille jusqu'au banc extérieur où l'on prend ses coordonnées pour le procès-verbal. Une ambulance l'emmène. Pour l'Aiguille Pierre Allain est annoncée une D.Z. d'urgence, à l'hôpital. C'est donc grave !... On apprend un peu plus tard que c'est un bassin cassé, plus d'autres choses.

L'hélicoptère évacue les secouristes de l'Envers, puis ceux du Requin, accompagnant une dame de la quarantaine, en collant, chaussons d'escalade, baudrier. C'est la femme de l'accidenté. On lui demande les renseignements nécessaires. Elle est aux prises avec un problème de clef : celle de leur voiture est-elle restée au refuge du Requin ? Ou était-elle suspendue par un lacet autour du cou du mari et, dans ce cas, récupérable à l'hôpital ? Des questions aussi matérielles se posent presque toujours lors des accidents et généralement pour des clefs. Le couple a loué un logement à Vallorcine et les trajets vers l'hôpital demanderont la voiture. Coups de téléphone...

Pendant ce temps, un guide signale par radio qu'il a un client avec un œil gelé au sommet du Mont Blanc.

— Un œil gelé ! s'exclame Robert Petit-Prestoud, qui vient d'arriver.

— Pour le Mont Blanc, je ne peux en prendre qu'un, annonce Ivan.

— Je suis le plus léger, dit Saudemont.

Mais l'on signale maintenant une cordée qui a dévissé à la descente de la Tour Ronde. L'hélicoptère embarque donc aussi Malineau, qu'on déposera en route à la Tour Ronde, tandis que Saudemont sera emmené au Mont Blanc.

Un taxi a été demandé pour emmener à l'hôpital la femme de l'accidenté du Requin, mais il n'arrive pas. J'imagine l'impatience qu'elle doit ressentir, malgré son calme apparent. Elle n'a pu avoir de nouvelles de son mari depuis qu'on l'a treuillé de la paroi. Alors, renonçant à savoir ce qu'est un œil gelé, je me propose pour le transport et l'embarque, avec les deux sacs.

En route, je lui explique pourquoi je suis à la D.Z. en compagnie des gendarmes. Elle me demande mon nom que, par chance, elle connaît, mais elle a préféré ne pas lire *Nadir*, pour ne pas entendre parler d'accidents... Voilà qu'elle vient d'en vivre un, ce qui ne vaut pas mieux... Elle est émue, gentille, un peu tendue, reconnaissante. Elle « culpabilise » sur le fait d'avoir quitté le relais alors qu'elle n'entendait aucun appel de son mari, qui était en tête, lui disant de venir. Ils étaient en effet hors de vue l'un de l'autre et le bruit d'un torrent les empêchaient de communiquer. Les secouristes me diront que ce sentiment de culpabilité était sans raison aucune, puisque la corde était tendue entre eux. Mais on a toujours tendance à se sentir coupable lors d'un choc émotif... Elle m'explique que la voie où ils grimpaient s'appelle *Congo-Star*. Le couple est expérimenté et a déjà fait beaucoup de courses dans l'Envers. Sur les secouristes, elle ne tarit pas d'éloges :

— Ils sont fabuleux !... On voit qu'ils font chaque geste

au bon moment, sans perte de temps, calmement... Et gentils !... Ils vous disent exactement la bonne phrase, celle dont on a besoin quand on en a besoin... Ils sont extraordinaires !

Je la dépose et lui souhaite bon courage, me promettant de demander dans quelque temps des nouvelles du mari, puis reviens à la D.Z.

L'œil gelé a été déposé directement à l'hôpital. Il paraît donc que les cornées peuvent geler ainsi que le liquide qui les humecte, quand le froid est vif et que les lunettes laissent passer le vent. Habituellement l'œil récupère en vingt-quatre heures, mais les gens qui souffrent d'une gelure à l'œil sont inquiets, d'autant qu'ils peuvent être momentanément aveugles.

Pascal Saudemont a rejoint Malineau pour le secours de la Tour Ronde. Il y aurait deux polytraumatisés. C'est donc un accident grave, qui concerne des Espagnols. La troisième équipe, celle des seconds à marcher, Pouts et Iglesis, arrive pour que Cazemajor et Renard puissent aller déjeuner. Et l'hélicoptère revient, avec une blessée de la Tour Ronde et le Dr. Cauchy qui l'accompagne. On a davantage de renseignements sur l'accident. Un Espagnol grimpait seul, au-dessus d'une cordée de trois où se trouvait la fille. Il est tombé et a arraché la cordée. Lui est légèrement blessé, elle plus sérieusement. Les deux autres n'ont rien. Iglesis, qui parle couramment espagnol, demande à la jeune femme quelques renseignements pendant qu'on attend l'ambulance. Elle est atteinte au cou, à la tête, au bras. Elle parle d'une voix assourdie. Manu Cauchy lui met une perfusion pour le transport. L'ambulance est arrivée et l'emmène.

L'hélicoptère revient, une nouvelle fois. Le soleil darde sur la D.Z. des rayons brûlants. Il paraît qu'il fait aussi très chaud en haut.

— Et il y a du monde partout ! Cette fois, c'est parti ! annonce Cauchy.

Philippe Pouts reprend son déjeuner interrompu : un morceau de pain et un morceau de comté qui réchauffaient sur un fauteuil de plastique, à l'extérieur.

Parlant de lui et de Pouts, Iglesis dit à Saudemont qui vient de redescendre, accompagnant l'autre blessé :

— Maintenant, ça va aller ! L'équipe-choc est arrivée sur la D.Z. !

— Pardon ! rectifie Pouts, moi je suis l'équipe chic et toi tu es l'équipe choc !

On rit. On a besoin de rire pour briser la tension. Malineau reste hanté par le secours du Requin, qui a marqué tous les participants :

— Quel secours, ce matin, en paroi !... Beau secours !... Comme on n'en fait pas souvent...

— T'aurais coupé la corde, plaisante Iglesis, t'aurais gagné du temps !

— Cette fois, la saison, c'est parti ! remarque chacun tour à tour, comme un leit-motiv.

L'hélicoptère s'envole de nouveau, vers Argentière cette fois, avec Cauchy et Iglesis.

— Le pilote, à mon avis, dit Robert Petit-Prestoud, il n'aura pas le temps de déjeuner aujourd'hui...

Bien que l'ambulance de l'Espagnole soit déjà partie depuis un moment, deux autres stationnent sur la D.Z.

— Ici, dit Pouts, c'est comme les taxis à la gare Montparnasse... Les ambulances peuvent stationner l'une derrière l'autre...

Tout le monde rit, de nouveau.

Le secours d'Argentière, on l'apprend, concerne encore un

Espagnol qui a reçu une chute de pierres et a une main « explosée ».

Saudemont me redit à son tour :

— Cette fois, c'est parti ! Et ce n'est pas fini ! En montagne il y a du monde partout. Partout, partout, partout, partout... Dans toutes les voies !

Après avoir déposé le blessé d'Argentière, l'hélicoptère repart une nouvelle fois vers Albert Ier. L'Espagnol, qui nous est arrivé, marche mais sa main gauche est énorme, très enflée.

— Il faut enlever la montre ! dit Saudemont.

La montre serre le poignet, autour de la peau gonflée. Le blessé s'y refuse, farouchement. Les réactions des accidentés sont souvent curieuses, surtout quand elles touchent au matériel, aux biens personnels. Comme si, déjà atteints en eux-mêmes, ils se rattachaient énergiquement, du moins, à leurs affaires, à ce qui est « normal », à ce qui reste en bon état.

Malineau ne le contrarie pas et prend sa déposition.

L'ambiance qui règne aujourd'hui à la D.Z. est celle des grands jours de secours. Beaucoup de monde, en permanence. Une atmosphère de surchauffe. On parle plus fort, plus vite. C'est difficile à décrire. Ce n'est pas de la fébrilité : ici, je n'en ai jamais vu. Mais c'est de l'action intensive. Des hommes qui viennent de l'action et qui, ils le savent, vont y retourner. Dont les sens sont tendus vers cette action.

Quatre secours encore : à Albert Ier, une entorse du genou, datant de la veille mais qui n'allait pas mieux après la nuit. Au Nid d'Aigle, une randonneuse diabétique qui a eu une crise d'hypoglycémie. Puis, près de Planpraz, une femme d'une trentaine d'années qui aurait eu un malaise cardiaque, mais il s'agit plutôt d'une crise de tétanie. Qui s'enchaîne à une entorse aux Chéserys, une de plus !

A trois heures moins le quart, n'ont encore déjeuné ni le

Dr. Cauchy, ni le pilote qui est Michel Pierre, ni le mécanicien qui est Ivan Commène, dit Ivan le Terrible, parce que depuis le début de la matinée ils n'ont pas arrêté un instant. Le jeune cinéaste est arrivé et fait des images. Absent ce matin, où il était avec des surfeurs, il a raté le grand secours du Requin. A peine Manu Cauchy est-il en bas, qu'il se précipite vers lui pour l'interroger.

— Je n'ai pas déjeuné ! Tu permets, répond celui-ci, je déjeune d'abord !

Puis, s'adoucissant :

— Mais tu peux venir avec nous...

Et un peu plus tard, ce cinéaste vient me parler de la morte de dimanche :

— Est-ce que c'est vrai que j'ai choqué ?

— Oui.

— Mais pas Poujol, en tout cas ! Il m'a emmené ensuite sur un secours...

— Qu'est-ce que vous croyez ? C'est un militaire. Il a des ordres vous concernant. Il les exécute. Ça ne l'empêche pas de penser, de ressentir...

Mon interlocuteur reste stupéfait. Il n'avait pas eu cette idée. Pas envisagé qu'une fois l'autorisation d'être ici acquise, il n'était reçu qu'en fonction de cette autorisation, et pas forcément aimé.

— Mais vous, je vous ai choquée ?

— Oui.

— Même vous ?

— Mais oui ! Je suis proche de ceux qui sont en montagne, comme eux. On est du même monde. Les gens qui travaillent ici ressentent fortement la mort, la respectent beaucoup.

— Mais moi aussi, je la respecte...

— Non ! Vous filmiez tout ce que vous pouviez... Ça gênait.

Il semble mal comprendre. Je lui sais gré du moins de s'être posé des questions. Mais il est jeune. Si le métier rentre, il se blasera.

Olivier Renard, un des nouveaux au P.G. de Chamonix, très sympathique, s'étonne du calme revenu. Toujours en grosses chaussures de montagne, combinaison d'escalade, baudrier plein de mousquetons, il dégage le haut de sa combinaison, enlève son tee-shirt et sort au soleil en émettant avec satisfaction :

— Ah ! On va pouvoir bronzer !

Ça risque de ne pas durer longtemps... Mais il est vrai que tout est redevenu paisible. De la cuisine-salle à manger s'échappent des bruits de vaisselle et de couverts, des rires parfois. Même la télévision est éteinte.

— Eh bien ! dit Ivan le Terrible, qui en revient et me voit écrire, moi aussi je vais me mettre aux écritures !

— Vous avez eu le temps de noter un peu les secours ?

— Rien du tout ! Le seul moment de répit qu'on a eu, c'était un Coca au Requin... Et encore il a fallu qu'on le boive vite !

Henri Cazemajor, fana du Tour de France, a rallumé la télévision.

Mais vers quatre heures tombe un nouvel appel : une fracture de jambe, cent cinquante mètres sous le refuge du Goûter.

— Fracture ! Ah ! Il faut que j'y aille ! dit Cauchy.

— Surtout, reste comme tu es ! lui conseille Michel Pierre.

Manu Cauchy n'a qu'un short et une casquette... Mais en moins d'une minute, il est complètement empaqueté dans sa combinaison d'escalade, avec chaussures, sac médical.

Et ça s'envole pour le dixième secours de la journée.

On apprend presque aussitôt qu'il y a besoin d'une reconnaissance entre le col du Midi et le sommet du Mont Blanc. On en connaîtra plus tard les circonstances diplomatico-comiques.

Mais intervient une troisième demande pour un arrêt cardiaque à la cascade de Bérard, du côté de Vallorcine. Ces secours qui tombent en même temps doivent répondre à une formule de probabilités.

Quand l'hélicoptère revient du Goûter, il n'arrête même pas le moteur, pour repartir dans la foulée vers la crise cardiaque. C'est dans le vent du rotor qu'on descend la jambe cassée du Goûter. Le cinéaste est maintenant à quatre pattes pour filmer la tête du blessé qu'on débarque. Décidément, il n'a toujours rien compris et ne se fera pas aimer ici. Le G.A. de Strasbourg grommelle :

— Mais c'est un vrai charognard, celui-là !

L'hélicoptère s'envole avec Cauchy et Cazemajor. Le cinéaste se précipite pour filmer à nouveau le brancard du Goûter. Il a l'air gentil mais il est vraiment incorrigible ! Je l'observe, de l'intérieur du chalet, gênée pour le blessé. Quand c'est fini seulement, je sors. L'accidenté est un jeune Anglais, tout emballé dans la Pigui. On ne voit que son visage. On le déballe. Sa jambe droite, cassée, est dans une attelle, mais il a mal aussi à la gauche. Pendant qu'on attend l'ambulance, je vais lui parler. Je lui dis que l'ambulance ne va pas tarder, que mon mari est anglais, que nous sommes ici en vacances, que je m'informerai pour savoir s'il a besoin de quelque chose... Il a dix-huit ans. Le docteur l'a « shooté » parce qu'il souffrait tant « qu'on ne pouvait même pas lui enlever ses crampons ». Maintenant qu'il souffre moins, il a un visage souriant. Il a fait le Mont Blanc ce matin et c'est à la descente, par le Goûter, qu'il est tombé. Je lui fais remarquer que c'est mieux que s'il était tombé à la montée : au moins, il a été au sommet ! Il acquiesce, sourit.

— Et il a eu de la chance ! me dit Renard. Il a fait environ dix mètres de chute et s'est arrêté. En dessous, il y avait une barre rocheuse de vingt mètres...

L'ambulance arrive, enfin. Pour le transport, il est décidé de poser aussi une attelle à la jambe gauche, peut-être également cassée. L'ambulancier sort une attelle en plastique transparent qu'on glisse sous la jambe. Il faut la gonfler avec un petit tuyau et ce soin revient au G.A. qui s'époumonne.

— Tiens, remarque Olivier Renard... Ça devient vert, dedans !... Tu as bu quoi ?

On embarque le gentil petit Anglais... Anticipons, bien que les cas se présentent à moi souvent par fragments et en plusieurs jours. Le lendemain, munie d'un *« thriller »* en anglais je me suis présentée à l'hôpital où l'on ne connaissait personne du nom de l'accidenté du Goûter. Surprise, je suis allée me renseigner aux urgences et l'on m'a répondu que le blessé n'ayant rien, toutes radiographies faites, il était reparti le soir même ! Surprenant ! J'en ai parlé aux médecins qui m'ont confirmé, une fois de plus, car ce n'est pas la première, que la réaction à la douleur varie considérablement d'un sujet à l'autre. Le jeune Anglais n'avait que de grosses contusions. Mais ses dix mètres de chute l'avaient impressionné et il souffrait vraiment.

Revenons à la D.Z. Tandis que le secours de Bérard s'effectue, entre une dame, grande, d'âge moyen, belle. Des cheveux blonds assez courts rejetés vers la nuque. Pantalon et chaussures de montagne. Elle demande s'il y a des secours en ce moment, s'il va y avoir une reconnaissance. Je lui explique où ça en est. Je me dis que c'est peut-être une mère, qui aurait demandé la reconnaissance au Mont Blanc, et qui nous arrive, anxieuse.

Elle s'assied à côté de moi et explique :

— Je me demande s'ils pourraient profiter d'une reconnaissance pour me monter à l'Envers.

Cette phrase me prépare à tout. On voit débarquer ici quelquefois de sacrés fantaisistes. Mais la suite du discours éclaire le début :

— Je suis la gardienne de l'Envers. Ma mère est morte hier... A Sallanches... Depuis dix jours, je descendais quotidiennement et remontais pour la soirée là-haut. Aujourd'hui, c'étaient les formalités. Je n'ai pas l'habitude de demander de l'aide... Mais s'ils avaient une reco et pouvaient me déposer... Je n'ai plus le courage de remonter à pied...

Je lui dis avec émotion :

— Vous êtes Babeth ! Je suis Anne Sauvy...

On se serre la main et on reste comme ça, nos mains l'une dans l'autre, longtemps.

Babeth est la gardienne de refuge la plus connue du massif. John l'a en vénération. Et en plus c'est une de mes « fans » ! Je lui ai dédicacé des livres qu'elle me faisait passer mais on ne s'était jamais rencontrées.

— *Nadir*, me dit-elle... J'en ai deux exemplaires là-haut. Tout le monde les lit. Il y en a un auquel il manque des pages [1] et celui qui le lit se précipite alors pour avoir l'autre. Quelquefois, à dix heures du soir, quelqu'un refuse d'aller se coucher parce qu'il est en train de lire *Nadir* et veut savoir la suite ! Et ce qui me frappe, c'est que chaque lecteur est touché différemment par un cas ou par l'autre. Moi, c'est par les jeunes. Mais il y a une petite avec moi, au refuge, c'est par le cas du

1. C'est un « dos collé », catastrophe de l'édition moderne.

Tchèque. Le Tchèque l'a bouleversée. L'autre jour, on nous amène deux sacs et je la vois sur le point de pleurer. Je lui demande pourquoi et elle me répond : “Cela me fait penser au sac du Tchèque dans *Nadir...*”.

Peu d'auteurs sont insensibles au fait qu'ils sont appréciés, mais je parle à Babeth de sa mère. Elle n'avait que soixante-dix-sept ans, ce qui est aujourd'hui un âge relativement jeune pour mourir. Mais, parce qu'elle était en mauvais état depuis deux ans, sa mort semble être de celles que l'on ressent comme un apaisement. Et, pourtant, c'est un grand choc que ce soit arrivé, explique Babeth... Je sais, je le lui dis... L'enterrement est prévu samedi, à Servoz. Babeth veut y prendre la parole car le prêtre, récemment arrivé, n'a pas eu le temps de connaître la morte. Elle me demande des conseils pour ce discours. Devra-t-elle employer la deuxième ou la troisième personne du singulier ? On étudie cela ensemble et ce qu'il convient qu'elle dise. A la D.Z., on fait de tout...

L'hélicoptère est revenu, le malaise cardiaque ayant été déposé directement à l'hôpital. Reste la reconnaissance au Mont Blanc. Il s'agit de grimpeurs qui campaient au col du Midi, pour faire la traversée du Mont Blanc par le Tacul, et dont on n'a pas de nouvelles. La mission consiste à voir si leur tente a bien disparu du col, où des camarades à eux l'ont cherchée en vain, puis d'explorer tout au long de la voie à la recherche d'un accident. Montant par la Mer de Glace jusqu'au col du Midi, l'appareil va pouvoir déposer Babeth.

Émois internationaux

Lorsque j'ai quitté la D.Z., l'hélicoptère tournait du côté des pentes qui s'étendent en dessous du Montenvers, après avoir achevé sa reconnaissance au Mont Blanc, dont les tenants et aboutissants n'étaient pas encore connus. Le fin mot de cette nouvelle recherche me fut donné le lendemain. Il s'agissait d'une disparition peu ordinaire.

Un groupe de Japonais en visite à Chamonix — ils sont innombrables — avait fait par le train l'excursion du Montenvers et de la Mer de Glace. Parmi eux, une Japonaise d'un âge vénérable, soixante-dix-huit ans, s'était perdue et n'avait pas même son ticket de retour. Elle n'était pas dans les meilleures conditions pour affronter les problèmes qui devaient se poser, gênée qu'elle était par un triple handicap : celui de de son âge, celui de sa nationalité — comme la plupart des Japonais, elle ne devait pas savoir un mot de français ni d'anglais — et enfin elle était à moitié infirme. Ce troisième handicap, je viens de mal le décrire : à la mode d'aujourd'hui, dans une terminologie « politiquement correcte », j'aurais dû dire qu'elle était une « personne en état de réduction de mobilité individuelle ». C'est affreux, mais ça fait sérieux et on s'imagine à tort que c'est plus gentil.

Quoi qu'il en soit, cette vieille Japonaise était perdue et on ne la retrouvait nulle part. Panique chez les Japonais. Alerte du P.G.H.M. qui avait averti l'hélicoptère revenant du Mont Blanc, lequel était parti la chercher, en vain, dans les couloirs où on pensait qu'elle aurait pu tomber.

Le dénouement de l'aventure avait été heureux, la vieille dame ayant réussi à regagner la vallée, soit en boitillant tout au long des mille mètres de dénivelée, soit en réussissant à convaincre le guichetier du Montenvers de lui calculer en yens le prix de la descente. Les opinions restent partagées quant à ces deux hypothèses, dont l'une doit être la bonne. Mais en tout cas, la vieille dame n'avait pas été au bout de ses peines lorsqu'elle avait retrouvé Chamonix, où elle s'était sentie plus perdue dans la jungle urbaine qu'elle ne semblait l'avoir été dans la nature. Elle n'avait aucune idée de l'endroit où se situait son hôtel ni du nom exotique qu'il portait. Des touristes, trouvant curieux de voir cette vieille Asiatique à l'air fatigué errer à l'aventure, avaient compris qu'elle avait des problèmes et réussi à la ramener auprès de ses compatriotes.

Quand on voit tourner l'hélicoptère, ce n'est pas toujours, loin de là, pour de jeunes audacieux sans cervelle... Non, cela peut être aussi bien pour une Japonaise infirme de presque quatre-vingts ans.

La reconnaissance au Mont Blanc avait présenté des aspects plus curieux encore, un incident diplomatique s'étant presque produit. Voici l'affaire.

La télévision finlandaise avait décidé d'envoyer une mission d'exploration chez les sauvages, ou tout comme, pour tourner un grand documentaire d'aventure. Le genre Nicolas Hulot accomplissant l'exploit du siècle. L'exploit du siècle, c'était le Mont Blanc par le Tacul, voie normale. Une héroïque cordée finnoise devait se lancer à l'assaut de la plus haute cime d'Europe, de ses neiges éternelles, de ses glaciers, ses pentes abruptes, ses vertigineuses arêtes, ses crevasses béantes et pièges en tous genres. Beau sujet.

La valeureuse expédition prévoyait, comme faire se doit, des camps d'altitude avant le grand assaut final. Il était inutile de signaler aux téléspectateurs finlandais que la course peut se faire dans la journée par la première benne. Le camp de base avait donc été installé au col du Midi, très probablement atteint par le téléphérique, comme tout le monde le fait. Deux vaillants ascensionnistes y avaient planté leur tente, afin de s'acclimater à l'altitude avant l'Assaut et, sans donner de nouvelles, avaient laissé passer deux grands jours de beau temps en ne jugeant pas opportun de procéder à l'attaque. Inquiétude au sein de l'équipe restée en vallée qui ne voyait pas redescendre les vainqueurs qu'elle attendait. En conséquence, elle avait délégué des éclaireurs pour voir ce qui se passait au col du Midi, et là, panique ! La tente des courageux explorateurs ne se trouvait plus dans le village de toile !... Ils avaient donc entrepris la périlleuse ascension et avaient disparu, tels Mallory et Irvine à l'Everest, dans le plus angoissant des mystères.

L'équipe finnoise donna aussitôt l'alarme au P.G.H.M. qui prévit une reconnaissance lorsque la masse de secours survenus ce jour-là en laisserait le temps. Une priorité, logique, est accordée aux blessés que l'on sait réels, avant que l'on ne s'occupe de recherches, souvent formulées sans précision et donc longues à effectuer. L'hélicoptère était, rappelons-le, déjà requis en ce lundi après-midi pour une fracture, un infarctus, une entorse... Et avec le monde qu'il y a au Mont Blanc, quand s'y produit un accident, en principe on le sait très vite...

Mais pendant ce temps, le responsable finnois de l'opération s'affolait. Ces Français ne faisaient rien ! Lui, voyait ses héros morts ou agonisant dans la montagne sauvage, sans que personne ne bouge pour les sauver. Jugeant que les autochtones ne faisaient pas face à l'ampleur du drame, il téléphona à son ambassade. La même panique s'y répandit aussitôt. Imaginez Nicolas Hulot disparu quelque part dans les Andes et le pays ayant l'honneur d'accueillir son exploit ne faisant rien ! L'ambassade résolut de signaler en haut lieu à Paris la tragédie qui se déroulait à Chamonix. Panique communiquée à Paris ! Matignon appella le P.G.H.M. qui répondit que l'affaire était en mains, se présentait pour l'instant sans problème et qu'une reconnaissance était prévue dès qu'elle serait possible.

Donc, les autres secours terminés, *Dragon* était reparti avec deux secouristes. Il avait déposé Babeth au passage, remonté les séracs du Géant, était arrivé en vue du vaste camping du col du Midi, lequel est interdit mais l'on sait que l'interdiction se double par essence de transgression... Et là, il avait repéré une tente installée à l'écart des autres. L'équipe finnoise n'était peut-être pas allée jusqu'à elle... Il fallait vérifier ! L'hélicoptère se posa juste à côté de la tente. Mais personne n'en sortit. Elle devait être vide, abandonnée... Olivier Renard fut laissé sur place, chargé de voir s'il y avait des indices à l'intérieur. L'hélicoptère s'envola immédiatement pour effectuer les recherches au long de la traversée du Mont Blanc, voir si une cordée en détresse était restée inaperçue, trouver peut-être deux corps inanimés au bas d'une pente... Mais à peine étaient-ils arrivés au Mont Maudit qu'ils recevaient un appel radio de Renard.

Ce dernier avait ouvert la tente et y avait trouvé les deux disparus, bien tranquilles et qui n'avaient pas jugé bon de se manifester, ou même de regarder ce qui se passait, lorsque l'hélicoptère avait atterri à côté d'eux... « Plus près, on pouvait pas ! », m'a expliqué Michel Pierre. Et l'on sait le bruit énorme que produit l'appareil et le vent de neige que soulèvent les pales du rotor...

Enfin, personne ne l'a su mais, en ce 16 juillet 1997, un grave incident diplomatique a été évité.

-XI -

L'accident des Guiverec

Tout au long de cet été 1997, il y a eu des journées de travail intenses, des émotions, des drames et des tensions, mais la journée du mercredi 16 juillet a été l'une des plus remplies, et le secours des Guiverec, un de ceux qui ont marqué durablement la saison.

Lorsque tour à tour sont revenus dans le chalet de la D.Z. le pilote, qui était Michel Pierre, le mécanicien, Ivan Commène, le médecin, Manu Cauchy, et les deux secouristes, Pascal Saudemont et Jean-Jacques Malineau, chacun d'eux a éprouvé le besoin de laisser fuser ses impressions, et le souvenir des difficultés surmontées, dans une ou l'autre exclamation :

— Beau secours !

— Quel secours !... Comme on n'en fait pas souvent !

— Technique, ce secours !... Extrêmement technique !

— Ah !... On rentre satisfaits !

— Grand secours !

L'alerte avait été donnée du refuge du Requin, à la suite d'appels entendus dans la voie *Congo-Star*, à l'Aiguille Pierre

Allain. L'hélicoptère était aussitôt parti, sans qu'on en sache davantage. Il n'y avait aucun renseignement sur les raisons de l'appel ou la nature d'éventuelles blessures. Du Requin, on voyait seulement une cordée qui semblait en difficulté et quelqu'un pendant à bout de corde. L'Aiguille Pierre Allain est une pointe sur laquelle a été installée, il y a quelques années, la statue du Christ du Secours en montagne.

La cordée qui venait d'y être accidentée était formée par un couple, Francis et Nadine Guiverec, alpinistes expérimentés et bons montagnards, mais il suffit parfois de peu de chose pour que le sort bascule. Ils se trouvaient dans le tiers inférieur de la voie, sur de grandes dalles très lisses mais, étant séparés, au moment de l'accident, par un bombement, ils ne pouvaient ni se voir, ni même s'entendre en raison du bruit d'un torrent. Francis, qui grimpait en tête, a eu une hésitation sur l'itinéraire, et s'est trouvé mal engagé, déporté hors de la voie. Elle, ne voyant plus bouger la corde qui était presque à bout, pensant qu'elle n'avait pas entendu l'appel de son mari lui disant de venir, est partie dans la longueur qui suivait. C'est alors que lui est tombé. Une écaille derrière laquelle il avait trouvé un coinceur déjà en place et qu'il avait pu saisir, a cassé. Sa chute a donc continué et il a été retenu par un autre coinceur qu'il avait posé lui-même et qui se trouvait une dizaine de mètres au-dessous du point d'où il était tombé. Par conséquent, la chute totale a été d'environ vingt mètres. Ayant heurté plusieurs fois le rocher, il s'était fait une fracture ouverte du bassin, avec grosse perte de sang, interne et externe. Un *friend* lui était entré dans la chair de la hanche et avait sectionné un muscle. Il avait enfin une fracture de l'épaule avec luxation.

Lorsque l'hélicoptère est arrivé, très rapidement, en vue du site, les accidentés ont été aussitôt aperçus mais les atteindre était si difficile que l'hélicoptère a dû rester une bonne minute en vol stationnaire, afin que les secouristes envisagent la situation, fassent le point sur les possibilités d'assurance qu'offraient ces dalles compactes et surplombantes, trouvent enfin une solution au problème complexe qui se posait à eux et qu'il était urgent de résoudre très vite. Il y avait beaucoup de sang sur le rocher en dessous de l'homme, mais celui-ci était resté conscient car il faisait signe de son bras indemne.

— Il a fallu un bon instant de réflexion pour qu'on sache ce qu'on allait pouvoir jouer ! a commenté Michel Pierre.

La situation était celle-ci : une paroi raide, 60° environ, lisse, se présentant dans une succession de dalles, de surplombs, de parties verticales. Le blessé pendant à la corde, retenu par un coinceur dont la solidité était problématique et sur lequel les sauveteurs ne pouvaient donc prévoir d'établir leur propre assurance. La femme, quatre mètres au-dessus du relais inférieur, accrochée par les mains sous un surplomb, une jambe bloquée sur une écaille. Entre les deux, une distance de vingt-cinq mètres et deux plaquettes d'assurance séparées de six mètres environ.

Comme on ne pouvait courir le risque de descendre directement vers le blessé ou de s'assurer à son coinceur, la meilleure solution était, pour les sauveteurs, d'être treuillés sur le relais que cherchait l'accidenté lorsqu'il avait hésité sur l'itinéraire, bien qu'il y ait un décalage latéral entre ce point et le blessé lui-même. Dès que cette décision fut prise, Pascal Saudemont et Jean-Jacques Malineau furent donc descendus jusqu'à ce relais, peu confortable mais présumé sûr. Ils purent s'y assurer, car il y avait là deux *spits*. Ils se vachèrent à la paroi et sortirent leur corde du sac.

Entre l'instant de l'accident et le treuillage des secouristes dans la paroi, il ne s'était écoulé qu'une demi-heure, bien qu'il ait d'abord fallu que les cris de Nadine Guiverec fussent entendus du Requin, qui était à cinq cents mètres environ, que la présence de la cordée soit repérée dans la paroi, que l'alerte soit transmise par le refuge au P.G.H.M., que les secouristes embarquent, que l'hélicoptère arrive sur les lieux, que le problème posé par la difficulté du secours soit résolu et que le treuillage des sauveteurs soit effectué.

Tandis que Pascal Saudemont moulinait Jean-Jacques Malineau en dessous de lui, l'hélicoptère repartait aussitôt prendre le médecin avec une trousse de secours, car la paroi ne lui aurait pas permis d'utiliser un sac, et une perche Piguillem. Durant ce temps, Malineau avait rejoint le blessé. Il y avait sous ce dernier un surplomb, mais pas très loin, une petite vire, fine margelle de dix centimètres où dut se dérouler l'essentiel des opérations. Arrivé à la hauteur de Francis Guiverec, en se tenant au rocher pour corriger le décalage, Jean-Jacques Malineau parvint à rejoindre l'axe de la corde du blessé et à le faire venir à lui. Immédiatement s'établit entre eux la relation de coopération presque amicale, qui est indispensable dans ce genre de secours délicat :

— Ne vous inquiétez pas !... Maintenant on s'occupe de vous !

— Ça fait vingt-deux ans que je fais de la montagne, sans accident, et je vous embête...

— Mais non ! C'est notre métier ! Il y a des gens qui demandent le secours pour bcaucoup moins ! On est là pour vous aider !

— Je crois que j'ai le bassin cassé...

— On va s'en occuper ! Comment t'appelles-tu ?

— Francis.

— Eh bien, Francis, ne t'inquiète plus ! Ça va aller, maintenant.

Ce genre de dialogue est important, c'est même un facteur

de réussite. Il convient d'établir le contact, de parler et faire parler, de rassurer. L'aspect psychologique d'un secours va de pair avec l'aspect technique et l'aspect médical.

Francis Guiverec était pâle, saignait abondamment et l'on ne sentait guère ses pulsations. Il y avait urgence et il n'était pas question de chercher à établir un meilleur relais. Mais l'accidenté étonnait les secouristes par son calme et son sang-froid. Il souffrait certainement mais ne se plaignait pas et, toujours conscient, courageux, avait participé à son déplacement sur la paroi.

Pascal Saudemont descendit en rappel pour se trouver à l'aplomb et rajouta un *friend* à la plaquette supérieure pour consolider l'assurance. Jean-Jacques Malineau tenait lui-même sur la plaquette inférieure et le coinceur qui avait retenu Francis Guiverec. Une fois ce dernier solidement vaché les deux secouristes s'occupèrent de Mme Guiverec qui, elle, n'avait rien mais qu'il fallait sortir de sa position inconfortable. Par ailleurs, elle s'impatientait, intérieurement, de ne rien savoir de ce qui se passait. Le bruit du torrent ne permettait pas en effet de l'informer, les sauveteurs ne parvenant à communiquer entre eux que par la radio de leur casque. Mais elle était inquiète, elle avait vu du sang sur le rocher, appelait pour avoir des nouvelles et n'entendait pas de réponse, d'autant que l'urgence du secours ne permettait que les actes primordiaux.

Lorsqu'on la fit se déplacer, elle surprit les secouristes par la rapidité avec laquelle elle franchit un surplomb de V sup ou de VIa « en courant », me dit l'un, « comme un avion ! », me dit l'autre. Elle put alors s'assurer, au relais d'une autre voie, sur une bonne vire.

L'hélicoptère revenait avec le Dr. Cauchy qu'il treuilla directement vers le blessé mais, par manque de place, la

Piguillem fut descendue plus haut, afin qu'elle ne risque pas de toucher la victime.

— Les treuillages, ce jour-là, ils ont été chi-rur-gi-caux ! m'a dit Ivan Commène. Il fallait que la rondelle du treuil arrive juste à l'endroit où on avait besoin de l'enclencher, pour que tout se passe vite et bien.

Puis l'hélicoptère alla se poser au Requin d'où l'équipage suivit à la jumelle la suite des opérations en paroi.

Suspendu dans son baudrier, le Dr. Cauchy fit un rapide bilan médical, posa une voie veineuse dans des conditions difficiles, injecta au blessé du *nubain* pour soulager la douleur. Il était impossible de faire davantage en raison de la raideur de la paroi et du manque d'espace utile. Durant ce temps, Pascal Saudemont préparait la Piguillem où Manu Cauchy et Jean-Jacques Malineau installèrent Francis Guiverec, Malineau devant le mettre presque sur lui afin de parvenir à l'introduire dans la perche et à l'y fixer. L'opération fut malaisée. Heureusement, le blessé restait calme, ce qui facilitait les manœuvres, il ne protestait pas, ne gênait pas, mais au contraire s'excusait d'être cause de telles difficultés.

Lorsqu'il fut prêt, l'hélicoptère revint. On y treuilla d'abord le médecin, qui voyage toujours avec la victime. Puis la rondelle du treuil fut descendue vers la Piguillem et y fut accrochée. Saudemont la détacha alors du relais tandis que Malineau coupait l'assurance du blessé. La perche partit en se balançant. Elle fut treuillée en position horizontale car le patient n'était pas en bon état. Sa fracture du bassin et la quantité de sang qu'il avait perdue faisaient craindre le désamorçage du cœur qu'un hélitreuillage en position oblique risquait d'entraîner. Mais les transports sous la machine sont cause d'un inconvénient qui n'est pas maîtrisé : laissée à plat, la perche tourne. L'hélicoptère était à une vingtaine de mètres au-dessus de la Piguillem lorsque celle-ci fut accrochée, mais quand le treuil l'eut enlevée, elle ne manqua pas à la règle et se mit à tourner. Il fallut pourtant la laisser ainsi, à cinq mètres sous l'appareil, afin qu'elle ne risque pas de heurter le panier, et gagner la D.Z. du Requin où on la posa. Le gardien et un guide aidèrent à la dégager de la rondelle du treuil. L'hélicoptère atterrit à son tour. On put alors introduire la perche, à l'horizontale, dans la cabine et Francis Guiverec, mis sous perfusion, fut emmené au plus vite en compagnie du Dr. Cauchy vers la D.Z. d'urgence de l'hôpital, où les attendait le Dr. Lecoq.

Pendant que les deux secouristes finissaient leur travail, l'hélicoptère alla traiter l'accident, beaucoup moins grave qui s'était produit à peu près vers la même heure au glacier d'Envers du Plan.

Dans la paroi de l'Aiguille Pierre Allain, Jean-Jacques Malineau était descendu en rappel auprès de Mme Guiverec et l'avait aussitôt apaisée :

— Votre mari est pris en charge ! On va l'en sortir ! Il doit arriver à l'hôpital, en ce moment !... Et maintenant, on s'occupe de vous. Quel est votre nom ?

— Nadine.

— Bon ! Nadine, c'est vous bientôt que l'hélicoptère va venir chercher et il vous descendra dans la vallée.

Cette nouvelle causa à Nadine Guiverec un immense soulagement. Elle supposait que, n'étant pas blessée, on se contenterait de la déposer au refuge et qu'il faudrait qu'elle en descende seule, à pied, ce qui n'est pas difficile mais, dans l'état de choc où elle se trouvait, elle redoutait cette descente solitaire qui la séparerait, des heures encore, de son mari.

Là aussi, dès qu'il y eut contact, il y eut sympathie. Nadine Guiverec s'interrogeait sur sa responsabilité dans l'accident. Serait-il survenu si elle n'avait pas quitté le relais ? Etait-ce sa faute ? Jean-Jacques Malineau la rassura à ce sujet : la corde était restée tendue et rien n'aurait été différent si elle était demeurée à la même place.

Les secouristes s'occupaient de récupérer leurs cordes et celle des Guiverec ainsi que tout le matériel utilisé dans la paroi. L'hélicoptère, revenu du second secours, transporta au Requin, après les avoir treuillés, d'abord Mme Guiverec et Jean-Jacques Malineau, puis Pascal Saudemont qui était descendu au bas de la paroi reprendre le sac que les grimpeurs y avaient laissé.

C'est alors que j'avais vu arriver Mme Guiverec à la D.Z. et que je l'avais conduite à l'hôpital.

— On était contents ! me dit Michel Pierre en conclusion du récit qu'il me fit de ses vols... Contents parce qu'on avait fait un beau secours et ramené un vivant !... Et Cauchy a dit qu'il n'aurait pas fallu que ça traînaille parce que le type se vidait... Mais il lui avait foutu les perfs et tout, comme si on faisait un transport S.A.M.U. !

Ce que Manu Cauchy confirma plus tard :

— L'hémoglobine était à 5, 6... Il ne tenait pas une heure de plus !

Le lendemain, Pascal Saudemont et Jean-Jacques Malineau allèrent à l'hôpital prendre des nouvelles du blessé, placé au service des soins intensifs. Ils furent très bien accueillis. Apprenant que le couple avait envisagé de faire ce jour-là le Grépon-Mer de Glace, mais avait changé d'objectif à cause du temps, ils proposèrent :

— Tous les deux, nous sommes guides. Si vous voulez, l'année prochaine, on vous offre le Grépon-Mer de Glace, pour fêter votre rétablissement !

Mais Francis Guiverec, secoué par son accident moralement autant qu'il l'avait été physiquement, pensait qu'il voulait arrêter la montagne.

Lorsqu'ils furent sur le point de repartir en région parisienne, Francis et Nadine envoyèrent au P.G.H.M. une lettre qui y resta affichée tout le reste de la saison. Si parfois les secouristes rencontrent ingratitude ou indifférence, ils furent touchés de voir qu'ils avaient suscité, par ce secours, une sincère reconnaissance :

> Messieurs
>
> Vous m'avez sauvé, le 16 juillet dernier, après une chute à l'Aiguille Pierre Allain. Je tiens à remercier toute l'équipe qui m'a porté secours avec ma femme. Nous garderons toujours une profonde reconnaissance pour ces hommes qui ont effectué notre sauvetage avec une grande efficacité, un grand dévouement, beaucoup de gentillesse et de sensibilité.
>
> Lorsque, pendu au bout de ma corde, je remerciai Jean-Jacques Malineau, il m'a répondu : « C'est normal, nous faisons notre métier ». Je puis vous assurer que vous avez fait beaucoup plus. Il me suffira de me remémorer les regards inoubliables de Pascal Saudemont, Jean-Jacques Malineau et Emmanuel Cauchy pour surmonter les petits et les gros pépins de l'existence.
>
> Nous quitterons Chamonix le 6 août avec nos blessures mais en gardant une gratitude profonde et chaleureuse pour le P.G.H.M.
>
> Francis et Nadine Guiverec.

-XII -

Le cas du Mont Blanc

Jeudi 17 juillet

Journée de peu d'activité, bien que la matinée ait été belle, mais des orages étaient annoncés dont la perspective a dû vider la montagne. Deux secours seulement le matin.

Des orages surviennent, comme prévu, vers midi, puis se calment, puis reprennent vers trois heures. Le ciel est d'un noir d'encre. Des cataractes commencent à tomber.

— Bon ! dis-je. Je crois que vous ne ferez rien cette après-midi..

— Pas sûr ! répond Michel Pierre, optimiste. Il y aura peut-être un noyé...

Il est en train de lire l'article du *Dauphiné* qui relate les événements de la veille et qui le rend mélancolique :

— « Un secours du P.G.H.M. », « Un secours du P.G.H.M. », proteste-t-il, c'est toujours comme ça ! Il n'y en a que pour le P.G.H.M. !... Et on ne parle pas de nous, les hélicoptères !... C'est pas possible !... Les gars du P.G., ils ont dû faire tout ça à pied, hier !... On ne parle jamais de nous !

La D.Z. s'organise pour une après-midi de mauvais temps. La grande nouvelle est que la nichée de rouges-queues a dû prendre son envol. Les parents ne ravitaillent plus et l'on n'entend plus les piaillements impératifs des oisillons affamés.

Au-dehors, des milliers de petites aiguilles de pluie rebondissent inlassablement sur le macadam inondé de la D.Z. et les pentes de sapins qui nous dominent révèlent des aspects inconnus lorsque des bancs de vapeur se glissent derrière des lignes de crête ou s'enrobent paresseusement autour des branches. Je m'en irais bien, mais si je ne le fais pas, c'est que mon parapluie est resté dans ma voiture, toujours garée hors de la D.Z. Faire cent mètres sous des trombes d'eau n'a rien de séduisant et, si je suis au mieux avec les gendarmes, ce n'est pas au point de leur dire : « S'il vous plaît, jeune homme, auriez-vous l'amabilité d'aller chercher mon parapluie ? »... Alors, bon gré mal gré, je reste...

Patrick Poirot, parfois surnommé Hercule, et le G.A. se mettent en devoir de construire, à l'aide de deux grands morceaux de contreplaqué qui leur ont été apportés, un bureau de deux mètres pour les ordinateurs, dans le compartiment de droite avant l'entrée de la cuisine.

Toute l'après-midi, ça scie, ça perce, ça mesure, ça cloue, ça décloue, ça visse, ça dévisse, ça revisse, ça remesure, ça reperce, ça recloue, ça ponce, ça déplace des prises et des câbles... Une véritable usine.

Quand deux personnes travaillent, il est indispensable que quelques inutiles les contemplent. Assise sur le canapé faisant face, qui est en ce moment ma place habituelle, je joue le rôle passif d'admirateur, souvent assistée par un ou deux autres supporters de l'équipe venant donner bénévolement leur avis sur l'évolution du chantier.

— Vous êtes bricoleuse, Mme Sauvy ? me demande Poirot.

— Hélas non !... Et mon mari pas du tout non plus !

— Mais alors, comment vous faites, chez vous ?

— On demande à des amis...

J'hésite à lui dire que je le compte au nombre de mes très chers amis... Mais pas la peine !

— Demandez-moi, quand vous avez besoin... Le bricolage : c'est ma passion !

Pas de télévision branchée, aujourd'hui. Le spectacle est mille fois plus passionnant que le Tour de France !

Le soir, revêtu d'un adhésif de faux chêne brun, le bureau prend des allures de table de château « Haute Époque ».

— Maintenant, il faut qu'on fasse tout ici, soupire Michel Pierre... Même les meubles !

— La semaine prochaine, vous nous changez le papier peint ? demande aimablement Cousineau.

Mais pendant que s'affairaient les artistes de la D.Z., il y avait des moments où les autres se racontaient des histoires et il était question du Mont Blanc.

Qui n'a pas son expérience curieuse du Mont Blanc ? Le Mont Blanc est un cas à part. Son altitude, sa renommée le situent presque en dehors de l'activité normale de l'alpinisme. On veut avoir fait LE Mont Blanc. Beaucoup s'entraînent dans ce but, foulent le sommet sous leurs pieds vainqueurs et ne retournent jamais plus en montagne, comme si l'exploit accompli d'avoir été le plus haut possible, dans les Alpes, réduisait désormais à rien ce qui pouvait se faire autour. En été, chaque jour de beau temps, deux ou trois cents personnes conquièrent sa cime. On vient de loin pour s'affronter à lui. Et puis on s'en retourne. Il faut désormais réserver à l'avance sa place au refuge de l'Aiguille du Goûter. Et je ne sais plus quel grand alpiniste, qui avait fait nombre de courses, mais pas le Mont Blanc, a écrit qu'il désespérait sa concierge parce qu'elle n'aurait de considération pour lui que lorsqu'il aurait « fait le Mont Blanc ». Le Mont Blanc est un mythe.

Heureusement, c'est aussi une très belle montagne. Par la voie normale, en traversée, par les voies plus difficiles du versant italien, c'est même une montagne extraordinaire.

Tout a commencé il y a plus de deux cents ans, en 1760, lorsqu'un petit jeune homme de vingt ans, qui s'appelait Horace, arriva dans la vallée de Chamonix, tomba amoureux fou de ce sommet, promit une forte récompense à qui en trouverait l'accès, et vécut désormais dans l'amour de la montagne. On connaît la suite. En 1786, le docteur Michel-Gabriel Paccard et Jacques Balmat ouvrirent une voie, par les Grands Mulets. Début juillet 1787, Jacques Balmat, Jean-Michel Cachat et Alexis Tournier firent la seconde ascension. Et Horace, dont le nom complet était Horace-Bénédict de Saussure, et qui avait pris de l'âge, parvint, accompagné de son valet de chambre et de dix-huit compagnons que l'on commençait à dénommer « guides » à atteindre, le 3 août 1787 la cime de ses rêves.

D'autres alors relevèrent le défi. Le Mont Blanc reçut la visite de divers étrangers, un Anglais, Mark Beaufoy, en 1787 également ; une femme, Marie Paradis, en 1808 ; un Américain, W.M. Howard, en 1819 ; des Français enfin, avec le comte Henri de Tilly, en 1834 (les Chamoniards, ne l'oublions pas, étaient sardes, à l'époque de la conquête, et Saussure était suisse). Il fallut encore des décennies pour que l'intérêt se porte pour de bon vers les autres montagnes. Mais cette première place qui lui avait été attribuée, le Mont Blanc l'a toujours gardée.

On a vu le 13 juillet de cet été, le cas du Slovaque parti de Chamonix, et faisant, sans entraînement en moins de vingt-quatre heures et tout à pied, les quatre mille mètres de dénivelée qui l'avaient conduit au sommet. De tels cas, il s'en présente des quantités tous les ans que personne ne connaît jamais. Qui posséderait une machine à remonter l'histoire et étudierait toutes les ascensions du Mont Blanc qui ont eu lieu tomberait sur une inimaginable somme d'épopées, de comédies et de drames.

A la D.Z., ce sont bien évidemment des histoires de secours que l'on connaît et Michel Pierre, justement, en raconte une jolie à propos du Mont Blanc :

— C'étaient des Anglais qui, de Vallot, par la balise, avaient fait savoir au P.G. qu'il fallait qu'on vienne parce qu'il y avait un type « bizarre ». Et pour que des Anglais trouvent un type bizarre...

Tout le monde ici — y compris moi, Mrs Wilkinson — acquiesce et s'esclaffe.

Michel Pierre continue :

— On se demande s'il faut déclencher un secours pour un type bizarre... On se consulte... Quand même, les Anglais nous avaient demandé d'intervenir... Dans l'incertitude, on a recours à l'avis du capitainc Gin, qui s'exclame : “Mais le massif du Mont-Blanc, il est plein de gens bizarres !... On pourrait même dire qu'il n'y a que ça !... S'il fallait aller les chercher tous, on n'en finirait plus !... Nous nc sommes pas là pour descendre les gens bizarres !”.

« Mais un peu plus tard, les Anglais de Vallot rappellent le P.G.H.M. et signalent qu'ils sont avec un type “vraiment bizarre” et que ce serait bien qu'on vienne. Alors finalement, on envoie l'hélico. Ce jour-là, le pilote, c'était moi. Je me pose et qu'est-ce que trouvent les secouristes à Vallot ? Un

Tchèque, en blue-jeans et mocassins, avec une musette en bandoulière, dans laquelle il y avait deux magazines de voile, une carte, un pull-over et une tablette de chocolat... Le bout des mocassins s'était ouvert en route et les orteils dépassaient, le tout mouillé mais pas encore gelé... Le Tchèque sort sa carte. C'était une carte d'Europe. Il montre la ville d'où il vient, puis le Mont Blanc. De chez lui, il avait pris un billet pour Saint-Gervais. Et il avait marché depuis Saint-Gervais jusqu'à Vallot. Voyant une maison, il avait décidé de coucher là et c'est alors qu'inquiets de son équipement, les Anglais nous avaient avertis. Le Tchèque, lui, était tout joyeux. Il ne comprenait pas qu'il aurait pu se geler les pieds, glisser de l'arête, se tuer... Il a un peu résisté au début en comprenant qu'on allait le descendre, mais finalement a été joyeux aussi de monter dans l'hélico... Ah, ce type !... Ce type !... Habillé comme il était, avec ses bouquins, on aurait pu croire qu'il venait de tomber d'un avion ! »

Vient ensuite l'histoire d'un Auvergnat qui, lui aussi, voulait faire le Mont Blanc. C'est Jean-Luc Yvon qui raconte :

— Celui-là, il avait tout organisé, le budget qu'il pouvait y mettre, ce que chaque chose coûterait, tout ! Pas question de s'acheter du matériel, mais il y avait suppléé. Il était en baskets [1] enroulées dans du karrimat pour les protéger... Sous ses vêtements, il avait glissé du papier-journal comme isolant. Il avait longuement réfléchi à son expédition, l'avait préparée, lui. Et autant le Tchèque en mocassins avec sa musette, personne ne l'avait signalé avant que les Anglais ne le trouvent “bizarre”, autant, l'Auvergnat, des tas de guides qui le croisaient nous informaient par radio qu'il risquait un accident. On y est allés. Il a refusé tout secours. Bon, il n'était pas blessé...

1. Voici enfin qu'apparaît, pour de bon, le cliché le plus éculé et inexact qui soit !

Nous ne pouvions pas le contraindre par la force à venir avec nous et nous sommes repartis... Mais on continuait à nous le signaler... Eh bien, il a fait le sommet comme ça ! Il est redescendu jusqu'à Vallot, en glissant, et là seulement, il a compris qu'avec ce qui lui restait aux pieds, ça finirait mal... On est allés le chercher. Ça valait mieux...

Yvon se rappelle aussi d'un Breton. Sans moyens financiers non plus :

— Il était arrivé de Bretagne en solex, pour faire le Mont Blanc ! Pas un sou ! Il était allé se faire loger au presbytère et puis était parti, sur on ne sait quel renseignements, par le Plan de l'Aiguille pour monter aux Grands Mulets. Agé d'une soixantaine d'années. Chaussures de ville et costume usagé. Sur le dos, comme sac, une poche en plastique de Payot-Pertin attachée aux épaules par des ficelles !... On nous le signale quand il était sous l'Aiguille du Midi, vers l'aplomb du Frendo. Il était déjà tout mouillé, les chaussures et tout. Il a fallu le convaincre pour qu'il revienne avec nous, lui expliquer que c'était dangereux, qu'il fallait s'équiper et comment, que la meilleure voie était par le Goûter, etc. Finalement il nous a écoutés, on l'a redescendu et il a dû repartir chez lui, en solex...

— Mais c'est celui qui a recommencé l'année d'après ?

— C'est ça ! Il est revenu l'année suivante, toujours en solex... Redébarqué au presbytère !... Je crois que l'abbé Dominique commençait à en avoir un peu assez, lui aussi, d'autant que le type ne sentait pas bon du tout... Mais il nous avait écoutés, il était parti par le Goûter, s'était équipé correctement, en dehors du fait qu'il n'avait pas pris de lunettes de glacier. Et il l'a réussi son Mont Blanc !... Mais il s'est chopé une grave ophtalmie des neiges... Il a fait une espèce de cordée-stop avec des guides de passage, tout le monde se sentant un peu responsable de lui, mais il est venu un moment où, du Goûter, il fallait le faire descendre parce qu'il était complètement aveugle... Je me rappelle encore son odeur ! C'était à se boucher le nez !... Dans l'hélico, on a laissé la porte légèrement ouverte durant le vol, à cause de ça. Il sentait... le bouquetin des Alpes !... Ah ! On peut dire que quand le Mont Blanc les tient, il les tient bien !

L'homme qui, sans aucun doute connaît le mieux la clientèle du Mont Blanc, c'est Guy Bochatay, qui est mandaté par le C.A.F. au gardiennage de l'Aiguille du Goûter. Nul n'est plus prédestiné que lui à cette tâche. Son père, Henri Bochatay, a exercé cette même fonction. Lui est né dans le T.M.B.[1] ! Il a passé l'été suivant au refuge de Tête Rousse[2], que tenait sa mère, et puis tous les autres à l'Aiguille, avant d'y succéder à son père, en 1985. A trente-huit ans, il ne sait pas ce que c'est qu'un été en plaine ou même dans la vallée. Il a toujours été là-haut...

Au Goûter, il y a 108 couchettes qui, à la demande du C.A.F. accueillent 140 personnes, en les serrant. Encore faut-il avoir réservé à l'avance. Beaucoup l'ignorent, surtout les étrangers parce que l'information n'est pas faite hors de France. Il en arrive donc davantage. On les prend... Pourrait-on, par exemple, rejeter au-dehors des Espagnols, venant de Madrid, exprès pour le Mont Blanc, qui ignorent la nécessité d'une réservation, qui ont effectué l'assez longue montée et qui apprennent en haut qu'en bonne logique ils n'ont pas le droit d'être là ? Ils restent, donc, ils payent leur nuitée mais

1. Tramway du Mont Blanc, qui relie Le Fayet au Nid d'Aigle.
2. Refuge intermédiaire, entre le Nid d'Aigle et l'Aiguille du Goûter.

couchent sur le sol, pas très contents sans doute, comme le jeune Slovaque du 13 juillet [1].

L'ouverture des pays de l'Est n'a pas simplifié la question car elle a multiplié le nombre des grimpeurs qu'attirent l'altitude du Mont Blanc et sa célébrité.

Récemment, le P.G.H.M. fut appelé pour une affaire de surpopulation qui risquait de tourner à la bagarre. Le T.M.B. avait signalé qu'il avait à transporter au Nid d'Aigle quatre-vingt-onze Slovènes. Ceux-ci n'étaient pas attendus, ni au Goûter, ni à Tête Rousse, tous deux déjà complets avec les réservations. Les Slovènes, avertis, n'en continuèrent pas moins. Ils n'avaient pas de tentes. Leur nombre était tel que les gardiens souhaitaient une intervention du P.G.H.M. pour les intercepter avant qu'ils ne montent, mais la nébulosité interdisait un vol d'hélicoptère. Et leur arrivée en force dans le refuge de l'Aiguille du Goûter, où se trouvaient donc déjà, au moins, cent quarante personnes, fut houleuse, d'autant que ceux qui avaient réservé ne voyaient pas d'un bon œil cette invasion. En soirée, le ciel se dégagea et l'hélicoptère monta le capitaine Gin. Devant le refuge, on le prit à partie : « Expulsez-les ! ». En entrant, il eut l'impression d'être dans un « wagon indien » tant il y avait de monde entre le sol et le plafond.

1. Une erreur commune consiste à dire que le surpeuplement de certains refuges est un phénomène nouveau et à regretter un « autrefois » où les refuges auraient été presque vides... Non !... J'ai un souvenir de l'ancien refuge du Goûter où, pour tenir sur les couchettes ou par terre, nous étions tous emboîtés les uns dans les autres de profil, afin de tenir moins de place. Au cours de la nuit, ayant l'impression d'étouffer, j'étais parvenue à redresser le haut de mon corps pour respirer un peu. Lorsque j'avais voulu me réallonger, la masse humaine s'était refermée derrière moi et j'avais dû me faire un trou de l'épaule entre mes deux voisins. Il doit exister une sorte de loi de remplissage : si on agrandit un refuge, les gens y viennent, proportionnellement. Et le seul moyen qui existerait pour qu'il y ait moins de monde en montagne et, partant, moins d'accidents, serait de supprimer remontées mécaniques et refuges... *Faut-il brûler les refuges ?* c'est le titre d'un article de Guido Magnone qui semble n'avoir pas paru. Mais nous n'en sommes pas là...

Il négocia, en envoya certains à Vallot et réussit à calmer les esprits.

En fait, maintenant, certains alpinistes emportent des tentes qui délestent d'autant le refuge. Par ailleurs, la voie en traversée, dite « des trois Monts Blancs », qui se fait à partir du nouveau refuge des Cosmiques, ou même directement par la première benne, permet de désengorger la voie normale du Goûter et des Bosses.

Une des difficultés du Mont Blanc réside néanmoins dans ce problème de la montée en refuge et de la nuit qui précède l'ascension. D'où un dilemne qui n'est sans doute pas près d'être résolu : nombre d'accidents, souvent mortels, ont lieu pendant la traversée du couloir qu'il faut franchir pour monter à l'Aiguille du Goûter et où se produisent de fréquentes chutes de pierres. Certains pensent que l'on devrait aménager un tunnel, par-dessous, pour y remédier. D'autres objectent que ce serait, plus encore, ouvrir l'accès du sommet à des foules peu compétentes et qu'alors, d'autres accidents auraient lieu, plus haut. La question reste ouverte. Rien n'est facile lorsqu'il s'agit du Mont Blanc car, bien plus qu'aucune autre montagne, il est si convoité par ceux qui souhaitent en faire l'ascension qu'ils mettent facilement tout en jeu pour en atteindre le sommet, leur vie comprise.

Le Mont Blanc, nous le disions, est un cas très spécial. Il ne faut aucunement juger du secours en montagne d'après les extravagances qui s'y déroulent.

Mais, il faut le reconnaître, le Mont Blanc est un cas étonnant. Le Mont Blanc fascine, le Mont Blanc envoûte et son histoire est loin d'être finie.

- XIII -

Pluie et soleil

Vendredi 18 juillet

Pluie incessante. Au P.G. ou à la D.Z., où n'a lieu aucun secours, chacun s'affaire à travailler sur des comptes rendus ou procès-verbaux des jours passés. Je fais de même, me renseignant auprès de Michel Pierre ou de Pascal Saudemont sur l'aspect technique du sauvetage de Francis Guiverec, ainsi que sur les « ados » dont, le soir, j'ai pu rencontrer les parents.

Samedi 19 juillet

Il pleut.

Il pleut, il pleut, il pleut.

Toujours la pluie. Comme définitive, éternelle.

Lorsque j'arrive, l'après-midi, à la D.Z. où les premiers à marcher sont Pierre Raveneau et Philippe Pouts, je demande :

— Sûrement pas de secours aujourd'hui ?

— Non. Tant mieux pour eux ! répond gaiement Raveneau.

Mais un peu plus tard, on évoque des Coréens qui sont, en

ce moment, dans la Walker... Dans la Walker ! Avec les monceaux de neige fraîche tombée ces derniers jours !

Michel Pierre improvise, à ce sujet, une analyse qui rejoint celle que j'avais faite le 4 juillet à propos des Coréens du Goûter, mais qui est plus masculine, plus imagée et même carrément métaphorique :

— Ces gars-là, dit-il, il faut les comprendre... Ils viennent de loin, ils ont fait des économies, des sacrifices... Peut-être qu'ils ne reviendront jamais... Alors, ils se lancent quand même, ils essayent... C'est comme des gars de chez nous, imaginez, qui ont économisé pendant des années pour aller une fois dans leur vie en Thaïlande et se faire faire des massages thaïlandais par de ravissantes jeunes filles... Bon ! Ils arrivent là-bas et on leur dit : “Il y a un problème ! Les jeunes ne sont plus disponibles. Ce sont seulement de vieilles mémés qui peuvent vous faire les massages.” Alors qu'est-ce qu'ils font, les gars ? Eh bien, faute de mieux, quand même, parce qu'ils sont venus, qu'ils ont payé et tout, ils acceptent les vieilles mémés... Pour les Coréens qui viennent ici, les vieilles mémés, c'est le mauvais temps !... Et ils se disent qu'ils vont essayer les voies prévues, malgré la neige et le reste...

La D.Z. a suivi avec intérêt le développement de l'argument et une sympathie générale entoure ces Coréens qui ont choisi de tenter la face nord des Grandes Jorasses avec les vieilles mémés, c'est-à-dire les éléments contraires, alors qu'ils auraient tant espéré le beau temps[1] !

1. Vaillants, ces Coréens descendront seuls et en bon état, le lendemain, sans faire appel au secours.

Dimanche 20 juillet

Il fait beau ! Et ce qui remplit de joie les vacanciers me met plutôt mal à l'aise. On est toujours ravi de voir le soleil sur le massif mais que va-t-il se passer aujourd'hui ? C'est la question angoissée que j'ai appris à me poser cette année, à chaque matin resplendissant.

La journée n'ayant pas été riche en beaux secours ni apparemment en profonds cas humains, il suffit d'en faire un bref bilan. Huit interventions et aucune d'elles n'entre vraiment dans les schémas habituels véhiculés par les médias.

Ainsi du premier secours : une employée du refuge des Cosmiques, enceinte de deux mois, qui a eu un malaise. On l'emmène vite à l'hôpital.

D'autres interventions concernent des blessures ou ennuis sans véritable gravité : une ophtalmie des neiges au refuge d'Argentière ; une entorse cervicale à la descente du Mont Blanc ; une entorse de cheville au glacier des Améthystes ; un Italien qui s'est cassé la cheville à la descente de la Tour Ronde ; un Anglais de vingt ans qui s'est cassé une jambe dans la face ouest de Blaitière ; un gamin belge de dix ans qui a eu un malaise au refuge Albert Ier, sans doute une hypoglycémie, et qu'on descend avec son père. « Tu n'as jamais vu la montagne comme ça ! », lui disent les secouristes à sa descente d'hélicoptère. Il sourit, plutôt content.

Un secours curieux se situe à l'heure du déjeuner, sur la rive droite du glacier des Bossons. Il s'agit d'un couple de la quarantaine pique-niquant vers le chalet du Cerro, un peu en face des Pyramides. Ils se croyaient en sécurité parce qu'il y avait au-dessus d'eux des dalles. Mais les pierres, ça tombe n'importe où... Une pierre, donc, a atteint l'homme à la tête. Il a perdu connaissance mais, quand on l'a rejoint, était conscient quoique très agité. Sa femme et sa fille, fortement sous le choc, cherchaient un responsable. Pour elles, on avait dû lancer la pierre d'en haut.

Je ne sais si l'hélicoptère a fait des annonces quand il volait dans le secteur, mais trois heures après, se sont présentés à la D.Z. un garçon et deux jeunes filles, venus à moto. Pascal Saudemont désire emmener le jeune homme vers le glacier pour qu'il indique le lieu où ils se trouvaient par rapport à celui de l'accident. Il peut y avoir plainte. Mais pour l'instant l'hélicoptère est occupé ailleurs.

Les jeunes gens attendent dehors puis, comme il fait frais, demandent s'ils peuvent entrer dans le chalet. Soudain, je vois ma familière D.Z. comme eux peuvent la voir. Les trois secouristes présents, tout harnachés, ceints de leur baudrier d'où pendent sangles, boucles de corde, mousquetons cliquetants, jumar, broche à glace, couteau, avec parfois la radio en bandoulière fixée sur la poitrine font très « professionnels », presque robots extra-terrestres... Ça me rappelle ce tout petit garçon américain qui, voyant John grimper sur un haut bloc de la Dame-Jeanne avait demandé à son père : « *Is he human ?* »

Pour ces jeunes gens, qui sont tout au plus des randonneurs, un tel attirail doit sembler étrange. Ils sont assis, blottis les uns contre les autres, sur un canapé, devant la télévision où passe un film américain. Médici écrit sur un ordinateur. Il y a des échanges de mots brefs, techniques, entrecoupés de grands silences, et même un aspect « gendarme » : « T'as pu relever l'identité ? ». Des bribes de messages arrivent par la radio, précédés de petites notes musicales aiguës : « Cordial appelle Couvercle... ». Pour moi, qui connais cet endroit et ceux qui y travaillent, leur caractère, leurs goûts, souvent leur famille, je suis là en milieu profondément humain. Quand on y débarque tout à coup, dans l'atmosphère créée par la famille d'un accidenté, la vision doit être tout autre. Je sens ces jeunes crispés et je ne dois pas être la seule car quelqu'un cherche à les détendre, en leur parlant de leurs motos.

Ainsi, un début de contact s'établit, humanisé.

Quand l'hélicoptère revient, il emmène Pascal Saudemont et le jeune homme au-dessus du lieu de l'accident. Sur l'écran, une petite star américaine tousse misérablement, devant les filles muettes... Au retour de l'hélicoptère, l'affaire semble éclaircie. Michel Pierre dit au garçon :

— Ben, *a priori*, ce n'est pas vous qui avez fait partir le caillou ! Vu l'endroit !

Les jeunes repartent, soulagés.

Il est curieux que les gens veuillent à tout prix un responsable. Peut-être une indemnisation. Ils vivent dans un monde virtuel, pas vraiment dans le monde tel qu'il est, où les pierres tombent sans qu'on les aide.

Au soir, on plaisante l'équipe Médici et Renard qui, dans la journée, n'a opéré que dans les refuges tandis qu'à l'autre équipe sont échus les beaux secours importants, plus engagés, en dalles. Olivier Renard se plaint :

— Ce n'est pas possible ! On a fait les Cosmiques, Argentière, le Goûter, Albert Ier...

— Attends un peu ! Il reste le Couvercle, le Requin, la Charpoua... Tu vas peut-être encore travailler ce soir !

Et Michel Pierre, reprenant tous les secours de la semaine, énumère ceux qu'a faits Renard et ce ne sont encore que des refuges...

— Non ! Tu as eu une entorse aux Chéserys... Grand secours !

Lundi 21 juillet

Beau temps. *Bravo Lima* a remplacé *Dragon* et le pilote, cette semaine, est Didier Méraux, de la base de Megève. Il est affable, précis, souriant.

Ce matin, il est arrivé avec le texte d'un écolier de dix ans et l'a fixé sur un mur, pour les délices de tous ceux qui passent à la D.Z. Le voici :

« Je veux être pilote
Je serai pilote quand je serai grand parce que c'est un métier amusant et facile. C'est pour ça qu'il y a beaucoup de pilotes aujourd'hui.
Les pilotes ne vont pas à l'école longtemps, ils doivent simplement apprendre à lire les chiffres pour pouvoir lire les instruments. Je pense qu'ils doivent aussi savoir lire une carte routière pour ne pas se perdre.
Les pilotes doivent être braves pour ne pas avoir peur s'il y a du brouillard et qu'ils ne peuvent rien voir, ou si une aile ou un moteur dégringole, ils doivent rester calmes pour savoir quoi faire.
Les pilotes doivent avoir de bons yeux pour voir à travers les nuages et n'ont pas peur des éclairs et du tonnerre parce qu'ils en sont plus près que nous.
Le salaire des pilotes est aussi une chose que j'aime. Ils ont plus d'argent qu'ils ne peuvent dépenser. C'est pourquoi les gens croient que voler c'est dangereux, sauf les pilotes qui savent que c'est facile.
Il n'y a pas grand-chose que j'aime pas, excepté que les filles et toutes les hôtesses veulent les épouser et qu'ils sont obligés de les chasser pour qu'elles ne les ennuient pas.
J'espère que je ne serai pas malade en l'air, car je suis malade en voiture, et si je suis malade en avion, je ne serai pas pilote et alors il faudra que j'aille travailler. »

En contrepartie, la Sécurité civile a laissé un souvenir de son passage : quelqu'un, et l'on soupçonne que c'est Noël Rivière, a décoré d'attributs inattendus le pylône extérieur qui supporte la manche à air et les antennes. Toute une ornementation y est suspendue, comme une lessive mise à sécher : soutiens-gorge, petites culottes bariolées... Oripeaux qui seront vite enlevés : ça ne fait pas sérieux !

Mais il est nécessaire de garder de l'humour lorsque, journellement, on a à s'affronter à la souffrance, à l'échec, parfois au drame. Sinon on serait chargé d'un fardeau tel qu'il rendrait la tâche impossible. La gaieté saine de la D.Z., dans les intervalles sans secours, sert de contrepoids aux humeurs.

Et quand il n'y a plus même le temps que s'accomplisse ce rééquilibrage, on sent rapidement l'atmosphère s'alourdir.

La journée, d'ailleurs, va être rude.

Au moment où j'arrive, c'est l'équipe Bernier-Junod qui est en action. Elle descend du Mont Blanc deux alpinistes équipés pour la haute altitude : anoraks, bonnets enfoncés sur les oreilles... L'un d'eux secoue sur le macadam ensoleillé de la D.Z. la neige qui colle encore à ses semelles vibram. Il s'agit d'un guide slovaque accompagnant un client polonais blessé à un genou. On ne peut savoir à quel point le rétrécissement de la terre — dû aux transports, aux télécommunications, etc. — européanise, pour ne pas dire mondialise, la clientèle du P.G.H.M. Je serais curieuse de savoir combien de nationalités différentes auront été secourues en cette saison. Sans parler de celles qui n'auront pas eu d'accident !

A la D.Z., et à l'hôpital certainement, des problèmes de langue se posent en permanence. Ceux qu'on vient de descendre, par exemple, ne savent que de maigres mots d'allemand. Comme nous manquons d'une langue commune ! Dans les organismes européens, chaque texte doit être traduit dix-sept fois ! Le latin est réputé archaïque mais durant un millénaire il a joué ce rôle langue européenne, langue d'ailleurs facile, logique, brève, neutre de surcroît, ce qui écartait toute idée de culture dominante. Une vraie langue, pas un espéranto artificiel. Et dans la vie courante, il faut voir, maintenant, ramer tout un chacun avec des bribes de sabir, pour regretter le temps où existait bel et bien une seconde langue, universelle, qu'on n'est pas près de remplacer...

Ces considérations émises, mais elles sont valables pour l'été, revenons au blessé polonais qui ne veut pas s'étendre sur le brancard de l'ambulance. Pour les gens de l'Est, si on doit se coucher, c'est grave. Or il ne veut pas que ce soit grave. On a du mal à ce qu'il s'allonge.

Les secours se succèdent et, l'après-midi, s'imbriquent, les équipes de premiers à marcher étant mobilisées sur deux sites, l'hélicoptère évoluant entre l'un et l'autre : Tête Rousse et le sentier des Pyramides.

On annonce une D.Z. d'urgence pour le blessé de Tête Rousse auprès duquel était le Dr. Cousineau.

Et l'autre, celui des Pyramides, arrive chez nous, accompagné par Pierre Bernier. Il porte un nom arabe et habite Argentière. Il a dix-sept ans, est tombé, d'une trentaine de mètres, du sentier où il était seul. Personne n'ayant assisté à la chute, il est remonté, comme il a pu, au chalet des Pyramides, d'où l'alerte a été donnée. Entre-temps il s'est évanoui. Il souffre d'un traumatisme crânien et nous arrive, les yeux fermés, l'air absent. L'ambulance l'emmène.

A quatre heures dix, l'hélicoptère revient, ainsi que les trois autres secouristes et Benoît Cousineau qui s'exclame, soulagé :

— C'est bien ! On l'a ramené vivant !

Il s'agit du blessé de Tête Rousse, un Vénitien de trente-sept ans.

— Là, c'est sévère ! continue-t-il... En montant de Tête Rousse au Goûter, il s'est pris un couloir qu'il a repeint en rouge sur deux cents mètres... Il s'est cassé les quatre membres... Il a d'un côté une fracture tibia-péroné, de l'autre le genou à l'équerre, fracture du poignet gauche, au bras droit fracture de la tête de l'humérus et de l'autre poignet, des coupures de sept-huit centimètres plein le cuir chevelu, une paupière qui a sauté, la température déjà tombée à 35...

— Putain ! ajoute Michel Gonzalez, il était ouvert de tous les côtés !

— Et quand on l'a trouvé il était conscient et assis sur son cul !

— Sur quoi d'autre il pouvait ? demande Alain Charnay...

— Et il avait les cordes vocales cassées ou luxées, sans doute, car il parlait très aigu et très rauque, ajoute Benoît Cousineau...

— Avec ce qu'il s'est pris, c'est du pot qu'il lui restait quand même la tête pour parler...

— Eh bien, il ne parlait pas beaucoup... Mais il disait : "*Molto dolore !... Molto dolore !* ".

— Heureusement qu'il y avait un médecin pour le shooter ! remarque un secouriste. Sans ça, avec son pied perpendiculaire et l'autre jambe avec le genou bloqué derrière, c'était impossible de le mettre dans la Pigui !

— Il avait reçu ! dit le mécanicien... Rien qu'en passant au-dessus, j'ai vu qu'il avait reçu !

La D.Z. reste sous le coup de cet accident. Il est heureux qu'il n'y ait pas eu aujourd'hui de cameraman pour prendre des gros plans de l'Italien et qu'on les projette aux foules, ce soir, à l'heure du dîner.

Des heures plus tard, on entend Michel Gonzalez, qui y pense toujours, soupirer :

— De vivants, j'en ai rarement ramassés comme ça...

C'est un accident cruel, mais une vie qui a été sauvée. De justesse. Avec le sang qu'il perdait, cet Italien n'aurait pas tenu longtemps. L'hélicoptère et la médicalisation des secours trouvent ici tout leur sens.

Détente. Entrent à la D.Z. deux dames et deux petits enfants. Je ne sais qui elles viennent voir mais elles apportent avec elles des tartes, une à la rhubarbe et une à la nectarine. On m'appelle à la cuisine. Tout le monde déguste des parts de tarte. L'atmosphère s'allège.

Nouvelle alerte, venant du Chapeau, promenade facile qui fait face au Montenvers. L'hélicoptère s'envole et revient seul. Le Dr. Cousineau et les secouristes sont restés là-haut. Didier Méraux se met à ses papiers et les deux mécaniciens à l'entretien de la machine. On les rappelle et on demande une ambulance pour le secours. C'est donc sérieux.

La « victime » que l'on descend est sans nul doute le doyen de l'été. Date de naissance : 1913 !... Quatre-vingt-quatre ans... C'est un homme en mocassins qui se promenait avec des amis, a fait une chute, a mal au poignet. Sa tension est à 17, mais le reste normal. Il a expliqué au médecin qu'il est soigné pour hypertension mais qu'il a dû oublier ses médicaments le matin :

— En voyage, vous comprenez...

Il part dans l'ambulance.

Benoît Cousineau me dit :

— C'est toujours pareil !... Chaque fois qu'il y a un secours et que l'on veut parler au blessé pour voir comment il répond, s'il est obnubilé, quelle conscience il a, les autres veulent absolument prendre la parole à sa place ! Or il n'y a que lui qui puisse bien répondre à ce qu'on lui demande... Mais, chaque fois, il y a quelqu'un d'autre qui répond, en pensant que c'est ça l'efficacité !... Là, ils étaient un groupe de quatre amis, et c'était pareil !... Un dialogue avec les autres !... “Vous avez quel âge ? — Il a quatre-vingt-quatre ans !”. Etc. Même l'Italien de tout à l'heure, quelqu'un qui ne le connaissait pas était venu à son côté... “Vous avez mal où ? — Vous le voyez, il a la jambe cassée ! ». C'est toujours, toujours, toujours comme ça !

Vers sept heures moins vingt, Benoît Cousineau téléphone à l'hôpital pour prendre des nouvelles de l'Italien. Quand il a fini, je l'interroge d'un geste du menton et des yeux. :

— Il est au bloc...

D'autres nouvelles viendront plus tard :

— Il était shooté... A l'hôpital, ils ont dû le reshooter... On verra demain... Ça m'étonne qu'il n'ait rien eu à la tête... Mais avec nous il était bien conscient.

A la D.Z. on apprend tout ainsi, par bribes. Il ne faut pas en vouloir plus ni plus vite. Chacun peut être marqué par un secours sans avoir envie pour autant d'en parler, sans en faire aussitôt un récit, une synthèse.

9 heures du soir. Le soleil s'est couché dans un triomphe rose et la nuit s'approche doucement. Je vois passer *Bravo Lima*, allant vers l'ouest. Les secours continuent donc, ce soir encore. Je me secoue et retourne à la D.Z.

Deux alertes sont en fait tombées, aux deux extrémités du massif. Au refuge de Tré-la-Tête, une jeune fille de dix-sept ans semble avoir une crise d'appendicite aiguë qui pourrait se compliquer d'une péritonite. Sur le glacier d'Argentière, un Écossais est tombé dans une crevasse.

La jeune fille est déposée à l'hôpital, puis emmenée en

ambulance le soir même à Sallanches. Mais il s'agit plutôt d'une très forte crise de tétanie.

A Argentière, il était temps d'intervenir. L'Écossais montait au refuge, avec des amis, dans la trace, en short et en tee-shirt mais avec baudrier. Pour aller plus vite, ils ont voulu couper et sortir de la trace. Il est tombé dans la crevasse de vingt ou vingt-cinq mètres. Pas blessé mais se refroidissant rapidement. Le temps que ses amis donnent l'alarme, que les secouristes arrivent, installent le treuil, descendent l'un d'eux vers lui, et il était déjà à 32° quand il a été extrait. On l'a installé sous un parachute thermique.

Ce matériel mérite qu'on en parle. Les hypothermes pouvaient, même à l'hôpital, continuer à avoir leur température en chute. Le Dr. Foray a eu l'idée d'un appareil qui permettrait, dès que possible, de leur faire respirer de l'air chaud. La surface pulmonaire étant grande, cela réchauffe peu à peu tout le corps. Le premier appareil demandait un groupe électrogène, ce qui rendait son utilisation lourde. Les Britanniques ont inventé un modèle plus léger pour les marins tombés en mer. Il y a échange d'informations entre les différentes disciplines concernant le secours. La société française qui a acquis la licence de distribution s'est mise en rapport avec le Secours en montagne. Le nouvel appareil est léger, 1 kilo 500, et consiste en une boîte cylindrique contenant de la chaux sodée : on y fait passer du gaz carbonique et la réaction chimique produit de la chaleur et de l'humidité.

Ainsi, le jeune Écossais a pu respirer quarante-cinq minutes sous le parachute thermique, pendant que l'hélicoptère allait chercher la jeune fille à l'autre bout du massif. Il est remonté à 35° au lieu de chuter encore. Le secours s'est terminé dans la pénombre. On l'emmène à la D.Z. d'urgence de l'hôpital. Il est dix heures du soir quand l'hélicoptère revient.

La nuit est là. Nous partons tous, sauf l'équipage qui va rester jusqu'à onze heures et quart pour terminer ce qu'il a encore à faire, réviser l'appareil.

Aujourd'hui, trois vies ont été sauvées. La jeune fille de ce soir, sans doute. L'Italien du Goûter et l'Écossais d'Argentière, certainement.

- XIV -

Un accident d'autrefois : Christian Van Cauwenberghe

Anniversaire d'un accident resté célèbre. Le secours en montagne a changé de telle façon en quarante ans qu'il convient de rappeler ce qu'il était il n'y a pas si longtemps.

En fait, on ne procédait guère autrement en 1954, année dont il est question, qu'on ne l'eût fait du temps de Whymper, à la fin du XIXe siècle, ou même de Saussure, à la fin du XVIIIe : tout se faisait à pied, avec des moyens techniques peu développés. Chaque secours requérait un grand nombre de sauveteurs et pouvait durer longtemps, malgré les efforts et l'engagement de ceux-ci.

A cet égard, l'accident de Christian Van Cauwenberghe et le sauvetage qui s'en est suivi sont des plus intéressants en raison du lieu où ils se sont déroulés : le Nant Blanc à l'Aiguille Verte. Et l'aventure a pu être reconstituée grâce aux témoignages de l'accidenté, d'un de ses compagnons de cordée, Philippe Dreux, et d'un de ses principaux sauveteurs, le guide Gilbert Chappaz.

La vallée, alors, n'était pas telle que nous la connaissons

aujourd'hui. Elle restait rurale, malgré les grands hôtels construits vers 1900. Beaucoup de fermes encore, beaucoup de champs et de prairies, des vaches et fort peu de voitures... Un côté bon enfant. En somme, le monde décrit par Frison-Roche dans *Premier de cordée*, car entre les années trente et cinquante, la guerre avait stoppé tout changement. Des guides dépendant souvent encore de l'agriculture et de l'élevage, en dehors de la saison. Des alpinistes moins nombreux qu'aujourd'hui, mais dont la présence comptait et ne passait pas inaperçue.

Quant aux secours, ils étaient assurés, en alternance, par les trois organismes compétents de la vallée : la Compagnie des Guides de Chamonix, l'École de Haute Montagne (militaire, appelée aujourd'hui E.M.H.M.) et l'École Nationale d'Alpinisme (dite École des Praz car elle était installée dans ce village, devenue aujourd'hui l'E.N.S.A.). Tout se faisait à pied, pour monter comme pour descendre, en portant les blessés sur des brancards ou à dos d'homme, car l'usage de l'hélicoptère n'avait pas encore fait ses preuves, ni même ses essais, en haute montagne. Enfin, parfois, des alpinistes amateurs, souvent amis des accidentés, se joignaient aux caravanes. Ces bonnes volontés étaient bienvenues car les expéditions étaient longues et difficiles. L'écrivain Étienne Bruhl a même fait de ce sujet le début de son roman *Accident à la Meije* :

> « La caravane de secours, c'est la bête noire des alpinistes. Une ascension est déjà bien assez pénible quand on la fait pour son plaisir. Mais battre la montagne par devoir, à la recherche des victimes d'un accident, est proprement odieux.
>
> Non pas qu'aucun montagnard ait jamais hésité à partir

à l'aide d'un camarade en détresse. Le dévouement des alpinistes les uns envers les autres est au contraire une des plus pures et des plus émouvantes manifestations de la vraie solidarité humaine. Il s'agit pour eux d'un devoir sacré...
Devoir sacré ! Oui sans doute... Mais aussi : sacré devoir ! »

A cette époque, le téléphérique du Brévent, celui des Houches et le petit train du Montenvers, qui fonctionnait encore à la vapeur, étaient les seules remontées mécaniques de la vallée. Pas d'Aiguille du Midi, de Grands Montets ni de télésiège du col de Balme. Pas de tunnel du Mont Blanc.

Le matériel était à l'avenant. Des piolets au manche de bois, qui cassait quelquefois. Des crampons à dix pointes, dont aucune en avant, car Armand Charlet, professeur-maître à l'École des Praz, à la parole révérée, enseignait le cramponnage chevilles en biais, les pointes pénétrant toutes dans la pente. Des cordes en nylon, récentes, dont le modèle était venu d'Angleterre, mais sans doute certains utilisaient-ils encore des cordes en chanvre. Des mousquetons très lourds, sauf les premiers « Pierre Allain » qui faisaient figure de révolution. Des pitons variés que le premier de cordée plantait dans les fissures, à sonores coups de marteau, et que le second avait mission de récupérer. Des knickers. Parfois des chaussettes de laine en jacquard, à la Rébuffat. Des vestes en duvet. Des parkas provenant souvent des « surplus américains », laissés par la guerre.

Avec ce matériel, les grandes courses étaient vraiment de grandes courses. Et quand ils décidèrent de partir tenter la neuvième ascension du Nant Blanc, Philippe Dreux, instigateur du projet, Philippe Laffon, dit Pipo, qui accomplissait alors son service militaire à l'E.H.M., Christian Van Cauwenberghe et Jacques Soubis se lançaient dans une aventure.

Ouverte en août 1935 par Armand Charlet et Platonov, la voie directe n'avait été reprise qu'en juin 1945, par Jean-Paul Charlet et Gaston Rébuffat, puis en mai 1947 par Louis Lachenal et Lionel Terray. C'est dire de quel prestige un peu effrayant elle jouissait, sept ans seulement après cette troisième ascension.

L'équipe quitta Chamonix le samedi 24 juillet 1954. En partant du Montenvers, elle gagna le rognon du Dru pour y bivouaquer. Le temps était moyen, ce qui accroissait d'éventuelles inquiétudes pour la course à venir. Mais c'était un moment où toutes les courses de neige étaient bonnes et le quatuor pouvait espérer que le Nant Blanc serait en condition, ce qui est rare. En fait, exposée au nord-ouest, la face avait déjà perdu sa neige et le bas était en glace verte.

Dire que l'attaque, le dimanche 25 au matin, se fit dans l'enthousiasme, ce serait faire erreur, d'autant que Jacques Soubis ayant annoncé qu'il renonçait parce qu'il ne trouvait pas les conditions correctes, il fallut aux autres former une cordée de trois, moins flexible, au lieu de deux cordées de deux. Sentant son moral des moins brillants, Christian Van Cauwenberghe, alors âgé de 23 ans, se dit qu'il n'y avait qu'une solution pour y remédier : demander le plus vite possible à passer en tête, ce qu'il fit, après le franchissement de la rimaye par Philippe Dreux et le parcours de la première longueur. L'équipe avait d'ailleurs posé le principe que Christian se chargerait de la glace, Philippe de la neige foireuse et Pipo du rocher. Suivit une pente, sur un grand cône de glace, avant d'arriver à un étranglement, un goulet qui, selon les mots de Christian était « hideux, abominable, mortel, surplombant... un repoussoir !... Surtout ne pas aller là-dedans ! ». Il fut vite évident qu'avec les moyens techniques de l'époque, tailler était inévitable.

Il faut dire que l'équipement de Christian — un piolet Simond « Aigle », non cranté ou guère, et des crampons Charlet dix pointes — ne se prêtait guère aux exploits. Il fallut donc, dès le début, tailler des marches, à l'ancienne, en procédant par longueurs et en assurant sur des broches en U. La progression ne pouvait qu'être lente. Pour donner de la solidité à ces broches, Christian, lorsqu'il arrivait au point de faire relais, taillait dans la glace un grand entonnoir au fond duquel il plantait la broche au marteau, mais, malgré ces précautions, l'assurance semblait souvent hasardeuse.

Ayant évité le goulet, qui tournait en S en se redressant au milieu, il céda à la tentation de se diriger peu à peu vers des rochers lisses, difficiles mais où l'on pouvait espérer une meilleure qualité d'assurance. Comme il n'était pas question de retirer les crampons, il fallut donc gravir du V en les gardant aux pieds. Et progresser ainsi, de plaque de rocher en plaque de glace et de plaque de glace en plaque de rocher. Chargé de retirer les pitons, Pipo, joyeux fantaisiste, les semait un à un, ou par grappes. Ses compagnons entendaient alors un bruyant « Ah ! Merde ! » que suivait aussitôt le gai tintinnabulement du piton dans la pente.

Tous les efforts étaient tendus dans le but de dépasser le niveau du goulet. A un moment, Christian céda la place de premier à Pipo, dans le rocher. La progression continuait, lente, dans un terrain mixte de difficulté moyenne, mais en taillant toujours la glace lorsqu'il s'en présentait.

— On ne peut pas dire, raconte Christian, que nous ayons volé sur la pente avec nos dix pointes, comme Armand Charlet l'aurait voulu...

Parfois se présentaient de petits murs. Il fut même fait

usage, à certaines occasions, d'étriers... Et tout ça n'allait pas vite... Pessimiste, l'un des trois grimpeurs commença à envisager l'éventualité d'un bivouac.

Il eut lieu vers le milieu de la face. Christian, calé dans une fissure, assis, coincé, assuré, et fatigué par le travail de taille qu'il avait effectué dans la journée, s'endormit comme une masse et fit sa nuit de dix heures. Philippe et Pipo s'installèrent un peu dessous en diagonale, dans un endroit acceptable mais insuffisant. Mangèrent-ils ? Sûrement pas beaucoup. Il n'est pas même sûr que le réchaud n'était pas redescendu dans le sac de Soubis, beaucoup des vivres, en tout cas, oui.

Au petit matin du lundi 26 juillet, des coups de corde énergiques éveillèrent Christian de sa longue nuit. Philippe Dreux qui, pour la deuxième fois, venait de passer la sienne à côté de Pipo Laffon, réputé pour grincer terriblement des dents durant son sommeil qui était généralement profond, n'avait pas connu le même repos. La cordée se prépara à repartir. Elle rencontra quelques surplombs et s'éleva de trois ou quatre longueurs de corde. Une pente en forme de grand entonnoir montait vers la calotte de la Verte, bordée sur le côté par une arête de neige facile où il fut possible aux trois compagnons de progresser ensemble. Puis cette pente se redressa. Comme elle était de glace et neige dure, Christian reprit la tête et partit sur la gauche. En s'élevant en diagonale, selon un tracé où pointaient quelques affleurements rocheux, la cordée pensait être à même de rejoindre l'arête des Grands Montets de façon simple et rapide. La course paraissait gagnée, la neuvième ascension assurée d'un succès proche.

Bien reposé par sa longue nuit, Christian se sentait des ailes et il décida de se conformer à la technique d'Armand Charlet : ne plus tailler et tordre ses chevilles pour cramponner des dix pointes. Arrivant à un endroit raide et exposé, il planta une broche en U pour l'assurance et partit, en dix pointes et en piolet-ancre. C'est alors qu'il fit le geste qui devait lui être fatal : une petite fissure se présentant dans un sérac, il y introduisit son piolet, le verrouilla et, en le déverrouillant, dévissa.

Sa chute se produisit alors qu'il ne se trouvait qu'à une dizaine de mètres d'une neige de bonne qualité où les difficultés pouvaient être considérées comme finies. Il était environ neuf heures du matin. Il tomba. La broche résista au choc. Ayant pendulé, il se trouva suspendu à l'aplomb de celle-ci et constata que son pied droit était perpendiculaire à sa jambe, mais à l'extérieur.

— J'ai la jambe cassée ! annonça-t-il à Philippe.

Il n'avait pas poussé un cri.

— Ce n'est pas vrai ! Ce n'est pas possible ! Tu te trompes !

— Si ! J'ai la jambe cassée...

Christian eut alors la présence d'esprit de réduire immédiatement sa fracture, se disant qu'il fallait le faire à chaud et qu'ensuite cela lui deviendrait impossible. Il était ceinture noire de judo, avait un caractère positif et calme. Encore pendu à bout de corde, il tira son pied vers le bas, le tourna dans l'axe normal de la jambe, relâcha la tension et le pied se retrouva en bonne position.

Lorsque, deux jours plus tard, il arriva à l'hôpital, le chirurgien lui dit :

— Mais quelqu'un a déjà réduit la fracture !

— C'est moi, put-il répondre.

Et le travail était bien fait...

Philippe Dreux l'avait rejoint, se demandant s'il ne conviendrait pas qu'il laisse Pipo tenir compagnie au blessé et que, seul, il finisse la course, descende le couloir Whymper, aille donner l'alarme au refuge du Couvercle, mais comme il ne connaissait pas encore l'Aiguille Verte, il hésitait devant les difficultés inconnues qui pouvaient se présenter à lui. Ainsi que Pipo, il était désolé de ce malheur survenu à leur ami, alors que tout semblait gagné... En vérité, il n'y avait qu'une solution envisageable : les deux membres valides de la cordée achèveraient la course, gagneraient le sommet, descendraient le Whymper et iraient demander du secours.

En attendant, il convenait d'installer Christian au mieux dans cette pente raide. Un peu plus bas que lui, trois rochers sortant de la glace, l'un d'eux vertical et les deux autres légèrement ouverts, pouvaient constituer une sorte de siège. Des fissures permettaient d'y poser des pitons pour l'assurance. Les grimpeurs disposaient de deux cordes, puisqu'ils devaient initialement constituer deux cordées. L'une d'elles servit à amarrer solidement Christian, l'autre à ceux qui continuaient. Mais ces opérations furent longues et compliquées, notamment les manœuvres pendulaires qu'il fallut exécuter pour amener l'accidenté à l'endroit choisi.

Le temps devenait alors carrément mauvais, mais le blessé était chaudement vêtu : une chemise, un chandail, une veste en duvet, une parka de couleur kaki provenant des surplus de guerre américains et une cagoule étanche qui, elle, sortait d'un des deux magasins spécialisés de l'époque : Pierre Allain ou Leininger. Cet équipement était lourd mais efficace et procurait sans doute une protection supérieure à celle du matériel, plus léger, que nous connaissons aujourd'hui. La veste en duvet cloisonnée, avec son épaisseur mousseuse, gardait mieux la chaleur que les « fourrures polaires ». La parka coupait le vent. En outre Philippe Dreux l'installa dans son propre duvet court, modèle fameux de chez Pierre Allain. Christian n'eut jamais froid, malgré une sévère dégradation du temps.

Si complexes avaient été toutes les manipulations à faire

pour l'installer au mieux, les manœuvres de corde et les changements de matériel dans les sacs qu'avait eu lieu un oubli : l'équipe qui continuait avait, par erreur, emporté le peu qui restait de vivres. Christian n'avait que quelques dattes.

La journée lui parut infiniment longue. Il ne souffrait guère mais les idées qui lui venaient étaient des idées noires. « Voilà ! se disait-il. Le temps ne permettra pas l'arrivée des secours... J'ai joué et j'ai perdu. »

Ses pensées ne s'évadaient guère vers l'extérieur, vers sa famille, mais cherchaient à ne pas quitter l'immédiat. Il revoyait les gestes qu'il avait faits, se reprochait son erreur technique, regrettait d'avoir commis une pareille faute et, bien obligé d'accepter la réalité, se demandait : « Comment ai-je pu être assez stupide pour faire du piolet-ancre dans une fissure ? Comment s'est déroulé au juste cet accident ? Que puis-je faire maintenant ? »

Le temps n'avait rien pour le réconforter. De médiocre qu'il avait été, il passait à la tempête. Le vent se renforçait, puis vinrent les bourrasques, le grésil, la neige.

Durant ce temps, la cordée de Philippe Dreux et Pipo Laffon avait atteint le sommet de la Verte, suivi son arête sud, brillamment descendu en une heure le couloir Whymper, que le mauvais temps préservait du réchauffement, et gagné le refuge du Couvercle. Celui-ci était équipé, perfectionnement moderne pour l'époque, d'un téléphone-radio permettant la liaison avec la vallée. C'était l'E.H.M. qui était de permanence pour le secours. Il avait alors à sa tête le commandant de Thiersant. Quand la nouvelle de l'accident lui parvint, il organisait déjà, sur simple présomption, une expédition pédestre de reconnaissance, selon un plan habile et efficace.

En effet, redescendu à Chamonix, Jacques Soubis s'était étonné de ne pas voir revenir ses camarades dans les délais. Il avait pensé que les conditions de la face ne devaient pas être aussi bonnes qu'ils l'avaient tous jugé au départ, avait vu le temps se dégrader de plus en plus et craignant un problème, inquiet, avait averti l'E.H.M. de la situation.

L'appel venant du Couvercle était alors tombé, confirmant l'accident, en donnant les détails et surtout le localisant.

La journée était déjà bien avancée. Il fallut encore le temps d'organiser une caravane d'environ huit personnes, comprenant, en raison de l'endroit où devait se situer le secours, les meilleurs montagnards disponibles. Parmi eux les guides Gilbert Chappaz, Maurice Poncet, J.-M. Novel, instructeurs à l'E.H.M. et Charles Bozon, le skieur renommé, qui y effectuait son service militaire. Le matériel nécessaire fut rassemblé et réparti dans les sacs, ainsi qu'un grand nombre de cordes. La caravane quitta Chamonix à huit heures du soir, avec un plan parfaitement mis au point.

Déjà, les navettes du Montenvers avaient terminé leurs parcours quotidiens. Un train spécial fut réquisitionné. Les sauveteurs, lourdement chargés, prirent ensuite le chemin du Couvercle où ils arrivèrent en pleine nuit. Ils n'eurent droit qu'à une heure ou deux de repos avant de repartir.

Pipo Laffon s'était proposé pour les accompagner et les aider à trouver le blessé. Son concours était précieux car la sortie du Nant Blanc vers l'arête des Grands Montets constitue un vaste secteur où les recherches pouvaient être longues, dans le mauvais temps et le brouillard. L'équipe se leva très tôt et partit, pour gravir le couloir Whymper et, du sommet de la Verte, descendre vers l'accidenté.

Christian, lui, avait vu arriver le crépuscule dans un mauvais temps accru. Pas de coucher de soleil triomphant et porteur d'espérance. Tout était gris et noir, glacé, funèbre. C'était la troisième nuit de bivouac en montagne que le blessé allait passer : une au rognon du Dru, une dans la face et maintenant celle-ci, dans des conditions difficiles. Il réussit à somnoler de temps à autre et, plusieurs fois, s'éveilla vaguement, moitié assoupi encore, moitié délirant, et pensant : « Bon !... Ça suffit !... Je vais m'en aller !... Il faut que je descende ! » Il essayait de se lever et se sentait bloqué, entravé, ce qui lui causait une grande frustration. Puis, peu à peu, il revenait à la réalité : « Je suis blessé... En montagne... Seul !... Les secours pourront-ils venir ? » Il avait le sentiment d'une immense impuissance face à la situation et face à la nature. La nuit fut extrêmement pénible, déplaisante. S'il n'avait pas eu la conscience de sa jambe cassée, s'il n'avait pas été rivé à la pente, il aurait tout fait pour se libérer et partir — et évidemment serait tombé.

Le jour se leva lentement sur la pente enneigée. Le temps était couvert, gris, froid. La cagoule dont Christian, durant la nuit, avait serré un bord entre ses dents, pour se protéger le visage, était couverte de croûtes de glace. Le matin qui se levait était celui du 27 juillet. Il y avait trois jours que Christian avait quitté Chamonix. Le quatrième commençait.

Lorsqu'il entendit, vaguement, dans le brouillard, des rumeurs, des échos, et comme des bruits de voix se mêlant à ceux du vent, il crut que les délires de la nuit le reprenaient. Mais les voix se confirmaient, s'amplifiaient et soudain, à une dizaine de mètres, il vit descendre un alpiniste, qui se révéla être Gilbert Chappaz, guide militaire qu'il connaissait. Christian lui demanda :

— Qu'est-ce que tu fais là ?

La remarque n'était pas des plus pertinentes car il n'y a jamais foule au Nant Blanc, moins encore à la descente, et par mauvais temps de surcroît... Gilbert Chappaz lui répondit du tac au tac :

— Et toi ?

Puis aussitôt, lui expliqua :

— Je viens te chercher !

L'équipe des sauveteurs se regroupa dans la pente. En pleine forme, Novel proposa :

— On va le descendre par le Nant Blanc !

Christian s'y opposa avec vigueur :

— Alors, allez-y sans moi !... Ce n'est pas envisageable !... J'attendrai qu'il en vienne d'autres !

On lui donna à boire du thé, on installa sa jambe dans une gouttière en grillage, puis, l'ayant décroché de ses assurances, on essaya de le tirer à bout de corde jusqu'à la neige. Mais dans cette pente inclinée à 45° environ, la manœuvre se révéla impraticable. La seule solution possible était que, fortement soutenu et encadré, il grimpe, ou rampe, par lui-même, sur son pied valide et le genou de l'autre jambe. Il progressa ainsi jusqu'en haut, dans une trace ou des marches aménagées au mieux, s'aidant de mains courantes qu'on installait au fur et à mesure. Son attitude, très positive, impressionna les sauveteurs : il se comportait bien, courageusement, sans se plaindre, alors qu'il souffrait sûrement. Les conditions n'étaient pas idéales. Le temps était devenu glacial.

A partir du sommet de la Verte, le problème changea. L'arête qui mène au haut du Whymper faisait dévers et elle est assez raide. Il fallait donc improviser une technique dans des circonstances qui ressemblaient à des « circonstances de guerre ». Le traîneau de secours de l'époque, dit « Traîneau Pourchier », monté sur skis, ne convenait pas au terrain. A tout hasard, l'équipe s'était munie d'un bout de tapis trouvé au refuge et ce fut lui qui convint le mieux au transport. On y attacha Christian et, le tapis étant attaché aux cordes par des mousquetons, on le conduisit ainsi jusqu'au col de la

Rocheuse, certains le tirant, d'autres le retenant. Beaucoup de cordes furent coupées, ce jour-là, pour l'assurance et les différentes manœuvres

La descente du couloir Whymper présenta de nouvelles difficultés. Le couloir Whymper est, en fait, un ensemble complexe où la ligne de plus grande pente n'est pas toujours suivie ; il y a des couloirs annexes, des affleurements rocheux et tout un cheminement à trouver dans ces pentes qui sont raides puisque le haut est à 55°. On laissa Christian sur le tapis, qui se révélait être en la circonstance un traîneau relativement maniable. Il s'y maintenait plus ou moins assis, la jambe étendue, et on le descendait à la corde avec des assurances tenues par plusieurs cordées disposées en étoile et s'entr'assurant. Les relais se faisaient toujours avec des cordes amarrées, des mouflages sur cordes et piolets. Rémi de Vivie, ami du blessé, qui s'était porté volontaire pour le secours, se rappelle la remarquable organisation qui présidait à l'ensemble : Gilbert Chappaz descendait sous le tapis-traîneau que retenaient, d'en haut, en éventail, huit cordées de deux hommes. A son signal, une cordée descendait rejoindre le blessé et s'assurait auprès de lui. Puis une seconde et ainsi de suite. Il neigeait. A vingt mètres, on distinguait mal les autres sauveteurs qui se fondaient dans le brouillard. Mais les ordres tombaient, précis. Quand toutes les cordées d'assurance avaient rejoint le traîneau improvisé, ensemble, elles lui lâchaient du mou sur leur corde, permettant ainsi de franchir une nouvelle dénivelée et le blessé était alors descendu au mieux, avant que la manœuvre ne recommence.

Armand Charlet, qui se trouvait au Couvercle avec un stage, avait prêté son aide et jugé, avec la grande expérience qu'il avait de la Verte, que les conditions permettraient l'opération. Pourtant, dans le Whymper, dès la montée, commencée à deux heures du matin, la neige s'était montrée instable, abîmée, et la progression s'y faisait en semi-sécurité. Mais pour un tel secours, elle était peut-être préférable à la glace. Le temps couvert, neigeux, l'empêchait de ramollir encore. Elle tint. Il ne se produisit pas d'avalanche, ni de chutes de pierres, et l'ensemble des secouristes atteignit enfin la rimaye qui fut franchie à quatre heures et demie de l'après-midi, rimaye heureusement peu marquée ni large.

Diverses assistances, ainsi que de nombreux militaires de l'E.M.H.M. constituant des colonnes de renfort, des guides, des amateurs aussi, avaient donc proposé leur concours au long de l'opération, notamment dans la partie facile, mais longue, qui restait jusqu'au refuge du Couvercle, puis jusqu'au Montenvers. Transporté sur un cacolet, et de nouveau sur le tapis pour certains passages en neige, Christian arriva au Couvercle au soir du 27 juillet.

Il n'était pas question de le ramener dans la vallée la nuit même. On l'installa au refuge, on lui donna à manger, on le fit reposer. Il en garde un très bon souvenir. Mais pour avoir déclaré, dans son soulagement : « Eh bien moi, l'année prochaine, je fais le col d'Anterne à dos de mulet, pas plus ! », il se fit vertement reprendre par Armand Charlet qui n'aimait pas les faibles...

C'est le lendemain qu'on le transporta au Montenvers, sur un cacolet, avec nombre de relais humains. Ses parents, très alarmés, l'y attendaient. Lorsque Christian reprocha à Philippe Gaussot, célèbre journaliste du *Dauphiné libéré* à l'époque, de leur avoir, par ses articles, causé des peurs intenses, ce dernier répondit en invoquant « son devoir d'information ». Comme quoi le problème des médias ne date pas d'aujourd'hui...

Pipo Laffon eut, lui, quelques problèmes car il était parti de l'E.H.M. sans permission. Plus ! Il se trouvait faire partie, pour ce week-end, du personnel de secours en montagne de première urgence... Et il eut beau faire valoir à ses supérieurs qu'il s'était trouvé le premier sur le lieu de l'accident, sa déclaration rencontra un succès mitigé qui ne le dispensa pas d'un mois d'arrêts, lequel lui fut d'ailleurs agréable car il s'entendait bien avec les cuisiniers.

Quant à Christian, il sortait d'un piège de taille et avait eu la chance que le temps n'ait pas complètement tourné à la tempête car, alors, on ne l'aurait peut-être pas rejoint. Les journaux de l'époque en parlèrent. L'un d'eux, *L'Équipe,* croit-on, le désigna comme « l'ermite de la Verte », ce qui lui valut quelque temps, de la part de ses camarades, le sobriquet de « Bobet du Nant Blanc ».

L'ensemble de l'opération et de la descente vers le Montenvers avait mobilisé une trentaine ou une quarantaine d'hommes et, entre l'accident et le retour dans la vallée, quarante-huit heures s'étaient écoulées. Aujourd'hui, un tel secours au Nant Blanc, à condition bien sûr que la nébulosité permette à l'hélicoptère de voler, pourrait ne durer qu'une trentaine de minutes entre l'alerte et l'arrivée à la D.Z.

- XV -

22-26 juillet

Difficultés personnelles. Il faut en parler aussi car l'expérience est dure. Les équipages se relayent, les secouristes se relayent, les médecins se relayent... Moi, je suis en quelque sorte « premier à marcher » tous les jours et c'est difficile. Plus que je ne l'aurais cru et pourtant je savais aller au devant d'une épreuve. Pas à ce point.

Après trois semaines, et malgré de nombreux jours de mauvais temps, je souffre extrêmement de l'astreinte que ce livre implique. Je n'ai plus de temps pour rien, au point que pour la première fois de ma vie j'ai fait des chèques sans provision, faute d'avoir surveillé mes comptes... Trois semaines, et c'est déjà très lourd.

Pas lourd seulement pour cela mais surtout parce qu'il faut être vraiment solide pour côtoyer dans ce quotidien absolu l'actualité des secours, chaque matin se lever dans l'inconnu angoissant de ce qui va advenir. Solide, je le suis pourtant... Mais cette nuit je ne pouvais dormir. Je pensais au cauchemar de souffrance que devait vivre l'Italien d'hier. Toute la nuit, j'ai cru entendre son « *Molto dolore !* » Il me pénétrait jusqu'au cœur... Bien sûr, on doit lui administrer des calmants, mais je sais aussi à quel point on souffre quand les autres croient que l'on est dans les vaps — et se rassurent ainsi.

Trois semaines sévères.

Mardi 22 juillet

Premier secours, sérieux, à la Tour Ronde. Des bribes de message radio évoquent « un traumatisme grave au rachis ». Le Dr. Cauchy est descendu, avec le blessé, en D.Z. d'urgence, à l'hôpital.

Je me sens en proie à un tel manque de sommeil que je me demande si, à mon tour, je ne vais pas faire l'expérience de tomber endormie sur le canapé, comme j'ai vu tant de secouristes ou d'équipages le faire, pour quelques instants de récupération.

L'hélicoptère revient à onze heures et demie. Entrent Didier Méraux et Régis Michoux. Ce dernier m'explique :

— Il y en a un qui a un gros trou derrière le crâne... Quand il tombe des pierres, il faut se mettre comme ça (il rentre la tête dans les épaules), pas comme ça (il penche la tête en avant)... Pourtant, il avait un casque, mais la pierre l'a atteint sur la nuque, par-derrière...

— C'est un Français ?

— Un Suédois.

— Il était conscient ?

— Il ne savait plus comment il s'appelait... En fait, il ne savait plus s'il était à la mer ou à la montagne...

Manu Cauchy revient et commente à son tour :

— Un trou... Un gros trou.

Régis Michoux me dit que l'accident a eu lieu dans la face nord, où trois pierres ont roulé et l'une d'elles est venue percuter celui qui était au relais et qui avait baissé la tête, exposant sa nuque.

Le risque principal serait que la pierre ait atteint les cervicales, mais le blessé n'était pas paralysé. Je demande :

— La pierre était restée dedans ?

— Ah non ! me dit Manu. La pierre était repartie sans demander son reste !

— C'est un délit de fuite, ça ! s'exclame Saudemont... Régis ! Il faut qu'on aille rechercher une pierre qui a commis un délit de fuite !

— Et si on la retrouve, remarque avec espoir Régis Michoux, il y aura peut-être dessus les empreintes digitales de celui qui l'aurait lancée...

Autre appel, pour les Crochues.

La blessée est une jeune Belge qui faisait un stage d'initiation à l'alpinisme. C'était le deuxième jour. Hier, initiation à l'escalade. Aujourd'hui, initiation à l'école de neige et au dévissage en neige. Pour le dévissage, elle aura été initiée, c'est certain... Elle est tombée d'une quarantaine de mètres, pas encordée, sans casque, sans crampons, juste un piolet. L'encordement était prévu deux mètres plus loin, mais voilà, elle est tombée avant...

— Des stagiaires, remarque Régis, il faudrait les encorder quand la chute est possible... Enfin, elle a eu de la chance !... Elle n'a que des coupures aux bras... Et dans son dévissage, elle a perdu ses lunettes de vue qu'on n'a pas pu retrouver...

Nouveau moment de calme. Télévision. Prévisions d'orage pour demain. La radio émet un message d'un ton un peu bref, assourdi. Manu baisse aussitôt le son de la télé :

— Quand ça parle sur ce ton, c'est un accident.

Exact. On signale deux chevilles cassées à l'éperon Bayer, sous les Grands Montets. Il est midi et demi. Ottonello et

Ribiollet arrivent pour remplacer Michoux et Saudemont : ce sont eux qui partent pour le secours, avec Cauchy.

A leur retour, ce dernier escorte un blessé aux deux chevilles bandées mais qui marche seul, en boitant bas. Il ne souffre que de plaies.

Invasion du terrain l'après-midi par une chaîne de télévision. Les journalistes, à cette saison, espèrent quelque chose de fort. Mais dans cette actualité chargée, l'après-midi s'écoule justement sans qu'il se passe rien, sauf le secours le plus mince de la saison, qu'on nous projette, un peu plus tard.

C'est une « cheville » sur la Mer de Glace. Un promeneur de la quarantaine, pas même un alpiniste. Sous-équipé, c'est certain, mais à peine touché. Toute l'équipe y est allée, avec Manu, pour faire sérieux.

La télé souhaite que ça fasse le plus « accident » que possible. Difficile ! Manu fait de son mieux et demande à la « victime », assise sur un rocher, avec plein de touristes autour :

— Et là, ça vous fait mal ? Et là ?

Il n'y a guère d'autres questions envisageables... Ensuite, on interroge Ottonello. Que peut-il dire sur cette mince affaire ? Il répond que c'est un secours « classique » et, comme on lui demande quel était l'équipement du blessé, il a une belle phrase : « C'était la limite inférieure de l'équipement minimum ! » Ce jugement péremptoire constitue le moment le plus fort de la séquence. A notre intention, en revenant, il s'était montré plus imagé encore : « Le degré d'équipement en dessous et il aurait été en chaussettes ! »

Malgré tout, un deuxième secours survient, longtemps après. Mais il n'est guère plus ébouriffant que le premier : une jambe cassée, soit, mais sur le chemin du Montenvers. Cependant, il y a treuillage, à cause des arbres.

Ce n'est certes pas drôle, mais l'accidentée n'est pas facile non plus. Elle engueule Ribiollet, le secouriste, elle engueule le médecin, elle pousse des cris quand elle comprend qu'on va la treuiller (« ils ne pouvaient donc pas me descendre à pied ? J'ai cru que j'allais mourir ! »), et une fois dans l'hélicoptère, elle dit à Thibaud Ribiollet « Vous pouvez mettre votre main devant le soleil ? Je l'ai dans l'œil ! » et ajoute, soudain lucide : « Je suis chiante, hein ? »

A sept heures, Régis Michoux et Pascal Saudemont viennent relayer Ottonello et Ribiollet.

— Maintenant que vous avez de Vrais secouristes parmi vous, ça va changer de niveau d'opérations ! annonce glorieusement Saudemont.

Mais les cinéastes en ont assez. Ils ont engrangé suffisamment de film pour nourrir une émission et ne veulent pas perdre davantage de temps à attendre l'éventualité d'un superbe polytraumatisé-foudroyé-gelé. Ils s'en vont.

Pepito et sa femme arrivent avec leur petit Jonathan. Nous sommes donc nombreux pour voir les informations sur la 3 : sujet sur l'altitude, Aiguille du Midi, etc. Puis, tout à coup, Manu Cauchy, en rouge devant l'hélicoptère rouge[1] ! Rires dans l'assistance, acclamations et bruits divers.

L'actualité nous laisse un moment tranquilles. Puis Manu prend un nouvel appel et annonce :

— On va monter haut, les gars !

— C'est où ?

— Aux Gaillands !

Rires. Personne ne croit qu'on a besoin de l'hélicoptère pour un secours en rocher d'escalade. Mais si.

— C'est un gars qui a fait une chute et qui est resté coincé dans la face.

1. Cette semaine, c'est le bleu...

L'opération est longue. Le temps passe... L'hélicoptère revient, sans blessé. Le Dr. Cauchy entre. Je lui demande :

— Alors ?

Il me répond :

— Une jambe cassée, un bras cassé, une colonne...

On croit qu'il plaisante mais il n'a mis, en prime, que la colonne. L'accident est assez grave et aurait pu être évité. Le blessé avait à sa ceinture un bon nombre de mousquetons mais, se sentant sans doute bien, il n'a pas mis de protection. Lorsqu'il a dévissé, il était sept à huit mètres au-dessus du relais et a donc fait le double de chute avant d'être retenu par l'assurance. Il n'avait pas de casque. Cela aurait pu être plus grave encore.

Mercredi 23 juillet

Depuis longtemps, la météo a annoncé que le temps se gâtera l'après-midi de ce mercredi. Le bulletin d'hier soir est devenu plus vague : orages et soleil alterneraient... A cinq heures, je me lève et sors. Il y a quelques nuages mais le jour se lève sur une montagne dégagée. Et à neuf heures, il pleut des cordes ! Mais alors, ce qu'on appelle des cordes !

Trois secours pourtant le matin. Un Italien, Napolitain, a reçu sur la tête, au glacier du Milieu, sans casque, un bloc de glace. Traumatisme crânien. Il a été courageux et a réussi à rejoindre le refuge par ses propres moyens. Deux Grecs, égarés dans l'arête sud du Moine, côté Charpoua, ont bivouaqué, mouillés, bien sûr, mais en plus bloqués. Enfin à la suite d'un saut de crevasse, sur le glacier de l'Envers du Plan, un alpiniste belge s'est fait une entorse du genou.

Il pleut tant, l'après-midi, que je me donne congé. J'ai tort et la suite va le montrer. Il n'y a pas de congé dans le secours.

Passant à Chamonix, je pousse quand même jusqu'au P.G.

où m'attend une triste surprise. Je viens d'entrer quand descend le capitaine Gin. Il m'aperçoit et dit :

— Anne ! Tu peux nous aider peut-être... On nous a signalé deux disparus, dont un Anglais... On n'a aucun indice... Peut-être saurais-tu quelque chose ?

— Ce n'est pas parce que j'ai un mari anglais que je connais tous les Anglais...

Je le suis pourtant dans l'arrière-bureau et là, tout de suite, je vois sur une table un dossier jaune sur lequel est inscrit un nom : Dominic Green.

Les souvenirs m'envahissent.

— Mais ! Vous l'avez déjà sauvé, celui-là !... En 1994... Un jour où j'étais à la D.Z... Il avait été foudroyé aux Petits Charmoz... C'étaient Iglesis et Ribes qui avaient fait le secours... Ensuite je m'étais occupée de lui à l'hôpital, jusqu'à ce qu'il soit rapatrié... On s'était encore écrit pour Noël... Après, je l'ai perdu de vue... Qu'est-ce qui est arrivé ?

— Il a disparu depuis le dix juillet, avec un camarade hollandais.

— Alors ils sont morts !

— On n'est pas là pour désespérer !... Sans ça on ne ferait pas du secours... Tu n'as aucune idée de ce qu'il voulait faire ?

— Je ne savais même pas qu'il était dans la vallée... Non, je ne peux hélas pas vous aider.

J'apprends davantage de détails. En fait, au secrétariat, on avait déjà retrouvé son nom dans les secours de 94. L'alerte a été donnée par les familles. Dominic Green et son camarade, un Hollandais qui habitait l'Angleterre, auraient dû rentrer le 21, il y a deux jours. Les parents ont réussi à toucher un de leurs amis et celui-ci s'est adressé au P.G.H.M. Leur tente a été retrouvée, aux Chavants, et explorée dans l'espoir d'un indice. Ils y avaient laissé leurs deux passeports, qui sont ici.

Sous la tente, aussi, de nombreuses cartes postales de l'Aiguille Verte. Est-ce l'indice qu'ils voulaient y faire une voie ? Tout montre que c'est le 10 juillet qu'ils ont dû partir en course.

Jean-Claude Gin me voit désolée.

— Et tu ne sais pas tout ! Il y a quarante personnes perdues au Mont Blanc !

— Hein ?

En effet, il y a quarante personnes en train d'errer on ne sait trop où sur les pentes du Mont Blanc. Toute à la disparition de Dominic Green, je n'avais pas même prêté attention à l'activité, à l'ébullition presque, qui règne dans le bureau.

Ces quarante sont partis du refuge du Goûter ce matin, malgré les prévisions, en direction du sommet du Mont Blanc. Parmi eux, un guide allemand, un guide autrichien, un guide valdôtain, des Anglais, des Belges, des Italiens, des Espagnols, des Français... Les guides de Chamonix, parce qu'ils connaissent mieux que les autres le piège que peut constituer la simple voie normale du Mont Blanc, n'ont pas voulu partir. Mais toute décision est difficile à prendre. Il s'y mêle tant d'aléas, tant de conflits psychologiques... J'imagine qu'il y a eu des clients mécontents d'être montés jusque-là, d'avoir engagé des frais, pour se trouver immobilisés alors que les autres partent. La mauvaise humeur... Peut-être aussi l'inquiétude de ceux qui s'engagent, voyant que d'autres jugent cette démarche dangereuse... Oui, toute décision est difficile à prendre, quand il s'agit de montagne.

L'alerte a été donnée dans l'après-midi. « Ils ont été sauvés grâce à un téléphone portable » a, paraît-il, annoncé TF1 le soir. En vérité, portable ou non, radio ou non, si le mauvais temps est là, on peut faire savoir que l'on est en perdition et n'être pas secouru. Les moyens modernes d'appel et l'existence de l'hélicoptère tendent à trop rassurer ceux qui s'engagent en montagne. L'un des égarés avait un G.P.S., cet appareil qui permet, en mer en tout cas, de comprendre à peu près où l'on se trouve, mais il ne savait pas s'en servir... De toute façon, le G.P.S. n'est guère fiable en montagne car les satellites auxquels il se relie ne tiennent pas compte de la pente. En outre, il indique seulement la position à cent mètres près, pour des raisons militaires américaines, et encore faut-il pour cela réussir à se relier à quatre satellites... Or en montagne, un passage est souvent plus subtil à trouver que ne le rend possible une aussi large approximation. En revanche, aucun membre du groupe n'avait de boussole, de carte et d'altimètre, uniques instruments permettant de se diriger en montagne par mauvais temps.

Les quarante étaient partis en ordre dispersé. Presque tous ont atteint le refuge Vallot, d'autres se sont trouvés entre le col du Dôme et le refuge. La cordée qui est arrivée le plus haut a réussi à gagner l'arête des Bosses. Mais les uns et les autres ont été contraints de rebrousser chemin. La visibilité était réduite. Il soufflait un fort vent d'ouest et le vent, au Mont Blanc, est terrible. On se plie en deux, on se ramasse sur le piolet, on lutte, mais le vent vous domine. L'ambiance ne devait pas être à la joie, ce matin, au Mont Blanc...

Peu à peu, certains se sont regroupés, du côté de Vallot. Les traces de montée n'existaient plus. Tous ont beaucoup marché, sans doute tourné en rond, dans le brouillard, le vent, la tempête, le froid. Dans la matinée, une quinzaine d'entre eux se sont retrouvés entre le Dôme du Goûter et le Grand Plateau, environ deux cents mètres sous le Dôme, dans l'axe de l'arête Pitschner, mais sans avoir la moindre idée de leur position. Ils étaient fatigués et démoralisés. Les guides ont fait des tentatives vers Taconnaz, mais sans trouver de cheminement. C'est alors qu'ils ont lancé un appel pour signaler qu'ils étaient perdus, pour demander qu'on les oriente, mais comment orienter des gens dont on ne sait où ils sont ?

Ils ont donc décidé de s'installer pour tenir, en attendant le secours espéré, ont fait dans la neige des espèces de tranchées qui les protégeaient un peu du vent, se sont décordés, assis sur les cordes et les sacs.

Le gardien du refuge du Goûter, Guy Bochatay, était au courant de leur appel. Voyant que les conditions ne permettaient pas à l'hélicoptère d'opérer, il a décidé de monter vers Vallot, avec un de ses employés, Vincent Frossard. Ils avaient une botte de fanions dont ils jalonnaient leur itinéraire pour se retrouver eux-mêmes. Ils en ont planté un tous les cinquante mètres environ. La bonne distance aurait été de vingt ou trente mètres, mais il aurait fallu plus de fanions qu'ils n'en avaient.

Durant ce temps, ceux qui étaient perdus plus haut apercevaient les traces des premiers et les rejoignaient peu à peu. Le groupe lança plusieurs nouveaux appels dans le cours de l'après-midi. Au dernier, ils annonçaient qu'ils étaient quarante.

En bas, on guettait la moindre éclaircie, pour intervenir aussitôt. Envoyer du Nid d'Aigle une caravane terrestre n'était pas une solution puisque l'on espérait pouvoir, à un moment ou à un autre, monter rapidement plus haut des secouristes, par l'hélicoptère, et c'est en effet ce qui arriva. Les quatre premiers à marcher, Jean-Jacques Malineau, Michel Médici, Régis Michoux et Olivier Renard étaient sur la D.Z., prêts au départ.

A six heures, les nuages se dégagèrent légèrement, vers Tête Rousse. L'hélicoptère ayant pris à son bord Malineau et Médici, les y déposa. Si rien ne s'améliorait, ils rejoindraient vite le refuge du Goûter et continueraient au-delà. A quatre, avec Guy Bochatay et son aide, s'ils retrouvaient le groupe, ils pouvaient descendre les plus vaillants et au besoin bivouaquer avec les autres en s'occupant d'eux. Le passage vers les Grands Mulets restait bloqué par le brouillard.

L'hélicoptère fit une deuxième rotation pour emmener au même endroit Renard et Michoux. Mais alors qu'il approchait de Tête Rousse, une petite éclaircie se produisit vers l'Aiguille du Goûter. Didier Méraux, assisté du mécanicien Christian Bare-Guillet, en profita pour s'élever jusque vers 4 000 mètres et tenter une reconnaissance, mais elle ne permit pas d'apercevoir le groupe des égarés. Le grand problème était de les localiser afin qu'une caravane terrestre sache au moins dans quelle direction les chercher.

Déposés à Tête Rousse, Régis Michoux, Olivier Renard, Jean-Jacques Malineau et Michel Médici commençaient à monter vers l'Aiguille, lorsque d'en bas, le P.G., qui observait en permanence à la jumelle dans cette direction, repéra le groupe dans une percée de nuages. L'hélicoptère revint alors récupérer Renard et Michoux pour essayer, à la première occasion, de les poser à proximité des égarés. A son tour, il les aperçut et, trop chargé pour en approcher car il s'agissait d'aller à 4 000, monta Olivier Renard, qui avait dans son sac le matériel d'orientation (altimètre, carte, boussole), après avoir laissé Régis Michoux aux Grands Mulets. Exécutant un appui-patin, Didier Méraux réussit à se poser à demi, à une centaine de mètres du groupe. Olivier Renard sauta de l'appareil qui repartit rapidement, car il risquait de se faire enfermer dans les nuages, et il descendit vers les Grands Mulets, afin de reprendre Régis et tenter de le monter aussi.

Voyant arriver l'hélicoptère, le groupe s'était cru non seulement sauvé, mais déjà descendu. Aucun d'eux n'avait vraiment conscience du hasard heureux qui avait permis de profiter d'une brève éclaircie. Il était normal que l'hélicoptère soit enfin là, il était certain qu'il allait maintenant les transporter. Les alpinistes eux-mêmes sont ignorants des possibilités techniques du vol. Ceux-là ne doutaient pas un instant qu'on allait pouvoir faire une vingtaine de rotations pour les ramener tous.

Le guide valdôtain, Patrick Raspo, était venu à la rencontre d'Olivier Renard. A deux, ils rejoignirent le groupe et dirent aux autres guides qu'il fallait organiser les uns et les autres, les encorder, remettre les sacs. Cette annonce produisit un grand découragement. Une rumeur s'éleva. Le moral du groupe, que l'arrivée de l'hélicoptère avait porté au plus haut, chuta complètement. Entre-temps, Didier Méraux, entré par radio en contact avec Olivier Renard, lui avait dit que s'il arrivait à poser aussi Régis Michoux, il essayerait de prendre les deux personnes les plus fatiguées. En fait, il y en avait trois : un Anglais, une Française, une Autrichienne. L'homme renonça à être descendu pour que les femmes puissent partir. Elles étaient au bord de l'épuisement et il fallut les aider à faire les cent mètres qui les séparaient de l'endroit où l'appareil pouvait se poser. Celui-ci fit deux ou trois essais avant de réussir à revenir. Il laissa alors Régis Michoux, embarqua les deux femmes et repartit, ayant réalisé de délicates prouesses de vol, qui assuraient la survie des égarés, désormais pris en mains.

Heureusement, tous étaient bien équipés, mais l'idée d'avoir à marcher de nouveau ne les enchantait guère, d'autant qu'il fallait commencer par remonter au Dôme, soit environ deux cents mètres de dénivelée. Il était même nécessaire de se hâter car le brouillard se réinstallait en force. La liaison avec Guy Bochatay et Vincent Frossard, descendant du sommet du Dôme fut bientôt faite et les quatre sauveteurs se partagèrent alors la tâche : Bochatay et Frossard marchaient devant, suivis par les rescapés les plus valides. Renard et Michoux fermaient la marche et s'occupaient des retardataires, parmi lesquels cinq Anglais qui n'en pouvaient plus.

Guy Bochatay qui, à la descente, avait fait une trace directe, remontait cette fois en en faisant une autre, moins fatigante, en lacets réguliers. Il posait, car le brouillard restait épais, de nouveaux jalons montés par l'hélicoptère. La neige était profonde et on y enfonçait jusqu'au mollet mais, pour les suivants, dans la trace, elle permettait une progression correcte. Il fallut une heure et demie pour remonter au Dôme, en faisant adopter aux derniers un rythme himalayen : marcher vingt pas et marquer une halte. Tous avaient été, bien sûr, réconfortés au préalable par des thermos de thé chaud emportées dans ce but.

Lorsqu'il arriva au Dôme, Guy Bochatay reprit, pour la descente, sa trace de montée et adopta un rythme plus rapide. Un certain nombre des rescapés purent le suivre. Malgré la très grande connaissance qu'il avait des lieux, se trouvant à un moment sans le repère des fanions posés à la montée, en partie arrachés par le vent, sans la trace qui s'était effacée, Guy Bochatay dut sortir la carte, la boussole et l'altimètre pour retrouver la bonne direction.

Régis Michoux et Olivier Renard continuèrent, eux, leur rôle de serre-file en s'occupant notamment des cinq Anglais les plus las qui peinaient, trébuchaient. Ne parlant guère, ils faisaient dix mètres et s'arrêtaient, tombaient parfois. Il fallait alors les relever et les encourager. Les secouristes avaient pris les sacs des deux plus atteints. La nuit était tombée depuis longtemps et les piles des lampes des rescapés étaient usées. Dans le groupe de queue, Régis Michoux, calme comme il l'était toujours, passait devant avec une grosse lampe torche. Si des fanions manquaient, la nouvelle trace de Guy Bochatay se devinait encore. Olivier Renard marchait en dernier, avec une frontale qui éclairait le groupe. Les Anglais, épuisés, se laissaient aller à terre et y seraient volontiers restés. Il fallait les aider à se remettre debout, s'efforcer de les convaincre de continuer. C'est vers minuit que ce dernier groupe arriva au refuge, environ une heure après les autres. Et là, se voyant enfin parvenus hors de danger, les cinq Anglais, qui durant la marche n'avaient plus même la force de parler, serrèrent avec reconnaissance les mains de leurs sauveteurs.

— Ils étaient heureux ! m'a dit Olivier Renard... Et nous aussi !

Le cuisinier avait préparé une marmite de soupe. Déjà déséquipés, les autres rescapés étaient à table dans la salle du refuge et mangeaient. Les secouristes firent un rapide bilan de la santé des uns et des autres : il n'y avait ni gelure, ni mal des montagnes, tous allaient bien, mais l'ambiance était à la fatigue. Régis Michoux et Olivier Renard allèrent dîner à la cuisine, avec le gardien. Autour d'eux, un étrange décor de dizaines de gants suspendus pour sécher... Deux des rescapés, des Italiens, vinrent les y remercier et leur offrir une bouteille de vin.

Ainsi s'acheva ce sauvetage qui fit un certain bruit. Il en aurait certes fait plus encore si les conditions n'avaient pas permis de retrouver le groupe et si le mauvais temps avait duré... Quarante morts au Mont Blanc ! Quel titre pour la presse.

Jeudi 24, vendredi 25, samedi 26 juillet

Temps plus que médiocre au long de ces trois jours. Le jeudi, il n'y a guère eu qu'une reconnaissance pour un guide qui devait passer par la Charpoua en redescendant de sa course, ne l'avait pas fait et n'avait pas averti. Inquiétudes non fondées, donc. Tout allait bien.

Le vendredi, chez nous, une scène qui éclaire les facettes multiples susceptibles d'exister chez les jeunes alpinistes anglais, si crasseux soient-ils... Ont débarqué dans notre chalet quelques étudiants d'Oxford, à l'heure du déjeuner, comme par hasard. Je ne les connaissais pas encore. L'un d'eux était particulièrement frappant. Habillé... comme seuls les alpinistes anglais peuvent l'être et, à part ça, du genre rasta blond, avec des tas de petites tresses, mêlées de perles de couleur, qui n'avaient pas dû connaître depuis longtemps les douceurs d'un shampoing... Dans le métro, on aurait hésité à lui donner une pièce, en le jugeant un peu trop inquiétant... Eh bien, c'est lui qui, après le déjeuner, s'est installé au piano et nous a joué une sonate de Beethoven... Et, parmi ses courses de la saison, figure le pilier central du Frêney.

Le samedi, il pleuvait effroyablement et quand, par acquis de conscience, je suis passée à la D.Z. pour dire que je venais vérifier « qu'ils ne faisaient rien », j'ai soulevé les rires tant, en effet, « ils ne faisaient rien » et ne pouvaient rien faire. Mais, le soir, le temps se levait et l'angoisse me prenait de songer à ce qui pouvait survenir, en cette fin de juillet, si le temps se remettait vraiment au beau, comme tout semblait l'annoncer, y compris la météo.

Après vingt-six jours

Au 26 juillet, il y avait donc vingt-six jours que je suivais les secours en montagne.

Si la douleur se mêlait souvent à ces événements journaliers, si le contact quotidien avec l'accident m'était encore plus redoutable à vivre que je ne l'avais prévu, si par ailleurs mon manque de liberté me pesait, si l'astreinte où ce livre me tenait était pénible, parfois insupportable, si je me sentais très seule face à ma tâche, le bilan de ce mois presque achevé était somme toute positif. Mes propres difficultés n'étaient que personnelles et donc, si réelles qu'elles fussent, à exclure. En revanche, malgré d'inévitables souffrances chez les victimes secourues, combien l'activité du secours s'était révélée utile, bien faite.

Que de vies sauvées ! Et parfois de très peu... Francis Guiverec à l'Aiguille Pierre Allain, l'Italien des Vuardes, l'Italien du Goûter, l'Écossais de la crevasse d'Argentière, ceux du Mont Blanc, d'autres encore...

J'allais, malgré tout, à la D.Z. avec plaisir, sachant y retrouver chaque jour des visages différents mais familiers et amicaux. Je m'y sentais chez moi, j'en aimais l'atmosphère. S'il m'était déplaisant d'être bloquée en bas, dans la vallée, les secouristes, les médecins et les équipages me procuraient, à la D.Z., une autre forme de contact avec la montagne. J'en connaissais les conditions, la fréquentation, l'enneigement. Et quelquefois la neige elle-même arrivait, sous des semelles ou des crampons, lors du retour de l'hélicoptère. Les deux mondes étaient très proches.

Beaucoup de vies sauvées, disais-je, et une seule mort, arrivée sur sentier. Cela en près de quatre semaines !

Mais il faut souligner que Chamonix ne contrôle pas tout le Massif du Mont-Blanc. Du côté italien, les secours se font par Courmayeur et je n'ignorais pas qu'il y avait eu là au moins trois autres morts que j'avais apprises en leur temps.

L'une d'elles, cependant, m'avait touchée de près car des amis y avaient assisté et auraient pu la vivre, si l'on peut dire. Le 16, un proche ami de John, Keith Cartwright, professeur de médecine, et son fils Julian étaient au refuge Ghiglione pour faire la voie Cretier. Partis un peu plus tard qu'ils ne l'avaient prévu, ils se sont rendu compte, lorsqu'ils sont sortis, qu'une cordée française, composée d'un jeune homme et d'une jeune fille, avait été emportée par une avalanche. Avec l'aide de deux autres Anglais, ils ont pu dégager la jeune fille mais n'ont pas réussi à réanimer le garçon, malgré de longs efforts de respiration artificielle.

Un autre accident mortel avait eu lieu, le 22, sur l'arête de l'Aiguille de Bionnassay. Il s'agissait cette fois d'une cordée anglaise. Quelques grimpeurs s'étaient arrêtés pour prendre des photos, avaient posé les sacs. Un sac, quand il y a de la pente en neige, se bloque en principe par le piolet qu'on passe dans une bretelle et que l'on plante. Cette précaution n'avait pas dû être prise. Un faux mouvement a fait glisser un sac. Une jeune fille, qui en était proche, a eu le geste de le rattraper. Elle s'est retenue mais a déséquilibré son compagnon de cordée qui n'a pas pu enrayer la poussée ainsi communiquée, est tombé dans la pente et, par la corde, l'a entraînée à son tour.

Une certaine atmosphère de drame n'était donc pas absente, à cette époque, mais il me semblait que tout pouvait continuer ainsi, sans catastrophes majeures puisque nous approchions déjà de la fin juillet.

Je ne voulais pas savoir que les statistiques sont à peu près immuables. J'espérais en tout cas que, cette année, elles s'inverseraient et continueraient à enregistrer divers blessés, très peu de morts.

En outre, je ne m'étais pas encore rendue compte que, lors de cet été 1994 que je croyais avoir passé à la D.Z., je n'y étais pas tous les jours et que cela faisait une grande différence. Délibérément d'ailleurs, je m'étais abstenue d'y paraître durant deux jours, lorsque s'était produit un accident qui avait fait neuf morts au Mont Blanc, jugeant que l'invasion des journalistes devait largement suffire et que ma présence ne serait qu'un embarras. C'était vrai, mais je ne m'apercevais pas que ce comportement me mettait à l'abri de ce qui se déroulait de plus dur.

Ces considérations ne sont pas inutiles. J'avais prévu de donner un témoignage, de produire un document. De l'extérieur. Impartialement. Sans m'impliquer.

Or il est impossible de rester insensible lorsqu'on est, journellement et sans trêve, mêlé à des événements comme ceux que j'avais envisagé de rapporter. L'expérience que je vivais se révélait être aussi une expérience personnelle, humaine, et en un sens nouvelle puisque les journalistes ou cinéastes ne font que passer. Déjà, après vingt-six jours, je ne pouvais plus concevoir la chronique que j'avais pensé dresser telle que je la voyais quatre semaines plus tôt. Je comprenais sans cesse davantage qu'on ne peut être l'œil fixe d'une caméra, l'écho neutre d'un son, le miroir d'événements qui restent étrangers. Je me trouvais totalement humaine et parmi des humains. Insérée. Impliquée.

Cette situation qui s'était créée, la suite de la saison allait cruellement la faire ressortir.

Deuxième partie

-XVI -

Le temps des drames

Dimanche 27 juillet

Puisque j'ai, on le verra plus loin, décidé de continuer ce livre, il me faut maintenant entrer dans un récit que je redoute. Et je préfère dire aux lecteurs — qui auront vu, au long des vingt-six premiers jours de juillet, ce qu'est le secours en montagne et comment il se fait — qu'il n'est pas indispensable de poursuivre leur lecture au-delà, qu'ils peuvent sauter une dizaine de jours et reprendre plus loin, car ce qui va suivre est dur, ce qui va suivre est souvent terrible, désolant, rebutant. L'ayant vécu, je ne l'aborde qu'avec crainte et malaise car, le 27 juillet, tout a basculé dans l'horreur.

Ma chronique sera faite. Elle sera complète. On peut choisir de ne pas tout savoir.

Le 27 juillet, grand beau temps.

Contraste saisissant. Hier, à la même heure, le temps était lugubre de pluie, brouillard, nuages, grisaille. Et il n'y avait pas de drames. Aujourd'hui, le soleil est clair, l'air lavé et limpide, le ciel d'un bleu de porcelaine, la brise légère, la nature resplendissante, mais dès le matin cet enchantement est chargé de menaces

— Anne, l'hélicoptère tourne, me disait John le matin.

Hélas oui, il tournait.

Plus le temps est beau, plus on se doute qu'il y a affluence en montagne et que, sur le très grand nombre de grimpeurs engagés, certains risquent d'avoir des problèmes.

Le premier dont il est question aujourd'hui en a eu un, terrible. C'est un Français de vingt-quatre ans qui a dévissé au Tacul. Depuis le haut et, à la fin, avec son élan, il a sauté un sérac de plusieurs mètres. On pense qu'il grimpait seul car on l'a retrouvé sans corde. La vérité, que l'on saura plus tard, est pis encore [1]. La neige était, ce jour-là, au Mont Blanc du Tacul, comme certains guides m'ont dit ne l'avoir jamais vue : dure et gelée comme un miroir. Totalement glissante. Dans la trace, on se trouvait dans une sécurité relative. En dehors, non. Et il y avait foule.

Le jeune homme qui est tombé a été retrouvé difficilement car il était enfoui dans la neige et ses pieds seuls dépassaient. Il a été dégagé hypotherme, avec du sang dans la tête et dans les poumons. Vers onze heures on a de ses nouvelles, par l'hôpital, et il ne va pas bien. Quand on l'a réchauffé, il s'est mis à saigner beaucoup. Le maintien des hypothermes à une température basse empêcherait le saignement, que bloque la vaso-constriction, mais alors le cœur pourrait lâcher. Il faut donc les réchauffer.

Un peu après midi, Sylvain Haquin vient me dire, tristement :

— On pense qu'il ne va pas finir la journée...

1. Voir le chapitre *La Responsabilité en montagne. Quelques cas litigieux.*

Mais un peu plus tard encore, on apprend qu'il va légèrement mieux. On l'envoie alors à Sallanches, pour un scanner. Par la suite il sera transféré à Grenoble. Il y mourra malheureusement une semaine plus tard sans qu'on ait réussi à le sauver.

Le second accident concerne deux autres jeunes qui gravissaient la face nord-est des Courtes et sont tombés d'en haut. La neige avait ramolli. Une grosse coulée les a entraînés jusqu'au cône d'avalanche. Tous deux ont aussi été transportés à la D.Z. d'urgence de l'hôpital. Traumatismes crâniens, fractures, mais ils s'en sortiront. Les secouristes étaient, comme au Tacul, Patrick Poirot et Jacques Ottonello ; le médecin, Emmanuel Cauchy. Avant qu'on ait treuillé le second blessé, un nouvel accident a failli se produire : Manu Cauchy s'occupait de le préparer pour le transport, lorsque le secouriste resté avec lui a vu qu'une autre coulée partait, au-dessus d'eux. Ils ont réussi à se mettre rapidement sur la droite, avec le brancard, et à n'être pas emportés, mais la coulée a enlevé les sacs.

Au même moment un accident se produisait au glacier du Milieu, à l'Aiguille d'Argentière, lors de la descente. Deux Français encore, comme les précédents. L'un d'eux, assurant son camarade, a dévissé. L'autre a eu les chevilles fracturées, dont une fracture ouverte. La seconde équipe de premiers à marcher intervient : Max Buttoud et Christian Lafouge. On fait appel, en urgence, à un second médecin, Guy Duperrex, que l'on transporte sur le lieu de ce nouvel accident, procédure assez exceptionnelle. Le blessé le plus atteint est descendu à l'hôpital, en D.Z. d'urgence. On nous amène l'autre ici, sur une perche Piguillem. Il a mal au coccyx, une plaie au front. Là-haut il avait perdu connaissance. Nous sommes seuls à la D.Z., Robert Petit-Prestoud et moi, car tout le monde est occupé ailleurs. Le blessé demande :

— Où suis-je, ici ?

Robert Petit-Prestoud lui répond avec douceur :

— A l'héliport.

Il demande des nouvelles de son camarade. Nous lui expliquons qu'il est déjà à l'hôpital.

Comme le soleil tombe sur son visage, je lui fais de l'ombre sur les yeux, pour qu'il soit mieux. Robert lui enlève ses gants de montagne. Il tremble, malgré sa fourrure polaire et le soleil. Ce sont les pompiers qui l'emmènent sans le changer de brancard, pour ne pas lui toucher le dos. Les ambulances, aujourd'hui, doivent être débordées, d'autant qu'il n'y a pas que la montagne...

On saura le soir que son compagnon a été transféré à Genève, car il avait des problèmes de vascularisation à un pied qui ne répondait plus, la cheville ayant eu deux artères sectionnées. Elle sera, me dira-t-on plus tard, récupérée.

A la D.Z., on ne voit guère les secouristes : l'hélicoptère les transporte directement d'un site à l'autre, tant il y a d'accidents.

Nouvel appel en effet pour le Tacul. Ce sont Patrick Poirot et Jacques Ottonello qui y vont. Nous parvient un message semi-codé qui dit qu'il n'y a pas besoin d'un médecin pour ceux du Tacul. Facile, hélas, à interpréter : ils sont morts. Ce sont les premiers de la journée car celui qui est tombé plus tôt, on espère encore qu'il vivra. Robert va à la cabane du matériel et en revient avec deux gros sacs en plastique beige.

L'hélicoptère se pose, ramenant Lafouge et Buttoud.

— Il y a de l'animation, aujourd'hui, remarque brièvement Buttoud.

La D.Z. est pleine de cette tension des jours où les accidents s'accumulent.

Lafouge et Buttoud partent déjeuner, rapidement, tandis

que Jackie Paillé et Jean-Jacques Malineau, seconds à marcher, les remplacent. L'après-midi aussi risque d'être lourde.

Secours à Vallot pour un M.A.M. L'hélicoptère repart, avec Jackie Paillé, chercher le malade. Quand on le descend, secoué, il va s'asseoir sur un talus et accepte l'idée de l'hôpital, parce qu'il a mal au ventre, mais l'ambulance tarde à venir. Jackie Paillé l'interroge sur sa course : le Mont Blanc en traversée, après une nuit aux Cosmiques. Leur groupe est parti à deux heures, « comme tout le monde », nous dit-il. Il éprouve un certain besoin de parler, de s'excuser d'avoir été malade. Il raconte qu'il était en forme, qu'il est arrivé au sommet avant « les autres », les y a longuement attendus.

— En descendant, explique-t-il, ça allait encore. Je suis allé aux « toilettes ». Mais à Vallot, ça n'allait plus du tout.

Très pédagogue, comme il l'est toujours, Jackie Paillé, cherche à l'instruire :

— Vous étiez resté longtemps à 4 000 et vous ne vous étiez pas assez nourri... Mieux vaut parfois ne manger que du pain. Le sucre, ça fait de l'acide, tandis que le pain fait du volume dans l'estomac, c'est mieux... Et si vous sentez cela venir, une autre fois, où l'on ne pourrait pas aller vous chercher, il faut prendre deux aspirines, attendre que ça fasse effet et avoir beaucoup de volonté pour continuer à descendre. A l'altitude des Grands Mulets, le mal de tête serait passé. Mais maintenant, ça vous dirait, un petit café ?

— Non merci.

— Avec qui étiez-vous ?

— Le C.A.F. [1] de Chambéry.

J'ai un geste de surprise... Il faut expliquer qu'après la parution de *Nadir,* on m'avait rapporté que je ne sais qui du

1. Club alpin français.

C.A.F. s'était plaint que je n'y aie pas parlé du C.A.F. ! Mais quoi ? Racontant une journée imaginaire de secours en montagne, allais-je mettre une cordée du C.A.F. dans une crevasse ? C'est ça qui n'aurait pas été gentil !

Et cette année, où je suis dans la réalité, voilà le C.A.F. qui survient. A l'occasion d'un simple M.A.M., c'est vrai. Mais je ne sais pas que tout cela est plus tragique encore.

Lorsque Manu Cauchy sera de retour, il ira voir le jeune homme.

— Un vrai M.A.M. ! lui expliquera Jackie Paillé. Même ici, il dégueulait encore...

Mais l'hélicoptère est immédiatement reparti pour le Tacul et annonce à Cordial :

— Tu pourras nous prévoir les P.F.G. [1] dès maintenant.

La descente des corps s'organise, en termes brefs :

— Tu prends un secouriste et une perche. Deuxième voyage identique.

Cordial [2] demande :

— On ne descend pas d'abord Manu, qui est encore au col du Midi ?

Manu lui-même intervient :

— Non ! Eux d'abord ! Là où ils sont, ça craint...

L'hélicoptère, cette année, lorsqu'il ramène des morts, se pose à l'envers de son sens habituel : sa porte, qui est à gauche, tournée vers le hangar. Le transfert entre l'appareil et le hangar est ainsi discret autant que faire se peut. Les badauds, qui traînent le long des grilles n'en voient à peu près rien. Et les journalistes, photographes et cinéastes, non plus, s'il y en a

1. Pompes funèbres générales.
2. Nom de code de la cellule de commandement.

sur le terrain. Puis, d'un court vol, il se remet dans sa position habituelle, l'habitacle tourné vers le chalet.

La voiture des Pompes funèbres est déjà arrivée. Jackie Paillé va aider Patrick Poirot à descendre la perche qu'ils transportent sous le hangar. L'hélicoptère repart immédiatement pour aller chercher Jacques Ottonello et l'autre brancard. Une seconde voiture des Pompes funèbres arrive. Toutes deux sont d'une tristesse et d'un anonymat qui m'effrayent : espèces de petites camionnettes sans fenêtres, l'une jaunasse, l'autre grisâtre. Rien, surtout rien qui puisse rappeler aux vivants que nous sommes mortels, que la mort existe, qu'elle fait partie de la vie. Non ! Dans notre civilisation, il faut la dissimuler, la gommer, ne la laisser qu'à ceux qu'elle concerne directement, la nier pour les autres autant qu'il est possible. C'est pis.

Il est près d'une heure de l'après-midi. L'hélicoptère vole depuis sept heures du matin sans relâche, sauf pour des haltes techniques.

Quelqu'un évoque la foule qu'il y a en montagne :

— Il y en avait quatre-vingt ensemble sur le sommet du Mont Blanc. Une centaine au Tacul. A huit heures et quart, t'aurais dit une fermeture éclair sur l'arête du Mont Blanc !

On commence à savoir qui étaient les morts du Tacul.

— Un homme. Une femme. Jeunes. Mais dans un tel état... Rien sur eux. Rien dans les sacs. On ne sait pas qui ils étaient...

Patrick Poirot passe devant moi et, grave, me dit :

— Triste journée, Mme Sauvy. Triste journée !

— Ils étaient dans la voie normale du Tacul ?

— Oui. Même chute que ce matin, exactement. Légèrement décalée seulement, d'une cinquantaine de mètres. Mais celui de ce matin a eu la chance de s'arrêter après une première barre de séracs. Et ceux-là... ils ont continué. Jusque dans un autre sérac...

Peu à peu, des indications complémentaires parviennent, par bribes. Les victimes étaient encore plus jeunes qu'on ne le croyait ici. Dix-sept ans, la fille. Seize, le garçon. On apprend leurs noms. Et qu'ils étaient avec guide... Mais en cordée autonome. Et le guide n'était pas proche d'eux. L'un, déstabilisé, aurait entraîné l'autre. A cet âge, sait-on assurer ? Sait-on retenir le camarade qui tombe ?

J'imagine la douleur, l'horreur pour les parents. Je pense aux parents. J'en suis bouleversée... Ils avaient dû prendre un guide, ou mettre leurs enfants en stage pour que ce soit sûr...

Tout le monde est marqué, ici. On ne s'épanche pas, mais l'atmosphère est dure, électrique.

Jean-Jacques Malineau vient me dire bonjour.

— Ça va, Mme Sauvy ?

Je fais une petite grimace.

— Pas trop... Avec tout ça...

— C'est triste, aujourd'hui, oui !

Jackie Paillé me demande à son tour :

— Qu'est-ce que vous allez faire, pour ce livre, avec tout ça ?

— Je ne sais pas si j'en dirai quoi que ce soit... Quand il y a des secours, ça va... Mais des accidents comme aujourd'hui, non !... Je n'ai pas envie de parler d'une journée pareille !

— Il faut penser aussi à ceux pour qui tout est allé bien, me dit-il. Aujourd'hui, il y en avait des milliers, en haute et en moyenne montagne... Même pas traumatisés par les accidents qu'il y a eu, parce que le secours est généralement hors de leur vue et qu'ils ne savent pas ce dont il s'agit. Il y en a beaucoup qui ont été heureux... L'immense, l'immense majorité !

Suivent une entorse du genou à Albert Ier, une fracture de cheville sur le sentier de la cabane des Mottets.

— Comment font-ils pour se casser comme ça ? Je me le demande ! s'interroge Manu Cauchy... Ils glissent et ils craquent de partout !

Nouveau secours, sur les lapiaz du désert de Platé, près de Flaine, pour une petite fille de dix ans tombée de six ou sept mètres dans une crevasse, après avoir traversé un pont de neige. Elle aurait pu aller plus loin mais s'est juste refroidie, un peu coupée. Ça va, elle est sauvée mais il n'aurait pas fallu qu'elle reste dedans une heure de plus. La famille et beaucoup de témoins impuissants se trouvaient alentour. L'arrivée de l'hélicoptère et l'intervention efficace et rapide de Lafouge et Buttoud ont été ressenties avec enthousiasme, les secouristes couverts de remerciements. Dans ce milieu, qui n'est pas celui de la haute montagne, les acteurs de cet heureux dénouement apparaissaient comme des bienfaiteurs tombés du ciel...

Encore une entorse sur le névé d'Albert Ier. Encore une entorse, sur sentier, dans le secteur d'Anterne.

Puis Sylvain Haquin, qui ne vole pas cette semaine, fait une révision du treuil. Mais vers cinq heures moins dix, un nouvel appel tombe : face nord des Grandes Jorasses. C'est tout ce qu'on sait. Puis cela se précise : c'est sur l'éperon Croz, une cordée bloquée. Et un autre secours se profile pour une cheville cassée dans la descente du Moine.

Mais le treuil n'est pas prêt. Il faut encore un quart d'heure avant que l'hélicoptère puisse partir. Et l'on verra, en Suisse, quelques jours plus tard, comme il est important qu'un treuil soit fiable.

En attendant, Manu s'est équipé. Didier Méraux remplit des papiers. Alain Charnay et Christian Lafouge regardent l'arrivée du Tour de France qui se déroule à Paris, sur les Champs-Élysées, au soleil. Ici aussi, il fait chaud... Pour qu'il y ait du spectacle, les Champs-Élysées servent de terrain à une interminable boucle en aller-retour.

Les deux mécaniciens s'affairent sur le treuil. Il est cinq heures dix. Ils font des essais.

J'imagine que, parfois, les gens qui attendent un secours doivent s'impatienter. Des gens qui n'imaginent pas d'autres contraintes qu'eux-mêmes. « Mais qu'est-ce qu'ils foutent ? » Sans penser qu'il peut y avoir un autre secours en train de se dérouler, ou une indispensable révision de l'hélicoptère. On ne peut savoir l'énorme travail silencieux qui s'accomplit sur l'appareil, lorsqu'il est au sol. On le nettoie, on le graisse, on change le câble, on procède à je ne sais combien de contrôles, de vérifications.

A cinq heures et quart, tout est au point, la révision est terminée.

— Bon ! Ça se précise ? demande Lafouge qui laisse le Tour, va dehors, prend son sac.

— Didier ! Ça va être bon, dit Christian Bare-Guillet, le mécanicien. Le temps que je me lave les mains et que je me change !

— O.K., répond Didier Méraux.

Deux secouristes, Gonzalez et Isaia, sont arrivés depuis un moment pour relayer en bas ceux qui vont partir, bien qu'ils ne soient pas officiellement de garde, mais tout le monde est occupé. En moins d'une minute Bare-Guillet est prêt et repart vers l'appareil où vient de monter l'équipe. Il fait le tour de contrôle réglementaire et l'hélicoptère s'envole avec son fracas sonore, mais bref.

Sur l'écran, le maillot jaune, un Allemand, tout glorieux, reçoit le bouquet final.

— Putain, c'est bien l'Europe ! soupire Alain... C'est le Tour de France et c'est un Allemand qui gagne !... Sur les

Champs-Élysées !... Allez ! Montre-le, ton bouquet marqué « Crédit lyonnais » !... C'est nous qui payons !... Là !... Voilà !... Tapie est sorti de prison, mais nous, on paye...

Alain use habituellement d'une langue qui a peu de rapports avec la préciosité. Son vocabulaire englobe la trentaine de mots courants qui se réfèrent à l'anatomie humaine et aux principales façons d'en user, mais il les associe avec une créativité qui est parfois surprenante et dont je me garde bien de donner un reflet dans ces pages.

Six heures. L'hélicoptère revient d'Albert Ier. Soutenue par Manu, une femme boitille. C'est une nouvelle entorse de la cheville, pas une fracture.

L'hélicoptère est déjà reparti vers les Jorasses.

Vers sept heures moins vingt-cinq, il redescend deux jeunes gens. Visant le stage d'aspirant-guide, ils faisaient le Croz pour s'entraîner, n'étaient pas loin d'être sortis mais se sont trouvés bloqués par trop de neige.

Je demande à Christian Lafouge :

— Ça ne devait pas être en bonnes conditions ?

— Non ! Tout bouché de neige ! Et il faisait un froid !

Nouveau coup de fil. Max Buttoud répond. Il dit :

— Ah... Ah... Tu me branches ou quoi ?... Avec des clients ?... Et ils ne sont pas rentrés ?... Bon ! On va faire une reco !... Couloir Chevalier, bien compris !

C'est à la Petite Verte. Un retard surprenant d'un guide de Chamonix. Il se trouve que je le rencontrerai plus tard et qu'il m'évoquera cette aventure avec une humilité et une franchise que j'ai beaucoup appréciées.

La reconnaissance n'a pas lieu immédiatement car c'est l'attache du rotor qu'il faut cette fois graisser et nettoyer. L'inquiétude était heureusement sans objet. La reconnaissance est faite dès que possible mais ceux que l'on a recherchés continuent par leurs propres moyens.

Lorsque je quitte la D.Z. la journée n'est pas finie encore. Patrick Poirot et Jacques Ottonello auront à s'occuper d'un accident de moto-trial qui a fait un blessé, hors de la vallée. Je vois l'hélicoptère revenir vers dix heures, à la nuit, ignorante et voulant le rester, provisoirement au moins, de ce qui s'est passé encore.

La journée a été terrible. La matinée du moins. La nuit qui suit, je ne peux trouver le sommeil. Je ne peux sortir de mon esprit les deux jeunes morts du Tacul. Je pense à leur famille. Malgré moi, des schémas s'élaborent dans ma tête. Et si les parents leur ont offert cette course pour un examen réussi ?... Et si c'étaient des grand-parents chez lesquels ils étaient en vacances ?... Leur désespoir, celui des parents qui arrivent... J'ai risqué plusieurs fois, en montagne, des accidents très graves. Pour moi, je les acceptais. Mais je m'aperçois que je ne supporte pas ceux des autres. Pas plus ceux qui ont touché des amis que ceux qui, comme aujourd'hui, touchent des inconnus et leurs proches.

Pour terminer cette triste journée du 27, je peux néanmoins raconter, Dieu merci, un petit miracle. L'accident qui n'a pas eu lieu ! Au Tacul, encore, au même endroit que les autres. Et comme le monde chamoniard est petit, on m'a mise en relation avec Marie, qui a vécu cette aventure et que j'ai rencontrée.

Donc, Marie, le 27 juillet, est montée au Mont Blanc du Tacul avec deux amis. Excellente skieuse, elle envisageait de faire avec eux, à ski, la descente. Il y avait foule ce jour-là, nous l'avons dit. Elle et ses amis n'ont pas assisté à la première chute qui a eu lieu, celle du solitaire, mais alors qu'ils n'étaient plus qu'à un quart d'heure de l'épaule, ils ont vu la seconde. La longue procession de ceux qui étaient dans la trace de montée s'est alors interrompue, tétanisée. Marie a pensé qu'il risquait d'y avoir une panique et qu'il convenait de ne pas y céder, de continuer.

Pourquoi était-elle au Mont Blanc du Tacul, plutôt qu'ailleurs ? Par hasard, ou presque. Deux autres projets l'avaient tentée, pour ce dimanche. Elle avait choisi celui-là. Comme il avait beaucoup neigé en montagne, les jours précédents, elle pensait que la descente pouvait être bonne et qu'elle ne le serait plus par la suite.

Elle et ses amis se sont arrêtés à l'épaule. Il y avait un monde fou pour aller au sommet et ce qui les intéressait, eux, c'était surtout le ski. A la montée, ils avaient certes été surpris de trouver la neige aussi dure, mais avaient pensé que le soleil la dégèlerait. Ils se sont arrêtés un moment, ont mangé et bu, pour lui laisser le temps de ramollir. Du moins le croyaient-ils.

Étant la meilleure, elle a attaqué la première, mais s'est aussitôt rendu compte que la neige se présentait comme un tout compact et glissant, n'offrant pas de prise. Elle a crié aux autres de descendre en crampons. Mais, engagée, elle voyait déjà mal comment remonter. Habituée, en hiver, aux pentes raides, elle pensait pouvoir affronter celle-ci et a continué, en dérapage. Et puis s'est dit : « Allez ! Domine ta peur ! Pourquoi pas un virage ? » Le premier s'est bien passé. Elle en a entamé un deuxième et alors tout est parti...

Occupés à remettre leurs crampons, ses amis ne l'ont pas vue tomber. Elle était plus bas qu'eux, n'a pas crié. Rien ne les a avertis.

Elle a dévissé à peu près au même endroit que les autres. Un tout petit peu plus haut. Mais, n'étant pas encordée, elle a bénéficié du fait qu'aucun phénomène de traction ne pouvait se produire. Quand un grimpeur tombe, la corde permet souvent que son compagnon le retienne, mais si celui-ci est également arraché, le fait d'être encordé ne constitue plus qu'un handicap. Lorsqu'un membre de la cordée se freine, pourrait s'arrêter peut-être, l'autre, arrivant plus bas, le déséquilibre et l'arrache. La corde, alors, empire les chutes, sauf dans le rare cas où elle s'accroche à un rocher.

Marie a eu deux autres chances : celle d'avoir bloqué ses fixations avant d'entamer la descente, pour être sûre de ne pas perdre ses skis, et celle, due au seul hasard, de n'avoir pas fermé la ceinture ventrale de son sac. En sautant une rimaye, elle l'a perdu, ainsi qu'un gant et ses bâtons et a pu, alors, se freiner mieux.

Au début, elle a pensé qu'elle allait se rattraper. Puis, parce que la chute continuait, s'est dit : « Ce n'est pas possible ! Je vais faire comme les autres ! Je ne veux pas souffrir ! » Et elle s'est laissée faire. Après avoir sauté la rimaye et perdu son sac, sentant la vitesse diminuer, elle a réagi, tâché de freiner de ses skis, de ses mains et, en effet, la chute s'est ralentie. Marie a alors pensé : « C'est bon ! C'est fini ! » et s'est relâchée, mais alors elle a repris de la vitesse et perdu le contrôle. A sa surprise la chute s'est arrêtée, enfin.

Combien de temps cela a-t-il duré ? « Une éternité ! », m'a-t-elle répondu spontanément, puis elle a cherché ce que pouvait être le temps réel. Une minute ? Sûrement pas deux...

Elle se retrouvait au milieu de la pente glacée, juste avant la rimaye du bas, celle que les autres avaient sautée. Il était environ deux heures de l'après-midi. Se relevant, elle a rejoint, en traversée, la trace dans laquelle beaucoup de gens descendaient, d'autres montant encore. Ils la regardaient, ébahis. Elle leur criait :

— J'ai rien !... J'ai rien !

Elle avait juste un peu de sang sur le pouce droit, qui était ouvert et dont on voyait le tendon. A l'hôpital, on allait s'apercevoir qu'une de ses jambes portait des bleus importants mais elle ne l'avait pas senti et avait eu la chance que sa tête n'ait pas porté car elle n'avait pas de casque.

Elle a rejoint la trace et s'est assise. Un Suisse lui a donné à manger et à boire, est resté avec elle jusqu'à ce que ses amis l'aient rejointe. L'attente a été longue. Marie se sentait « très, très calme », m'a-t-elle dit. « Mais malgré tout, a-t-elle ajouté, on perd de la lucidité... Le cerveau est bloqué, on est comme un zombie, on a juste des réflexes... »

Pendant ce temps, ses amis descendaient, en crampons, par la trace, en se disant : « Elle a dû faire une descente géniale ! ». Et puis ils l'ont aperçue, assise dans la pente, le visage décomposé. Si elle était heureuse d'être vivante, si même elle le savourait, elle n'était pas remise de sa chute. Ses amis ont compris qu'il s'était passé quelque chose d'anormal. Elle leur a donné des explications et il a fallu qu'ils admettent l'invraisemblable : à peine leur avait-elle conseillé de remettre les crampons qu'elle était tombée, et jusque-là ! La pente, vue d'en bas, était impressionnante, avec de grosses rimayes. Selon Marie, elles se sautaient facilement, à cause de la vitesse.

Un de ses amis, une femme, était médecin et avait l'expérience d'un service d'urgences. Elle a examiné le pouce blessé et a remis le gant sur la main. Marie commençait à ressentir des élancements dans son doigt et un effroi lui venait, provoqué par cette souffrance que deux comprimés ont calmée.

L'environnement dans lequel elle se trouvait était si serein qu'elle s'est sentie capable de redescendre, bien que tout raisonnement lui soit resté difficile. Elle n'avait plus de sac, plus de piolet, plus de bâtons et ses crampons étaient partis avec le sac. On l'a encordée, on a pris ses skis, on lui a prêté un piolet. Elle descendait dans les traces mais mal à l'aise, courbée, peu sûre d'elle, et ses amis, geste par geste, lui disaient ce qu'elle devait faire.

Physiquement, elle se sentait « vidée » mais pensait néanmoins avoir les ressources lui permettant de remonter jusqu'à l'Aiguille du Midi. Évoquant l'hélicoptère, elle s'est dit « qu'ils avaient assez à faire ce jour-là », car elle avait entendu beaucoup de rotations et ne voulait pas déranger les secours « pour rien ». Et, si proche de l'accident où elle aurait bien pu perdre la vie, elle se disait : « Je ne peux rien faire pour les autres, mais en ne demandant rien, je peux faire gagner du temps aux secouristes et ça pourra servir aux autres. »

Donc, en prenant le temps, en s'arrêtant parfois pour manger et pour boire, la cordée est lentement remontée vers le sommet de l'Aiguille, atteint vers six heures. Il y avait foule. La prochaine benne que l'on attribuait était à sept heures et demie. Son amie médecin l'a accompagnée dans une infirmerie car, seule, elle se sentait perdue. Et c'est alors en retrouvant la civilisation qu'elle a un peu « craqué », comprenant pour de bon ce qui lui était arrivé, à quoi elle avait échappé. Les larmes lui sont montées aux yeux de la joie d'être vivante. Rapidement elle et son amie ont eu accès à une benne et, dans la queue, quelqu'un de sa connaissance lui a lancé un banal :

— Ça va, Marie ?

Elle a répondu :

— Non ! Je suis tombée !... Mais si !... Ça va ! Je suis vivante !

En bas, aussitôt conduite à l'hôpital, elle a pensé y voir *Le Docteur Cauchy*, mais il devait s'agir du docteur Duperrex puisque Cauchy, ce jour-là, était à la D.Z. On l'a examinée. Elle avait mal un peu partout... On a constaté ses bleus à la jambe. Comme elle souffrait légèrement de la nuque, on lui a fait une radio des cervicales. Rien n'était cassé, pas même son pouce. Elle est sortie le soir même.

J'ai voulu connaître ses réactions ultérieures. Elle ne se souvient plus de sa soirée, qu'elle a passée seule, mais sa famille n'était pas loin et elle s'est endormie facilement. Plusieurs fois cependant, durant la nuit, elle s'est réveillée en sursaut et cela a continué les nuits suivantes, des réveils soudains, en sueur, après lesquels elle se rendormait néanmoins. Par la suite, ses réactions se sont transformées. Elle avait du mal à s'endormir, pensait avec angoisse à la mort et, l'appliquant à son propre corps, se disait : un jour, tout cela sera froid[1].

Durant la période qui a suivi, elle se sentait dans la réalité mais comme flottant au-dessus des événements, des conversations banales et s'entendait parler la gorge serrée, d'une voix bizarre. Elle ne se trouvait réellement bien qu'avec les deux amis liés à son aventure, comme si eux seuls pouvaient la comprendre. Les autres lui disaient :

— Qu'est-ce qui t'est arrivé ? Qu'est-ce qui t'a pris ?

Et, trop vite, au coin d'une rue, elle devait répondre par quelques mots ordinaires. Ou bien on lui demandait :

— Alors ? Tu vas arrêter la montagne ?

Mais de ça, il n'est pas question. Pourquoi renoncer à ce qu'elle aime ?

Physiquement, aucune trace ne subsiste, mais les suites sont autres, pense-t-elle, et irradient dans la vie à venir.

De son accident, elle veut tirer une leçon :

1. Cette réaction m'a surprise parce que je ne l'avais jamais éprouvée, mais bien plutôt : que restera-t-il de mes souvenirs, de mes pensées, de l'amour que j'ai porté à des êtres chéris ? Ou bien : John serait seul au monde... La réflexion de Marie m'a fait comprendre que je ne considère mon corps que comme un objet docile, fonctionnel, agréable, privé, mais destiné tôt ou tard à retourner à la poussière. Chacun a donc des réactions très personnelles sur ces sujets qu'il n'est pas dans les usages d'aborder, dont il est comme interdit qu'il soit question.

— Quand on va en montagne, il faut garder en tête l'idée que la mort n'est pas impossible. On a tendance à l'oublier ! A ski, la chute fait partie de l'apprentissage, une erreur est rarement grave. En montagne, tout peut l'être. Il faut savoir penser aux conséquences éventuelles de chaque décision.

C'est une leçon de sagesse, que l'expérience enseigne, mais que les jeunes souvent ignorent. L'alpinisme n'est pas un sport ordinaire. Ce n'est pas une activité banalisable. Choisir de faire de la montagne, c'est accéder à un monde admirable mais il faut y aller en connaissance de cause.

- XVII -

Le lundi noir

Le matin

Évidemment, les télés sont là !... Deux morts hier, beaucoup d'accidents, et elles sont là, comme ces poissons carnivores que le sang fait affluer sur une proie. Elles ont envahi la D.Z.

Les deux morts d'hier m'ont poursuivie toute la nuit. Eux... Leurs familles... Pauvres enfants !

Et puis ce livre... Puis-je faire ce livre ? Peut-on parler de telles douleurs ? Non pas comme les médias, mais dans la vérité profonde ?

Tout cela me dépasse. Je suis seule. J'imaginais que l'on m'aiderait, je ne sais pas comment.... Je m'aperçois qu'avoir écrit *Nadir* n'est pas un « plus » mais un handicap. On se dit au P.G. : « Elle sait se débrouiller »... Mais non !

Je ne cesse de courir. Pour recopier la liste des premiers à marcher de la semaine, par exemple. Ou pour la météo ! Si je veux, deux ou trois fois par jour, savoir où en est la météo, ne serait-ce que pour pressentir ce que seront les réactions des alpinistes je perds un temps stupide en allées et venues, entre le chalet, la D.Z. et Chamonix, garer la voiture, tout ça. Je n'en peux plus.

La météo, quel problème ! D'autres sciences inexactes se trompent sûrement autant, mais cela ne se sait pas tandis que, dans son cas, c'est flagrant. Sa faute n'est donc pas d'être faillible, c'est de ne pas le reconnaître. Elle assène, comme des vérités, les prédictions qu'elle ne devrait que proposer, puis, quand le contraire arrive, n'explique jamais pourquoi. Tout le monde souhaite qu'en attendant de se perfectionner elle procède avec l'indispensable humilité, disant : « Il est probable que... », ou : « On peut supposer que... ». Mais non ! L'affirmatif est la seule forme utilisée, d'après, dit-on, les ordres de Paris.

Donc, pour cesser de courir de la sorte, je suis passée ce matin au bureau de la météo afin d'expliquer le travail que j'essaie d'effectuer et demander que l'on veuille bien me faxer un bulletin par jour. Je sais que cela est possible. Je sais qu'on le fait payer, cher. Mais j'imagine naïvement que, puisque c'est avec mes impôts, directs ou locaux, que fonctionne la météo, service public, elle peut en retour, pour un mois, m'aider un peu... Sottise ! On me répond que l'on ne fera rien pour moi car il n'y a pas « échange ». Quel échange ? Que j'annonce que la prévision était exacte quand elle est fausse ? Que je dise, peut-être, à ses spécialistes le temps qu'il est en train de faire et que, calés devant leurs écrans, ils semblent parfois ignorer ? Ou quoi ? Je cesse brusquement l'entretien en disant que, bon ! je n'ai pas toujours dit du bien de la météo et que ça va continuer. Excédée, j'arrive à la D.Z. pour trouver les télés...

Les premiers à marcher sont Jean-Jacques Malineau et Olivier Fernandez. Deux jeunes. La trentaine, ou pas tout à fait.

Jean-Jacques Malineau est grand, baraqué, plutôt brun, et sa carrure fait parfois oublier sa jeunesse qui réapparaît tout à coup dans son large sourire. Il est aspirant-guide. Olivier Fernandez est arrivé récemment du P.G. de Grenoble et nous avons fait connaissance cet été avec une sympathie que j'espère réciproque. Il est des Pyrénées dont il a le bel accent. Il est grand, lui aussi, mince avec de larges épaules. Il a des cheveux bruns coupés court et des yeux qui étincellent d'esprit derrière des lunettes fines. Il semble toujours prêt à rire. J'apprendrai plus tard qu'il est guide.

Ce matin, il y a déjà eu deux secours. Le premier sans gravité. Il s'agit de trois garçons et trois filles qui ont fait l'arête des Cosmiques et ont bivouaqué au pas de IV, épuisés et ne pouvant sortir seuls... Secours classique auquel le reste fait que je m'intéresse peu.

Mais on a des nouvelles des deux jeunes qui sont morts hier. Ils étaient dans un stage organisé par l'E.D.F. L'encadrement était prévu avec des guides. Peut-être pas assez de guides, d'ailleurs, afin que le prix du stage soit acceptable ? Les parents devaient être rassurés. Puis, brusquement, cette affrcusc nouvelle...

Et ce n'est pas tout. On a déjà ramassé trois morts. Des Italiens apparemment, en bas de l'éperon Frendo.

A un moment, Olivier Fernandez vient vers moi. Il me dit :

— Voulez-vous qu'on parle de ce que j'ai fait ce matin ?

Je sais que c'est lui qui est allé chercher les trois morts. Et, non ! Je n'ai envie de rien, d'absolument rien. Et surtout pas de ça !

Mais soudain me vient l'idée que si, moi, je n'ai pas envie de l'entendre, lui a peut-être besoin de parler. Il est jeune. Il est supposé être fort. Il ne peut sans doute pas aller dire à un copain gendarme : « Tu veux savoir ce que j'ai fait ce matin ? » Non ! Cela ne se passe pas comme ça, entre hommes. C'est pour lui, vraiment pas pour moi, que je réponds :

— Qu'est-ce que vous avez fait ?

Ce qu'il me raconte est atroce, et vrai, et fort, sensible, remarquable. Nous sommes isolés du monde. Je reçois tout ce qu'il a à me dire, partagée entre la désolation, l'horreur et une immense estime. Pour lui, pour ceux qui sont comme lui, ce livre, je le continuerai peut-être. C'est pour cela que je l'ai entrepris. Pour dire qu'ils sont bien, ceux qui font le secours. Pour dire ce qu'ils font en vérité, pas comme dans un roman, où l'on arrange ce que l'on veut. Pas non plus comme les journalistes.

Voilà ce qu'il me dit :

— Ce matin, vous savez, ce n'était pas beau... On m'a descendu seul, parce que l'endroit était très exposé. Pas la peine de prendre le risque à deux... Ce n'était pas beau et en même temps, quand on m'a treuillé au-dessus des corps, c'était beau... Ils étaient tombés hier. On ne l'a su que ce matin... Alors, ils étaient gelés et semblaient être dans des positions de danse... C'était extraordinaire... Mais, vous comprenez, ils avaient fait sept cents mètres de chute... Ils étaient tout cassés... Ils avaient la tête explosée et vidée, plus de cervelle... Il y en avait un qui avait le piolet passé à travers la tête, vous vous rendez compte ? Il avait le piolet dans la tête, qui entrait d'un côté et ressortait de l'autre !

Je dis, comme pour empêcher cela d'être vrai :

— Ils auraient dû perdre leur matériel dans la chute.

— Oui. Mais ils avaient tout accroché après eux, par des longes... Il y avait des os qui sortaient de partout, un qui n'avait plus de visage... Et puis de la merde, de la tripe... Pour vous dire dans quel état ils étaient, j'ai voulu toucher un crampon et le pied m'est resté dans la main... Tout cassés... Cela fait quelque chose de voir ça... Le jour, encore, on n'y pense pas trop... Mais le soir, la nuit, ça brasse dans la tête...

— Vous avez pu les mettre dans des sacs ?

— Oh ! Pas là ! Ce n'était pas possible !... Il y avait un gros sérac au-dessus, vous comprenez ? Je travaillais sous un sérac... Il fallait faire vite... Ça pouvait tomber d'un instant à l'autre... Et puis, si c'était tombé, ç'aurait été mon destin. Voilà ! Ç'aurait été mon destin... Ce n'est pas tombé... Je les attachais de mon mieux au bout du treuil et on les transportait comme ça... Bien sûr, on ne pouvait pas les mettre dans l'hélico... Ils étaient déposés plus loin, à un endroit où ça ne craignait pas... Et c'est là qu'on les a mis dans les sacs.

J'imagine la scène et dis, stupidement :

— Et le pied ? Qu'est-ce que vous en avez fait ?

Il rit sans gaieté.

— Le pied, je l'ai attaché avec une cordelette...

On reste silencieux un moment, avec ce triste secret en partage.

— Bon ! reprend-il... Il fallait le faire... Il faut bien aller les chercher... Au moins, ceux-là, ils ne souffraient plus... Quand il y en a des vivants et qui souffrent et qui gueulent, forcément on souffre avec eux.

Pendant ce temps, les télévisions opèrent, à l'extérieur. Elles ont fait venir le capitaine Gin pour le filmer devant l'hélicoptère de la Sécurité civile, arrivé ce matin. Les cameramen le prennent, l'un après l'autre, tandis qu'on lui pose des questions, qu'il y répond. Olivier Fernandez me dit :

— Les télés, vous voyez, c'est artificiel. Ils s'intéressent à la viande. La viande où j'étais ce matin, ça leur aurait plu, ça oui !... Mais ce qui est humain, non. Ce qui est affectif, non. Ce que j'ai pu ressentir, pas du tout. Pour eux, on est là comme des machines. Le capitaine est obligé de leur sortir la semoule qu'ils attendent, toujours la même, qu'il faut faire attention et tout ça. Mais est-ce que ça donne à quelqu'un l'idée de faire attention ?... Les gens regardent ça, à table, en avalant leur bifteck et c'est tout. Un livre comme vous voulez faire, ceux qui le liront, ce seront ceux qui auront envie de le lire...

Il reprend :

— J'ai un copain qui s'est tué en secours, il y a trois ans...

— Ce n'était pas ici, alors ?

— Non, au P.G. de Grenoble, mais un gars qui avait fait six ans à Chamonix, Pierrot Nicollet.

— Je m'en souviens. Beaucoup étaient allés à l'enterrement. Je sais qu'Iglesis avait été très secoué.

— Forcément, parce que Julio et lui, ils avaient fait beaucoup de courses ensemble... A Chamonix, Pierrot avait fait les plus belles voies du massif... C'était un grand alpiniste et un grand secouriste... Et il avait une personnalité !... La bonne humeur au quotidien, une joie de vivre permanente... Des yeux d'enfant toujours heureux... La passion de la montagne... Une telle expérience, une telle sérénité... On aurait cru que rien ne pouvait lui arriver... Et puis...

— Comment est survenu l'accident ?

— C'était à la Barre des Écrins... Une malchance... L'hélico avait déjà descendu une jeune fille qui avait une fracture et il est revenu pour charger un des autres, que Nicollet a attaché au treuil, avec son sac en dessous, comme on fait... L'hélico était en biais par rapport au point du treuillage et, quand il est monté, le piolet accroché au sac a attrapé Nicollet sous le bras et l'a enlevé... Le porte-piolet du sac a cassé, Nicollet est tombé de vingt mètres, a heurté une vire où il a rebondi et est tombé d'encore cent mètres... Il n'était pas abîmé d'ailleurs, mais a été tué sur le coup... On lui a donné des médailles, comme à un héros, mais au bout d'un an, qui pensait encore à lui ?... Je me suis occupé de la veuve, ce n'était pas facile pour elle, vous savez... Bon ! C'est comme ça !... Je suppose que c'est mieux qu'on lui ait donné des médailles... Quant aux médailles de guide, ça fait sérieux, mais pour le secours, vous savez, ça ne change pas grand-chose...

A ce moment, on l'appelle, parce que les télévisions veulent filmer un secouriste. Il part en disant :

— Et vous voyez, on m'appelle et j'obéis.

Quand il revient, il annonce :

— Voilà ! Je suis sur la télé...

Et il ajoute avec une ironie amère :

— Je suis un héros !

D'autres secours ont eu lieu, ce matin-là. Avant notre conversation ? Après ? Je ne sais plus.

Un M.A.M au Goûter, cas banal s'il en est. Ce qui l'est moins, ce sont les circonstances. J'ai peut-être tendance, pour en avoir trop vu, à douter de tout ce qui est pub et utilise la mode, comme l'est actuellement « l'humanitaire »... Parce que je connais des gens qui font beaucoup de bien, à des enfants notamment, sans le clamer. Sans avoir besoin des médias. Sans en faire de l'argent, ou attendre des retombées. Qui croire ? On ne sait plus. Certains alpinistes ne font-ils pas ainsi ? Je me méfie, jusqu'à preuve du contraire. Était-il vraiment besoin de transporter, il y a peu, des classes entières sur les montagnes d'autres continents, à grand renfort d'accompagnateurs, de guides, d'éducateurs, de copains ? Les souvenirs sont probablement plaisants pour les écoliers, mais n'est-ce pas une mascarade publicitaire ?

Je me rappelle avoir vu, il y a quelques années, au festival d'Autrans, un film qui ne m'avait pas plu. On y montrait de jeunes délinquants qu'on avait sortis de prison pour les entraîner et leur faire faire le Mont Blanc. Bien sûr !... Le Mont Blanc !... On pouvait supposer qu'au moins ils seraient satisfaits d'avoir quitté leur geôle, qu'on s'occupe d'eux, à grand renfort de guides, etc. Mais pas du tout ! Ils disaient, quand on les filmait :

— Merde alors !

— Qu'est-ce qu'on nous en fait baver !

— Qu'est-ce qu'on en chie !

Aucun ne semblait heureux... Mais était-ce pour eux qu'avait lieu l'opération ? Ou pour ceux qui l'avaient montée ?

Je préfère apprendre, par hasard, que Patrick Gabarrou emmène, pour rien, sans médiatisation, une petite caravane d'orphelins au Bishorn. Le Bishorn ! C'est un 4 000 quand même, mais qui ne fait pas sérieux et n'a aucune chance d'être montré aux foules. Et ne l'est pas, d'ailleurs. Dieu merci !

Eh bien, ce matin, c'était une opération de ce genre. Des enfants d'une Z.U.P. Au Mont Blanc. Emmenés par un guide indépendant qui n'a jamais détesté les trompettes de la renommée. N'y a-t-il rien qui puisse rendre des enfants plus heureux que le Mont Blanc ? Ils sortent d'une banlieue en difficulté... Est-ce le Mont Blanc qui leur convient, plutôt que des vacances normales, de la moyenne montagne, des jeux ? Ou l'opération sert-elle celui qui les emmène ? Je ne me prononce pas. Mais en tout cas, l'un d'eux, âgé de treize ans seulement, a eu ce matin un M.A.M... Ça ne sera pas pour lui un bon souvenir...

A part cela, c'est la routine quotidienne : une entorse à l'Envers, une fracture de bras sur un sentier.

Je reste la matinée entière à la D.Z., totalement marquée par la conversation que j'ai eue avec Olivier Fernandez, le récit qu'il m'a fait, ses impressions. Après son passage devant les caméras, nous n'avons pas repris notre dialogue. Qu'aurions-nous dit de plus ?

Aujourd'hui, à la D.Z., Olivier Fernandez parle et parle et parle. Je me demande si Malineau et le Dr. Marsigny, de garde aujourd'hui, le trouvent un peu agité, un peu méridional. Ou s'ils savent très bien pourquoi. Moi, en tout cas, maintenant, je le sais, pourquoi il a besoin de parler. De son pays de Tresbes, près de Carcassonne, du vent qui souffle par là-bas, de son père qui est viticulteur, de l'occitan et du catalan...

Le téléphone sonne. C'est le P.G. qui voudrait savoir qui sont les morts de ce matin dont on ne connaît pas l'identité. Fernandez, justement, répond :

— Non ! dit-il... Non, je ne sais pas son nom !... A la place de sa mémoire, il avait son piolet, voilà tout !... Et le piolet, on a eu beau le torturer, il a refusé de parler !... Voilà !

Et il raccroche, puis continue de plaisanter, en apparence. Je pense à ce que Benoît Cousineau m'avait dit : « Regardez leurs réactions, quand il y a un mort. » L'observation se vérifie, au-delà de tout.

Il y a des assistances psychologiques pour les familles des victimes d'un accident d'avion, etc., etc. Mais qui s'inquiète de ceux qui les ont ramassés ? Et qui s'inquiète d'un jeune gendarme qui a eu ce matin à ramasser sous un sérac, dans la montagne qu'il aime, trois corps déchiquetés ? Certainement personne... Et puis de toute façon, c'est mieux ainsi. Chacun s'assume.

Olivier parle. Un autre se replierait en lui-même. Et moi, comme d'habitude, j'ai besoin d'écrire.

Va-t-il en être de ce livre comme de l'article que je voulais faire, l'année dernière, sur l'hôpital de Chamonix ? Cela me tenait tant à cœur, sa disparition possible, avec ce que je savais du secours en montagne, que je m'étais démenée et avais obtenu de passer en deuxième page d'un grand journal. Beaucoup de travail mais un immense rien. La multiplicité des réactions, très particulières, la non-concordance des propos, là où j'aurais voulu une belle union pour un seul but, tout m'avait déçue. J'avais envoyé un texte trop long, qui ne me plaisait pas. Laissé tomber.

Cette année, j'entre davantage dans les réalités de notre société. J'ai désiré la vérité des faits et je la rencontre mais elle ne plaira peut-être à personne. Peut-être pas même à la Gendarmerie... On dit parfois que le P.G.H.M. est une de ses vitrines et c'est certainement exact. Pour l'image offerte au public. Mais la « vérité vraie » n'a rien à voir avec « le public ». La vérité, c'est l'action de base, comme celle de Fernandez qui, ce matin, seul sous un sérac, avait un pied qui lui restait dans la main. La vérité, c'est la danse infiniment complexe qui se produit dans les esprits, la danse presque insaisissable...

Pour les médias, ce n'est en rien cela qui compte. Non, tout doit rentrer au moule de leurs habitudes. Les médias ravitaillent les millions de gueules insatiables des télés avec des monceaux d'à-peu-près, sans apporter quoi que ce soit de solide, de vrai, de pur. Ils ne réagissent qu'à certains stimuli... Impensable qu'ils se déplacent parce qu'il y a eu un beau secours !

On parle du coût de l'heure d'hélicoptère. A juste titre car elle n'est pas donnée. Mais pour les médias, les hélicoptères publics peuvent voler, quel qu'en soit le coût ! Peut-être même obtiendra-t-on ou conservera-t-on des crédits parce qu'un homme politique aura vu la Télé au moment où elle déversait des images, si absurdes soient-elles, si « à côté de la plaque ». Ce n'est pas sain.

L'hélicoptère vient justement de s'envoler. Pour un

secours ? Pas du tout ! Avec deux journalistes. Et pour leur montrer quoi ? Pour leur montrer la coulée de chute des deux enfants qui, hier, sont tombés au Tacul, pour leur montrer celle des trois Italiens ramassés ce matin.

Je ne dis aucunement cela par le dépit du livre écrit supplanté par les flots d'images et d'argent de la télévision. Il y a trois ans, j'ai eu le droit de vol. On m'a proposé de le redemander cet été et j'ai refusé. Bien que ce soit très joli, la montagne vue d'en haut... Mais ce qui m'intéresse, ce n'est pas de voir conditionner un blessé dans une perche. Pas du tout ! Ce qui m'intéresse, c'est ce qui se passe dans sa tête ou dans celle des secouristes, comme ce matin Fernandez, et non la banalité que l'on peut percevoir en surface. Chose curieuse : il y a trois ans pour obtenir mon droit de vol, le P.G.H.M. l'avait demandé « pour l'écrivain et journaliste Anne Sauvy », le second terme étant le Sésame justifiant une autorisation !

Non ! Je n'aime pas ce que le monde est devenu. Inhumain. On est coincés. On est tous balancés dans le « politiquement correct ». Je veux penser seule et je veux dire ce que je pense.

Ce n'est pas à la mort en montagne que j'en ai. La montagne est, aussi, un moyen d'échapper à ce monde, à cette société faussée. Quand on est là-haut, tout prend sa place, sa vraie valeur. Pour cela, on peut accepter le risque. Sans l'infliger pour autant à des mômes, à des leucémiques, à des cancéreux, à des délinquants, à des greffés du cœur qu'on trimballe où ? Au Mont Blanc, bien sûr ! Pas pour eux-mêmes mais pour la pub ou pour un compte en banque... Non ! On peut accepter ce risque quand il est pris en connaissance de cause et pour l'amour de la montagne.

Le risque — sauter en élastique, se faire peur, skier, surfer, conduire une moto, faire de la voile, du parapente, de la montagne — on ne le cherchait pas autrefois. La vie se déroulait dans un équilibre naturel. Maintenant, si on le cherche, réellement ou par procuration (la télé...), c'est parce que cet équilibre est rompu. Alors, on compense, mais c'est absurde. Dans les H.L.M. — décriés mais chauffés, avec vide-ordures, eau courante chaude et froide, éclairage électrique, ascenseur, frigidaire, lave-linge et peut-être lave-vaisselle et congélateur — on se repaît, comme ailleurs, de coups de feu et de crimes et de frissons, par intérim. Avant qu'ils ne poussent à passer à l'acte, à la violence.

Je ne souhaite pas plus que quiconque d'aller tirer mon eau au puits et de voir en hiver ma fenêtre drapée par des fougères de glace. Mais je le préférerais encore au fait de vivre dans cet univers désincarné et bassement sauvage.

L'après-midi

Je viens d'avoir une longue conversation avec le Dr. Marsigny. Chef du service des urgences, il vient parfois prendre un tour de garde ici.

L'impression initiale que j'avais eue à notre première rencontre était celle d'une froideur. Je pense maintenant que c'est une façade. J'ai appris à l'apprécier, à l'aimer et à l'estimer. De plus en plus. Il connaît le jeu. C'est un homme de terrain. Je m'entends bien avec les hommes de terrain. Avec les artisans. Avec les gens directs. Les météorologistes de ce matin n'étaient pas des gens de terrain, d'où leur morgue. Ils étaient dans un bureau, non sous les averses, prévues ou non prévues.

Avec Marsigny, on sait le prix de quelqu'un qu'on ramène vivant. Il me parle d'un secouriste canadien, de Banff, qui est à Chamonix actuellement. Il paraît qu'au Canada, on ramène soit des morts, soit des blessés légers, parce que le territoire est grand et que les blessés gravement atteints meurent avant le secours. Ici, ce qui est beau, c'est qu'on sauve de nombreux blessés qui auraient dû mourir. C'est ce que j'aime dans le travail qui est fait au P.G., à la D.Z., à l'hôpital.

Nous avons parlé aussi, dans l'absolu, du problème des prélèvements de greffes. De toute façon, il ne peut pas s'en faire ici. Des familles qui, sous le choc d'un accident brutal, ont le courage de sauver quelqu'un d'autre, inconnu.

Et puis nous avons parlé de la mort que notre époque étouffe. Je lui ai dit l'impression désagréable que j'ai eue, hier, face aux fourgons banalisés des Pompes funèbres. Je lui ai raconté que, lorsque j'étais venue à Chamonix, enfant, il y avait un grand corbillard noir tiré par des chevaux, avec des plumets noirs aux quatre coins du dais et que j'avais trouvé cela très beau. Sur son passage, les gens s'arrêtaient, se signaient, les hommes enlevaient leur chapeau, leur béret... C'était le respect de la mort. Maintenant, on ne veut plus savoir qu'elle existe, on la calfeutre, les gens meurent seuls, plus âgés sans doute, mais pleins de tuyaux et seuls, désespérément seuls. Mon père et ma mère sont morts à l'hôpital, un matin l'un et l'autre, sans moi.

Cela m'intéresse de voir que Marsigny, médecin, est d'accord. Que ça ne va pas. Que c'est faux. On ne veut pas savoir que la mort existe et, en même temps, on la balance à chaque image de télévision, en prime, comme quelque chose d'aussi irréel que ces points cathodiques assemblés sont irréels.

Cinq heures moins le quart. L'hélicoptère repart pour une chute au Whymper.

Le soir

J'y avais pensé, évidemment, que Cauchy, comme il me l'avait dit hier, était à la Verte aujourd'hui pour faire l'arête des Grands Montets par la première benne, avec Iglesis, Poirot et Michoux. Pensé en l'écartant aussitôt, comme si seulement penser était un risque. Ne devait-il pas y avoir du monde partout, en montagne, aujourd'hui ?

Comme toujours lors des accidents, les choses se sont déroulées dans un mélange de calme et de mouvement précurseur. L'hélicoptère s'était envolé. Je n'avais échangé quelques mots qu'avec le G.A. de la semaine, qui est de Servoz, veut entrer en gendarmerie et s'appelle Berlioz. Étaient partis, très vite, deux secouristes et le Dr. Marsigny qui portait une bouteille d'oxygène. Les secouristes étaient, je crois, Jean-Luc Yvon et Olivier Renard. Savaient-ils et que savaient-ils ? J'ai l'habitude de voir tout le monde aller très vite à l'hélico, mais cette fois c'était comme un accéléré de cette vitesse. J'y ai repensé plus tard.

J'étais à l'extérieur du chalet de la D.Z., assise à la table forestière près de laquelle j'avais parlé avec Marsigny. J'y étais seule, écrivant tout ce qui me tournait dans la tête aujourd'hui.

La suite s'est passée comme dans un film de Hitchcock, qui donne à penser sans tout dire, théâtralement, par des détails qui dévoilent un drame et créent, plus que n'importe quelle platitude assénée, la réalité d'un cauchemar.

L'hélicoptère rouge revenait de la Mer de Glace et amorçait la large courbe qui le ramène à son port de bitume. On regarde toujours l'hélicoptère, quelque habitude qu'on en ait. C'est le bruit qui enfle. On se met les mains sur les oreilles. Le fracas du rotor pénètre tout. Et je regardais, comme tout le monde, tenant d'un coude mes papiers soulevés. Et aussitôt j'ai commencé à savoir. Parce qu'il ne s'est pas posé face à nous, dans sa position habituelle, mais que, tournant encore, il est venu présenter son flanc ouvert face au hangar.

Il ramenait donc un mort. Un mort qui n'était pas dans le panier extérieur mais dedans. Fernandez et Malineau couraient vers le hangar et devaient y entrer une perche. Je n'ai pas cherché à voir exactement parce que je ne voulais pas. Mon Dieu ! Assez de morts depuis hier... L'hélicoptère se soulevant, se remettait dans son axe. C'était le Dr. Cauchy qui en descendait maintenant. Manu Cauchy, je l'ai tant vu descendre de cette machine, avec sa combinaison rouge et son sac, qu'il m'a fallu une fraction de seconde pour comprendre l'horreur. Pas une vraie seconde, je crois, mais cet instant bref comme l'éclair après quoi la vérité tombe. Je m'étais levée et m'entendais dire à mi-voix : « Non !... Non !... Non !... Non !... Non !... Non !... Non ! » comme si nier pouvait changer la face des choses. Et subitement me revenaient à l'esprit ces mêmes « Non ! » que j'avais jetés contre la réalité, une nuit d'il y a bien longtemps, quand la radio avait dit : « Un homme qui avait passé sa vie à guider les autres... » et que j'avais compris que Lionel Terray, que l'on recherchait, était mort.

Qui était mort aujourd'hui, je ne le savais pas, d'Iglesis, Michoux ou Poirot. Les trois peut-être. Mais je savais que l'un en tout cas était mort, que tous les trois je les aimais et que c'était inadmissible.

Ces instants-là, le retour de l'hélicoptère et ce qui a suivi, je les reverrai toujours — mais curieusement j'ai oublié ceux qui leur ont succédé. L'hélicoptère est reparti, certainement. Je ne me rappelle rien. Je me sentais étrangère tout à coup. Et si fragile. Il n'était pas question que j'aille vers le chalet du matériel, où Cauchy était allé s'asseoir, non loin d'Hadja qui était à la laisse. C'était une affaire d'hommes, entre eux.

A un moment Jean-Claude Gin est passé près de moi. Il allait téléphoner dans le chalet ou en revenait. Je lui ai demandé, m'étonnant de la voix que j'avais, sauvage :

— Qui est mort ?

Il m'a répondu :

— Régis Michoux.

J'ai dit :

— Oh non !

Puis :

— En tout cas, je ne ferai PAS ce livre !

Il m'a regardée. Il disait :

— Mais non, il faut le faire. Au contraire. C'est ça, la montagne. On le sait, tu le sais aussi, qu'elle est cruelle. Mais c'est la mort et c'est la vie... C'est ça !

Je me suis dit qu'il faisait son boulot de capitaine. Il est reparti vers les autres. J'étais délivrée de ce livre. C'est après que j'ai pu pleurer, en partant toute seule à côté du chalet, au fond, là où il n'y avait vraiment personne. Je ne voulais pas partir, par respect, avant qu'on ait emmené le corps.

La mort en montagne frappe d'autant plus qu'elle prend de vrais vivants.

Les vieux, tout perfusés, tout blancs, tout creux déjà, les malades décharnés, les fantômes qu'on entrevoit en passant dans des couloirs d'hôpital, ceux qui ont mis longtemps à s'approcher de la mort, c'est tout aussi cruel qu'ils meurent et, pour qui les aimait, c'est tout aussi terrible. Mais en montagne, s'il n'y a pas l'agonie d'un Vincendon ou d'un Pierrot Kohlmann, il y a passage de la plus vivante vie à la totale mort et on ne peut l'admettre. On croirait qu'on peut revenir sur ses pas, à hier, à ce matin, encore triomphant.

Oui, la mort de Michoux était un cauchemar dont on aurait voulu s'éveiller et dont il fallait comprendre qu'on ne s'éveillerait pas, que c'était vrai, que c'était ça.

C'est étonnant le souvenir. Combien tout s'est fixé dans l'angoisse, lors du premier retour d'hélicoptère. Comment je ne peux rien remettre en place de la suite. A aucun moment je ne suis allée vers le groupe de gendarmes, plus ou moins constitué devant le chalet du matériel. Non que je ne voulais pas savoir ce qui s'était passé. J'en avais au contraire terriblement besoin. Mais j'avais plus besoin encore de ne rien faire qui s'apparente à de l'indiscrétion. Je ne voulais pas surprendre une larme, une détresse.

J'ai su pourtant, mais quand ? par qui ? comment ? que Michoux avait été emporté par une coulée dans le Whymper, dont le haut était correct mais le bas en neige abîmée. Que, dans la course, Michoux avait marché avec Poirot. Que tous descendaient sans la corde pour ne pas doubler les risques. Que Poirot avait été emporté aussi et avait eu la chance d'enrayer sa propre glissade. J'ai su qu'on était inquiet pour lui dont on ne savait pas où il était. Tout cela me revient par bribes. Peut-être l'ai-je appris de Jean-Claude à qui il me semble pourtant avoir à peine parlé. J'ai appris que Michoux était marié, qu'il avait deux enfants adolescents, très différents, une femme que Jean-Claude Gin m'a dite « remarquable ». Mais on ne sait jamais comment réagissent les gens.

— Observez le ballet, m'avait dit tristement Cousineau, au début de la saison.

Il y avait ballet, dans cette circonstance extrême qui touchait tout le monde. L'hélicoptère était revenu, avec Iglesis et Poirot. Je les avais vus rejoindre les autres. J'avais vu des bras fraternels sur des épaules. Michel Pierre était venu. Le capitaine Joubert était venu, j'étais alors dans le chalet et il m'avait réconfortée d'un gentil « Bonjour Anne ! ». Le capitaine Hurtault était venu. Il y avait aussi ceux qui partaient. Jean-Claude Gin très tôt. Il fallait prévenir Mme Michoux avant qu'une rumeur ne l'atteigne. A un moment, j'étais assise sur une butte d'herbe, au pied d'un arbre. A un autre, j'avais ramassé mes papiers. Ce sont des flashes, des impressions, des images. Tout est confus. Ce que j'ai nettement ressenti, à un moment, c'était le clivage rouges et bleus, tous atteints, bien sûr, mais pas ensemble. Les bleus étaient dehors, ayant perdu leur camarade. Les rouges étaient dans le chalet de la D.Z. Peut-être, comme moi, laissaient-ils les autres entre eux.

C'est une ambulance militaire qui est venue chercher le corps. J'étais debout. Je l'ai regardée partir. Et puis j'ai quitté la D.Z.

- XVIII -

Doutes

J'ai quitté la D.Z. Définitivement.

C'est difficile. Ce sera difficile d'interrompre ce livre, ces amitiés, mais je ne peux pas faire autrement et m'étonne que Jean-Claude Gin ne l'ait pas aussitôt compris.

Avant de partir, j'ai essayé de téléphoner à John, pour savoir s'il était là, car je n'avais pas envie de revenir et d'être seule. Mais le téléphone marchait mal, je n'ai pas eu le numéro et suis rentrée, parce qu'il n'y avait rien d'autre à faire.

John était dehors, dans le jardin. Je lui ai fait, en montant, ces espèces de signes horizontaux, de la tête et des mains, que l'on fait de loin pour dire que tout va mal. Et puis je lui ai raconté l'accident. Je lui ai dit qu'il n'y aurait pas de livre et je me sentais comme délivrée de tout ce malheur d'hier et de ce matin. Régis Michoux, c'était plus encore. C'était la perte d'un ami. Faire un livre de tout cela : non, jamais !

John n'a pas compris lui non plus. Il m'a dit :

— Tu as choisi de raconter une saison de secours en montagne. Mais, c'est cela, une saison de secours en montagne...

— Non ! Ce n'est pas du tout ce que je voulais écrire. Tu n'imagines pas que je vais raconter ça et la mort de Régis Michoux !

— Si... Tu dois d'autant plus faire ce livre... Pour faire comprendre... Pour rendre hommage... Pour garder le souvenir.

Il parlait comme Jean-Claude... John !.. Qu'est-ce qu'ils avaient tous ? J'avais besoin qu'on me comprenne.

Alors, un peu plus tard, j'ai téléphoné à Marie Claveau. Marie est pure et droite. Elle est proche de la mort et de la vie. Et je crois qu'elle, elle peut comprendre.

Marie Claveau est proche de la mort puisque le 9 août d'il y a trois ans, elle a été, avec son mari Philippe, une miraculée de la montagne. Et du P.G.H.M...

Marie est proche de la vie parce que, peut-être, elle va bientôt la donner, après deux grossesses malheureuses, et cela aussi, c'est la mort... Mais Marie est couchée depuis des mois afin que vive le bébé qu'elle attend maintenant. Je suis sûre, en appelant, de la trouver. Je lui raconte ce qui me pèse sur le cœur et lui dis que j'arrête mon livre. Au lieu de m'approuver immédiatement, elle me répond qu'elle veut en parler à Philippe.

Dans la soirée, elle rappelle et me dit :

— Anne, on en a longuement discuté, Philippe et moi. Nous pensons que tu dois continuer.

Je voudrais qu'enfin quelqu'un me soutienne lorsque je dis que j'arrête ce livre, puisque je ne veux pas et que je ne peux pas l'écrire. Et si j'écris encore tout cela, c'est parce que j'ai besoin d'écrire, non pour ce livre. Écrire, c'est ma façon de penser.

29 juillet

J'arrête donc ce livre. C'est trop. Je ne voulais pas cela.

J'espérais dire ce qu'est un beau secours. J'espérais parler de vivants qu'on a redescendus, comme les Claveau, les Guiverec. Des rescapés. Peut-être quelques morts, c'est inévitable. Par exemple des Espagnols, ou des Japonais, des inconnus enfin. Non ce déluge de cadavres. Pas Dominic Green. Et surtout pas Régis Michoux.

Quand parfois je pensais à ce projet de livre, à Paris, pendant les derniers mois, il y avait des moments, la nuit surtout, où me gagnait l'angoisse. Et si un hélicoptère s'écrasait ? Et si un secouriste mourait ? Et si on me ramenait John ? C'étaient ces trois inquiétudes qui m'envahissaient toujours. Mais ma vie ne se sera-t-elle pas passée à lutter contre trop d'imagination ? Je fermais les vannes. Je savais de quoi je voulais parler : de beaux secours.

Et voilà que la réalité a rejoint l'angoisse. Faire ce livre, il ne faut pas que ce soit débiter ces drames qu'adorent les chaînes de télévision et les magazines. Donc, ne pas le continuer.

J'ai téléphoné à Christine de Colombel, responsable chez Flammarion, trouvé son répondeur, laissé un message, pour avertir.

Il n'y aura plus cette rude astreinte quotidienne. Je verrai des amis, hors de la vallée si possible. Je lirai. J'écrirai des nouvelles. J'ignorerai l'actualité. J'échapperai.

C'est un soulagement, mais pas aussi total qu'il pourrait l'être, parce que je n'ai trouvé personne qui m'approuve. Personne pour me dire :

— Tu as complètement raison ! Arrête !

C'était cette approbation que je quêtais, non la contradiction de Gin, de John et de Marie Claveau. Pourquoi donc ne comprennent-ils pas ?

Durant la matinée, une dame m'a téléphoné de la Maison de la Montagne. Pour ces histoires, maintenant dépassées, de météo. Elle était très gentille, aimable. Je l'ai remerciée et lui ai dit que, de toute façon, ça n'avait plus d'importance, que j'avais voulu faire un livre sur le secours en montagne, mais qu'un secouriste était mort, et que j'arrêtais. Alors, la météo... Elle m'a dit :

— Oh non !... Faites-le pour lui !... Faites-le pour eux !

C'était un cri du cœur, qui venait d'une femme inconnue, et là, j'ai été ébranlée. En lui disant au revoir, je lui ai demandé son nom. C'était Mme Faussurier, femme de Pierre Faussurier, du P.G.H.M.

L'hélicoptère ne cessait de vrombir.

— Ça tourne, tu sais, Anne ! me disait John.

Je répondais :

— Je n'irai pas. Ça ne me concerne plus.

J'imaginais la foule des journalistes et des cameramen, là-bas. Quelle aubaine, cette fin de juillet ! Six morts en deux jours, dont un secouriste ! En voilà, de l'actualité !

Pour rien au monde, je ne serais allée me joindre à la meute. Sans doute ne retournerai-je jamais à la D.Z. Ce sera une rupture. Avec des gens que j'aime et considère comme des amis. C'est moche. C'est comme ça.

Pour faire ce livre, il aurait fallu un homme, pas moi, qui étais tout le temps en train d'imaginer les familles, les parents, les grands-parents, les femmes, les enfants, les amis. On peut raconter les bobards que l'on veut sur l'égalité des sexes. Les hommes sont plus solides, un point c'est tout. Moi non. Je craque. Je pleure. Je le reconnais, je l'admets, et voilà.

C'est l'opinion des deux autres femmes qui me reste sur le cœur. La douce Marie Claveau, sauvée de la Kuffner, et qui va avoir un bébé, et Mme Faussurier que je ne connais pas mais qui, elle, connaît le milieu du secours.

Mais je voudrais entendre : « Arrête ! » ou « Arrêtez ! » Et puis : « C'est trop affreux ! Il ne faut pas continuer ! » Et je ne trouve personne pour le faire.

John me dit :

— Eux, tu vois, ils ont perdu hier un de leurs copains. Et qu'est-ce qu'ils font aujourd'hui ? Le secours !... Eux, ne s'arrêtent pas, ne pleurent pas... Ils pleurent peut-être en eux mêmes, mais ils continuent... Ils y sont en ce moment... Et toi ? Tu craques !

Tournant dans la maison comme une âme en peine, cherchant une réponse, une voie, une approbation, je vais prendre les *Pensées* de Pascal. Qu'en dirait sa sagesse ? Je feuillette l'ouvrage, tombe sur ces lignes : « La mort est plus aisée à supporter sans y penser, que la pensée de la mort sans péril. »

Cela du moins est vrai. Nos questions, nos interrogations de vivants, nos angoisses nous font souffrir davantage que ne le fait l'accident immédiat et brutal. Mais je cherche un conseil et j'ai recours, comme je le fais parfois, aux textes de la messe du jour. Et saint Paul dit : « Aux jours d'espérance, soyez dans la joie. Aux jours d'épreuve, tenez bon. »

Même saint Paul qui s'y met ! Quel est cet acharnement qu'ils ont tous ? Je ne veux pas tenir bon !... C'est vrai, je ne suis plus aussi sûre d'avoir raison, mais je n'ai pas envie de continuer. Je reprendrai une vie qui sera tranquille et plus douce.

On se sent néanmoins engagé quand on a entrepris quelque chose. Dans l'après-midi, je décide d'avoir un autre avis, un avis de la base. Pas de Jean-Claude puisque son avis, je l'ai eu. Et son rôle, c'est en partie l'information, moi comprise. Mais l'avis de la base. Qu'est-ce qu'un jeune secouriste peut en penser ?

Hier matin, quand il est venu me parler, j'ai trouvé Olivier Fernandez, que je ne connaissais pas encore beaucoup, très sensible. Je vais lui demander ce qu'il en pense parce que je l'estime.

Je cherche son nom dans l'annuaire, il n'y est pas. Bon, voilà ! Je suis soulagée puisque je ne peux rien faire d'autre.

Soulagée ? Non, pas totalement... Un peu plus tard je le cherche dans le Minitel, où je le trouve. J'appelle. Il y a un répondeur. Je n'ai pas le courage de laisser un message et raccroche, reste tourmentée.

Une heure plus tard, je téléphone encore et laisse cette fois un message, sans doute hésitant, demandant si on peut se voir et pourquoi.

Le soir, il m'appelle à son tour, propose de venir. Je lui explique où nous sommes et remets toute décision à son avis, sans savoir quel sera cet avis. Je suis anxieuse. Je vais l'attendre dans le jardin. John est au piano, à l'intérieur.

Quand Olivier Fernandez arrive, vers neuf heures et demie, nous restons dehors à parler, curieusement, de musique, puis nous entrons et, tous les trois, avec John, nous bavardons ainsi, de musique, ou d'autre chose. Mais Fernandez est calme et solide. Rien qu'à le regarder, je sais que je dois continuer, que c'est acquis, que je continuerai. Ça me heurte et ça me bouscule, mais c'est une évidence. Le fil rompu s'est ressoudé.

A peine d'ailleurs, de la soirée, aborde-t-on le sujet et seulement vers minuit. Olivier Fernandez me dit, à un moment :

— Si ce n'est pas vous qui expliquez bien ce que nous faisons, alors qui le fera ? Sûrement pas les journalistes...

En moi-même, je décide de retourner à la D.Z. jeudi après-midi, les obsèques de Régis Michoux ayant lieu le matin. Peut-être alors, arriverai-je à reprendre. D'ici là, repos, je récupère !

Le lendemain matin, vers huit heures et demie, on sonne. C'est Fernandez. Il vient me dire :

— Je sais que vous continuerez... Alors, allez-y tout de suite. Il se passe des choses, là-bas.

J'ai l'impression de ne plus être aux commandes. J'y vais...

- XIX -

Mercredi 30 juillet

Ils sont trois. Jeunes mais pas sympa. Un qui « fait » l'image, grassouillet, les cheveux dans le cou, caméra sur l'épaule. Un qui « fait » le son, avec un gros micro poilu, jouant les cow-boys, en chemise écossaise, mal rasé, se pavanant. Et la nana qui les dirige, au visage simiesque de ouistiti, avec un petit chignon, sac en cuir sur l'épaule, se déhanchant, prenant des poses, fumant, arrangeant ses cheveux, mordillant son stylo ou monologuant avec son portable. Ils sont là, « par l'odeur alléchés ». Ils filment ce qu'il ne faudrait pas. Ce n'est que ça qu'ils aiment. Véritables oiseaux de proie.

Ce sont eux que j'ai vus, en premier. Ces trois-là et leur désinvolture. Alors je suis allée au fond, avec Michel Pierre, un mécanicien et le G.A. On s'est fait un café. Et puis l'hélicoptère est revenu. Il y avait un grand sac gris, dans son panier. C'était le sixième mort du matin. L'un d'eux est peut-être Dominic Green. Et il fallait les voir, ceux de la télé, presque à plat ventre sous les pales, filmant le sac, le sac, le sac. Et le preneur de son aussi, enregistrant quoi ? Le tonnerre du rotor ?

Et le cameraman filmait les secouristes sortant le sac du panier et le portant sous le hangar. Réfugiés dans le chalet d'attente, nous étions quelques-uns à assister à ça, outrés.

Ces trois-là m'indignaient plus encore que ceux que j'avais vus jusqu'ici. J'ai réfléchi qu'au fond personne n'avait le droit de dire ce qu'il pensait. Ni les gendarmes, ni ceux de la Sécurité civile, à cause de leurs hiérarchies respectives... Mais moi ?... Quand l'hélicoptère est reparti, pour aller rechercher des secouristes, je suis allée vers ces trois-là et je leur ai sorti ce que j'avais sur le cœur :

— Vous êtes ignobles ! Ignobles ! Vous devriez avoir honte ! Vous n'aimez que les atrocités ! Ce n'est pas ça qui est intéressant ! Ce que vous cherchez, c'est l'horrible.

— Quoi ?... Nous connaissons notre métier !

— Non !... Vous êtes dégueulasses. C'est tout. Dégueulasses !

Heureusement Julio est venu près de moi et leur a dit :

— C'est vrai !... Elle a raison... Il y a des choses qu'il ne faut pas filmer !... Vous comprenez ?... Pas filmer !

On les laisse dehors et on rentre. J'en ai les larmes aux yeux mais surtout je les retiens. Si je fais ce livre, ou plutôt, puisque je vais le faire, je ne vais pas passer le temps à tremper mon papier de pleurs.

La vie, la souffrance, la mort, c'est une chose. Ceux qui secourent, qui sauvent, qui ramènent, qui montrent de l'amour, c'est la même chose. Et moi aussi, je crois, qui essaye de le dire au mieux. Mais ceux qui font du voyeurisme autour de ça, pour déverser sur les écrans de l'horreur, pour former à ça l'œil du public, je les exècre. Ils sont coupables parce qu'ils façonnent l'opinion à voir par leurs yeux de voyeurs. Leurs yeux d'indifférents. Leurs yeux de robots urbains. Sans tact, sans bienveillance, sans respect, sans amour.

Qu'est-ce que des monstres ? Certes pas de grosses bêtes violettes avec huit bras et des yeux verts visqueux... Mais c'est cela ! Les monstres inhumains qu'engendre notre société médiatique et qui, en prime, semblent avoir l'orgueil de ce qu'ils font.

Voilà... Je l'aurai dit, même si ça ne sert à rien. Les télévisions et les magazines à sensations ne devraient pas être admis dans la D.Z. Leurs journalistes sont tous pareils. Ils ne cherchent qu'une seule chose. Du superficiel et du sang. Pourquoi les y aider ?

Maintenant, ces trois-là ont voulu se promener. « Faire des images en montagne. » C'est-à-dire, comme l'autre jour : filmer les endroits où il y a eu des morts... J'ai dit à l'équipage :

— Emmenez-les plutôt au Tournier, là où l'on a sauvé des types indemnes ce matin !

Et quelqu'un m'a répondu :

— De toute façon, ils s'en foutent, ils ne connaissent rien et ils diront les mêmes conneries sur n'importe quelle vue qu'ils auront prise...

On les emmène. Où finalement ? Je ne sais pas. Le pis est que, pendant leur vol, tombe un secours qui est d'autant retardé. Il faut une dizaine de minutes pour que l'hélicoptère ait le temps de revenir... Un parapente est tombé, combe Lachenal. Et on signale en outre une énorme avalanche, vers la Charpoua ; on ne sait pas s'il y a des gens dessous.

Combien de fois ai-je vu des hommes sauvés d'extrême justesse ? S'il en meurt un, un jour, parce qu'on fait voler les journalistes, que dira-t-on ? Non, en fait... On ne dira rien... On étouffera l'affaire ! Surtout les journalistes qui y auront leur intérêt.

L'hélicoptère réapparaît enfin, se pose, débarque les parasites, embarque Alain Iglesis, Olivier Renard et le Dr. Lecoq.

Justement, il se trouve que le secours est urgent, pour un blessé grave.

Descendue, avec ses acolytes, de l'appareil, la nana n'en a cure et revient, frétillante :

— Et alors ? Maintenant ?

Elle parle avec affectation. Bernard Stoop, très gentil mécanicien de la Sécurité civile, lui répond sèchement :

— Un parapente qui est tombé.

— On va le ramener ici ?

— Peut-être pas. Peut-être à l'hôpital. Ça dépendra.

Quand sortent ces journalistes, tout le monde est d'accord à leur sujet. Et dès qu'on se retrouve sans eux, gendarmes et Sécurité civile échangent leurs commentaires :

— Ils sont tous pareils, mais ceux-là, ils sont encore pis que les autres...

— Ah ! Ceux-là ! Qu'est-ce qu'ils nous font chier !

On me dit :

— Vous avez de quoi écrire, aujourd'hui.

— Je crois que je n'ai encore écrit que sur les journalistes.

Tout le monde s'exclame :

— Ah !... Ça alors !... Oui !... Oui !

Mais quand ils sont là, posant des questions, idiotes d'ailleurs, gendarmes, pilotes, mécaniciens sont bien obligés de répondre. Poliment. Moi, non ! Ce que j'ai à dire sur eux, je peux le dire, ô soulagement.

Dieu merci, l'hélicoptère de la Sécurité civile n'a plus le droit de les emmener en secours. Saine mesure ! Mais voilà la fille qui téléphone à Paris, Elle veut le droit de filmer pendant les interventions, elle cherche à l'obtenir, furieuse :

— On n'a plus les moyens ! se plaint-elle.

Plus les moyens de filmer la chair vive.

Elle minaude et suçote son bic en jouant les petites filles... Petite fille ! Tu parles !...

Elle demande, avidement :

— Ils viennent ici, avec le parapente ?

— Non, à l'hôpital.

Déception. Le trio part pour l'hôpital. Avec un peu de chance, ils arriveront à temps pour filmer la grimace du blessé. Quelle journée propice !

Un peu plus tard, je me dis que ce type de journalistes a une utilité. Une seule. Celle d'avoir un comportement haïssable. D'être haïssables. Alors, on les hait. Peut-être que ça fait du bien. Dans une guerre, il y a un ennemi qu'on peut haïr, qui tue vos compagnons. Ici, il n'y a pas d'ennemi. La montagne n'est pas une ennemie. Elle est un lieu, extraordinaire, que nous aimons. De tels journalistes, avec leur frime, leur insolence, leur absolu irrespect de la mort, on peut les détester sans faire erreur, car enfermés dans un cercle vicieux, ils conditionnent un pays qui s'habitue à recevoir une pitance de plus en plus contre-nature. Je ne crois pas être méchante, mais ces trois-là, de ce matin, je souhaite sincèrement que la vie à venir leur apprenne ce que c'est que la douleur et la mort.

Revenons aux choses vraies et sérieuses. Hier, quand je n'étais pas là, il y a eu des secours, bien sûr. Deux parapentes, encore. Une morsure de vipère. Une chute sur sentier. Un randonneur victime d'un malaise cardiaque. Un accident du travail. Etc.

Mais dès le début de la nuit, ont été signalés des appels de lampes provenant de l'éperon Tournier, aux Droites. Un décollage a été programmé à cinq heures et demie, ce matin. Mais à quatre heures moins le quart, on a réveillé secouristes, équipage et médecin. Le gardien du refuge d'Argentière avait vu deux frontales filer dans le couloir Couturier. Une chute sans doute.

Les appels, on ne savait pas à quoi ils correspondaient. On n'avait pas pris hier le risque d'un vol de nuit, toujours dangereux, mais on l'a fait pour la chute qui était certaine et présentait un caractère d'urgence.

Le décollage a eu lieu à quatre heures et demie ce matin. François Lecoq a été provisoirement posé sur le glacier, puis l'hélicoptère, avec Alain Iglesis et Olivier Renard, a effectué la recherche. Étaient montés dans le Couturier, trois alpinistes, aucun d'entre eux encordé. La neige avait été rendue dure et glissante par de la pluie qui avait gelé. Deux étaient morts, abîmés, le troisième, indemne, était au-dessus de la rimaye. L'un de ceux qui sont morts aurait fauché l'autre au passage, en tombant.

Tout cela n'est pas facile à savoir vite, dans ce genre de secours et moins encore de nuit, et moins encore lorsqu'il s'agit d'étrangers... Olivier Renard est resté avec les morts, afin de les préparer pour leur descente au bout du treuil, vers le plat du glacier. Alain Iglesis, posé près de l'indemne, l'a pris en charge et l'hélicoptère les a emmenés au refuge d'Argentière. Dans l'appareil, le rescapé disait « *My friend...* », mais c'était un Autrichien ainsi que l'un des morts, l'autre étant français.

Puis en deux rotations ont été rassemblés sur le glacier Renard, Lecoq et les corps afin que ceux-ci soient conditionnés pour le transport à la D.Z. Conditionner, cela veut dire les mettre dans de grands sacs de plastique, après avoir vérifié si des éléments d'identité ne se trouvent pas dans leurs vêtements ou dans leur sac. Ainsi, c'est dans une relative discrétion que les morts arrivent à la D.Z.

Pendant ce temps, l'hélicoptère allait repérer ceux du Tournier, qui continuaient leurs appels. On a treuillé Iglesis vers eux. C'étaient deux Anglais, indemnes mais bloqués. L'un d'eux a été descendu en vallée par l'appareil, qui devait reprendre du kérosène. Iglesis est resté avec l'autre. Une nouvelle rotation les a amenés en bas, en même temps que l'indemne du Couturier.

Une dernière rotation a permis de descendre Renard, Lecoq et les deux corps. A six heures vingt-sept du matin, tout était terminé. Il faisait alors enfin jour.

A sept heures, est tombée une autre alerte, transmise par un guide. En montant au Mont Blanc du Tacul, vers quatre heures, il avait vu glisser une lumière dans la nuit et avait pensé que quelqu'un avait lâché sa lampe. Plus loin, dans la course, son client s'étant tordu une cheville, il a fait demi-tour et, en descendant, a aperçu des piolets en vrac et conclu à un accident réel, qu'il a signalé par sa radio.

Effectivement, il y avait eu là deux autres morts et les récupérer a nécessité des manœuvres difficiles. Les accidentés avaient fait une chute de trois cents mètres, sauté deux barres de séracs. A la base de la seconde, il y avait une crevasse dans laquelle un des corps pendait, retenu par la corde, tandis qu'à l'autre bout, une dizaine de mètres plus loin, dans une zone fissurée, son camarade était enfoncé dans la neige.

A cette altitude d'environ quatre mille mètres, il n'était pas possible d'enlever ensemble, par la corde, les deux accidentés. Alain Iglesis a organisé la difficile opération qui consistait à les récupérer l'un et l'autre. Il lui a fallu l'aide de François Lecoq et des trois autres premiers à marcher : Olivier Renard, Jean-Luc Yvon, Daniel Duret.

Iglesis, donc, descendu vers celui qui était en surface, a dégagé le sac de ses épaules, coupé la corde. Celle-ci est restée au sol. Puis il a attaché le corps au treuil de l'hélicoptère qui a réussi à l'arracher, bien qu'il ait été un peu soudé à la neige.

Il s'agissait ensuite de sortir celui qui était dans la crevasse. Le treuil-valise a été mis en place, avec des plaques anti-frictions. Retreuillé par l'hélicoptère sur le bord de la crevasse où restait le bout de corde, Iglesis a attaché une bobine de câble à l'extrémité de la corde. Puis l'hélicoptère l'a treuillé à nouveau et transporté de l'autre côté de la crevasse où se trouvait l'équipe qui avait mis en place le treuil-valise. Le câble que transportait Julio a été installé sur ce treuil et avalé. L'opération n'a plus été possible lorsque à son tour la corde est arrivée au niveau du treuil-valise : on a alors fixé sa partie libre au crochet du treuil de l'hélicoptère et lorsque celui-ci a commencé à s'élever, on a coupé le morceau restant lié au treuil-valise, afin que l'hélicoptère s'envole, sans entrave, et enlève par sa corde le corps resté suspendu dans la crevasse.

Déposés au col du Midi, les morts y ont été conditionnés, afin d'être descendus. Il s'agissait d'un Français et d'un Américain.

J'ai exposé ces détails techniques car il est nécessaire de faire comprendre qu'un secours, même quand il consiste à récupérer un cadavre, peut être une opération complexe, demandant chaque fois que soit inventé un nouveau système d'intervention, en fonction des données qui se présentent et qui, chaque fois, sont différentes. Les lieux où se déroulent les secours ne sont pas dans cette montagne relativement saine et accueillante où passent les tracés des voies. Les chutes se produisent sans règle, au plus court, et les blessés ou les morts s'arrêtent souvent dans des endroits excentrés, dangereux. La manœuvre effectuée ce matin-là au Tacul a pu se dérouler vite et a permis aux secouristes de ne pas travailler sous des séracs.

Mais tandis qu'étaient effectuées les diverses rotations

nécessaires à cette opération, le survol de la zone fit apercevoir, sur le cône de déjection qui se trouve en bas du glacier Rond, deux autres corps. Cette fin de juillet a été terrible. Les secours portés à des blessés semblaient s'effacer pour ne laisser place qu'à de lugubres tragédies. Une seconde équipe de quatre secouristes fut appelée pour procéder à la nouvelle mission. Ainsi onze personnes — huit secouristes, un médecin, un pilote et un mécanicien — furent-elles mobilisées au même moment, ce qui est rare.

Les deux nouveaux morts que l'on venait de repérer avaient dû être emportés par une coulée qui les avait recouverts, et à laquelle s'étaient ajoutées les récentes chutes de neige. Maintenant que le soleil donnait, pour le quatrième jour, la chaleur les avait dégagés. On n'a pu savoir d'où ces malheureux étaient tombés. Le gel et le soleil avaient noirci et nécrosé leurs corps. Ils furent identifiés à leur équipement. L'un d'eux était Dominic Green.

Ainsi, lorsque j'étais arrivée à la D.Z., le matin, vers neuf heures et demie, c'était le sixième mort qu'on descendait et que l'équipe de télévision filmait avec une telle impudeur que je n'avais pu m'empêcher de le dire.

Ensuite, les secours continuèrent, mais heureusement sans autre mort.

De peu... Le parapentiste, dont la promenade des journalistes avait retardé le secours, était polytraumatisé. Sa récupération a été rendue difficile par le terrain où elle se déroulait : une pente herbeuse très raide qui rendait l'approche et les soins complexes et dangereux. Le Dr. Lecoq m'a expliqué :

— Il fallait avoir la Pigui sur les genoux ! Un faux mouvement et il serait parti en surf !... Il avait un os qui sortait... Je l'ai shooté... Et, du coup, on ne sait pas son nom...

Un autre parapentiste, qui s'était crashé au décollage a eu un accident ce jour-là : fracture ouverte du poignet

L'avalanche de séracs tombée vers la Charpoua, que j'ai déjà évoquée, aurait pu être cause d'une nouvelle catastrophe car une vingtaine de personnes montaient vers ce passage mais n'y étaient pas encore arrivées... L'avalanche a balayé une largeur d'environ deux cents mètres et a laissé à cet endroit un dédale de glace. A la demande de la commission de sécurité de la mairie, le P.G.H.M. doit apposer des panneaux pour conseiller de ne plus traverser car une nouvelle chute peut se produire.

On a aussi descendu du Mont Maudit une femme atteinte d'un M.A.M. Puis un coup de téléphone a signalé qu'une vieille dame avec une canne, assise sur un rocher, paraissait très, très fatiguée dans le couloir de Planpraz. L'hélicoptère, déjà en vol pour un nouveau secours de parapente à Plaine-Joux, a déposé Jean-Luc Yvon, dans le couloir, pour qu'il la cherche, car les indications ne sont guère précises. Ce n'est que plus tard qu'on connaîtra ses aventures.

Chaque fois, en vérité, se présente un nouveau cas humain, comme encore cet homme, né en 1928, qui s'est fracturé une jambe dans une randonnée sur sentier.

— C'est un vieux monsieur super-gentil ! dit François Lecoq en revenant.

Je sors le voir. Il est sur le brancard, par terre, avec le G.A. qui lui tient compagnie. L'ambulance va mettre une demi-heure à arriver.

— Et ce matin, une heure ! me dit le G.A.

Ce nouveau système d'ambulances, n'est pas au point ! Les blessés attendent. La Sécurité sociale paye... Un beau gâchis !

Gilles Bidon, le pilote de la Sécurité civile qui opère

aujourd'hui, me remarque tout à coup. Il faut dire qu'il n'a pas chômé depuis ce matin.

— Vous ! me dit-il, méfiez-vous. Vous êtes tellement discrète qu'un soir on fermera la D.Z. sans se rendre compte que vous êtes dedans !

— C'est ça qui ferait un beau chapitre ! remarque François Lecoq. « Ma nuit à la D.Z. »...

On rit. On en a besoin.

A un moment, bien plus tard après qu'on l'avait déposé dans le couloir du Brévent, à la recherche de la vieille dame épuisée, une rotation nous ramène Jean-Luc Yvon, avec cette dernière.

L'affaire n'a pas été facile. Tout d'abord, il s'est trouvé, seul, sur un sentier de moyenne montagne, avec tout son équipement d'altitude, grosses chaussures, combinaison d'escalade, baudrier, mousquetons, sac, casque, etc.

— Quand même, nous dit-il, j'ai enlevé la broche à glace ! Ça faisait trop idiot !

Et, à la vitesse que les secouristes sont capables de prendre et de maintenir, il a remonté le couloir, cherchant partout une vieille dame, mais sans succès. Là-dessus, la radio a annoncé qu'on signalait, mais dans le couloir de la Charlanon cette fois, une dame âgée répondant à un signalement semblable, certainement la même, que les premières indications avaient mal située. Jean-Luc Yvon a rattrapé le sentier des Gardes, traversé d'un couloir à l'autre, toujours en tenue de haute montagne et a effectivement trouvé une vieille dame, un peu forte, assise sur un rocher et répondant à la description. Quand l'hélicoptère les a descendus, lui et sa compagne, celle-ci, une Allemande, est arrivée à la D.Z. avec une prestance qui en imposait et s'est assise, véritablement lasse, mais prête à coopérer, sur le bloc en pierre qui sert de marche à l'escalier du chalet. Son nom ? Son âge ? Pour simplifier les choses, elle a sorti de son sac à dos son passeport : 84 ans !

Et lorsqu'un taxi, alerté, est venu la prendre, elle a glissé, avec l'air d'une reine remerciant un jeune groom, un billet de cent marks dans la main du Dr. Lecoq.

La collectivité décide de verser ce billet dans la caisse de recherche.

— Eh bien ! soupire Yvon... Quand je vais dire à ma femme que j'ai passé tout l'après-midi à courir après une mémé de 84 ans !

- XX -

Régis Michoux

Parfois, lorsque les gens sont morts, on ne parvient plus à se représenter leur apparence physique. Au soir de l'accident de Régis Michoux, j'étais hantée par son visage, ses yeux surtout, des yeux clairs et rieurs, entourés de petites rides qu'avait façonnées ce rire même. Ses yeux souriaient plus encore que sa bouche. C'était un homme de la quarantaine, très fin, très élégant de visage et d'allure. Ses traits réguliers et purs étaient marqués d'aménité. Il avait des cheveux blonds et une récente barbe blonde qu'il avait laissée pousser au début du mois, quand il avait pris des vacances, et qui le changeait tant qu'un jour de la mi-juillet, nous avions vu arriver un cycliste, à la D.Z., que nous ne reconnaissions pas et que c'est à ses yeux qu'on s'était dit : « Mais c'est Michoux ! ». Il riait de notre surprise.

En pensant à lui, je me dis que l'expression de « Petit Prince » que l'on a appliquée à l'un ou l'autre des grimpeurs disparus, lui convenait parfaitement. Cette expression de « Petit Prince » ne couvre cependant en rien une personnalité fragile.

Michoux avait une grande personnalité et une autorité indéniable. Il présentait un étonnant mélange de fermeté, de gentillesse et de gaieté. Nous nous entendions bien. Je le savais au sourire avec lequel il m'accueillait quand j'arrivais à la D.Z. Au moment de sa mort, je me promettais de l'interroger prochainement sur l'épopée des quarante naufragés du Mont Blanc et j'étais sûre d'aimer ce qu'il m'en aurait dit.

Il était chablaisien mais ce n'était pas vers la montagne qu'il s'était orienté d'abord. Ayant fait son service militaire dans la gendarmerie, il avait choisi d'y faire carrière et, brillant gymnaste, s'était trouvé affecté à la section de gymnastique de la Garde républicaine. Lorsque celle-ci avait été dissoute, en 1982, il avait rejoint une brigade de Haute-Savoie et s'était tourné vers la montagne. Il avait, à trente-deux ans, obtenu son diplôme d'aspirant-guide, puis de guide à trente-quatre, en 1990. En 1991, en raison de ses qualités multiples, il avait rejoint le P.G.H.M. de Chamonix.

A son actif, de grandes courses, comme la voie des Suisses aux Courtes, la face nord du col Armand Charlet, le Linceul aux Grandes Jorasses, une expédition en Alaska, etc. Il connaissait bien l'Aiguille Verte où il avait déjà gravi l'arête du Jardin, le couloir Couturier, le couloir en Y et où, avec l'arête des Grands Montets, il venait d'accomplir sa quatrième voie.

C'était un homme calme, réfléchi, avisé, pondéré, connu pour ne jamais hausser le ton, ne jamais perdre le contrôle de lui-même, être toujours de parole. Disponible pour les autres, patient, il savait écouter, aussi bien ses amis que ceux à qui il portait secours. Il faisait en somme partie de ces personnes, assez rares, qui savent s'entendre avec tout le monde et c'est ce qui explique à quel point sa disparition brutale fut cruellement ressentie.

Le jour où eut lieu son accident, il était en mission d'entraînement avec Patrick Poirot. Pour pouvoir porter secours en montagne n'importe où, parfois par treuillage en paroi difficile, parfois par caravane pédestre, il est indispensable que les secouristes du P.G.H.M. et les médecins soient entraînés en permanence, dans n'importe quel terrain, et notamment en terrain difficile.

La course qui avait lieu ce jour-là s'était décidée peu auparavant. Alain Iglesis — alors en repos, mais souvent prêt à utiliser ses périodes de congé pour grimper encore — avait prévu de faire l'arête des Grands Montets avec un gendarme auxiliaire, et celui-ci n'ayant plus été disponible, il en avait parlé à Patrick Poirot et à Régis Michoux. Le dimanche 27 juillet, ce dernier devait se rendre dans le Chablais pour assister, coïncidence douloureuse, à la messe anniversaire de la mort de son père, décédé un an plus tôt. Tous étaient donc d'accord pour faire la course le lundi, par la première benne, ce qui convenait à ces alpinistes chevronnés. Le Dr. Cauchy, qui est aspirant-guide, demanda à se joindre à l'équipe et cela permit de constituer deux cordées de deux, solution plus souple que ne l'est une cordée de trois. Il était prévu que Manu Cauchy, de garde à l'hôpital le mardi 29, redescendrait le soir même du Couvercle, les autres y passant la nuit.

Tous quatre partirent donc au matin du 28 juillet.

On se remémore toujours, après un accident, les mots, les phrases, les derniers propos échangés, les moindres incidents. Patrick Poirot s'est souvenu ainsi que, dans la voiture par laquelle ils se rendaient au téléphérique des Grands Montets, tôt le matin de la course, Régis Michoux lui avait demandé des détails sur les accidents survenus la veille, à des jeunes, au Mont Blanc du Tacul. Les ayant appris, et parce qu'il vivait en permanence dans ce milieu du secours, donc des drames qui arrivent parfois, il lui avait confié qu'il n'avait pas envie de pousser ses fils vers la montagne. Tous ceux qui ont pratiqué l'alpinisme se sont trouvés confrontés à ce problème : le risque qu'on accepte pour soi, on l'accepte moins bien pour ses proches.

L'ascension elle-même s'était déroulée heureusement, comme cela se passe entre professionnels. Les quatre alpinistes avaient marché sans corde jusqu'aux premières difficultés. Alors, Alain Iglesis, qui avait déjà fait la course, était parti devant avec Manu Cauchy, suivi par la cordée constituée de Régis Michoux et Patrick Poirot. Au pied de l'Aiguille Ségogne, à cause de la glace qui couvrait les dalles fissurées, l'équipe avait choisi de tirer des rappels versant Cordier afin de revenir ensuite au col du Nant Blanc et d'avoir la certitude de gagner le sommet. La première cordée l'atteignit environ un quart d'heure avant la seconde. Lorsque Régis Michoux y rejoignit Patrick Poirot, il lança une boutade, comme s'il était un jeune candidat au stage de guides :

— Eh bien cette course-là, je la mettrai sur ma liste !

Entre la station supérieure du téléphérique et le sommet, l'équipe avait mis environ sept heures, alors que l'horaire normal est de huit à douze heures.

Déjà reposés, Alain Iglesis et Manu Cauchy se préparaient à descendre. Les conditions avaient l'air bonnes et le programme pouvait donc être respecté. Il n'était pas question de le remettre en cause. En revanche, le point de savoir si l'on gardait ou non la corde pour descendre fut abordé. Nous l'avons dit précédemment : si elle ne sert pas à l'assurance, si elle n'est pas utilisée pour parer à la faiblesse d'un membre de la cordée, la corde peut être un handicap. Dans le cas présent, les divers éléments de l'équipe étant tous extrêmement qualifiés, ils décidèrent de ne pas s'encorder et de descendre vite, en se décalant les uns par rapport aux autres.

Partant sur l'arête, Alain Iglesis annonça :

— C'est bon ! Ça va descendre impeccable !

Patrick Poirot et Régis Michoux se restaurèrent et, à leur tour, partirent sur l'arête, puis dans le couloir Whymper. La neige avait déjà coulé en grande partie depuis les dernières précipitations, et il y avait donc peu de chance que le phénomène se reproduise. Dans le haut du couloir, il y en avait une faible épaisseur, sous laquelle les chaussures trouvaient un appui stable. En une heure, tout le monde pouvait en avoir fini de la pente. L'éventualité de tirer des rappels, si la descente se révélait dangereuse, avait été envisagée mais il n'y avait pas de raison de le faire.

Patrick Poirot, durant la descente, eut froid aux mains, ses gants étant mouillés. Régis chercha dans son sac des gants de ski secs et tous deux profitèrent de l'arrêt pour boire, ce qui leur fit perdre deux ou trois minutes sur les autres. Ils reprirent tranquillement la descente. Dans le tiers inférieur du couloir, la neige se faisait plus instable. Tandis qu'ils se rapprochaient de la rigole principale du couloir, ils eurent, pour s'en écarter, à traverser vers la gauche en descendant et à contourner un rognon rocheux par le dessus. Le tracé de l'itinéraire était d'ailleurs évident.

Une coulée se produisit alors, peu importante, mais qui eut lieu au mauvais endroit et au mauvais moment. Patrick Poirot qui, deux fois déjà, avait eu l'expérience d'une avalanche, entendit le bruit caractéristique de la neige qui part au-dessus de soi. Il cria : « Attention ! » mais fut le premier emporté. Régis Michoux, décalé par rapport à lui et plus bas de trois mètres, fut enlevé à son tour. Repoussé vers un côté de la pente, Patrick Poirot pensa : « Il faut que je me bloque ! » et, faisant des efforts considérables pour se retourner, il enfonça ses piolets et parvint à se retenir. Mais il vit Régis disparaître dans la coulée, basculé par la neige, et se retrouva seul, supposant que les deux autres, qui étaient un peu plus bas, pouvaient, eux aussi, avoir été balayés. Il continua à descendre durant quelques minutes, puis, une autre petite coulée s'étant produite, il décida de remonter d'une vingtaine de mètres et de s'abriter près d'un rocher.

Alain Iglesis et Manu Cauchy étaient déjà presque à la rimaye et la coulée ne les atteignit pas, mais ils la virent passer, avec un corps. Ils gagnèrent alors rapidement le cône d'avalanche qui est sous la rimaye. La radio se trouvait dans le sac de Régis Michoux, ce qui fait que le P.G.H.M. ne fut pas averti immédiatement mais seulement quand ils eurent dégagé le corps, dont le sac dépassait de la neige. Manu Cauchy prit alors la radio et lança un appel bref, sans dire de qui il s'agissait, à cause des écoutes parallèles. L'alarme fut donc déclenchée en bas sans que l'on sache pour qui au juste. L'hélicoptère fut sur les lieux environ vingt minutes après l'accident, avec Jean-Luc Yvon, Olivier Renard et Bernard Marsigny. Le secours porté par ceux qui étaient sur place avait été rapide mais impuissant, la mort s'étant produite dans la chute.

Tout accident donne lieu à des questions. Dans le cas présent, elles n'avaient pas de raison d'être, l'équipe étant constituée de quatre professionnels de haut niveau. La montagne n'est pas un milieu neutre. Il faut sans cesse y faire des choix. Ceux des amateurs peu expérimentés peuvent être inconséquents. Ceux des professionnels sont pesés en fonction des conditions précises du moment. Avec l'aléa qui subsiste dans tout choix humain.

Alors que Xavier Chappaz, président de la Compagnie des guides de Chamonix, rendait publiquement hommage au disparu, le qualifiant de « grand montagnard », ce qui était exact, il m'a été douloureux d'apprendre par la suite qu'un autre guide, dont il sera décent de taire le nom, a fait à une feuille de province des déclarations qui n'honoraient ni sa profession ni lui-même, d'autant qu'il est connu pour avoir plusieurs fois fait appel au secours dans des cas peu brillants, voire abusifs.

Mieux vaut donc passer sur ce fait blâmable, en rappelant que nul n'est à l'abri d'un accident, et en particulier des avalanches ou des plaques à vent, pas même les guides. Le très regretté Marcel Burnet, un des meilleurs guides de Chamonix qui ait jamais été, avec qui j'ai eu le bonheur de faire plusieurs courses, est mort dans une avalanche, sur la Haute Route. Toni Gobbi, célèbre guide de Courmayeur, a eu le même sort. Gérard Devouassoux, dont tout Chamonix déplore encore la disparition, a été emporté dans une avalanche à l'Everest. Et lorsque j'ai moi-même, avec d'autres, été ensevelie dans une avalanche de neige d'hiver, c'était sous la conduite d'un guide.

Certes il peut y avoir en montagne des fautes, nous l'avons vu, nous le verrons encore mais, dans le cas qui nous occupe, il y eut des décisions prises en commun par des montagnards d'une expérience et d'une compétence reconnues. Et puis le jeu malheureux du hasard.

Les obsèques de Régis Michoux ont eu lieu le jeudi 31 juillet au matin.

Il est beau que, jusqu'à ce moment, le corps ait été gardé, non à la morgue, mais au P.G.H.M., dans la salle du premier étage, où avait été installée une chapelle ardente, et où il a été veillé jour et nuit par ses camarades, comme cela se pratiquait autrefois.

Beaucoup de gens sont allés se recueillir dans cette chapelle improvisée. J'ai préféré m'en abstenir, par la crainte que j'ai de faire une démarche où, peut-être, je ne serais pas à ma place. Mais, durant les deux jours qui se sont écoulés, je me sentais constamment associée de cœur à cet hommage.

Le matin du 31 juillet, eurent donc lieu les dernières cérémonies. Une cérémonie militaire, tout d'abord, belle et simple. Dans une cour intérieure, nous étions très nombreux à être rassemblés. Le directeur de la Gendarmerie nationale, qui est toujours un civil, était venu de Paris. Beaucoup d'officiels, donc, mais surtout la famille de Régis Michoux et ses camarades de travail, médecins, gendarmes et équipages d'hélicoptères.

La régularité des tenues, des gestes, des discours, les sonneries de clairon conféraient une dignité profonde à cet hommage. Les silences, quand ils s'en faisaient, m'ont frappée comme étant absolus car, étrangement, il ne parvenait de bruit ni de la vallée ni de la ville. Seules, dans le ciel bleu, quelques hirondelles jetaient leurs cris de vol, mais rien ne parvenait des brouhahas de la civilisation qui semblaient être suspendus.

Chacun éprouvait une immense compassion pour la femme et les enfants de Régis Michoux, Aubin et Jérôme, et pour sa mère infortunée qui, ayant perdu son mari un an plus tôt, perdait maintenant son fils.

Un cortège s'est ensuite constitué pour aller à l'église Saint-Michel, où avait lieu l'office et qui s'est trouvée pleine. Les moments les plus émouvants en furent les textes écrits et lus par ses camarades présents ou passés et par le capitaine Gin.

Il faut en citer quelques extraits :

« Régis,

Personne ne peut prétendre t'avoir entendu dire un mot plus haut que l'autre.

Personne ne peut prétendre t'avoir entendu prononcer une parole déplacée.
Tu étais un exemple de gentillesse, de modestie.
Tu étais un exemple de tolérance, d'humilité.
Tu étais un exemple d'efficacité, de calme.
Tu étais un exemple de générosité, de courage. Tu étais notre modèle.
Et l'on ne comprend plus rien, plus rien du tout...
Pourquoi ?
Pourquoi ce qui était sourire, bonheur doit d'un coup basculer dans la révolte, la douleur, la souffrance ?
S'il est vrai qu'un Dieu existe, qu'il nous aide, si ce n'est à comprendre, au moins à accepter, surmonter cette peine en nous disant que le jour où le destin t'a frappé, tu étais un homme heureux.
Heureux dans cette montagne que tu aimais et qui a voulu te garder pour elle seule. »

Et cet autre :

« Vouer sa vie à sauver les autres nécessite de l'abnégation et du courage.
Il faut sans cesse se remettre en question pour être meilleur, ne pas se contenter d'un acquis.
On a alors le sentiment de servir à quelque chose.
Peut-être contribuons-nous à ce que le monde soit meilleur.
Régis était comme cela, généreux, souriant, affable, il savait ce que secourir veut dire.
Vivre une passion, s'y consacrer simplement parce que c'est nécessaire, c'est un peu le sens de la vie.
Aujourd'hui, la vie a un goût amer mais cette amertume

doit laisser place à l'admiration, à l'amour pour celui qui doit rester pour nous un exemple.
Toi, notre camarade, partenaire de nos secours périlleux, de nos joies et de nos peurs, nous continuerons sur tes traces, en essayant d'être dignes de l'amitié qui nous liait. »

Et un troisième enfin :

« Régis Michoux avait choisi de consacrer sa vie à sauver celle des autres dans un milieu qu'il aimait particulièrement : la montagne. A Chamonix depuis 1991, il s'était rapidement imposé comme un chef de caravane de secours en montagne confirmé et reconnu de tous. Régis Michoux était un grand professionnel.
Pour tous ceux qui ont travaillé avec lui, tout simplement partagé le quotidien du P.G.H.M., les joies, les peines, les moments de bonheur ou les moments difficiles, là-haut en montagne, il restera un modèle de force et d'équilibre. Particulièrement en ce jour où nous avons tous envie de douter.
En ce moment cruel où tout nous paraît dérisoire, Régis nous a laissé un peu de sa force, quelques certitudes et un formidable message d'espoir et de foi dans la vie. Les quarante égarés du Mont Blanc, son dernier secours, le 23 juillet, ne sauront sans doute jamais l'immense chance qu'ils ont eue de suivre ses pas pendant quelques heures, là-haut dans la tourmente, entre ciel et terre.
La montagne est une chance pour l'homme, un monde exigeant où l'on ne triche pas. Régis, à travers sa passion et son dévouement, l'avait parfaitement compris.
Nous garderons de lui son éternel sourire, ce calme et cette

sérénité, cette foi inébranlable et cette humilité de tous les instants. »

Le soir des obsèques, j'ai téléphoné à Pierrot Leroux pour le remercier d'être venu à la cérémonie.

Il m'a dit :

— Je ne le connaissais pas, mais ce que j'ai compris de lui, c'est que c'était un type bien... Un type propre !

Et il a ajouté :

— Autrefois, à mes débuts de guide, à la Compagnie, j'ai eu à faire du secours... C'est pour cela que je comprends ce que font ces gars-là... Parce que, pour moi, chaque fois, cela a été un enrichissement.

Le temps a continué, la vie a continué, les secours ont continué. Mais j'ai trouvé un jour, en rentrant chez moi, cet autre texte qu'un secouriste m'avait déposé et que je veux citer encore :

« Dans un flot de draps, je tourne et retourne des idées plein ma tête. Des images défilent.

C'est dur de voir des copains pleurer, eux qui sourient tout le temps, eux qui jamais ne s'arrêtent devant la tâche parfois ingrate d'un travail difficile.

Nous sommes tous perdus, cherchant à retrouver la motivation.

Curieusement, nous avons besoin de retourner en montagne pour reprendre nos marques, toucher à nouveau ce rocher qui nous fait tant rêver, pouvoir se dire que rien n'est plus beau que ce paysage et rentrer fourbus à la maison...

On s'est tous retrouvés face à nos démons pendant deux jours, l'œil humide, les mains tremblantes.

On a baissé le regard, la tête entre les mains, on a douté. Le doute, c'est un peu la mauvaise partie de notre vie, qui cherche à resurgir à la surface, un mal qui voudrait nous faire abandonner notre chemin, nos convictions, notre travail.
Pourtant, quand j'ai vu cette fille, venue à la sépulture de Régis dans un fauteuil roulant, quand je l'ai vue pleurer, j'ai su que nous avions une vie exceptionnelle.
Cette jeune femme, qu'il est allée chercher là-haut, qu'il a portée dans ses bras pour la mettre dans la perche de transport, qu'il a fait évacuer au bout du câble de l'hélico, cette femme pleure un homme qu'elle ne connaissait pas mais pour qui elle a de l'amour.
Une autre femme, que j'ai rencontrée à l'hôpital et qui avait été évacuée par Jean-Jacques et Pascal, m'a dit, en me croisant : « Je ne peux pas vous dire grand-chose aujourd'hui, mais sachez que je vous remercie du fond du cœur et qu'avec mon mari nous n'oublierons jamais. »
Notre ami est parti pour toujours, il ne sera plus jamais là, ne reviendra pas nous taper sur l'épaule, le matin au petit déjeuner, ne sera plus sur notre corde.
Mais il est un endroit où il naviguera sans cesse, nous transmettant sa force et sa chaleur : notre mémoire...
Demain, nous continuerons le travail, parce que des gens blessés ont besoin de nous, parce que nous aimons tellement la montagne que nous l'aidons à être moins cruelle avec les hommes qui la touchent...
Je me suis levé des draps, demain je retourne au travail comme tous mes camarades, certain de devoir faire cela parce qu'il est des tâches qui sont des passions, heureux de continuer une route où des amis sont tombés, mortellement blessés par leur amour des autres. »

- XXI -

Dominic Green

Lorsque le capitaine Gin m'avait appris qu'on le recherchait mais qu'il avait disparu depuis près de deux semaines, j'avais eu la certitude que Dominic Green était mort, qu'il était tombé quelque part, dans le massif et que peut-être, comme cela arrive, on ne le retrouverait jamais. Les souvenirs m'étaient remontés à la mémoire. Cela s'était passé le 23 juillet 1994.

Samedi 23 juillet 1994

Des nuages s'accrochaient à la montagne. Le temps semblait, comme tous les après-midi, orageux. L'hélicoptère de la Sécurité civile était de permanence, et les premiers à marcher de l'après-midi étaient deux Catalans, Alain Iglesis et Patrice Ribes.

Soudain tomba à la D.Z. un appel, mal audible, grésillant, mais précis : il y avait un foudroyé, conscient, cinq mètres en dessous du sommet des Petits Charmoz.

Comme d'habitude, avait suivi une minute rapide de préparatifs, de paroles hâtives. Malgré les nuages et l'orage, qui pouvait reprendre, le pilote jugeait qu'il pouvait tenter le vol, mais vite, sans le médecin pour ne pas alourdir l'appareil. A cause de la précision extrême qui avait été donnée de l'endroit, ce qui est rare, une plaisanterie en forme de conseil avait fusé :

— Et surtout, si vous voyez quelqu'un à six mètres en dessous du sommet, ne le prenez pas ! Ce ne sera pas lui ! Lui : c'est cinq mètres !

Le rotor tournait déjà, les hommes montaient en hâte dans la machine avec le matériel. L'hélicoptère était parti.

Je restai avec le médecin. Durant le secours, une nouvelle nous parvint par la radio :

— Cordial de *Dragon*... On l'a trouvé. On le descend. Il est conscient mais il a perdu une chaussure.

Bizarre... C'est assez rare qu'on perde une chaussure en montagne. Ou bien il pouvait avoir été touché au pied et l'avoir enlevée ? Certains moments à la D.Z. correspondent à un univers où tout est possible.

L'hélicoptère revint. Le médecin aida Iglesis à descendre un jeune homme, qui avait une courte barbe de Christ. Sa jambe gauche était dénudée. Ils l'avaient installé sur le canapé de la D.Z., à guère plus d'un mètre de moi, pour un premier examen médical.

C'était un étranger, traumatisé mais faisant néanmoins l'effort de s'exprimer en français, ce qui montrait du caractère. Le médecin avait écouté son cœur et l'avait interrogé, en français et en anglais. C'était la foudre qui avait dénudé la jambe, en avait brûlé la peau et tous les poils, avait arraché la chaussure du pied. Entrée par l'épaule droite, alors que le garçon commençait une descente en rappel, elle avait entièrement traversé son corps et était ressortie par le pied qui était brûlé, gonflé, très rouge.

Le foudroyé avait vingt-deux ans, était anglais et se nommait Dominic Green. Son camarade, Stuart Gould, dix-neuf ans, avait été précipité sur lui par l'impact. Tous deux avaient perdu connaissance, mais, lorsqu'il avait retrouvé ses esprits, Stuart Gould était descendu en courant, donner l'alerte au Plan de l'Aiguille, beau petit exploit, dans l'état de choc où il devait être.

L'ambulance était arrivée à la D.Z. et avait chargé le blessé, qui devait souffrir, car il se plaignait un peu.

En raison des conditions de vol, l'hélicoptère n'avait pas pu reprendre Patrice Ribes immédiatement. Celui-ci avait donc passé, seul, un moment là-haut, dans une atmosphère très orageuse puisque, lors de son treuillage, l'électricité statique ambiante était telle qu'elle avait atteint et fondu le micro de son poste-radio... Il rapportait le sac de l'Anglais, dans lequel il avait mis la chaussure manquante, retrouvée à proximité. Il la sortit du sac. Elle était comme explosée ! Tous les œillets en étaient volatilisés et la moitié du chausson intérieur manquait, brûlée aussi. Les deux chaussettes bleu marine superposées qui se trouvaient dedans n'étaient plus que des haillons de mailles.

Nous étions restés stupéfaits.

— Et je sais ce qu'il sentait, disait Iglesis, le ballast !

Le lendemain, je demandais au Dr. Cauchy des nouvelles de ce pauvre foudroyé. Il ne savait rien, mais m'avait conseillé d'aller me renseigner à l'hôpital.

J'avais appris que le jeune homme était aux soins intensifs mais que je pouvais le voir parce qu'il s'ennuyait. J'y étais allée, craignant d'être importune dans une souffrance. Dominic Green était entouré d'un tas d'appareils, de petits écrans, de tuyaux, de machines, mais très conscient. Nous avions bavardé. Il était content de pouvoir parler anglais, d'être distrait, de savoir que je pourrais lui prêter des livres en anglais et j'avais senti qu'il était heureux du temps que je lui avais consacré. La douleur n'empêche pas l'ennui, je le sais d'expérience... Il était satisfait, bien sûr, d'avoir été sauvé ! Mais aussi très ennuyé de ne plus avoir de chaussures de montagne... Réaction courante, typique même, et somme toute compréhensible. On se sait vivant, mais la paire de chaussures neuves, payées deux cents livres sterlings et dont on était si fier, elle est perdue...

Par la suite, j'étais revenue le voir chaque jour. Son compagnon de cordée campait loin de Chamonix et n'avait pas de moyen de transport. Il venait, certes, mais pas en permanence, et pour l'accidenté le temps paraissait long. Je lui apportais une fois des abricots, une autre fois des chocolats et, surtout, toujours, des livres ou des revues en anglais, ne concernant que la montagne. Il ne voulait penser à rien d'autre qu'à elle. Il me connaissait de nom, à cause de la traduction anglaise de mes livres. On parlait de tout ça. Il avait l'âge du fils que nous aurions dû avoir et qui est mort peu après sa naissance. J'aimais la façon dont il aimait la montagne et dont il m'en parlait.

L'hôpital le surveillait étroitement et on lui faisait, au début, de nombreuses analyses car la foudre peut causer des complications tardives, des dommages cardiaques ou rénaux. Dominic avait des troubles et des douleurs à une oreille, mais ce fut, je crois, la principale suite qu'il garda de cet accident.

Le 26, il avait pu quitter la salle de réanimation et avait été installé dans une petite chambre où il était seul. Par la fenêtre, de son lit, il voyait le Mont Blanc, ce qu'il appréciait beaucoup.

Le 30, à la D.Z., ayant rencontré un autre foudroyé, peu touché, il m'avait raconté ce moment de lumière immense et de bruit terrible, lorsque la foudre tombe...

Le P.G.H.M. m'avait confié la chaussure brûlée pour que

je la rapporte à Dominic. Là-bas, examinée, elle avait été l'objet de nombreux étonnements. Lorsqu'il l'avait vue, d'ailleurs, Dominic n'avait pu dire qu'une chose, c'est qu'il s'étonnait d'avoir encore un pied... Pied quand même brûlé au troisième degré.

Dominic ne cessait de parler de montagne, de cette saison qui était perdue, par la faute d'un tel accident, et de toutes les courses qu'il espérait faire l'année suivante ! Il était étudiant mais la montagne semblait son immense et unique passion. Cet accident ne semblait pas avoir été le premier car il m'avait, une fois, dit que ses camarades le considéraient comme un autre Joe Simpson [1].

Chaque jour j'avais passé avec lui un bon moment, jusqu'au 3 août où il avait été rapatrié en Angleterre.

Il m'avait envoyé une lettre de remerciements, fort gentille. Encore à l'hôpital, il espérait commencer à marcher le lendemain et rentrer chez lui quelques jours plus tard. Ses parents m'avaient eux aussi remerciée, m'avaient envoyé un souvenir de leur ville. En décembre, nous avions échangé des vœux. Et puis la vie sépare... Je n'avais plus rien su de lui jusqu'à ce nom inscrit, en 1997, sur un dossier.

Jeudi 31 juillet 1997

Jour des obsèques de Régis Michoux. Je n'étais guère allée à la D.Z. où la journée, d'ailleurs, n'avait été faite que de petits secours.

La veille, en Suisse, à Leyzin, le câble du treuil d'un hélicoptère de secours avait cassé. Le blessé et le médecin, qui y

1. Auteur du livre *Touching the void* (traduit en français sous le titre *La Mort suspendue*), récit d'une aventure de survie comportant une incroyable suite d'accidents.

étaient accrochés ensemble, étaient morts dans cet accident qui secouait tout le milieu du secours.

Au P.G.H.M., j'avais longuement parlé avec Jackie Paillé. Il m'avait évoqué l'accompagnement que les secouristes établissent parfois avec ceux qu'ils ont secourus et m'avait dit que ces liens qui demeurent sont leur plus belle récompense.

Vendredi 1er août

Mauvais temps.

Je vais au P.G.H.M., ayant rendez-vous avec Jean-Claude Gin, mais il reçoit Nicole Michoux. Je reste en bas, observant, voyant se dérouler les suites de ce que je vis à la D.Z., encore plus difficiles. A la D.Z., au moins, on agit, on sauve souvent. Ici, ce sont les passages pour des dépositions, par exemple, et ce sont aussi les familles en deuil. Les recevoir me semble l'aspect le plus pénible du métier.

Je vois passer un homme, pas très jeune, cheveux blancs, la cravate. Un père sans doute. Il est très digne mais a de temps en temps cette crispation des mâchoires, bouche entrouverte, qui sert à comprimer l'émotion. J'entends une voix de femme qui questionne à propos d'une alliance... Non, il n'en avait pas sur lui... Pendant que le secouriste, Iglesis, va chercher quelque chose, Jean-Claude Tissot rejoint la famille, pour qu'elle ne reste pas seule, pour lui parler un peu. Dans ces cas-là, il faut parler en effet, de détails souvent minces, de n'importe quoi, pour que ne s'installe pas un silence plus terrible encore... Des mots me parviennent par bribes. Il est question d'une pochette contenant des papiers et un peu d'argent. Il est question d'une voiture retrouvée ouverte, de la radio qui n'y était plus, volée peut-être... Tout cela dérisoire, à côté de ce à quoi tout le monde pense, mais mieux vaut meubler le temps...

Entrent deux énormes barbus, la bonne quarantaine, dépenaillés, avec de mauvaises chaussures et chacun un petit sac à dos. Je crois comprendre qu'ils viennent se renseigner sur le matériel d'un ami mort. Fernandez et Malineau leur parlent, en anglais, et tout reprend... Encore des problèmes sur ce qu'on a retrouvé ou pas... Il n'y avait pas d'argent... On a oublié de regarder s'il y avait quelque chose dans la poche revolver du pantalon... Le sac était éclaté... Les secouristes partent se renseigner au sujet de je ne sais quoi... Restés entre eux, les deux hommes abandonnent l'anglais et parlent une langue que je ne parviens pas à identifier. D'un lent mouvement ils parcourent l'espace de l'entrée. Ils vont à droite, à gauche, près de la carte du massif. Ils sont immenses, un peu hippies sur le retour, sympathiques. Saudemont les rejoint et les raccompagne dehors.

Quand il revient, je lui demande à quel accident sont reliés ces deux hommes.

— A ceux qui avaient disparu, me répond-il... Ceux qu'on vient de retrouver au Glacier Rond...

Je sursaute :

— Mais j'en connaissais un !... Je voudrais leur dire combien je suis touchée... Ils sont partis ?

— Peut-être pas.

Nous nous précipitons. Ils sont dehors encore, en train de considérer le monument aux morts du P.G.H.M.

Je vais vers eux, désolée, pour essayer de leur dire quelque chose de gentil. On parle. Je leur explique que j'ai connu Dominic Green, il y a trois ans, lors d'un premier accident. Eux, ils sont le père et l'oncle de son compagnon hollandais, Arne Vanderzwan, vingt-trois ans. Nous parlons en anglais principalement. Comment adoucir de la douleur ? On ne peut user que de détails, de petits mots, échanger, faire sentir qu'il y a des gens, des étrangers, qui compatissent à leur malheur.

Je leur dis que j'ai fait beaucoup de montagne, que c'est si beau, qu'on sait qu'on court un risque, mais qu'on est si heureux...

Ce sont des gens bien. Ils comprennent. Le père comprend. Entre sa barbe foisonnante et sa chevelure inculte, il a un beau regard profond, une figure sensible, intelligente, élevée. Je lui demande s'il a d'autres enfants. Et c'est terrible. Il en a cinq. Ou plutôt il en a eu cinq, trois fils et deux filles. Mais le fils aîné est mort, accidentellement, en moto. Et voilà qu'on vient de ramasser le deuxième, au Glacier Rond... Je l'admire encore plus d'avoir admis l'amour de cet enfant pour la montagne.

Arne venait de terminer ses études d'astro-physique à l'université de Leeds. Le 24 juillet, il devait recevoir son diplôme, ses « degrés ». Le fait qu'il n'était pas revenu pour cette cérémonie a déclenché l'inquiétude et l'alarme. Ils me demandent à leur tour si j'ai des enfants. Je leur réponds qu'hélas non. Eux souffrent d'en avoir perdus, moi de n'en pas avoir. Tout le monde souffre...

Et puis ils me racontent qu'hier soir, ils sont montés au Plan de l'Aiguille, avec des camarades d'Arne, et qu'ils sont allés plus loin, plus haut, dans la montagne, en direction du Glacier Rond, dans la direction de l'endroit où les corps ont été retrouvés, en un lieu situé loin du sentier mais accessible, et qu'ils y ont érigé un cairn, une croix et laissé des messages.

Je leur demande s'ils savent si les parents de Dominic Green vont venir. Ils me répondent :

— Ils sont ici !

Cela me fait un choc au cœur. Il faut que j'aille les voir, leur dire la part que je prends à leur deuil. On m'indique qu'ils sont à l'hôtel de l'Aiguille du Midi. Si j'étais à leur place, j'aimerais, surtout en pays étranger, qu'on me témoigne de l'affection. Mais eux ? Je trouve l'hôtel, y entre, les demande...

Le père est là, justement, assis près de la réception, parlant à la patronne, qui me l'indique. A peine ai-je commencé à dire qu'il y a trois ans, quand Dominic avait reçu la foudre... qu'il a compris. Il se lève, me serre la main, m'entraîne dans un salon où sont sa femme et ses deux autres fils. Je redis qu'il y a trois ans...

— *You are Mrs. Wilkinson !* s'écrie la mère.

Elle me prend contre elle. On s'embrasse. Je m'assieds avec eux. Ces gens, que je ne connaissais pas, m'inspirent une immense admiration tant ils sont dignes, tant leur attitude est noble comme les mots qu'ils me disent.

Découvrir la famille de quelqu'un qu'on a connu et qui est mort, cela m'est arrivé, au moins deux fois déjà, chacune d'elles étant bouleversante. Quelle force ont les Green... Les parents doivent approcher de la cinquantaine, les fils ont vingt-trois et seize ans. Le plus âgé est venu le premier, pour les recherches, lorsque l'on s'inquiétait.

Nous parlons. Passé au rang d'aîné, le fils de vingt-trois ans, est marié, travaille dans l'informatique. Alors que les parents et le fils cadet repartiront demain matin, de Genève, lui restera afin de convoyer lundi le corps, qui partira de Lyon. Les formalités sont compliquées. Le père est très précis, s'absente de temps à autre, pour en régler de nouvelles, avec efficacité et calme, revient les expliquer. Le fils aîné s'inquiète de son costume : il est venu en jeans et en blouson, pense que pour accompagner le corps, il devrait être plus correct. Le père lui dit que ça n'a pas d'importance, que ça ira. Nous évoquons l'amour de la montagne. Je raconte qu'à l'hôpital Dominic ne me demandait que des livres de montagne. Cela amène un sourire sur leurs lèvres. Ils ne cessent de me remercier. On parle de Dominic. J'apprends qu'à l'université de Leeds, où il était le président du groupe des grimpeurs, il avait étudié le russe et la philosophie, mais que son objectif était de devenir guide, de consacrer sa vie à la montagne. J'apprends que son autre passion était la musique, qu'à Chamonix, parfois, il jouait dans la rue de la trompette ou du violon, non pour récolter de l'argent, mais pour le plaisir d'offrir de la musique aux passants.

Je leur ai expliqué le nouveau livre que je prépare cette année. Je leur dis que je parlerai de Dominic. Ils en sont touchés et heureux. J'apprends que Dominic tenait deux carnets, l'un des courses qu'il avait faites, l'autre des courses où il avait échoué mais qu'il voulait, sans doute, recommencer.

Il faut se séparer. Mme Green me dit que, ce soir, un office religieux aura lieu pour Dominic. Je lui demande à quel endroit. C'est à l'église Saint-Michel. Ma soirée est très pleine, mais j'irai. Au moment où nous nous séparons, alors que je suis près de Mme Green et que nous nous tenons par les mains, je lui dis, avec une admiration profonde :

— *Mrs Green... You are so brave...*

Sa bouche tremble un peu et elle me répond :

— *No... Really I am not...*

Nous nous embrassons avec tendresse.

Je pars, bouleversée, et passe à l'hôpital prendre des nouvelles des Guivercc. Leur situation s'améliore. Francis est dans un fauteuil, le bras dans un gros appareil. Quand je leur apprends que je continue le livre, le visage de Nadine s'éclaire. Elle me dit :

— Vous faites bien !

Décidément, c'est l'unanimité... Eux restent sous le choc de la décision qu'ils ont prise de ne plus refaire de montagne et par tout ce qu'elle brise dans leur vie. J'apprends qu'ils n'ont pas d'enfants. Je leur conseille de réfléchir, pour la montagne, car sans chercher la grande difficulté, on peut la retrouver de mille façons. Ils pensent regagner la région parisienne en début de semaine prochaine.

Je passe prévenir John que je vais à cette messe. Il décide de venir avec moi, saluer les Green, puis de rentrer ensuite, car nous avons les Cartwright à dîner le soir.

La messe est belle, concélébrée par quatre prêtres. Je m'étais dit que, pour les Green, c'était peut-être un simple geste, dans l'église locale trouvée ici, mais dès le tout début, je vois que tous quatre sont des catholiques pratiquants. Ils participent. Mais il ne faut pas croire que la foi enlève la douleur. Tout au contraire, peut-être. Cependant elle porte une espérance. Nous communions, les quatre Green et moi, puis, à la fin de la messe, ayant cité nommément Dominic, l'abbé Dominique vient apporter une lumière allumée aux parents et invite ensuite la centaine de personnes qui ont assisté à cette messe du soir à venir leur témoigner de la sympathie, leur montrer qu'ils ne sont pas seuls dans l'épreuve, que toute la communauté chrétienne les entoure, souffre et prie avec eux. C'est très beau, cet amour aussitôt manifesté, entre tant d'inconnus.

Avant de quitter les Green, je veux poser une question au fils le plus âgé. Nous nous trouvons seuls, à un moment. Je lui dis :

— *Do you have children ?*

— *No.*

— *Do have babies, for your parents...*

Il répond pensivement :

— *True... Now I am the eldest son*[1]...

Pourvu que la vie reprenne, que de la jeunesse la rallume, dans cette famille éprouvée.

1. « — Avez-vous des enfants ? — Non. — Ayez-en, pour vos parents... — C'est vrai... Je suis maintenant le fils aîné... »

- XXII -

Deux piliers

Samedi 2 août

Encore !...

Je ne m'acharne pourtant pas de bon cœur contre la presse. On évoque quelquefois les journalistes chargés des « chiens écrasés ». Ce ne sont pas les meilleurs... Ceux que l'on envoie ici sont ceux qui font, hélas, les « grimpeurs écrasés ». Et ce ne sont pas non plus les meilleurs, il s'en faut.

Donc, en voici encore... Celui que j'ai sous les yeux est très sûr de lui. Les rides qui commencent à marquer son visage ne sont pas des rides de bonté. Il tutoie tout le monde, appelle par leur prénom des gens qu'il n'a jamais vus et ne reverra jamais plus. Il croit qu'il est le roi du monde. C'est un photographe qui travaille pour un célèbre magazine. Un autre l'accompagne, pour le texte.

Du même magazine, j'ai connu, autrefois, à Chamonix, un reporter qui s'occupait volontiers des accidents de montagne. Un jour, où plusieurs de mes amis semblaient en perdition, par mauvais temps, dans le pilier du Frêney, je l'ai entendu dire au petit groupe qui naviguait autour de lui, parce qu'il offrait à boire : « S'ils sont morts, je vous paierai le champagne ! »

Et cela continue. Je n'y peux rien. J'écris ce que je vois, ce que j'entends. Si ce n'est pas brillant, tant pis. On n'entreprend pas un pareil livre pour mentir.

Justement, un pilote, de repos aujourd'hui, me raconte ce qui s'est passé avant que je n'arrive. Ainsi que je l'ai dit, la Sécurité civile avait pris la sage mesure d'interdire aux journalistes le vol durant les secours : ils compliquent, ils alourdissent, ils retardent. Et de plus ils posent sur des morts, sur des blessés, sur des gens en détresse, un regard froid, voire cynique, un regard sans amour.

Mais ceux que nous avons là n'ont pas supporté cette entrave pour eux inhabituelle. Ils se sont emparé du téléphone de la D.Z. et l'un d'eux appelait, outré. Appelait qui ? Une des hautes autorités politiques du nouveau gouvernement. Un homme réputé propre... Et qui aussitôt s'est incliné : « Monsieur, vous avez tous les droits ! » Aujourd'hui, on emmène donc le photographe durant les opérations.

Je ne fais que poser la question : alors que les secours sont durs ce matin, alors qu'un secouriste est mort cette semaine, alors qu'un treuil vient de casser en Suisse faisant deux victimes, alors que les vents sont mauvais, alors que les vols sont difficiles et parfois impossibles, qu'il y a des blessés graves et des morts, on l'emmène. Est-ce bien ? Est-ce juste ? Est-ce ce que l'intérêt public demande ? Est-ce ce que l'opinion publique demande ?

Pourrai-je dire ces vérités dont je suis le témoin ? Dans ce pays qui se prétend libre, que de censures ! Il n'y a certes pas de « commissions de censure ». Il n'en est pas besoin. L'autocensure obligatoire est la plus sûre des formes de censure. C'est un organisme sans nom, sans visage, sans structure, tout puissant, dont le moteur, à tort ou à raison, est la crainte. C'est la seule qui existait en U.R.S.S. Mais, pour sourde qu'elle soit, elle est plus efficace que les gentilles petites procédures de l'Ancien Régime[1]. Notre liberté individuelle n'est qu'apparente, alors que la presse, elle, est libre. L'homme politique qui a pris la décision de donner l'autorisation de vol à ces reporters ne redoute guère le poids électoral de quelques alpinistes en danger, mais la presse, ah oui !... Drôle de monde en vérité.

Assez parlé des journalistes. On m'a dit qu'il y avait sans doute déjà deux morts, lorsque je suis arrivée ce matin, un dans le pilier Bonatti, près des Flammes de pierre, l'autre dans le pilier Gervasutti, au Mont Blanc du Tacul, et ils y sont toujours.

Pour l'instant, les secours sont suspendus par la force des choses. La montagne est enveloppée de nuages, malgré le beau temps annoncé par la météo. Il n'y a d'ailleurs pas que l'obstacle des nuages : les vents, en altitude, sont très violents.

La première alerte est tombée à sept heures et demie ce matin. Il s'agit de deux grimpeurs qui ont été bloqués hier par le mauvais temps dans le pilier Gervasutti, au Tacul. L'un d'eux ne pouvait plus avancer. Son camarade est sorti, afin de demander le secours. Un vol a été possible ce matin mais n'a pas permis d'approcher. On a repéré un corps pendant à la corde, la tête vers le bas.

Manu Cauchy est aujourd'hui le médecin de permanence. J'ai été frappé, en le revoyant, par l'impression que, durant cette semaine qui a suivi la mort de Régis Michoux, ses cheveux avaient blanchi. Tout le monde tient bon, mais le travail

1. Dont je suis spécialiste : je sais donc de quoi je parle.

qui se fait dans les esprits, on ne le connaît pas, on ne le sait que pour soi-même.

Manu a espéré que ce corps entr'aperçu pouvait n'être pas mort, encore hypotherme, réanimable. Les gendarmes affichent moins d'espoir. Il se trouve presque au sommet du pilier. Les nuages se sont refermés et l'on n'en sait pas davantage. On guette une éclaircie.

Alors, l'hélicoptère s'est occupé de l'autre secours. Des fusées rouges sont parties des Flammes de pierre, près du Dru. Elles étaient lancées par Christophe Profit qui, parvenu là avec un client, avait eu connaissance d'un accident survenu au pilier Bonatti. L'hélicoptère y est allé, avec le photographe à bord. Il a repéré un homme vivant et un autre, allongé près de lui. Il a monté, monté, péniblement exécuté deux ou trois passages le long de la paroi. Michel Pierre, le pilote, luttait contre le vent avec une marge de puissance trop faible. Puis l'éclaircie qui avait permis cette reconnaissance s'est, comme au Tacul, terminée.

Chacun surveille les conditions, anxieux. Le temps s'écoule. Un peu avant une heure, les nuages sont toujours accrochés aux montagnes. Le Brévent lui-même est perdu dans un brouillard épais et gris. Seuls le Dôme du Goûter et l'Aiguille apparaissent, sur un fond de ciel bleu. Tout le reste est pris.

Je parle avec Bernard Stoop, un mécanicien de la Sécurité civile, très sympathique. Il me pose des questions sur *Nadir* et je lui explique combien, déjà, imaginer ce livre et l'écrire m'a parfois été dur, mais que ce nouveau livre, maintenant... Je lui parle de Dominic Green et ma voix se casse, j'ai du mal à finir mes phrases lorsque j'évoque la famille. A peine évoquons-nous Régis Michoux, qu'il connaissait très bien et qu'il a descendu. Le sujet est trop sensible et douloureux. Bernard me dit seulement : « L'ambiance dans la machine, alors, je ne vous dis pas... De lui je ne pourrais pas parler. » Et moi, je ne tiens pas non plus à ce qu'il m'en parle... Nous sommes tous, cette semaine, comme des écorchés vifs... Bernard Stoop me raconte comment il a découvert la montagne, eu la vocation du secours. Lui aussi, pense que je dois poursuivre ce livre qui parfois m'est un calvaire.

Il faut encore noter qu'un ou deux corps couchés ont été signalés entre le Mont Blanc et le Mont Blanc de Courmayeur. Ce sont les Italiens qui s'en occupent, sans doute avec les mêmes problèmes de nuages et de vent.

Il y a des moments où on ne sait plus si l'on aime toujours la montagne. Elle n'y est pour rien cependant...

Le secours au pilier Gervasutti a lieu en mi-journée, très difficile. L'homme était mort. C'est un Chilien. Son compagnon, français l'a quitté la veille pour aller chercher du secours, a passé la nuit dans la neige, à quatre mille, puis a eu la chance, alors qu'il était dans le mauvais sens, de déboucher au col Maudit sur une tente où se trouvaient des Anglais, munis d'un téléphone portable.

Michel Pierre me donne des détails, d'abord sur la reconnaissance du matin :

— On y est allé une première fois, on l'a approché à cinq-dix mètres. Le vent était très fort. Il y avait des nuages qui se trimballaient partout. Et la seconde fois, tout à coup, on a été pris dedans, quatre ou cinq secondes. Ça ne nous a pas bien plu... Il vaut mieux ne pas le dire... On n'a pas le droit d'aller dans les nuages. Mais on ne l'a pas fait exprès... Et puis si !... Vous pouvez le dire. Il faut qu'ils sachent ce que c'est, quelquefois.

Puis il parle du secours lui-même :

— On a emmené Henri, vous savez ? Le petit vieux, avec la canne...

Ai-je seulement présenté Henri Cazemajor autrement qu'à travers la voie *Henri, tu vas rire* ? Henri Cazemajor est un beau jeune homme aux cheveux châtains et aux yeux bleus, très sportif, auquel l'état-civil donne une cinquantaine d'années, mais l'état-civil doit mentir car l'intéressé en paraît dix de moins, peut-être quinze. C'est sans doute parce qu'ils sont jaloux de penser qu'Henri possède un élixir d'éternelle jeunesse que ses camarades se font un jeu de le plaisanter sur son âge officiel, ce à quoi il riposte toujours avec verdeur.

S'étant entendu traiter de petit vieux, Henri, qui tapait un procès-verbal, proteste en effet vigoureusement.

— Ça s'était dégagé, continue Michel Pierre, sauf un lenticulaire sur le Mont Blanc...

— Mais heureusement il y avait Henri ! dit Henri.

Il semble en effet que ce soit heureux qu'il y ait eu Henri, car je devine, à un récit qui parfois se suspend, s'interrompt dans un souvenir ou une réticence, que l'opération a été extrêmement délicate.

Manu a été déposé au col du Midi, avec la perche Piguillem. En haute altitude, il y a toujours des manœuvres de ce genre, pour alléger l'appareil.

— Puis j'ai treuillé Henri, dit le mécanicien, dans le haut du pilier, à trente ou quarante mètres du corps. Plus près, ce n'était pas possible.

— Ah ! Ce treuillage que vous m'avez fait au-dessus du Gervasutti ! commente Cazemajor... Nicolas Hulot, vous lui faites ça, il meurt !

— Alors Henri s'est rapproché, par le pilier, et il a préparé l'arrivée du médecin.

Manu Cauchy a été à son tour transporté jusqu'au pilier.

Lui et Henri ont annoncé qu'ils en avaient pour un moment. L'hélicoptère est redescendu prendre Marc Ledwidge, le secouriste canadien, afin d'aller chercher le second membre de la cordée. Lorsque ce dernier a enlevé ses gants, il a effrayé ceux qui ont vu ses mains. Elles étaient gelées, crevassées, blanches.

— Ses mains, m'a-t-on dit, c'était le film d'horreur. Son alliance avait disparu dans la chair, tellement elles étaient gonflées.

Il a été déposé avec Marc au col du Midi, parce que le temps se rebouchait et que Cazemajor et Cauchy voulaient qu'on les reprenne vite, avant que ce ne soit, peut-être, impossible.

Les manœuvres de corde qui ont eu lieu sur le pilier semblent avoir été plus que délicates. On ne me les a évoquées qu'avec un poids de sous-entendus qui laissaient à penser.

— Cette glace partout !... Les cordes de 8, elles étaient grosses comme le bras tant il y avait de glace autour...

L'hélicoptère a treuillé le corps, pour lequel on espérait encore que l'espoir n'était pas tout à fait perdu. A l'hôpital une équipe attendait l'éventuel vivant. Un hypotherme se met en état de défense et son corps se refroidit. Ce qui reste de chaleur se concentre à l'intérieur, pour la survie des organes essentiels. On a réanimé des hypothermes à partir de 22°. Celui-ci était à 2°... Aucun espoir.

Ensuite, l'hélicoptère a repris du kérosène et est remonté chercher Henri Cazemajor et le Dr. Cauchy, qu'il a déposés au col du Midi où il a récupéré Marc et le compagnon aux gelures pour le transporter vite à l'hôpital.

Plus tard, Henri Cazemajor me donnera quelques détails sur cette cordée malheureuse, m'apprenant que le Chilien, qui est mort, était un alpiniste réputé. Il avait fait l'Everest et était un grand spécialiste des Andes. Mais dans son sac, peu d'équipement pour un bivouac.

— Que voulez-vous ? m'explique Cazemajor... Il faut comprendre, il pensait sortir dans la journée... Un grimpeur pareil !... Si je partais en course avec Christophe Profit, je n'irais pas vérifier ce qu'il a dans son sac !

Lui et son camarade sont partis le jeudi. La météo était bonne et le mauvais temps qui est arrivé le vendredi n'était pas prévu lors de leur départ. Lorsque la météo se trompe, les conséquences peuvent être redoutables.

Quelques mois plus tard, j'ai rencontré le Français, Xavier, qui m'a donné des détails sur leur cordée et sur leur course. Il a vingt-huit ans, a commencé jeune la montagne, sur les pas de son père, l'a vraiment aimée, et a depuis fait beaucoup de belles courses, surtout dans le Massif du Mont-Blanc, qu'il connaît très bien. Il a envisagé d'être guide. Le Pilier Gervasutti était parfaitement à son niveau.

Il avait rencontré son camarade, Dagoberto Delgado, lors d'un stage de travail de deux ans, au Chili. Plus âgé que lui, il était parmi les meilleurs alpinistes chiliens. Il avait quarante et un an, âge de grande forme et de résistance. Dans sa liste de courses, l'Everest par le Kangshung, la première ascension chilienne du Cerro Torre et d'innombrables grandes voies dans les Andes, dont beaucoup de premières, comparables à la face nord du Cervin. Passionné de montagne, mais modeste, s'occupant de l'initiation des jeunes à l'alpinisme, il était dans son pays aussi aimé que respecté. Là-bas, dans les grands quotidiens, *La Tercera, El Mercurio*, sa mort a été annoncée en première page tandis qu'une page entière lui était consacrée à l'intérieur. C'est ainsi que la France a ressenti, par exemple, la mort de Lionel Terray.

Si j'expose cela, c'est non seulement pour dire qu'il était au niveau de la course et bien au-delà mais la presse et la télévision ne se sont pas renseignées et ont sorti, à propos « d'un Chilien » les clichés usés des « inconscients qui... ». On comprend alors quelle blessure le jeune Français a pu ressentir lorsque, venant de perdre cet ami dont il savait tout le mérite, il a vu, de l'hôpital, les informations évoquant « ces imprudents dont un Chilien qui était mort et un Français que l'on avait sauvé », etc. Soit ! Le terme « imprudent » étant tout à fait déplacé. Mais sur quelles images ? Celles de touristes en short sur la Mer de Glace ! Que peut comprendre alors, puis penser, le public ? Que les alpinistes dont il s'agit sont ce type de touristes aventurés dans les parois réservées aux vedettes, c'est tout.

Et ce n'est pas acceptable. Ou l'on informe. Ou l'on n'informe pas. Mais une telle désinformation, véhiculant des idées fausses, non, on ne peut l'admettre.

— « Héros » ou « inconscients », m'a dit Xavier Chappaz, président de la Compagnie des guides de Chamonix : voilà les seules catégories que retiennent les journalistes quand ils ne connaissent pas le sujet et ne cherchent pas à le comprendre.

La vraie histoire de cette course, la voici. Comme protagonistes, deux alpinistes compétents, pour lesquels ce n'était pas la première course de la saison. Ils savaient ce qu'était la voie, en avaient gravi bon nombre d'analogues. Et la météo était favorable, évoquant seulement, lorsqu'ils sont partis, le mercredi 30 juillet, « cinq jours de conditions anticycloniques », avec, le vendredi « des passages nuageux pas trop gênants dans l'ensemble ». Aucune annonce du mauvais temps dans lequel ils se sont trouvés pris. Le mercredi soir, ils ont parlé avec le gardien du refuge des Cosmiques qui leur a dit que la course avait été récemment faite et que le dernier bulletin était bon.

Entraînés comme ils l'étaient, ils pensaient faire la voie dans la journée, mais, si la neige l'encombrait un peu, bivouaquer dans le haut et terminer le lendemain.

Ils ont attaqué très tôt au matin du jeudi 31 juillet, escaladant la première longueur à la frontale. Il n'y avait aucun signe annonciateur de mauvais temps (ravoures, « ânes », etc.). Il avait bien gelé la nuit. En revanche, ils ont trouvé plâtrés de neige tous les passages en versant nord, ce qui les a retardés. Ils formaient une cordée réversible, c'est-à dire qu'ils prenaient la tête alternativement. Vers sept ou huit heures du soir, alors qu'ils en avaient fini des seize longueurs difficiles, il y a eu des nuages et soudain il s'est mis à neiger, à leur surprise.

Certains que la dégradation du temps ne pouvait être que passagère, ils ont décidé de bivouaquer à la brèche où ils se trouvaient alors, pour terminer l'ascension le lendemain matin. La nuit a été dure. Il neigeait continuellement, une grosse neige mouillée, qui s'infiltrait, tenait et s'intensifiait au lieu de s'arrêter.

Leur équipement ? Normal, classique. Xavier avait un pantalon et une veste en fourrure polaire, des chaussures « coques », un passe-montagne, de doubles gants, un surpantalon et une veste en gore-tex. Dagoberto avait le même, à la différence qu'il n'avait pas de veste en gore-tex mais une polaire avec membrane intérieure gore. Trop de confiance dans la météo, peut-être... Il a dû être mouillé davantage que son ami au cours de la nuit de bivouac. Tous deux ont réagi comme on le fait en pareil cas, se levant de temps à autre pour s'agiter, tenter de se réchauffer par des bourrades, manger une barre de chocolat, etc.

Le lendemain matin, sous la neige, dans la neige, ils ont fait le rappel de dix mètres qui mène à la suite de la voie. Dagoberto Delgado, fatigué, a demandé à son ami de rester en tête pour la fin de l'escalade. Les longueurs en mixte qui suivaient, considérées habituellement comme faciles, se sont révélées très délicates en raison de la neige et leur ont pris du temps.

Xavier n'était pas inquiet : « On avance, on est presque sortis, je connais très bien la descente », pensait-il. L'ascension se termine par une dernière arête en IV, commune à la sortie du pilier Boccalate. Et, là, les deux grimpeurs ont trouvé des conditions « comme en Patagonie ». Tout était givré, une carapace de glace couvrait la montagne. Xavier a bataillé dans cette longueur, devant parfois enlever ses gants, mais est enfin sorti, rassuré : « Dans deux heures, on est au col du Midi ! » Dagoberto a mis, bien qu'aidé à la corde, une heure et demie pour le rejoindre et est arrivé épuisé, la parole lente, ayant des nausées, des vertiges et délirant un peu. C'est alors que la course a pris un aspect dramatique.

Xavier avait une radio et a essayé d'avertir les secours mais n'a réussi à accrocher aucun relais. Le sommet n'était plus qu'à cinquante mètres mais Delgado n'était pas en état de les faire. Il ne restait qu'une solution : l'assurer et vite descendre avertir le secours.

Il l'a donc accroché solidement et a rejoint le sommet, mais s'est trouvé dans un brouillard épais, énorme. Au début, des restes de traces. Puis, plus rien, la visibilité zéro, l'univers blanc. Il savait qu'il fallait plonger à droite et a commencé à descendre, mais dans le vrai brouillard, parfois, on arrive à ne plus même savoir si l'on descend ou si l'on monte. Arrivant sur une trace qui semblait fraîche, il a pensé que c'était peut-être la sienne. Il avait un altimètre, mais a jugé plus sage d'éviter de se perdre on ne sait où, tomber peut-être, et s'est creusé pour la nuit un trou dans la neige, obligé d'enlever les gants pour y parvenir, et s'y est allongé. Il gardait espoir, somnolait, pensant qu'au matin il repartirait et que son ami serait sauvé, puis reprenait plus de conscience et voyait que le mauvais temps régnait toujours.

Au petit matin il est reparti. Le brouillard restait total. Il a trouvé une trace qu'il a suivie et a débouché sur une tente. C'était au col Maudit. Dans la tente un couple d'Anglais, de la trentaine, qui l'ont accueilli et aidé. Ils avaient un téléphone portable par lequel l'alerte est passée. Ils l'ont installé dans leurs deux sacs de couchage, lui ont fait du thé. Avant de se quitter, eux et lui se sont donné leurs noms et leurs adresses, oralement, n'ayant pas de quoi écrire, mais la mémoire en a disparu...

Voilà, ce qu'a été cette dure et douloureuse histoire.

Devant moi, le journaliste questionne Cauchy pour comprendre ce qui s'est passé.

— Son copain, explique Manu, l'a laissé à dix-huit heures hier soir. Il allait bien encore et tout, sauf qu'il délirait déjà un peu. Le mec a dû rester debout et puis il s'est endormi, il est tombé la tête en bas, il est mort... 2° !... On l'a retrouvé coincé dans une faille, suspendu... On a fait un secours d'enfer. Ambiance congélation. Du givre, de la glace...

— Putain ! dit délicatement le photographe.

Michel Pierre intervient :

— Vous, faut arrêter de nous mettre des morts !... Parce que si on est là, c'est pour sauver des vivants !

— Mais contrairement à ce qu'on raconte, on ne met pas de morts, répond le journaliste. Ça remonte à vingt ans, des histoires comme ça.

— Tiens ! s'exclame Michel Pierre... On vient d'avoir deux équipes de télé... Elles disaient ça aussi... Et elles ne s'occupaient que de filmer les sacs où l'on ramenait des morts.

Vertueusement hypocrite, le journaliste nie. En bloc. Sans avoir été là. Il déballe le même baratin qu'il doit sortir partout :

— Les morts, ce n'est pas à ça qu'on s'intéresse. Pas du tout ! D'ailleurs, on a eu un procès [1]. Et le procureur de la République nous a condamnés parce qu'il y a un article de loi [2] qui interdit les images de mort, de sang, de violence, etc. [3]. Alors, vous voyez...

L'autre journaliste opine. Mais l'un et l'autre seraient-ils là si l'on n'avait pas ramassé douze corps entre dimanche et mercredi ? Pour eux, une telle série, n'est-ce pas une aubaine ?

Je ne pense pas que ce soit le public qui demande cela. Le public, on le façonne, on le forme. Il porte en lui des germes de mal et des germes de bien. Le mal, on ne peut nier qu'il existe. Il y a eu des amateurs d'exécutions capitales, il y a eu nos « tricoteuses » de la Révolution qui s'installaient à la journée, pour voir couper les têtes. C'était une frange de la société, si peu glorieuse qu'elle soit. Maintenant, c'est à cette frange que l'on immole. La plus basse. Et pour la satisfaire, en prétendant qu'elle est « le public », on a fourni à tous, d'abord des textes, dès le XIXe siècle, et maintenant, des images d'horreur. Le phé-

1. Il y a vingt ans ?
2. J'ai cherché en vain le renseignement. Personne ne semble le connaître dans les milieux du droit.
3. Lorsque j'ai acheté — sans joie, mais je devais le voir — le magazine en question, il s'est ouvert sur un visage d'épouvante, hagard, couvert de sang, le corps aussi. J'ai pensé : « Nous y voilà ! » En fait, ce n'était pas le bon article. Il montrait encore le visage ensanglanté d'un enfant et des corps étendus, également sanglants. Le texte faisait état de hurlements de douleur, de corps déchiquetés, de membres arrachés, etc. C'était à Jérusalem. Les articles de loi ne concerneraient-ils pas aussi ce type d'actualité ? Quant aux pages sur la montagne, elles ne montraient que le bras ensanglanté d'un corps coincé dans une crevasse et, pris au téléobjectif, un blessé et un corps. On verra plus loin à quoi il a tenu qu'il n'y ait une autre photo, aussi extraordinaire que funèbre. Quant au texte, évoquant le corps du Chilien, il le qualifiait de « proie » qu'on accrochait au treuil, les secouristes étant désignés comme les « guérilleros » du peloton. Non ! Décidément, je ne suis pas l'amie de ce genre de presse.

nomène n'a fait que se développer grâce aux progrès techniques.

Ce qui se passe à la D.Z. n'est qu'un déferlement de ce mal. Mais puisque c'en est un, n'est-il pas permis de le dire ?

Le Dru est toujours dans les nuages. Les gendarmes font les procès-verbaux.

— C'est fou, ça, les papiers ! remarque Henri Cazemajor... C'est quelquefois plus compliqué d'avoir les identités que d'aller chercher les mecs !

Les journalistes viennent l'accaparer pendant qu'il est à l'ordinateur, sur le secours des Vuardes. Ils lui offrent un coca, le tutoient alors qu'ils ne le connaissaient pas hier et posent sur ce qu'il rédige des questions absurdes :

— Mais il n'y avait pas une corde ? Des *spits* ?

— Si, mais il a quand même fait une chute...

— Vaut mieux rester au bistrot, si je comprends bien, ricane en conclusion le spécialiste du texte.

Mis à part ces deux secours graves de la journée, il s'en déroule d'autres, petits, auxquels on prête peu d'attention tant est grande l'inquiétude pour ceux du Dru. A un moment, deux blessés se trouvent ensemble sur le terrain et une ambulance arrive. Mais on n'a pas le droit de les y mettre ensemble... Il faut en appeler une deuxième.

Bernier dit que ça le rend fou, ces règlements ! Et que la Sécurité sociale peut bien être en déficit, quand ça se passe comme ça... Quelqu'un propose :

— Mais on pourrait plutôt appeler un taxi, pour l'autre ! Ça coûterait moins cher.

Manu intervient :

— Oui, mais ça n'irait pas ! Parce que ça ne serait pas rem-bour-sé !

Quelle administration a jamais pensé, en élaborant des

règlements toujours plus compliqués, que le mieux est l'ennemi du bien ?

Six heures et demie. Le Dru commence à se dégager. L'hélicoptère fait des essais de treuil. Celui qui a cassé à Leysin pèse lourd dans les têtes.

Le vent qui souffle en altitude est un fort vent de nord-ouest, dont la chevauchée des nuages permet d'estimer la violence.

Henri est pessimiste :

— On n'ira pas ce soir... Avec ce vent...

Il téléphone au P.G. :

— Oui !... Au moins on peut essayer, pour leur donner du courage, montrer qu'on ne les oublie pas... Sinon, il faut prévoir pour demain matin, tôt.

Je pense à celui qui attend. A la première tentative, ce matin, on l'a vu, avec son compagnon allongé. Ils sont dans une niche, à l'abri des pierres, mais un peu hors de la voie.

Les essais de treuil sont terminés. On va faire une tentative. Les journalistes n'en font pas partie. C'est déjà assez dangereux sans leur poids, considérable.

Dragon a pris son envol. Dans le chalet, l'ordinateur de la Sécurité civile, manié par je ne sais quel artiste anonyme, affiche une image bleue, avec un grimpeur sur une espèce de moraine et la légende « Papi des glaciers : Cazemajor Henri ».

Mais l'hélicoptère revient sans avoir rien pu faire.

Je demande à Bernier :

— Celui que vous avez vu, ce matin, il était très vivant ?

— Très vivant, répond-il, dubitatif, c'est difficile à dire... Il nous a fait un signe du bras... Mais s'il a passé toute la nuit, déjà, près de son copain mort... Et qu'il doit en passer une autre...

A sept heures et demie, l'hélicoptère doit repartir pour un

secours sur la Mer de Glace. Il s'agit d'un monsieur de la quarantaine qui a mal au dos, du côté des échelles du Montenvers. Le pilote appelle Henri :

— C'est pour toi ! Il faut aller chercher un papi de quarante ans !

Deux rotations ramènent tout un groupe, dont le papi, de petites dames genre Brétecher et même un vrai alpiniste, avec crampons sur le sac. Lui ne fait pas partie de la bande mais a aidé les autres quand il les a vus en difficulté et on l'a descendu dans le lot. Comme je vais rentrer, je lui propose de le raccompagner à Chamonix pour qu'il ne fasse pas la route à pied. Le papi et ses petites dames auront sûrement une ambulance et un taxi.

Je m'éloigne vers ma voiture, avec l'alpiniste qui me dit :

— Mon rêve, ce serait de passer une journée à la D.Z. pour les voir travailler.

— Alors ! Vous devez m'envier ! J'y passe l'été !

— Quoi ?

— J'écris un livre sur la saison de secours.

Il s'arrête brusquement et me demande :

— Comment vous appelez-vous ?

— Anne Sauvy.

— Ah ! Vous ê-tes Anne-Sau-vy !

Il dit ça comme on dit dans *Lucky Luke* : LE Billy the kid ou LA Calamity Jane ! C'est flatteur...

Le soir, alors que nous dînons, John et moi, le Dru semble se dégager. Je me renseigne... On prépare une troisième tentative... J'entraîne John à la D.Z. Il est neuf heures. Bernier enfile une polaire sous sa combinaison de secours pour passer éventuellement la nuit auprès de l'accidenté. L'obscurité, qui arrive, ne permettrait sans doute pas de le descendre, si on le rejoint. L'hélicoptère s'envole. Tout le monde est tendu. Le capitaine Gin et Marc Ledwidge sont venus aussi. La montagne est à peu près dégagée mais l'aérologie reste mauvaise.

L'hélicoptère revient sans avoir pu faire la manœuvre.

— Une demi-heure de jour de plus et c'était possible ! me dit Bernier.

Nous sommes tous angoissés par ce qui se passe là-haut. Demain, une quatrième tentative est prévue à six heures du matin. Je viendrai. Je suis hantée par ce secours.

Nous quittons tous la D.Z. à la nuit, dans une procession de voitures et de phares.

Malgré un somnifère, je ne dors guère. Vers trois heures et demie, je vois le ciel qui s'étoile. Ça devrait aller pour le matin.

Dimanche 3 août

A quatre heures, Bernard Stoop, mécanicien qui allait prendre part au secours s'est levé, a jeté un coup d'œil à sa fenêtre. Il faisait encore complètement nuit mais il y avait des étoiles. Se recouchant, il pensait à cet inconnu en détresse qui voyait les mêmes étoiles, sans doute aussi les lumières de la vallée, monde si proche et si lointain.

Moi-même, je n'avais guère dormi. Chacun était tendu vers l'action à venir. Je me suis levée à cinq heures et quart pour m'apercevoir que les nuages étaient revenus en force. Désespoir.

Vers six heures, je suis à la D.Z. et le secours a lieu. Les nuages se sont abaissés, il n'y a pas de vent.

J'arrive alors que l'hélicoptère se prépare à partir. Le pilote est aujourd'hui Gilles Bidon, le mécanicien Bernard Stoop, le secouriste Olivier Fernandez.

Et le photographe est dans la machine... Il peut... Cela nous blesse tous, mais c'est ainsi... Et soudain, presque au moment de l'envol, on le voit qui descend et l'appareil part sans lui !

Je ne saurai que plus tard ce qui s'est passé. A six heures, Jean-Claude Gin a redouté ce qui allait advenir de cette présence indiscrète, a téléphoné à la cellule de commandement et a dit :

— Empêchez le journaliste d'y aller.

— Mon capitaine, a répondu Pierre Faussurier, il doit déjà être dans l'appareil. Il n'y a plus que vous qui puissiez intervenir.

Alors il a appelé, par radio, le pilote, et lui a dit :

— Que le photographe n'y aille pas, pour raisons de sécurité.

C'est ce que l'on appelle une belle action, nous le comprendrons plus encore par la suite.

Olivier Fernandez, seul, réussit l'opération. On le treuille à quelques mètres de la paroi. Il fait partir le blessé qui est emmené en D.Z. d'urgence à l'hôpital. Puis on retourne le chercher avec le mort.

Et on apprend que c'est une morte.

Il y a quelques jours, je craquais moralement et voilà que, cette fois, je me mets à craquer physiquement. Ça ne va plus du tout. Je ne dis au revoir à personne et n'ai que le temps de rentrer à la maison, vomir et me vider par tous les bouts, grelotter, me coucher, être mal. Si j'ai pu forcer ma tête à continuer la tâche entreprise, c'est tout mon corps qui se révolte et cela va durer des jours. Mais maintenant il faut tenir.

- XXIII -

Elena

C'était donc une morte que l'on avait redescendue du pilier Bonatti. Et celui qui avait attendu le secours à côté de sa dépouille, durant deux nuits et un jour, c'était son fiancé.

Elle s'appelait Elena. Il s'appelait Alexei. Ils étaient russes. Ils allaient se marier en septembre.

Ils avaient décidé de venir passer l'été dans les Alpes et d'accomplir, surtout, deux courses : le Mont Blanc, à cause de son altitude et de son prestige, le pilier Bonatti au Dru, en raison de son élégance et de son histoire.

Le Mont Blanc, pour eux, avait été facile, mais emblématique. Quant au Bonatti, course plus technique, plus difficile, plus engagée, leur niveau les autorisait à l'affronter sans problème. Alexei rêvait du Bonatti depuis vingt ans, alors qu'adolescent il avait désiré faire de la montagne, mais en un temps où, venir grimper dans les pays de l'Ouest, il ne fallait pas y songer. Vingt ans à imaginer ce jet de granit vers le ciel, dans un pays inaccessible... En attendant, il avait fait ce qu'il était possible de faire, avait grimpé au Caucase selon les normes imposées, qui prévoyaient que la progression de chacun devait être identique, sans surdoués ni sous-doués, et il avait souffert de ces contraintes. Puis, les barrières étant tombées, il avait pu sortir de Russie, aller dans les Dolomites, au Verdon. Et enfin, avec Elena, venir à Chamonix, accomplir son très ancien rêve.

Ils étaient partis pour le Dru en toute confiance, avec des vivres pour cinq jours qui leur permettaient d'attendre le beau temps, s'il le fallait, et de profiter de la montagne. En fait, ayant quitté la Charpoua, et commis, le premier jour, une erreur dans l'itinéraire, ils avaient choisi de redescendre, de bivouaquer dans les Flammes de pierre et, le lendemain, de tout reprendre bien, puisque rien ne les pressait. C'est à cela que tient la vie : l'heure et le lieu précis où l'on se trouve, à un certain moment... A l'étrange jeu du destin.

Le second jour, ils ont bien progressé, sont parvenus assez haut et ont découvert, à proximité de l'itinéraire, un bon bivouac, aménagé sous un surplomb et, de ce fait, protégé de toute chute de pierres venant d'en haut. De cette niche, en descendant à la corde, Alexei pouvait accéder à une plaque de neige qui permettait de refaire la provision d'eau. Ils étaient à l'abri, tous les atouts en mains, juchés à demi dans le ciel, avec la vallée profonde à leurs pieds, vert sombre, ses bruits et ses rumeurs, ses doutes et ses contraintes, mais tout cela semblant si loin... Eux, accrochés au flanc de l'aiguille, protégés, se préparaient pour une très belle nuit de montagne. Il faut savoir ce que c'est pour le comprendre. Il faut imaginer une aire, haute et lointaine, où l'on n'a avec soi que l'essentiel, où le monde se réduit à ce qu'il est, infime, tandis qu'on est voisin des brumes et des étoiles. Or cela, ils l'ont eu. Et rien n'aurait dû les atteindre. Pas là.

Rien sauf l'imprévisible. Et l'imprévisible a été un éboulement gigantesque, à une trentaine de mètres d'eux. Si énorme, si fort, que les rochers ont rebondi sur les dalles, partout, ont ricoché et frappé leur abri. La paroi, derrière eux, fut constellée d'impacts, la terrasse où ils se trouvaient couverte de poussière de roc. Ils furent atteints, ils ne pouvaient pas ne pas l'être. Une pierre fracassa l'épaule gauche d'Alexei, une autre lui cassa le poignet droit. Elena semblait avoir été épargnée. Elle se plaignait seulement d'un coup reçu au dos et s'occupa, une fois le bombardement de pierres arrêté, de panser les blessures d'Alexei, de maintenir et bander son épaule. Mais soudain, elle s'affaiblit, perdit connaissance et s'allongea, toute blanche, avec ses yeux bleus grand ouverts, une drôle de respiration dans la gorge.

Dans ce redoublement de malheur, Alexei, qui ne savait ce qu'elle avait, chercha à se porter à son aide, mais, handicapé par ses blessures, il mit quarante secondes, cinquante peut-être, à se déplacer vers elle, se pencher, pratiquer la respiration artificielle, essayer de la sauver. Cela dura un quart d'heure, vingt minutes, mais il sentit que, malgré les efforts déployés, les lèvres d'Elena devenaient froides, qu'elle avait cessé de vivre, entre ses bras, et il abandonna son vain combat contre la mort.

Il se rassit à son côté, ne valant guère mieux qu'elle, blessé comme il l'était et n'ayant aucun moyen d'avertir les secours. Qu'a été son immense veille ? De nuit, de jour, de nuit encore...

Quand bien même on parle à quelqu'un de ces choses, si même il vous raconte ce qui est advenu, on ne va pas plus loin, on se refuse à ravir des souvenirs, des cris, des pleurs, du désespoir, ce qui est trop secret, comme les paroles que, peut-être, il adressa à Elena. Du bonheur de la course, du bonheur à venir de leur proche mariage, tout était soudain aboli. Et, lui, restait face à ce deuil, face à ce corps léger déserté par la vie, face à son amour brisé, face à l'avenir anéanti, face à sa mort probable, à côté d'elle.

La nuit passa. Au matin, Alexei vit une cordée déboucher aux Flammes de pierre, assez loin de lui mais à portée de voix. Il appela.

Celui qu'il avait aperçu était Christophe Profit, guide d'une cordée partant pour l'éperon. Mais il y avait beaucoup de vent et il n'était pas facile de s'entendre. Cependant, Christophe perçut la voix d'Alexei, localisa le blessé et comprit une phrase qu'il criait, en anglais :

— *My friend is dead !*

Alors, il a lancé des fusées rouges, pour avertir. Puis, redescendant lui-même, en raison des risques aperçus dans la paroi, de l'instabilité où tout semblait, après cet éboulement, il a précisé au P.G.H.M. ce qu'il savait de la situation.

On était au matin du samedi 2 août. Et tout au long de la journée, l'hélicoptère n'a pas réussi à rejoindre le blessé.

Le premier vol a eu lieu à neuf heures vingt. C'est celui qui a suivi la reconnaissance au pilier Gervasutti. Le secouriste, Pierre Bernier, a pu repérer la cordée : un homme assis, qui avait faiblement bougé un bras, et un corps étendu à son côté. Le photographe du magazine qui venait d'obtenir l'autorisation de vol, par les moyens dont j'ai parlé, était dans l'appareil et a pris une photo au téléobjectif : un mort, probablement, et un blessé qui bientôt le serait peut-être. Les nuages et le vent rendaient très difficile l'accès de la haute montagne. Un peu plus tard, néanmoins, et non sans risques, on a pu redescendre le mort et le blessé du pilier Gervasutti. Pour le Dru, deux autres tentatives eurent lieu, mais la nuit qui tombait interrompit tout espoir de secours. Alexei a passé au bivouac sa seconde nuit. Il n'allait plus très bien.

C'est donc le dimanche matin, par un temps devenu clair, le vent ayant faibli, que le secours a eu lieu. Ils ne sont partis qu'à trois, légers. Par une remarquable inspiration, Jean-Claude Gin avait écarté, au dernier instant, le photographe, déjà installé dans la machine. Gilles Bidon, le pilote, et Bernard Stoop, le mécanicien, étaient arrivés ensemble. Olivier Fernandez était le secouriste.

Avoir à effectuer le secours avec lui fut pour Bernard Stoop un contentement.

Bernard :

« J'ai la joie de constater que c'est Olivier qui sera avec nous. Je m'en réjouis car je sais que la manœuvre de tout à l'heure sera pointue, technique, et qu'il importera autant d'être à la hauteur que de bien s'entendre. Je ne laisse rien paraître, ce n'est pas un jeu, mais je suis heureux. »

Olivier :

« Le vent n'est pas très fort. L'hélicoptère s'élève doucement dans la brume du matin. Je sais que derrière les nuages les Drus seront dans le soleil, je le sens, je l'espère.

« Des barbules de brume glissent le long du plexiglass de la carlingue, la turbine ronronne, le soleil est débité en tranches fines par le rotor. *Dragon* fait un tour au-dessus du glacier du Dru et rase le relief, à la recherche du souffle ascendant qui soulagera son effort, l'élèvera vers la paroi. Le réservoir est presque vide, juste cent cinquante litres de kérosène.

« Dans la cellule, c'est le calme, la concentration. Nos regards se tournent déjà vers le haut. Chacun projette dans sa tête le film attendu de ce qui va suivre. On sait qu'il y a un mort. C'est tout.

« Les Flammes de pierre défilent sous les petites roues de

l'hélicoptère. Le sommet des Drus est bien au soleil, devant nous. Mais un nuage énorme nous cache de la vallée, écran naturel qui nous sépare de tous les regards indiscrets. L'ambiance est presque intime.

« Au milieu des rochers, enchâssée dans le granit rouge, nous repérons la vire, sous le surplomb, le blessé qui bouge légèrement, les pieds du mort allongé auprès de lui. L'hélicoptère tourne un instant tandis que nous parlons, afin d'élaborer la manœuvre qui va suivre. »

Bernard :

« Je crois que c'est Gilles qui les a vus le premier. Il faut monter encore un peu. Gilles fait un passage et jauge la puissance : l'aérologie est favorable et nous ne sommes pas trop lourds. Nous revenons lentement à hauteur de la vire et nous voyons distinctement le rescapé qui nous fait signe. Je lui réponds de la même façon. A notre approche, le souffle de la machine fait s'envoler l'anorak de la victime étendue, nous dévoilant qu'il s'agit d'une jeune femme.

« Nous dressons un rapide état des lieux et de la situation : c'est simple, il va falloir "coller au caillou", vingt-cinq à trente mètres au-dessus de la vire pour pouvoir treuiller et, à cause du surplomb, cela nous promet un petit exercice de "balançoire"pour poser Olivier dessus. Une fois en bas, Olivier nous enverra le gars blessé, que nous redescendrons immédiatement à l'hôpital tandis qu'il préparera la deuxième personne.

« Déjà, Gilles s'écarte un peu de la paroi et monte. Je m'apprête à treuiller, annonçant machinalement mes opérations, tout en guidant Gilles trente mètres au-dessus. Puis j'accroche Olivier. »

Olivier :

« — O.K., ils sont là !... Je vais descendre au câble... Tu te rapproches, Gilles, on balance et si j'arrive à attraper un brin de leur corde, je peux aller jusqu'à eux. C'est bon pour vous ?

« — Pour moi, c'est bon ! répond Bernard.

« Il se met bien en place sur son siège, y fixe sa longe et enfile ses gants de cuir.

« O.K. pour moi ! dit Gilles.

« — Bon ! Alors, on y va !

« La porte latérale de l'hélicoptère s'ouvre. L'appareil se met en vol stationnaire. La trappe bascule et, sur un sourire de Bernard, je me laisse descendre dans le vide, comme un plongeur s'enfonce dans l'eau, quittant les repères fermes.

« J'évolue dans l'air fluide qui me sépare de la montagne, vers ces gens que je ne connais pas, vers des êtres blessés, vers une équation à plusieurs inconnues. »

Bernard :

« Nous avons les extrémités de la pale à deux ou trois mètres du rocher. A cause du surplomb, je ne peux voir la vire où déposer Olivier, aussi il me fait signe dès qu'il atteint la bonne hauteur. Je stoppe le treuil un peu avant et commence à agir sur le câble pour lui imprimer un mouvement de balancier. A ce moment, Olivier doit être à cinq mètres de la vire. Le balancement s'amorce doucement, la longueur de câble déroulée et le souffle du rotor ne m'aidant guère. »

Olivier :

« Le câble se met à balancer... Quand je me trouve à portée de l'homme, je lui fais signe de jeter sa corde. Il la lançe une fois et elle retombe... Deux fois... Trois fois... Quatre fois...

Au cinquième essai, enfin, je réussis à attraper cette corde et je me hale jusqu'à la vire.

« Le regard du blessé est saisissant, un regard vide, sans complaisance, sans désir, sans peur. D'immenses yeux tournés vers moi, vers le ciel.

« La vision d'un être noyé par la douleur, anéanti par l'attente. Cela fait deux jours qu'il est là. Son casque est de travers sur son visage. Si nous n'avions pu venir, il n'aurait pas tenu longtemps.

« Sur la vire, le silence nous entoure. Je sais que la personne à ma droite est morte.

« Morte parce que l'homme, un Russe, m'explique dans un anglais très correct que c'est sa compagne qui est là, près de nous.

« Il me raconte un peu leurs projets de montagne, de vie, de mariage. Il tremble, il a mal, il a froid. Il a l'épaule broyée par des pierres, le poignet cassé et une fracture du crâne. Mais il s'en sortira...

« *Dragon* dérape vers la droite, glisse, puis s'enfonce vers Chamonix, vers la D.Z. où il doit reprendre du fioul ».

Bernard :

« D'un bref coup de radio, Olivier nous avertit que tout est O.K. Après quelques minutes, il nous rappelle : il est prêt.

« Alors, tout se passe très vite. Gilles et moi avons nos marques. Quelques instants après, le rescapé est treuillé et hissé à bord. Blessé au bras, je l'asseois juste sur le bord de la trappe du treuil sans le décrocher. Durant le treuillage, Olivier a pris la précaution de retenir la victime avec une corde, de façon à l'amener progressivement à l'aplomb du treuil, sans balancement... Gilles rend compte à Cordial et déjà fonce vers la vallée. L'alpiniste prononce quelques mots que je ne comprends pas. Je lui réponds : “Ça va aller !”, me voulant rassurant. C’est peu, mais que dire ? En fait il n’y a rien à dire, ce gars est au bout du rouleau. Son visage hébété et ses traits tirés reflètent bien la souffrance morale et physique qu’il a enduré et endure encore. Quant à ses yeux, il y a des traces qui ne trompent pas. *No comment*, comme disent les Anglais. Plus vite en bas qu’en haut, quelques minutes nous suffisent pour le déposer à l’hôpital. Avertie par Cordial, une équipe des urgences l’attend déjà. »

Olivier :

« Sur la vire, resté seul, je regarde la jeune morte. Elle est très délicate. Elle a des mains fines, elle est mince, bien habillée, fraîche, aucunement abîmée par l’accident. Ses beaux cheveux noirs, frisés, descendent sur ses épaules, sous son casque. Elle a deux yeux bleus magnifiques, grands ouverts, expressifs. Fragile, elle apparaît comme une touche de beauté au milieu du néant.

« Je sais qu’elle s’appelle Elena. Je me penche vers elle pour l’attacher, la préparer, avant de l’enlever à ce lit de rocher inconfortable. Sa peau, que j’effleure en nouant la corde, sa peau est douce, froide, trop froide. Pour la fixer, je la soutiens par chaque poignet, chaque cheville et par le cou. Ainsi sera-t-elle emmenée en douceur.

« Afin de rester le moins longtemps possible sur cette vire exposée aux chutes de pierres, je vais la laisser au bout d’une corde de soixante mètres.

« L’hélicoptère revient, ayant déposé Alexei à l’hôpital. Bernard m’envoie le câble du treuil et me hale dans l’appareil. Je lui demande de manœuvrer doucement pour détacher la jeune fille que nous allons emmener avec nous vers la vallée.

« La machine s’élève, la corde se délove et se met en tension. Un grand calme règne dans la cabine. Le corps quitte la vire, part dans les airs. Il glisse, comme guidé par une main invisible, délicatement.

« Soixante mètres en dessous de nous, la corde décrit un arc de cercle. Je penche la tête par la trappe. Le soleil brille. Le vent fouette nos visages. Les yeux rougis, les tempes battantes, Bernard et moi, nous regardons.

« Le spectacle est éblouissant, surréaliste. Une femme très belle vole et danse. Émotion, douleur et tendresse partagent notre cœur tandis qu'un ballet se déroule. Le corps reprend miraculeusement vie, il se déplace, bercé dans les airs, plein de majesté, dans des nuances très fines. Et sous ce corps qui danse, magnifiquement, défilent des paysages fabuleux, glaciers, éboulis et moraines. La lumière est sublime. Quelques nuages ajoutent à cette vision plus de grandeur encore. Les barbules s'écartent sur son passage. Nous restons émerveillés, Bernard et moi, spectateurs de ce manège irréel.

« Pendant les deux ou trois minutes que dure la descente, il nous semble qu'Elena est en vie et qu'elle danse dans les airs avec une grâce éblouissante. On ne sait plus où est la réalité. Ce sont des moments de tendresse.

« Arrivant à la verticale de la Mer de Glace, où l'on pourra poser le corps, nous demandons à Gilles, comme s'il s'agissait d'une vivante :

« — Attention, Gilles !... Fais doucement !... Descends tout doucement !... Il ne faudrait pas l'abîmer...

« Gilles cabre l'appareil, stabilise, dépose délicatement le corps à la surface de la glace blanche, lisse et pure. Puis nous nous posons à côté d'elle.

« — Pas question du panier ! dit Bernard. On la rentre !

« J'acquiesce, je descends de la machine, prends Elena par la taille puis la couche dans la cabine, sur le plancher d'aluminium et la regarde. Je doute, je ne sais plus si elle est vraiment morte ou si j'ai rêvé, je ne sais pas s'il fallait contempler la beauté de cette descente telle qu'il nous a été donné de l'admirer. Il me semble réfléchir dans le vide. Je suis saisi de froid. L'hélicoptère décolle et nous nous dirigeons vers la D.Z. Dehors, le soleil brille, nous inonde de lumière.

« Je n'oublierai jamais ce regard, cette élégance, cette chorégraphie mystérieuse du vent et de la mort.

« J'ai encore en mémoire les couleurs chatoyantes de ce matin d'été, les images de grâce, de finesse, de beauté qui se sont déployées devant nous. Je reste persuadé qu'il y avait là un message à saisir, un instant important qui liait la mort et son horreur à la majesté de ce déplacement dans l'air, à la pureté de cette évolution légère.

« Je continuerai ce travail parce qu'il s'y trouve des moments aussi contradictoires qui me font penser que nous ne saurons jamais tout sur la vie et sur la destinée.

« Je garde au fond de moi ce regard bleu perçant par lequel il semblait qu'à travers l'espace qui nous séparait, Elena avait voulu nous dire merci d'être venus chercher l'homme qu'elle aimait et à côté duquel elle s'était étendue, pour toujours.

« Je garde au fond de moi l'image de ce corps qui paraissait en vie, libéré de toutes les contraintes accablantes de notre terre, ce corps qui ne faisait que passer, mais dont la mort a voulu nous donner, l'espace d'un instant, la plus belle apparence, avant de le faire disparaître à jamais. »

Elena...

Ceux qui l'ont vue alors n'oublieront pas la jeune morte qui planait dans l'espace, entre la terre et le ciel, ses grands yeux bleus ouverts sur l'infini, et qui semblait être revenue à la vie par une mystérieuse grâce.

Il n'y aura pas eu de témoignage matériel de cette descente immatérielle. Il vaut mieux qu'il en soit ainsi.

Nous avons su, plus tard, qu'Elena avait succombé à une hémorragie interne. Nous avons vu des photos d'elle, vivante, heureuse. Lors de sa montée au refuge. Lors d'une sortie amicale, dans la campagne de Moscou, où elle avait orné sa tête d'une couronne de chardons roses et d'aubépines qui seyait à la beauté pure de la jeune fée qu'elle était.

Elena vivra toujours dans nos mémoires.

-XXIV -

Le danger et la mort

Pourquoi ? Pourquoi la mort ? Et pourquoi la mort en montagne ? Celle de Régis, secouriste qui avait sauvé tant de vies au péril de la sienne ? Celle de Dominic qui voulait consacrer son existence aux cimes qu'il aimait tant ? Celle d'Elena venue peu avant son mariage à la découverte des Alpes ? Celle des autres victimes...

Il est particulièrement difficile d'évoquer la mort en une époque qui fait tout pour la proscrire, absurdité suprême puisque la seule chose certaine qu'a devant soi chaque vivant, c'est elle.

Aucune civilisation, si orgueilleuse qu'elle ait été, a jamais eu cette audace insensée et stérile de chasser des esprits la pensée de la mort et jusqu'au respect dû aux dépouilles terrestres. Partout, toujours, la mort a été l'objet de coutumes et de rites. Mais, dans notre société, actuellement, elle n'est plus même considérée comme naturelle. On cherche à l'effacer, ce qui accroît encore le désarroi, quand elle frappe.

Depuis qu'au XVIIIe siècle les « Philosophes », qu'on nous apprend à révérer, ont imposé les idées de progrès et de bonheur, le progrès visant à produire du bonheur, les regards se sont détournés de l'essentiel, qui est la condition humaine. Le progrès technique a été réalisé, mais à quel prix, et a-t-il engendré le bonheur ? Quant au progrès moral, il ne s'est pas produit, tout au contraire. Et les esprits humains, désemparés et sans réponse, n'ont plus su vers quoi se tourner, où chercher des repères. Pour préserver du désespoir, le plus facile, alors, a été de gommer la mort, de toutes les façons possibles. Nier, oublier, bannir, anéantir la seule réalité qui attend chacun de nous : celle de mourir. Comme pour la conjurer.

Guère de rites aujourd'hui. Plus de tentures noires aux portes des maisons. Les fourgons jaunasses ou gris des Pompes funèbres n'ont plus de pompeux que le nom. Pas de cérémonie, souvent : on met en terre ou l'on brûle et on repart, sans même avoir de signes extérieurs de son deuil à porter pour témoigner de son chagrin.

Ce problème de la mort, tout est conçu pour l'éviter. Lorsqu'on ne cesse de se référer aux progrès de la médecine, c'est comme s'ils préparaient notre immortalité ! Mais bien d'autres comportements semblent viser le même but. Et l'on peut même se demander ce qui est au fond de l'abolition de la peine de mort, dont on sait sans vouloir le savoir, dans certains cas propres aux récidives, qu'elle aboutit à d'autres morts... Cette « suppression » n'a-t-elle pas sa source dans l'inconscient collectif qui cherche à rejeter toute existence de la mort ? L'interdire, en tant que peine capitale, n'est-ce pas aussi donner l'impression que peu à peu on abolit le phénomène ?

L'Église elle-même a donné dans le mouvement car les rites propres à la mort n'y sont plus essentiels, ce qui est stupéfiant. L'extrême-onction qui préparait au dernier passage a été remplacée par un « sacrement des malades », anodin, bénin, rassurant.

Il faut donc que ce soit dans certains hôpitaux que l'on s'attache à découvrir, comme une nouveauté, un « accompagnement des mourants » alors que depuis toujours, il existait et était bienfaisant.

Loin est le temps où l'on mettait comme épitaphe, pour rappeler la réalité aux vivants : « J'ai été ce que tu es, tu seras ce que je suis. » Loin est le temps des *Artes moriendi*, « arts de mourir », livrets très répandus, dont l'objet était la préparation à la mort, mettant l'agonisant en garde contre diverses tentations, bien précises. Personne ne sait plus les « litanies pour obtenir une bonne mort », chef-d'œuvre littéraire oublié qui a dû consoler bien des gens. La « bonne mort », on la préparait dès l'enfance. Les cimetières étaient au cœur des villes et des villages, non relégués dans de tristes périphéries. La mort, en quelque sorte, faisait partie de la vie.

Aujourd'hui, il est vrai que la mort est mieux contrôlée, qu'on devait y penser davantage en des temps où la mortalité infantile était grande, où des épidémies, comme la peste, menaçaient chacun, où les soins médicaux étaient à peu près impuissants. Elle n'en existe pas moins, tout autant, mais est passée à l'état d'adversaire, relevant du domaine médical, tel un phénomène scientifique pas encore maîtrisé. On en écarte autant que faire se peut les vivants, les enfants. On prolonge, on espère. Mais en contrepartie, on nous montre en images, en films, en téléfilms, partout, meurtres, guerres, accidents, comme s'il s'agissait d'une fiction dont il est loisible de se distraire et qui ne concerne en tout cas que les autres.

Et, quand la mort survient, on est désarçonné, par la manifestation qui advient de sa puissance, alors jugée scandaleuse.

Comment donc parler de la mort aujourd'hui ? De la mort en montagne ? Elle indigne d'autant plus qu'elle semble évitable. Il suffisait de ne pas y aller ! Pour le profane, il doit paraître absurde de courir un danger dont on pouvait se préserver. Et l'initié n'en est pas moins saisi, car la mort en montagne reste rare et les précautions dont on s'entoure sont faites, justement, pour l'écarter. La montagne apparaît comme un lieu où triomphe plutôt la vie, un lieu où se rencontrent la force, la plénitude, l'effort récompensé, un lieu d'épanouissement, de jouvence, de joie, de tout ce qui n'est pas la mort.

Et sa sanction est immédiate. Le fumeur connaît le risque inscrit dans un futur qu'il choisit de négliger. La mort en montagne frappe par sa quasi-instantanéité. Elle saisit de vrais vivants. C'est pour cela aussi qu'elle revêt un aspect qui nous émeut de façon si puissante et douloureuse. Pourquoi tant de beauté, tant de grandeur peuvent-ils ainsi basculer dans la peine ?

Mais le goût du risque, celui de la vie aventurée et retrouvée, fait-il partie du plaisir qu'apporte la fréquentation de l'altitude ? On le prétend parfois, ce n'est pas sûr. Il est vrai cependant que lorsque l'on se trouve dans un terrain comportant du danger, on est du moins délivré d'autres craintes... Qui irait redouter le cancer, l'infarctus, l'embolie, l'accident de voiture, la vieillesse, l'Alzheimer, alors qu'il est engagé dans une course en montagne ? Car, là, à chaque instant suffit sa peine. Tout prend son exacte valeur et l'on est hors de tant d'autres menaces. Ce qui n'est pas indifférent peut-être. On vit dans l'immédiat, conscient de sa fragilité et dépouillé du superflu.

Si on meurt en montagne, c'est presque toujours vite. Qui a connu une chute enrayée sait à quel point tout est rapide et simple : tenter de se rattraper, y réussir ou non, vivre l'instant.

« ...D'un seul coup, la neige s'effondra à la fois sous mes pieds et mes mains. Une peur atroce, mais plus rapide qu'un éclair et, instantanément, un grand calme ; une présence d'esprit, une lucidité surprenante... Je fis un effort désespéré pour ne pas basculer en arrière ; en même temps, j'enfonçai mes bras dans une couche vierge, et je m'appliquai à maintenir mes crampons parallèles à la pente. Mais ils dérapèrent sur la glace et, l'un après l'autre, mes pieds furent rejetés à l'extérieur. A cet instant précis, je sentis la corde s'incruster dans ma chair. "Paul est arraché par le choc", pensai-je, "tout cela va aller très vite maintenant". Déjà, j'avais repris pied. O stupeur. La corde restait tendue autour de ma taille... L'étonnement l'emporte d'abord, puis une sorte de joie physique, tout extérieure, comme d'un rayon de soleil sur la peau, puis une grande peur. Enfin je lève la tête. Fallet sourit. Moi aussi. En somme, ce n'est peut-être pas si difficile de mourir : nous avions fait le plus dur[1]. »

Certes, si l'homme était immortel mais qu'il puisse se tuer en montagne, en faire la démarche serait un comportement très blâmable. Il n'en est rien. L'homme est mortel. Et ce risque que l'on court n'est pas pour « monter et redescendre ». Il donne accès à un univers différent de celui qui existe en bas, un monde vrai, un monde simple où compte l'essentiel — une gorgée d'eau, un morceau de pain, une halte, un sourire — et non l'immense superflu. Ce qui remet chaque chose à sa place, ce qui donne précisément le goût de vivre.

Car quel est-il, ce monde auquel on voudrait voir sacrifier l'enchantement de la montagne ? Les pubs, les bips, les zips, les clips, les digicodes, les alarmes, le prix de l'essence, les caddies, les casseurs, les sondages, la maffia, les trente-cinq

1. Robert Tézenas du Montcel, *Ce Monde qui n'est pas le nôtre*, Gallimard, 1966.

heures, les vaches folles, les grèves, les dépôts de bilan, les cartes de crédit, les pollueurs et les écologistes, les granulés anti-limaces, les luttes tribales, le V.P.C., le P.C., le F.N., le T.G.V., l'I.V.G., le R.M.I. ou le CAC 40... N'est-ce pas cela, et guère plus, que nous offre la société actuelle ?

Ceux qui choisissent l'effort, le froid, le grand soleil, l'éloignement, l'air vivace, les brumeux horizons, la neige étoilée de paillettes, le rayon qui sur un sérac semble faire naître une émeraude, les dentelures du gel, la lumière et l'azur, s'ils meurent de leur passion, ne meurent pas pour rien, si tragique et douloureuse que reste leur disparition. Ils font partie de ceux grâce auxquels l'homme conserve de sa grandeur.

Troisième partie

- XXV -

3 et 4 août

Dimanche 3 août

Ayant quitté la D.Z., malade, le matin du dimanche 3 août, j'étais allée, le soir, y reprendre mon ordinateur. En y arrivant, j'avais vu partir, à pied, un pauvre homme fatigué et chargé. Robert Petit-Prestoud m'avait dit qu'il pensait que c'était un Polonais, qu'on venait de descendre du Mont Blanc. Fatiguée, je n'avais que plus de compassion pour ceux qui l'étaient aussi et j'étais retournée prendre ma voiture pour le rattraper, deux ou trois cents mètres plus loin, courbé sous son sac, et le raccompagner.

C'était en fait un Slovaque, un peu surpris qu'on l'aide, comme ça, bénévolement, ou un peu inquiet peut-être qu'il y ait subitement une addition à régler au bout, mais finalement si content de mettre son sac dans le coffre et d'être transporté qu'il ne s'était pas fait prier. Il ne parlait ni français ni anglais et nous n'avions pas pu échanger une phrase. Il m'indiquait le chemin par des gestes et a dû trouver ça curieux, ce pays où, pouf, on le descend en hélico, pouf, une petite dame lui sert de chauffeur et lui évite cinq bons kilomètres sur une route écrasée de soleil. Le pauvre ! Il allait presque jusque aux Bossons ! Et il devait en avoir marre... A l'arrivée, par signes, il m'a fait comprendre qu'il voulait mon nom et mon adresse. C'était pour m'envoyer, de son pays, plus tard, une touchante lettre de remerciements qu'il avait dû demander à quelqu'un de traduire. Il s'appelait Peter Rehak et habitait Trnava.

En revenant à la D.Z., j'ai su, à peu près son histoire. Il avait fait le Mont Blanc, pauvrement équipé comme le sont les gens de l'Est. Qu'on n'aille pas leur reprocher de n'avoir pas nos combinaisons rutilantes et nos super-chaussures. Et celui-là, certes n'en avait pas. Il avait aux pieds des galoches noires, comme les facteurs devaient en porter au début du siècle, un pantalon de mauvaise qualité, un gros chandail, un anorak de bazar, un karrimat roulé sur son sac à dos et des crampons comme dans les années trente, peut-être, n'ayant qu'un centimètre de pointes et des lanières de cuir.

Donc, il avait fait le Mont Blanc et, lors de la traversée vers le Mont Maudit, un de ses crampons, ayant perdu une vis, s'était ouvert. Deux bons Samaritains l'avaient pris à leur corde, mais s'étaient rendu compte qu'ils risquaient plutôt de se faire embarquer tous les trois. Et l'hélico avait été appelé. Le Slovaque n'avait rien, soit. Mais ne valait-il pas mieux le descendre vivant que mort un peu plus tard ? C'est même beau que l'on puisse au besoin faire cette sorte de prévention.

A la D.Z., le Slovaque avait refusé qu'on lui appelle un taxi. Forcément... Il avait eu la chance de me trouver et voilà.

Le reste des secours de la journée était aussi de la bricole, si l'on peut dire, entorses, insolation, M.A.M., plaies, tétanies, fractures, arrivés à des randonneurs, des alpinistes, des parapentistes, des Français, des Italiens et un Chinois. Tout savoir est impossible.

Lundi 4 août

Beau temps lourd, moins beau cependant qu'il n'était prévu. Occupée le matin et passant au P.G.H.M., vers midi, je demande :

— Il y a eu des vols, ce matin ?

— Oui ! Ça a travaillé !

— Des entorses ?

— Ah ! Mais non !... Une grosse chute au Mont Maudit où il y a eu un mort et un polytraumatisé... Et trois personnes qui ont disparu aux Courtes et qu'on ne retrouve pas...

— Dans quelle voie ?

— La traversée... Mais il n'y a de traces de chute nulle part.

Mon Dieu... Ça continue...

Je rentre. Nous avons trois étudiants anglais à déjeuner. Des alpinistes en parfaite santé ! Il est réconfortant d'en voir ! Jeunes, vivants, heureux. Julian Cartwright, un rouquin inconnu et le rasta blond, assez sale, assez étonnant, qui l'autre jour nous avait joué une sonate de Beethoven. Le roux et le rasta viennent de faire le pilier central du Frêney. Ils ont le visage creusé par l'effort mais les yeux encore pleins de ciel, ces yeux pleins d'une lumière d'ailleurs, ces yeux qui justifient toute la montagne.

Ils sont partis mercredi, avec de bonnes prévisions, ont bivouaqué ce soir-là, ont commencé à ramer le jeudi, pris le soir le gros mauvais temps, non prévu par la météo et qui a coûté non seulement la vie de Dagoberto Delgado, au Gervasutti, mais aussi celle d'un Allemand et de quatre Espagnols qui s'étaient trouvés avec eux au refuge. Ils ont rebivouaqué la seconde nuit, très désagréablement car la corde, qui les assurait à des pitons plantés au-dessus d'eux, drainait droit dans leurs duvets les coulées de neige dégoulinant de la paroi. Ils étaient donc trempés et, au sommet de la Chandelle, ont subi la tempête du vendredi... Le samedi, ils sont repartis avec peine, mouillés, glacés, mais ont fini leur course.

Ils sont là, bien vivants, en face de moi. La joie qu'ils dégagent rayonne et témoigne du fait que le vrai bonheur se mérite, au prix d'efforts, d'obstacles, de duvets humides et glacés, et parfois de périls...

L'après-midi, à la D.Z., on se fait beaucoup de souci à propos des disparus des Courtes. On les suppose morts puisqu'ils étaient attendus la veille et ne sont pas redescendus. Fruits de patientes recherches, des renseignements arrivent. On les a vus dans la course. Un guide a trouvé un crampon sous le col des Cristaux, donc à la fin de la traversée. Diverses reconnaissances n'ont pas apporté d'indices supplémentaires. Mais Alain Iglesis, qui est premier à marcher et a participé aux recherches, avec cinq autres secouristes, pense qu'ils doivent être dans une grande crevasse qui est au bas du col des Cristaux, côté Talèfre. Il me la décrit. Elle est énorme, fait vingt-cinq mètres de profondeur jusqu'au premier pont de neige qui s'y trouve et sur lequel il n'y a rien. Impossible de descendre dedans aujourd'hui avec la chaleur qu'il fait et toutes les pierres ou coulées qui peuvent y tomber. Demain matin, à l'aube ? Il faudra alors passer à travers le pont de neige, au seul endroit où il y a un trou... Mais ce n'est même pas sûr qu'ils soient là.

— Et on ne les retrouvera peut-être jamais, soupire-t-il.

Nouveau secours. Au Mont Maudit, exactement au même endroit que le matin.

— C'est bizarre, remarque une voix, quelquefois c'est le Tacul, quelquefois c'est le Maudit... Il y a des jours...

Or, le matin, cela a été grave. Une cordée a dévissé. Un Irlandais est mort ; son compagnon, français, a été gravement blessé, avec traumatisme crânien.

L'hélicoptère part avec le Dr. Lecoq. Et, ouf, revient avec deux garçons qui n'ont que des écorchures, vont bien, marchent, mais ont des visages d'épouvante, pleins de sang. Ce sont des Tchèques. François Lecoq les emmène s'asseoir vers le chalet du matériel. Il y a encore un cinéaste. Je ne l'avais pas repéré, celui-là. Il filme leurs têtes en gros plan. Je bouillonne, mais je me trompe. François me dit :

— Celui-là, c'est un bon !... Il ne veut que les secours heureux... Il est français mais travaille pour *Pioneer Productions,* un truc anglais, qui travaille pour *Discovery Channel*, qui est américain. Et on lui a demandé de faire le contraire des autres : dire à quoi ça sert, le secours.

Nous parlons tous les trois. Je demande à François Lecoq si, quand même, cette saison n'est pas pire que les autres. Il pense que non, qu'il y a ici, par an, cinquante morts, soixante au plus, dont trente ou quarante l'été, et qu'il y en aura donc cet été à peu près le même nombre, mais que cela s'est concentré en une semaine, ce qui nous secoue tous. Il dit que, finalement, c'est statistique. Un mort pour environ six mille grimpeurs et que ça se calcule mieux encore pour le ski, à cause des forfaits...

Puisque c'est statistique, parlons statistiques. Comme il est facile d'épingler ces morts du massif ! Bien qu'ils ne représentent qu'une proportion infime des milliers, des centaines de milliers de personnes qui parcourent les sentiers, les courses d'altitude, les pistes...

Mais pourquoi ne dit-on jamais rien des six cent cinquante noyades ? Pourquoi l'actualité ne s'y intéresse-t-elle pas ? Parce qu'elles manquent de sang ? Parce qu'elles ne se concentrent pas en des points précis du territoire ? Mystère. Cela en fait du monde, pourtant, et des douleurs...

Et combien de morts par an, sur les routes de France ? Environ neuf mille, actuellement, parmi lesquels des enfants, sans compter les séquelles, les infirmes à vie. D'eux, on ne parle que très peu et on ne les filme surtout pas, juste, parfois, lors d'un carambolage. Parce que ça menace tout le monde... Un autre chiffre, dix mille morts par an dus à des infections contractées dans les hôpitaux. Qui en parle ?... Et les douze mille suicides, qui en vingt ans ont augmenté de 50 %... Et le tabac surtout ! Soixante-cinq mille morts par an, en France, et des morts peu agréables. On en parle un petit peu. Surtout pas trop ! Puisque beaucoup de gens sont concernés, qu'on ne veut pas heurter. Et puis le tabac rapporte à l'État cinquante-quatre milliards par an... Ce qui est énorme. De quoi combler en trois ans les gabegies du Crédit lyonnais... Mais combien le tabac coûte-t-il à la Sécurité sociale ? Ce sont ces chiffres-là qu'il faudrait donner, partout ! Ces reportages-là. Pas cet acharnement sur la montagne.

Le sida, oui, c'est à la mode, on en parle beaucoup, car — à part les pauvres enfants transfusés pour ne pas perdre de stocks — c'est sexuel, donc tabou. Sacré presque. Je ne dis pas qu'il est agréable de mourir du sida. Ça doit être affreux, comme beaucoup de morts[1]. Mais, dans l'esprit du public, ou dans ce qu'on y met, il est dramatique et noble de mourir du sida alors qu'il est absurde et criminel de se tuer en montagne. Comprenne qui pourra. Le monde est fou...

1. Des chiffres, là aussi : 2989 décès, en France, avant 1989. Pour les années 1989-1996, soit sur une période de huit ans : 25398 décès, donc une moyenne de 3175 par an (chiffres de l'Institut national d'études démographiques). Vingt fois moins que les décès dus au tabac. Les médias respectent-ils cette proportion ? Parlent-ils vingt fois plus du tabac que du sida ?

Je dois aller à l'hôpital, dire au revoir aux Guiverec. Tant qu'à faire, je demande à Alain Iglesis qui, tout à l'heure avait en main le passeport d'un des deux Tchèques, qu'il fallait leur rapporter, si je ne peux m'en charger par la même occasion. Il n'a que celui d'un dénommé Kunicki, l'autre s'appelant Tuma, et me confie un dessus de sac, dans lequel est le passeport, me disant que si jamais j'arrive à avoir les adresses, pour le procès-verbal, ça gagnera du temps.

En route pour l'hôpital. Dans les bouchons. De l'accueil, où ni Kunicki ni Tuma ne sont enregistrés, on m'envoie aux urgences. A cet accueil-là, une dame peu aimable me dit que je n'ai qu'à attendre.

Puisque je n'ai pas que ça à faire, attendre, je monte voir les Guiverec. Là, je suis accueillie par un sourire. Mme Guiverec a un très beau sourire. Comme je suis heureuse qu'elle n'ait pas perdu son mari ! Comme je suis heureuse que lui soit là, en route vers la guérison ! Ainsi qu'à chaque visite, je leur donne les nouvelles du secours, pas brillantes aujourd'hui, le Maudit, les Courtes, le Maudit, plus un Anglais qui est depuis trois jours dans l'éperon Frendo et dont on n'a pas de nouvelles. Même pour un Anglais, c'est long.

Peu importe ce que j'écris dans ces pages. Je le sais que c'est parfois de l'horreur. Mais je l'écris parce que j'ai besoin de le sortir de moi, comme Olivier Fernandez, l'autre jour, avait besoin de parler du piolet dans la tête.

Une fois de plus, je me demande : que ferai-je de ce livre ? Comment le faire ? Aucune réponse facile ne vient.

J'ai lu, il y a longtemps, un ouvrage de Georges Sonnier où était décrit un accident auquel il avait assisté. C'était terrible. Ce que j'écris doit être parfois pis. Je suis amenée à parler de la mort et de la souffrance telles qu'elles sont, non des fourgons jaunasses des Pompes funèbres. Notre société préfère ignorer ce qui est vrai. Et, quand les magazines ou la télévision lui proposent des images d'horreur, on a l'impression qu'elles sont faites pour apparaître comme une fiction, à jamais étrangère à ceux qui la reçoivent, bien installés dans leur fauteuil, mais réservée aux autres. Qu'elles n'ont finalement d'autre but que de faire naître en chacun de nous un fallacieux sentiment de bien-être et de sécurité. Mais hélas non, ça nous concerne. Tous.

Ce qui est certain, c'est qu'à cette expérience que je vis, absolument quotidienne depuis plus d'un mois, sans un jour de répit pour me reprendre, pour penser à autre chose, je chancelle.

Un tel livre, je ne le continue que pour montrer ce qu'est le travail des sauveteurs, des médecins, des équipages... Mais, de cette hécatombe où je me suis trouvée, cette semaine, peut-on faire un livre ? Le transcrire en langue de bois, ce n'est aucunement ce qui convient. Ce serait même inacceptable

Une idée au moins me réconforte, c'est que les innombrables notes que je prends ne seront pas perdues. Elles iront à la Bibliothèque nationale, puisque j'ai appris cet été que l'on y veut mes manuscrits et mon journal, que je tiens depuis l'enfance. Et que tout cela, qui est vrai, qui est humain restera là-bas comme un témoignage complet de ce qu'étaient les accidents et ce qu'étaient les secours en montagne, en 1997.

Avec les Guiverec, je parle de leur vie à venir, de la montagne. Si on a véritablement aimé la montagne, on garde des liens avec elle, quels qu'ils soient. Nous nous quittons. Madame Guiverec m'embrasse. Je m'aperçois que je ne sais même pas son prénom ! Alors qu'elle et lui, leurs problèmes, leurs réflexions ont beaucoup compté pour moi, durant l'été. Nous avons échangé nos adresses.

Je redescends aux urgences où se trouve une dame plus aimable et, en outre, une infirmière, qui m'entraîne dans le service.

Première salle où l'on traite un des Tchèques. Il est vraiment râpé de partout... Frankenstein !... Je lui montre le sac. Ça ne l'intéresse pas.

Je vais à l'autre salle que l'on m'a indiquée. Second Tchèque. Second Frankenstein. Une infirmière lui recoud un bras. Il saigne encore de la figure. Quand je lui montre le sac, il s'épanouit de joie. Sans doute avait-il peur que tout ça n'ait été perdu dans la chute. C'est Kunicki. Plaisir de lui faire plaisir. Maintenant, j'essaye de savoir son adresse. J'écris le mot en majuscules sur une fiche, en français et en anglais, même si c'est presque pareil. Il n'a pas la moindre idée de ce que ça veut dire « adresse ». Il prend la fiche, il la regarde attentivement, il y met du sang, mais il ne comprend toujours pas. Entre une infirmière dont le visage ne m'est pas inconnu, toute charmante. Elle me dit son nom et c'est Olivia Lasserre. C'est elle, je crois, qui me donne une feuille où il y a une adresse bizarre que je me mets en devoir de copier. Entre à son tour Manu Cauchy, qui rigole :

— Vous ici !

Puis entre Bernard Marsigny, qui ajoute :

— Mais il faudra bientôt la mettre en tenue du P.G. !

Je renonce à avoir l'adresse de Tuma que personne ne semble connaître. Je remercie, je dis au revoir, j'ai du sang sur la fiche, j'ai du sang sur la main, j'ai du sang sur une compresse qu'une bonne âme m'a glissée pour que j'essuie le sang. Mais ce n'est pas le sang qui m'impressionne ni ces étranges visages à vif. Ce qui me bouleverse, c'est la souffrance de ceux qui souffrent et surtout c'est l'amour. L'amour blessé de ceux, parents, épouses, amis, enfants, qui aiment des gens qui souffrent ou qui sont morts. L'amour de ceux qui s'inquiètent du mal que leur souffrance peut faire à ceux qu'ils aiment. Il n'y a que cela de beau, ou de terrible, la tendresse et l'amour.

Mais en vérité, après tout ça, veut-on savoir ce que je voudrais le plus ? Etre en forme, avoir vingt ans et partir en montagne !

C'est cela qui me manque. Je voudrais sortir d'un refuge, à une heure, à deux heures du matin, et que le ciel soit plein d'étoiles, que les cailloux d'une moraine bruissent sous nos chaussures, que la lueur des frontales éclaire une zone mouvante de pierrier, puis de neige durcie. On mettrait les crampons, sans se parler. On mettrait la corde. On marcherait. La pente se redresserait. Il y aurait une rimaye à franchir. Puis un couloir. C'est cela que j'aimais le plus. Viendrait le moment où le vide se creuse entre les crampons, où l'aube point, d'abord grisâtre. Et lentement vient la lumière. La montagne apparaît, tout autour. On ne serait que quelques-uns à vivre ce bonheur immense. Quand le soleil se lèverait, nos ombres, un instant, seraient couleur d'azur. Nous serions au sommet quand, en bas, ils dorment tous encore. Et nous, là, devant la beauté de la terre...

Si je le pouvais, c'est ça que je ferais. Demain !

- XXVI -

En terrain d'amitiés

Mardi 5 août

— On va pas la perdre, celle-là, au moins ? C'est pas sa dernière soirée ?

C'est de moi qu'il s'agit et je suis touchée de la sollicitude de Lucien Bérardini. Ce genre de réflexion fait plus de bien que des tas de compliments polis et, en plus, me fait rire. Bérardini dîne chez nous avec Robert Paragot, le capitaine Gin et Hélène, le capitaine Joubert et Caroline, Marc Ledwidge, qui est le secouriste canadien, Jean et Lorraine Afanassief, Sylvie et René Brochard qui séjournent à la maison. Heureusement que Sylvie est là ! Elle a tout préparé, comme une bonne fée. J'ai passé la journée au lit, épuisée, toujours malade. Sylvie s'est occupée du dîner où je descends, vacillante. Il n'est pas inutile de dire ce que c'est, un mois ininterrompu de D.Z. et comme ça use le corps et le cœur.

Mais une belle nouvelle : Marie Claveau a eu son bébé hier. Ce petit miraculé de la montagne et du P.G.H.M. s'appelle Samuel et il est né trois ans moins cinq jours après l'accident de ses parents.

Lucien Bérardini est resté lui-même, formidablement. Je n'ai jamais connu quelqu'un de plus naturel. Il doit en choquer certains. Moi, je l'ai toujours admiré. Et je continue. Il dit ce qu'il pense, sans inhibitions, fortement. C'est un phénomène humain. Il continue à grimper, avec ses moignons de pieds et de doigts, coupés après l'Aconcagua, quand il avait quoi ? Vingt-cinq ans ? Il doit maintenant en avoir pas loin de soixante-dix. Il a fait récemment le Nose au Capitan. Il est magnifique.

Évidemment, vu l'assistance, réunie autour du salon car la table n'y suffirait pas, on parle de montagne et on parle de secours.

J'apprends qu'on a continué à rechercher les trois disparus des Courtes. Alain Iglesis a été descendu dans la crevasse, ce matin. Et on a retrouvé du matériel, perdu lors de la chute. Pas les corps. Les retrouvera-t-on jamais ?

Découvrant qu'il y a maintenant à Chamonix une *via ferrata* et que le phénomène se développe [1], Bérardini donne son avis, sans nuances :

— Ça va encore faire de la viande !

Et puis on passe au problème de la gratuité des secours [2]. Longtemps, j'ai partagé l'avis de John : un forfait, de mille francs par exemple. Il dit que, s'il en a besoin, le plus pauvre des étudiants ou des ouvriers anglais peut les trouver mais que cela ferait réfléchir les gens qui n'en ont pas besoin vraiment. A voir se dérouler cette nouvelle saison, j'ai changé d'avis. Les gens des pays de l'Est sont quelquefois si pauvres que, pour ne pas affronter ce forfait, ils renonceraient au secours,

1. Et que dire de la plus belle arête du Cervin, celle de Zmutt, que l'on menace d'équiper ?
2. Voir l'annexe sur ce sujet.

mourraient peut-être. Et puis Robert Paragot, maintenant président de la F.F.M.E., remarque avec sa sagesse coutumière :

— Quand on y met le doigt, le corps y passe !

Ce sont Marc Ledwidge et Lucien Bérardini qui concoctent une réponse qui n'a rien de « politiquement correct » :

Marc dit d'abord :

— La meilleure solution, c'est d'interdire la montagne aux pauvres ! Ça règlerait tous les problèmes !

Ce que Lucien perfectionne, en concluant :

— Faut interdire la montagne aux connards et aux pauvres !

De temps à autre, comme il est bon de n'être pas coincé par les censures !

Mercredi 6 août

Hier, quand je n'ai pas pu me lever, en plus des recherches aux Courtes, dix secours ont été effectués dans le massif, fractures, entorses, M.A.M., Français, Grecs, Belges, Britanniques, Espagnols, Japonais, Slovaques, Danois... Plus une randonneuse qui s'est tuée en tombant d'un sentier, à la Tournette. Je n'ai pas assez de temps pour en apprendre davantage et passe à aujourd'hui.

Ce matin, même type de secours, M.A.M., fractures, etc. Hors du massif, Philippe Debernardi, de Saint-Gervais, a secouru un parapentiste bloqué au sommet d'un arbre.

A la D.Z., le Dr. Marsigny assure la permanence médicale. Je l'apprécie de plus en plus. Sous l'écorce, chaque fois, son côté humain transparaît davantage à mes yeux. Il est très fort, en montagne, en médecine, en tout. C'est un type immense, assez maigre, gêné peut-être autrefois par sa haute taille qu'il continue, comme un grand adolescent, à chercher à réduire un peu par une légère courbure. Mais il n'y peut rien, il est immense. Il a un visage très frappant, très intelligent. Une bouche mobile. Des cheveux en bataille. Il ne s'embarrasse pas de pub. Il se bat. Pour ses blessés, pour son hôpital menacé, pour le secours. Aujourd'hui, revenant d'un secours médical difficile à la Dent du Géant, il a dit :

— Etre sur le terrain, c'est essentiel pour bien comprendre ! Il faut que je le fasse encore plus.

Après mon arrivée, deux secours sont tombés, assez vite. A cause des nuages, ils ont été difficiles, mais ils ont réussi. C'étaient de ces secours que j'espérais parler, uniquement.

A la Dent du Géant, alerte peu précise. Quelqu'un y a signalé des allées et venues. Et c'est tout !... L'hélicoptère part, avec Alain Darrhort et Michel Gonzalez. On apprend que *Bravo Lima* tourne, en fonction des nuages, dans le secteur indiqué sans voir personne. Enfin le groupe est repéré.

Tout de suite, est alors réclamé le médecin, que l'appareil revient chercher. Pour nous, à la D.Z., se déroule le ballet des retours et brefs approvisionnements en kérosène. A l'origine de l'alerte, on ne savait pas même s'il s'agissait d'un accident. Maintenant qu'est demandée la « réa », nous comprenons que c'est très sérieux.

Le blessé est un Italien qui grimpait en tête, a dévissé. La protection qu'il avait mise a lâché. Il est tombé, au total, d'une trentaine de mètres. Son compagnon s'est brûlé les mains et décalotté le bout d'un doigt en tentant de retenir la corde qui filait. Le blessé a un traumatisme dorsal et, sans doute, une grave fracture du crâne. Le brouillard a enveloppé tout cela. Qui dit brouillard dit : pas d'hélicoptère. A son retour, Bernard Marsigny expliquait :

— Je me voyais passer la nuit à son côté. Et, deux heures plus tard, il aurait été dans le coma...

Mais une éclaircie providentielle a permis à Daniel Poujol de les rejoindre et d'emmener blessé et médecin à l'hôpital. Puis de pouvoir récupérer, un peu plus tard, Alain Darrhort et le camarade de l'accidenté. Celui-ci est un Italien de la bonne quarantaine, un peu corpulent. Il est d'Aoste mais ne parle pas français. Bernard Marsigny, de retour à la D.Z., lui panse les mains dehors, sur la table forestière.

Quand il fait beau, on n'entre pas les blessés à l'intérieur. Ils sont, en principe, immédiatement évacués par ambulance. De toute façon, l'été, il fait aussi chaud dehors que dedans, on les met à l'ombre des sapins et cela évite des marches d'escalier et des manipulations peu souhaitables pour eux. On les passe ainsi d'une civière à l'autre, aisément. Cela évite par ailleurs des ennuis peu hygiéniques. Par exemple, ce jour-là, j'étais assise sur un des canapés, en simili-cuir vert sombre, aussi défoncé que les autres, et j'y appuyais la tête.

— C'est du sang, là ? a demandé Alain Charnay à un moment. Attention où vous posez votre tête !

On a regardé. Il y avait des taches brunâtres qui pouvaient être n'importe quoi et dater de n'importe quand.

— C'est l'Espagnole qu'on a fait rentrer ce matin ! a dit quelqu'un. Elle saignait du cuir chevelu.

— Il ne faut pas qu'ils entrent ! a remarqué quelqu'un d'autre.

Alain Charnay a passé une éponge humide et l'incident était clos.

Bernard Marsigny soigne donc l'Italien à l'extérieur. Il ne doit pas souffrir énormément et fume cigarillo sur cigarillo, sans doute par stress en pensant à son copain. Que se passe-t-il dans la tête des gens ? Mais peut-être connaît-il mal l'autre, est-il contrarié d'avoir manqué la course ? Ou est-il désespéré et ne pas vouloir le montrer ?... Tant de sentiments différents, parfois même contradictoires, sont susceptibles de cohabiter dans un cerveau.

L'autre secours a lieu à l'arête des Cosmiques, au pas de IV, qu'il faudrait recoter en VII, vu le nombre de problèmes qui s'y déroulent, de bivouacs, d'accidents, de secours, de caravanes pédestres... Les nuages font que c'est précisément une caravane pédestre qui a lieu, avec sacs, matériel de secours et perche. Pierre Bernier et Jacques Ottonello rejoignent le blessé, un Américain, lui aussi victime d'une chute et ayant un traumatisme dorsal, mais capable de bouger les jambes et y gardant une sensibilité, ce qui est bon signe.

Pour ce secours des Cosmiques, il a été question de treuiller l'accidenté dans le mur de IV et de finir le secours en caravane pédestre. Mais là encore, une éclaircie a permis d'enlever le blessé. Quant aux secouristes, ils ont rejoint l'Aiguille du Midi par eux-mêmes avec le reste du matériel. Comme il était tard, j'imagine qu'on a dû leur faire une benne spéciale.

Au cours de l'après-midi, j'avais proposé à Daniel Poujol de venir dîner chez nous de tous les restes de la veille. Il avait refusé et m'avait dit :

— Vous savez, on dînera vite, aux tennis, comme ça, entre nous...

Il répondait peut-être ainsi par discrétion mais, en effet, tous pouvaient avoir envie d'être au calme, entre eux. Je n'avais pas insisté. Cet été, je ne fais que respecter, écouter, m'effacer, tâcher d'être prête à tout.

Plus tard, alors que j'avais bavardé un peu avec Daniel Poujol, à propos du difficile secours au Géant, j'ai redit :

— Je sais que vous avez réservé aux tennis... Si vous changez d'avis, ça tient toujours chez moi et vous n'avez qu'à téléphoner... On était douze hier et je crois qu'il y en avait pour vingt-quatre ! Ce ne serait donc pas un dérangement... Et je vous accueillerais avec plaisir, à l'heure que vous voulez, repartant à l'heure que vous voulez aussi, mangeant et ne disant pas un mot si vous préférez !

Il a ri et, du coup, accepté.

Le soir, je suis passée au P.G.H.M. Il y régnait une activité fiévreuse. Le P.G. était d'ailleurs assiégé de journalistes que n'intéressaient que les morts.

Fernandez relayait alors le planton, parti dîner. Pendant que j'étais près du comptoir d'accueil, parlant avec quelqu'un d'autre, il s'est passé un fait caractéristique. Le téléphone a sonné. Fernandez a décroché et dit :

— P.G.H.M. Chamonix, j'écoute.

— ...

— Non.

Et puis il a reposé le combiné, en écarquillant les yeux, et nous a expliqué :

— Celle-là, alors !... C'était un journal... Ils ont demandé : "Est-ce que vous avez eu des morts, aujourd'hui ?"J'ai répondu que non et ils ont raccroché !

Le soir, Olivier Fernandez vient chez nous ainsi que l'équipage de l'hélicoptère qui arrive de nuit, vers dix heures, car Daniel Poujol ne ferme la D.Z. qu'à la nuit tombée.

Bonne soirée. Conviviale, selon le mot à la mode. Nous sommes sur la même longueur d'ondes. Comment raconter une bonne soirée ? Le bonheur n'a guère d'histoire, c'est une atmosphère, une confiance, une affection, une gaieté, des souvenirs que l'on partage aux autres... John va chercher à la cave des bouteilles chaque fois meilleures. Nous avons évoqué M. Père, quand il allait dans le pigeonnier de Varennes, près de Beaune, où il gardait ses vins, et qu'il revenait avec des bouteilles poussiéreuses, sans étiquette ni capsule, en disant à John :

— Vous allez me goûter ça, M. Wilkinson ! C'est de l'authentique !

Et c'était on ne savait quoi, pas même lui, du Pommard, ou du Côtes-de-Nuits, ou du Corton-Charlemagne, et c'était délicieux, en tout cas... Quand John va chercher des bouteilles par ordre croissant de qualité, c'est la preuve flagrante que la compagnie présente ne cesse de monter dans son estime !

Une heureuse soirée, donc, qui s'est terminée vers minuit et demi. Il m'en est resté l'impression saisissante de la chance que j'avais d'avoir connu ces gens-là, et qu'un hasard, une rencontre, m'ait mise sur leur route. Daniel Poujol m'a demandé, durant cette soirée, comment, ayant fréquenté tant de milieux, la Sorbonne, etc. je les ai, eux, perçus. La Sorbonne !... Certains de mes anciens professeurs, oui, d'avant mai 68, et pas tous... Mais je pensais à d'autres, têtes remplies, sans doute, mais à part ça ? Humainement ? De la Sorbonne et de tant d'autres lieux savants, je ne retiens qu'une poignée de gens qui en valaient vraiment la peine.

C'est vrai que j'ai vécu de nombreux événements, souvent grâce à mon père. Pour le remplacer, avant sa mort, j'ai eu à faire un discours dans une grande salle des Nations-unies, à New York, devant quarante ambassadeurs, le secrétaire général des Nations-unies, Perez de Cuellar, et d'autres. Où n'ai-je pas été ? Bon. Et alors ?... Ce n'est rien, vraiment rien, ce que l'on croit être la « grandeur » ! Ma petite bande de copains, à Bleau, autrefois, mes bandes d'amis du chalet « Premier de cordée » ou du refuge du Biolley, ça, c'était quelque chose, c'était fort... Nous étions des gens à part, prêts même à mourir, pour notre bonheur en montagne... La beauté d'un petit refuge perdu et d'un coucher de soleil, cela valait pour nous tous les palais de la terre... Avec ceux du P.G.H.M., j'ai retrouvé quelque chose qui est semblable à mes bandes d'amis d'autrefois. Ils sont simples, ils aiment la montagne et eux non plus ne se prennent pas au sérieux, comme l'a montré cette phrase parmi celles que Fernandez a dites, ce soir :

— Les gens qui nous traitent de héros n'y comprennent rien !... Nous sommes des êtres humains qui cherchons à rendre service à d'autres. Et c'est tout !

Voilà donc ce que je n'ai pas répondu à Daniel Poujol, sur le moment, mais qui est la bonne réponse. Voilà comment je les « perçois ».

Jeudi 7 août

En fin de matinée, je rencontre Jean-Claude Gin et lui explique le plan de ce livre et la façon dont il commence à s'organiser : chronologiquement, parce que le temps est le facteur de base, dans une saison et que la suite se ressent de ce qui s'est passé auparavant. Je lui dis de quels renseignements j'aurai besoin... Vers midi on a fini, mais au moment de se séparer, debout, la conversation se poursuit, moins formelle. Il me taquine sur mon antipathie pour les médias, je la justifie, lui donne des exemples, lui dis que je ne suis pas seule à penser ainsi. Parfois, j'ai l'impression de servir à tout, même d'agent de liaison... Ne parlons pas de la D.Z. où il me semble certains jours être la psy... Que dis-je ? Plutôt la cantinière du régiment... La dame à qui on dit des tas de choses, sans rapport avec le secours, lesquelles, évidemment, ne débordent pas dans mes notes.

L'entretien a apaisé certaines tensions. La mort de Régis Michoux, la densité de secours tragiques, groupés en une dizaine de jours, la rupture du treuil en Suisse, l'accident d'un hélicoptère dans les Pyrénées, tout cela a créé une pression générale, maîtrisée, certes, mais sensible jusqu'à la surface, de même qu'un volcan peut sembler, de l'extérieur, identique, alors qu'il s'est rempli de lave dont la masse en fusion frissonne, frémit et bouillonne.

Aujourd'hui, le temps, plutôt orageux, a incité à la prudence. Il n'y a guère de monde en montagne et, partant, guère de secours. Je me décide alors à faire une démarche bien qu'elle me coûte énormément. Olivier Fernandez m'a parlé du Russe, Alexei, dont la fiancée est morte. Il lui a rendu visite à l'hôpital et m'a dit :

— Allez le voir... Il parle anglais... Il a les yeux tout rouges à force de pleurer, avec des larmes qui perlent sur les coins... On ne sait pas trop quoi lui dire, mais il est seul et il est malheureux...

C'est vrai, il fallait que j'y aille, mais j'en ai été malade, encore plus, littéralement, et davantage à mesure qu'avançait la journée, tant cette visite m'angoissait. Moi non plus, je ne saurais pas quoi lui dire... Encore moins qu'Olivier, qui l'avait secouru !... Et pourtant, quelles journées il doit passer... On est jeudi après-midi. Il y a quatre jours qu'on l'a descendu, qu'il est seul avec ses pensées noires.

Pour l'aborder, j'ai décidé de venir avec une rose, de cueillir la plus belle du jardin et de la lui apporter. J'ai pris un petit vase pour la mettre, que je laisserai là-bas et j'ai choisi une rose blanche, encore fermée, bordée d'un peu d'incarnat. Tout cela, je me dis qu'il faut le tenter, que c'est gentil, mais je me demande comment ça se passera. Je regretterais tant cette démarche s'il allait ne pas l'apprécier. Je ne voudrais pas lui faire un peu de mal en plus...

J'ai monté l'escalier de l'hôpital, avec ma rose à la main, très idiote. Il y a des glaces partout, dans cet hôpital, à droite de l'escalier, et puis en face, quand on arrive. Je ne voulais pas me voir, je montais en regardant mes sandales, l'estomac noué. On m'avait dit à l'accueil :

— Boldyrev ! Chambre 21 ! Lit près de la fenêtre !

J'ai frappé et je suis entrée. Dans le lit le plus proche, il y avait un blessé de V.T.T., anglais, alpiniste d'ailleurs mais qui, un jour de mauvais temps, avait loué un vélo et s'était cassé la figure, fractures, etc. Moyennement sympathique parce qu'il s'était mis du sport à la télévision et qu'il n'a pas baissé le son.

Alexei était couché dans l'autre lit, près de la fenêtre. Il a eu un air étonné que j'aille vers lui. J'ai commencé par lui montrer la jolie rose et me suis occupée à la mettre dans le petit vase, avec de l'eau, sur la table proche de lui. C'était une façon, je ne sais comment dire, de montrer que je venais en amie. Je ne voulais pas me targuer de mon titre d'écrivain de montagne, je ne voulais pas qu'il croie que j'étais une journaliste avide du malheur des autres. La rose servait aussi à cela. Je me disais qu'ayant perdu sa fiancée, il était, à part Fernandez et Bernard Stoop, tout seul ici à se remémorer son deuil.

C'est un grand homme brun, quarante ans, mais l'air jeune, le visage assez maigre, des cheveux noirs, une moustache noire et une barbe qui lui a envahi le menton et les joues, depuis une huitaine de jours qu'il est parti en course. L'ourlet de ses yeux est très rouge. C'est vrai, qu'il doit pleurer souvent.

Je me suis assise à son côté, près de la fenêtre, je lui ai fait un sourire mais avec envie de pleurer, et j'ai commencé à me présenter, à lui parler, à lui dire que j'avais fait beaucoup de montagne, que son accident avait ému tout le monde, puis que j'étais à la zone d'hélicoptère quand on les avait redescendus, lui et Elena, que leur accident m'a bouleversée. Que c'est pour ça que je viens le voir, que je connais Fernandez, son sauveteur, qui m'a parlé de lui. Et que si je connais Fernandez, c'est parce que je suis un peu écrivain de montagne et que j'ai trouvé que les secouristes étaient des gens si bien que cette année, j'écris un livre sur ce qu'ils font. Amené ainsi, tout est dit, ce n'est pas choquant et le contact s'établit.

La télévision du voisin nous gêne, d'autant qu'ayant une fracture du rocher, Alexei entend mal de l'oreille gauche et que, fatigué, un peu drogué par des médicaments anti-douleur, il parle bas, mais dans un bon anglais. J'ai été choquée, plus tard, de voir le magazine qui, à l'époque du secours m'avait inspiré si peu de sympathie, parler avec mépris de « son anglais d'occasion » ! Je doute que le journaliste sache mieux l'anglais et je ne sais même pas s'il a vu, à l'époque, Alexei. Pourquoi rabaisser les choses ainsi ?

Alexei me raconte le secours, dans son déroulement, avec des détails techniques qu'il a perçus. Je me rends compte que c'est bien d'être venue, qu'il a besoin de parler et qu'il a besoin qu'on l'écoute. En fait, je n'ai que cela à faire : écouter, écouter, écouter. Et puis, du secours, il en vient à la course, aux circonstances de l'accident, à tout ce qu'il ne cesse de passer et de repasser dans sa tête.

Il en vient à sa vie, à l'U.R.S.S., au fait de pouvoir sortir librement. Je sais d'expérience que les Russes sont intarissables lorsqu'ils expriment leur relation avec le système soviétique et je pense que c'est bien qu'il parle d'autre chose que de l'accident.

Il parle bas, mais sans s'interrompre. Il me dit que, son père étant un écrivain reconnu du régime, il a eu des facilités de vie, des accès à des datchas, à des hôtels chics de vacances. Mais il m'explique comment il a découvert, peu à peu, que le communisme qu'on lui présentait comme la perfection du monde, ce n'était pas cela. Il me raconte qu'il l'a jugé secrètement et rejeté mais qu'il restait dans une erreur : croire que l'U.R.S.S. était, quand même, au moins, le plus beau pays du monde et s'étonner que les gens libres ne s'y précipitent pas, alors qu'ils le pouvaient.

Il est né en 1957. A onze ans, il a été bouleversé par la répression du Printemps de Prague. Il me parle beaucoup des Tchèques, de la culpabilité de son pays envers les Tchèques. Il est allé à Prague, il m'en parle beaucoup aussi et se désole que l'Europe ait été ainsi partagée, en 1945. Tout cela, qui peut sembler étranger au secours en montagne, ne l'est pas. La conversation se déroule à l'hôpital, elle est ponctuée de passages d'infirmières, de tensiomètres et de thermomètres. Et le blessé fait cette démarche psychologique qui l'abstrait de son drame.

Il parle toujours, presque apaisé. Il dit que s'il n'y avait pas eu Staline, il y en aurait eu un autre, pareil. Il dit que les Soviets ont fait au moins vingt millions de morts, mais peut-être le double. Je le sais, mais je le laisse dire car il est heureux de s'exprimer. Depuis l'écroulement des Soviets, en 1989, il a lu deux utopies dont il trouve qu'elles s'appliquent exactement au communisme : celles de Thomas More et de George Orwell, qui l'ont, toutes deux, enthousiasmé.

Alors, brièvement, je lui raconte mon transsibérien et les rocambolesques aventures où je me suis trouvée entraînée. Il comprend tout cela à demi-mot et je l'amuse. Il rit plusieurs fois. Je me demande s'il a déjà ri, depuis son accident, mais, c'est bien, de rire...

Alors je lui demande ce qu'il fait, dans la vie. Il prépare des programmes informatiques pour une société dont le siège est en Suisse. Et ça le fait revenir au communisme. Il me dit que, quand on élabore un programme, il faut sans cesse élargir sa pensée, voir toutes les possibilités qui en ouvrent d'autres. Et parfois, on s'aperçoit qu'il y a trop de données, trop de complexités de plus en plus enchevêtrées, il faut alors annuler la recherche, car ce programme n'est pas bon puisque, pour qu'il tienne, il faudrait d'infinies ramifications que l'on ne saurait bien prévoir. Le communisme, à ses yeux, c'était pareil, mais personne ne l'a compris et n'a pu annuler le programme. Je lui réponds que le communisme a aussi omis le fait que les hommes ont en eux du bien et du mal et qu'il a été conçu comme si les hommes étaient seulement bons, donc ça ne peut fonctionner.

Nous discutons de tout cela, très en phase. Il est loin le moment où j'arpentais le couloir avec une rose à la main. La connaissance est faite.

Alexei a travaillé plusieurs années sur l'intelligence artificielle et me propose d'autres comparaisons. Il n'arrive pas à comprendre qu'il y ait eu, et qu'il y ait encore, des communistes dans les pays de l'Ouest, alors qu'ils avaient la possibilité de se documenter.

Après avoir passé avec lui environ deux heures et demie durant lesquelles il s'est, je crois, détendu, senti moins seul, je le quitte et lui promets de revenir.

- XXVII -

8 et 9 août

Vendredi 8 août

La D.Z. est envahie par des journalistes de toutes nationalités. Ils ont pris possession du chalet et l'occupent dans son entier. Leur matériel aussi, boîtes et appareils partout. Les secouristes et le médecin sont dehors parce qu'à l'intérieur il n'y a plus place pour personne d'autre. Même leurs camionnettes, bourrées de machines à touches et à boutons, vrais petits studios de télévision ambulants, occupent le terrain de la D.Z. Pourquoi ne les leur fait-on pas mettre à l'extérieur ? Leur imposer une légère gêne rabattrait peut-être de leur superbe.

L'hélicoptère, avec une imperturbable régularité, décolle au milieu de tout cela, revient charger du matériel et prendre du kérosène, repart, se pose avec un blessé, redécolle, fait enfin ce qu'il a à faire. Il y a en effet divers secours : ophtalmie d'un Grec au Mont Blanc, M.A.M. d'un Italien accompagné d'un guide suisse, au sommet de l'Aiguille Verte, M.A.M. d'un autre Grec au Mont Blanc, etc.

En venant, j'ai acheté de mauvais gré mais par conscience,

le magazine dont les journalistes nous avaient tant irrités la semaine dernière et qui vient de paraître. C'est ce que l'on pouvait attendre. Photos, parmi lesquelles ne figure heureusement pas, pour les raisons que l'on sait, le corps d'Elena planant sous l'appareil, qui aurait peut-être « fait » la couverture... Quant au texte qui les accompagne, ce n'est qu'un tissu d'erreurs... Nous l'étudions, Manu Cauchy, de garde aujourd'hui, Bernard Marsigny et Olivier Fernandez, de passage, et moi. Du moins, est-ce presque drôle, car il est difficile d'accumuler plus de fautes, de poncifs et d'informations mal digérées... Quelle négligence dans le travail et quel mépris pour les autres ! Tant de périodiques se contentent de remplir des pages, avec n'importe quoi... Sans doute veille-t-on à ce que les photos aient un degré parfait de netteté. Mais, pour le reste, nulle exigence, ni de style, ni d'exactitude, ni de rien. C'est illogique... De même, à la télévision, on imagine tout un plateau de techniciens de l'image et du son, s'affairant à fournir une qualité parfaite... mais de quoi ? d'émissions souvent très médiocres. Cette primauté du matériel, du superficiel caractérise sans doute notre fin de siècle et il n'y a pas à en être fier.

Olivier Fernandez et moi avons mieux à faire. Un des soucis d'Alexei, un de ses grands regrets, ce à quoi, du fond de son malheur, il s'intéressait profondément hier, c'était à son appareil de photo toujours dans son sac de montagne, lui-même resté, pensait-il, dans leur bivouac du Dru, car cet appareil contenait la pellicule où figuraient les dernières photos d'Elena vivante. La veille, j'avais téléphoné à Olivier qui m'avait appris qu'en revenant des recherches aux Courtes, il s'était fait treuiller au passage pour récupérer le sac, qui se trouvait au P.G.H.M. En repos, aujourd'hui, il devait passer le chercher et nous avions rendez-vous ici. L'appareil est couvert de buée, de gouttes. Nous le faisons sécher à l'air et décidons d'aller ensemble, en début d'après-midi, voir Alexei à l'hôpital et de le lui montrer. Ainsi, il aura deux instants de plaisir, d'abord celui de savoir qu'il est retrouvé, puis celui d'avoir les photos.

Effectivement, quand il nous a vus entrer dans sa chambre avec l'appareil, son visage s'est éclairé de bonheur.

Il est un peu mieux que la veille. Reposé, souffrant moins sans doute. Les infirmières l'ont rasé, ce qui le change beaucoup, mais son visage en paraît davantage creusé par l'épreuve. Olivier se charge de donner les photos à développer. Il en prend une d'Alexei avant d'enlever la pellicule. Nous restons un moment avec lui.

L'après-midi se déroule sans secours important. Fracture de cheville d'un Croate au Goûter, M.A.M. au Mont Blanc, luxation de l'épaule d'un Espagnol, Hollandais en difficulté sur une moraine...

Inauguration, le soir, du salon du livre de montagne, à Passy, où je vais voir quelques amis. J'ai renoncé à faire, les jours suivants, des signatures dans cette fournaise.

Samedi 9 août

Grand calme mais soudain, voici un appel pour une ophtalmie au Mont Blanc.

Et cela, c'est plutôt drôle car, depuis hier, Manu Cauchy, médecin de garde ici, travaille avec des lunettes noires. Avant-hier, il a fait le Mont Blanc par les Cosmiques où il a oublié sa trousse et ses lunettes de soleil... Si le corps médical éprouve ce dont souffre ses malades, ça ne peut le rendre que très compréhensif...

Quelqu'un lance :

— Manu ! Prends ta canne blanche !

— Pour Manu hier, m'explique-t-on, le premier secours, ça a aussi été une ophtalmie...

Et il imite le médecin tâtonnant au hasard pour chercher son patient :

— Où êtes-vous ?... Où êtes-vous ?

L'hélicoptère s'envole avec Jean-Louis Oustry et nous ramène bientôt la « victime ».

— Ça vous fait mal ! lui affirme Manu, riche de sa propre expérience.

Deux cameramen sont entrés derrière la jeune fille et filment toute la conversation. En fait, la jeune femme ne souffre pas, mais voit « blanc », ne distingue plus certaines couleurs. C'est plutôt un cas de cornées gelées. Manu téléphone au Dr. Blein, l'ophtalmo, qui peut la recevoir mais tout de suite, avant de fermer son cabinet. Peut-elle y arriver si vite ? Décidément chauffeur attitré de la D.Z., je résouds le problème en disant que je vais l'emmener immédiatement. Pas la peine que la fille attende une demi-heure un V.S.L.[1]. J'aurais décidément, cet été contribué à combler le « trou » de la Sécurité sociale.

La jeune fille est de l'Ardèche, sympathique. Pendant le trajet, elle me raconte qu'elle n'a jamais fait de montagne mais s'est inscrite pour un stage d'une semaine avec une femme-guide. En prime, en fin de semaine, le Mont Blanc. En super-prime, des cornées gelées.

Son Mont Blanc, la jeune Ardéchoise l'a réussi, néanmoins, et quand elle aura récupéré ses cornées, ça lui fera sans doute un bon souvenir.

Combien sont-ils, chaque été, à faire des stages de ce genre, sans envie préconçue, comme ils auraient fait de la voile, de l'équitation, du canoë, du rafting, de la spéléo, de

1. Véhicule sanitaire léger. En français : petite ambulance.

la poterie, de la vannerie, des danses régionales ? Je ne peux m'empêcher de me le demander... Sans vocation spéciale, en tout cas. Des dizaines de milliers sans doute, qui parcourent la moyenne ou la haute montagne. Je lisais hier qu'il y a 1 300 guides inscrits au syndicat national des guides ! Il faut qu'ils travaillent, maintenant... Il faut que l'immobilier travaille... Il faut que les campings travaillent... Il faut que les hôtels et les restaurants travaillent... Il faut que les magasins d'articles de sport travaillent... Et les fabricants... Etc.

Par ailleurs, il y a une quantité de gens qui ont du temps libre et ne savent pas quoi en faire... Nous en connaissons tous des vacanciers, des étudiants, des pré-retraités, de jeunes retraités, des semi-désœuvrés qui ont besoin d'occuper leur temps. Avec plaisir parfois. Parfois aussi parce qu'ils ne savent pas trop que faire.

Entre ces deux parties, il est inévitable qu'il y ait rencontre.

Cela m'arrive de choquer en disant qu'en France, la plus grande catastrophe écologique du siècle, a été les congés payés... Je le dis, exprès, à ceux que je sais faire bondir, car pour eux l'écologie se confond avec la politique... Mais ce n'est pas si faux !... Tant de lieux et de sites détruits, irrémédiablement abîmés par des immeubles, des routes, des autoroutes, des aires, des parkings, des téléphériques, voire des refuges... Ça, c'est le prix qu'on fait payer à la nature.

Et puis, il y a le prix que paie l'homme. Et ce n'est pas près de finir ! Particulièrement en montagne. On ne peut lancer dans la nature des dizaines et des centaines de milliers de personnes, notamment à travers les Alpes, sans qu'il leur arrive rien. C'est cela, la réponse à ceux qui s'interrogent sur les accidents de montagne. Une réponse mathématique.

Or, la montagne ce n'est pas et ça ne peut pas être une banalité. Elle demande une motivation particulière. Elle demande à être aimée, désirée. Pas à être consommée comme un « produit ».

Certes, il faut avoir eu l'occasion de la découvrir. Mais cela se fait tout aussi bien lors de vacances en vallée, quand on est enfant ou adolescent, comme ce fut le cas de Jean-Marie Choffat, envoyé à quatorze ans dans une colonie de Peugeot, qui bouleversa toute sa vie[1]. Ou par une démarche vraiment personnelle : une fois, prendre un guide, pour voir.

On ne peut certes espérer revenir à l'époque de Saussure ou d'Henriette d'Angeville, mais la montagne standardisée, ramenée au niveau d'un passe-temps quelconque, c'est choquant.

Ces réflexions générales n'ont rien à voir avec le cas particulier qui les a suscitées. La jeune Ardéchoise était sympathique et, qui sait, peut-être sera-t-elle une des rares qui ont un coup de foudre pour la montagne, après un stage.

Dévissage d'une cordée dans la voie normale de la Tour Ronde, course facile, d'autant qu'elle se fait sans montée au refuge, par la première benne. L'accident, en tout cas, finit bien : il s'agissait d'un guide, qui n'a rien, et de sa cliente, qui n'a qu'une entorse.

Huit contre sept ! Score entre journalistes et personnes actives pour le secours. Les journalistes sont gagnants. Ils grouillent partout, parlent haut et fort et, comme hier, ont toutes leurs voitures sur le terrain.

Secours à l'Aiguille Verte, dans l'arête du Moine, à la descente. Quatre Français parmi lesquels un « malade ». On descend le tout. Mal physique ou mal au moral ? Quand le premier, le malade, est arrivé dans le chalet, c'est Jean-Claude Gin, présent, qui a relevé son identité, mais comme on l'a

1. Voir ses *Brodequins du soleil,* Ed. Alzieu, 1997.

appelé au téléphone, j'ai demandé au garçon s'il voulait boire quelque chose et ce qu'il avait. Il a secoué la tête et m'a répondu :

— Rien ! J'ai été bête...

Il avait un air malheureux. Je suis allée lui chercher un verre d'eau qu'il a aussitôt avalé. Puis on a descendu ses camarades. Autrefois, c'est vrai, malaise ou trouille, tout ce petit monde se serait débrouillé seul. Mais enfin...

— On préfère les descendre dans cet état-là ! a dit un secouriste.

Et c'est vrai... En repensant à ces quatre, j'imagine des tas de choses. Ils se sont peut-être engueulés ? C'est relativement fréquent, mais c'est le genre de détails qui n'arrivent jamais jusqu'ici.

Dans la foulée, plus grave, le cas d'un enfant de treize ans qui se promenait en moyenne montagne avec sa famille, près de Bérard. Tombé dans un pierrier. Traumatisme crânien, perte de connaissance, semi-coma. Conscient mais agité. Transport direct à l'hôpital.

C'était une promenade en famille. Le garçon faisait la course avec un autre, sur un pierrier.

— Ils étaient là au moins dix, m'a-t-on dit, et personne ne les surveillait !

Ce n'est peut-être pas évident de « surveiller » un enfant de treize ans, qui revendique son indépendance... Le problème réside, une fois de plus, dans cette banalisation de la montagne et de la moyenne montagne. Le dire et le répéter s'impose puisque c'est à la source de nombreux secours. Un sentier, c'est facile. Les bords : ça peut être raide. Les pierriers, c'est par définition instable.

On apprendra le soir que l'enfant a été transporté à Grenoble dans un service de neuro-chirurgie, avec une fracture du crâne.

Nous continuons, entre nous, à gémir sur les journalistes, à juger que, cette année, il y en a trop, qu'ils s'agglutinent comme des mouches. Même Manu, qui leur répond assez volontiers, nous explique qu'il a été gêné — et que chaque fois c'est pareil — quand, descendant de l'hélicoptère, il est allé vers l'enfant étendu qu'entourait sa famille, et que derrière lui marchait un cameraman, enregistrant tout.

Dans le chalet d'attente, plus tard, cinq journalistes, dont quatre ne parlent qu'anglais, interrogent Manu. Il cherche parfois un mot ; au besoin, j'essaye de l'aider et l'on rigole, en français, pour se détendre un peu. Ainsi, comment dire une « grimpeuse », au féminin ? J'invente *« a she-climber »*, comme on dit *« a she-wolf »* pour dire une louve.

Toujours à propos de ces sacrés journalistes, la remarque d'un secouriste entendue ce jour-là :

— Ça déconcentre !

Je crois qu'elle venait de celui qui écoutait, peu avant, au téléphone, les données d'une alarme : localisation, nature des blessures, etc. A cinquante centimètres de son visage, deux caméras le filmaient, l'enregistraient. Or ce n'était pas du cinéma ! Il s'agissait de recevoir au mieux des informations concernant un vrai secours. Mais pour les cinéastes, c'était du cinéma. C'est là qu'est la faille. On ne peut mélanger tous les genres. Dieu sait que ceux qui font le secours, gendarmes et équipages, ont besoin de l'être, concentrés.

Nouveau secours pour la cliente d'un guide. Banal. Une Espagnole qui s'est fait une petite fracture en descendant du refuge d'Envers. Le guide, français, est entré dans le chalet donner les renseignements nécessaires au procès-verbal. Brun, la trentaine peut-être. Grinche comme ce n'est pas permis !

Pas content, pas aimable, crispé, fermé, hostile. Ah ! Que je ne voudrais pas être le client qui, au tour de rôle, tire un guide comme lui ! Le tour de rôle, c'est quand même une loterie. On peut tomber sur un type formidable. On peut tomber sur celui-là. Bouh !

Dans la foulée, une entorse sur la moraine d'Albert Ier, puis une autre aux Chéserys. Le sentier des Chéserys est un vrai réservoir à entorses.

Jean-Louis Oustry entre dans le chalet en riant et nous dit :

— Je viens de faire une gaffe !

Deux ambulances sont arrivées en même temps sur le terrain et on lui a demandé :

— Où sont les blessés ?

— Pas encore arrivés, je pense.

— Pardon ! ont dit les entorses, qui bavardaient sur le banc, devant la cabane du matériel, c'est nous, les blessés !

Passe, vers quatre heures et demie de l'après-midi, une assez jeune femme, en collant noir. Elle est guide et cherche sa cliente, la jeune fille aux cornées gelées du matin, qu'on ne retrouve nulle part ! Elle n'est pas au gîte où elle loge, elle n'avait pas d'argent... Manu Cauchy explique de quoi elle souffrait et ajoute qu'il l'a adressée au Dr. Blein, directement. Je précise qu'on peut me considérer comme la dernière personne à l'avoir vue vivante car c'est moi qui l'ai déposée là-bas... Mais on est samedi après-midi et le cabinet est fermé. Le mystère reste entier, mais se sera en tout cas éclairci puisque le lendemain, la cliente est venue remercier à la D.Z. et m'a remerciée aussi. Heureux cas. Heureuse fin. Gentille accidentée, d'autant que tous ne pensent pas à dire merci.

Daniel Poujol entre dans le chalet de la D.Z. et me demande si je veux faire la connaissance de sa femme, qui est au dehors, en visite. Certes oui ! Je sors et l'on s'installe autour de la table forestière où les journalistes ne viennent pas trop. Brigitte Poujol me plaît beaucoup. Elle est fine, belle, avec un joli regard. Ils forment un sacré couple, elle et lui ! Et il y a leurs enfants : Alexandra, sept ans, extraordinairement maternelle avec son frère, Nicolas, deux ans, qui est d'une vitalité étonnante. Un vrai garçon, sans cesse actif... Il court, déplace de petits cailloux, arrache de l'herbe, tombe, se relève, un genou plein de sang, sans pleurer et ne pleure pas non plus quand Olivier Fernandez nettoie délicatement sa plaie, puis il repart, court à nouveau, ramasse d'autres cailloux... On se trouve cinq ou six adultes, inactifs pour l'instant et médusés par ce formidable besoin d'activité d'un petit enfant.

Les enfants, Dieu merci, en voilà d'autres ! Un ami de Daniel Poujol arrive avec quatre petits auxquels il veut montrer l'hélicoptère et dont la taille s'échelonne.

— Les Dalton ! disait l'autre jour Robin Joubert, parlant des enfants de la rue du Lyret.

Alexandra vient prendre Nicolas dans ses bras. Six enfants ! Du coup, les voyant, un touriste de l'extérieur ose entrer, avec deux autres petits, en demandant s'il peut, lui aussi, leur montrer l'hélicoptère. Huit enfants ! Étonnés, émerveillés, heureux, ravis. Soudain, il me vient à l'esprit que c'est la gloire de *Bravo Lima,* de donner tout ce plaisir à de petits enfants, après tant de missions, souvent de vie, parfois de mort, mais presque toujours de drame. En ce moment, il n'y a plus qu'innocence et bonheur. La D.Z. est devenue un paradis terrestre ! Abstraction faite des journalistes, évidemment...

Là-dessus, tombe un nouveau secours. Aucun secours n'est drôle, mais celui-là répand la joie chez les secouristes.

— C'est Maxou !

— Pas vrai ?

— On va aller secourir Maxou !

Maxou, c'est Max Buttoud. Aujourd'hui, en repos, il emmenait au Mont Blanc sa femme et une amie de sa femme. Ils sont partis par la première benne de l'Aiguille du Midi, ont fait la traversée, le sommet, sont descendus par les Grands Mulets. Et voilà qu'en sautant une des dernières crevasses, Mme Buttoud s'est abîmé une jambe. On saura plus tard qu'il s'agit d'une bonne entorse et d'une félure du péroné.

— Tu y vas seul ! disent à Manu Cauchy Bernier et Fernandez, les secouristes. Ça fera une personne de moins dans l'hélico et Maxou saura t'aider !

Manu prend une attelle, son sac, et voilà l'hélicoptère parti. Le petit Nicolas regarde avec de grands yeux son père s'envoler.

Pierre Raveneau est là, toujours souriant, apaisant, même face aux journalistes. D'un air malicieux, il lance aux autres :

— J'espère que vous allez lui faire une haie d'honneur, à Maxou, quand on va le descendre !

Puis il s'éclipse. Sa nouvelle dignité de major ne lui permet sans doute pas de participer à de joyeuses farces, et beaucoup de travail doit l'attendre au P.G... Mais l'idée est née et la réception s'organise. Les deux secouristes, dans leur tenue réglementaire, vont chercher leur piolet. Le second mécanicien, en combinaison kaki, s'est armé d'une hache jaune, trouvée je ne sais où. Alain Charnay, gendarme aussi, mais en short car il sert de secrétaire, prend une pelle à neige. Et Robert Petit-Prestoud, qui a longtemps commandé les pompiers de Chamonix, trouve encore je ne sais quel instrument.

Tous se présentent en ligne, très militaires, mais de temps à autre, l'un d'eux a une idée nouvelle et court chercher une amélioration. Olivier Fernandez sort du hangar un vieux brancard, haut sur pattes, assez poussiéreux. Bernier, dit Bibi, lance :

— Si on sort un sac à macchabée, tu crois que ça va lui déplaire, à Maxou ?

Il est décidé que ça déplairait... Mais on ne cesse de s'esclaffer de tous ces préparatifs.

Il ne faut pas oublier que la D.Z. est pleine de journalistes, anglais, allemands, français même. Pas un ne bouge pour filmer ça ! J'en suis stupéfaite. Mais ils ne saisissent donc rien ? Ils n'ont pas le sens de l'événement ? De tous les événements ?

Je leur dis, aux uns et aux autres :

— Mais vous ne comprenez pas ?... C'est ça aussi qu'il faut filmer !... Le côté humain de la D.Z. !... La vie !... C'est drôle !... Bougez-vous !

Je le dis en français, je le dis en anglais, je me déplace des uns aux autres. Ils s'en désintéressent. Ça sort de leurs clichés.

Un gros balourd, à qui je le dis en anglais, parce qu'il travaille pour des Allemands, me répond d'une voix peu accorte qu'il est de langue française. En fait, suisse. J'essaye de lui faire comprendre, à lui, au moins. Peine perdue. Lui ou un autre lâche :

— De toute façon, ça ne passera pas...

Voilà comment ils sont ! Ça « passe » sur le sacro-saint petit écran, ou ça n'a aucune chance d'y passer et, dans ce cas, rien au monde n'en vaut la peine. Ils ne vivent et ne réagissent eux-mêmes qu'en fonction de la « demande », celle qui leur est faite, en tout cas et je ne suis pas sûre que ce soit celle du public.

— S'ils ne peuvent pas vendre, ça ne les intéresse pas, m'a dit plus tard Gilles Bidon, à qui je racontais la scène.

Ce sont des robots !

Jusqu'à présent, il n'y a que deux journalistes que j'ai supportés, sur le nombre. J'ai pris leur nom et peux donc leur rendre cet hommage. Ce sont ceux qui travaillent pour *Pioneer*

Productions : Gilles Perret, le cinéaste et Ben Duncan, un Anglais roux.

La haie d'honneur se constitue, face à l'endroit où se présentera la porte de l'hélicoptère. Celui-ci se profile dans le ciel, approche, vrombit, rugit, tintamarre et se pose devant nous, rotor tournant encore. Il n'y a pas de « Présentez armes ! », vu le bruit, mais c'est tout comme... Petit doigt sur la couture du pantalon, piolets et outils divers dressés, la rangée de cinq honore l'arrivée du copain.

Copain qui, de l'hélico, brandit un poing vengeur, puis s'aperçoit que les cinéastes le filment — parce que c'est la descente d'un accident et que ça, ça entre dans leurs catégories — et interrompt aussitôt son geste.

Peut-être y aura-t-il eu quand même une photo ? Bibi était allé prendre l'appareil officiel, qui sert aux constats judiciaires, et l'avait confié à Gilles Perret, pour une photo unique, en soupirant :

— C'est développé dans les services à Paris... On va se faire engueuler... Mais tant pis !

Puis on descend Mme Buttoud, qui a l'air un peu secouée par l'aventure. Elle arrive à sourire mais sans plus. On la sent fatiguée.

Là, mon imagination fonctionne ! J'ai connu trop de femmes que leurs époux tenaient à emmener en montagne, forçaient, poussaient contre leur gré, ne comprenant pas qu'elles ne puissent pas, enfin, s'ouvrir à leur passion, ou du moins la percevoir. Mais, ces femmes, la montagne ne leur disait rien et jamais, à ma connaissance, ces efforts ne furent des réussites. Peut-être en est-ce encore un cas. Je me trompe, heureusement, et l'apprendrai le lendemain.

Fernandez, pour ranger le vieux brancard à roues, le lance

sur le macadam et, quand il a de la vitesse, se jette dessus à plat ventre, comme un gamin.

C'est cela, l'équilibre que l'on trouve à la D.Z... Des hommes qui sont capables d'accomplir, d'un instant à l'autre, un secours en paroi, très difficile, très dramatique, ou de rencontrer la famille malheureuse de blessés, de morts, et de s'occuper d'elle avec un tact merveilleux, mais qui savent aussi se ressourcer, s'amuser, dans un esprit d'enfance.

Le soir, en partant, je rends visite à Alexei, comme tous les jours maintenant. Olivier Fernandez, qui s'est occupé de faire développer les photos, m'a dit qu'il m'attendait et qu'il en avait deux qu'il voulait me donner, dont une d'Elena. En fait, Alexei me les montre toutes, me les explique, me les commente, m'en offre. Je découvre à mon tour la beauté d'Elena.

C'est à huit heures et demie que je quitte l'hôpital. Lourdes journées...

-XXVIII -

Un long dimanche

Dimanche 10 août

Jour très chargé, typique de ce que peut être un dimanche ensoleillé de la première quinzaine d'août.

La météo prévoyait hier, avec exactitude, le beau temps et « un soleil de plomb ». Comme elle annonçait ensuite une dégradation et des orages, beaucoup de grimpeurs et de randonneurs ont voulu profiter de cette occasion, suivie d'on ne sait quoi.

Pour commencer une sorte de M.A.M., ou de crise d'appendicite, à l'Aiguille du Goûter. Il s'agit d'un Roumain assez jeune et très moyennement sympathique. Il faut l'emmener vite à l'hôpital et je suis heureuse que Duncan, l'Anglais de *Pioneer*, ayant à repartir, décide de l'emmener et me décharge du transport que je m'apprêtais à faire, pour réduire le délai.

La D.Z. connaît ensuite un moment de répit. François Lecoq m'apprend qu'il a eu cette année une petite fille, Marouchka, et que son arrivée a changé sa façon de faire de la montagne et d'estimer les risques afin d'en prendre moins. Que de naissances depuis cet été 1994 où je les ai tous connus ! La fille de François, la fille de Manu, le fils de Daniel

Poujol, celui des Claveau, d'autres encore... Quelle bouffée de fraîcheur qu'apprendre des naissances ! Ici particulièrement...

Survient une alerte. Il s'agit d'une chute en crevasse, à la Jonction. Filmé de près, enregistré, comme cela devient la norme ici, Daniel Duret tâche de se concentrer pour recueillir les données qui lui sont transmises au téléphone.

Lorsqu'il s'agit d'urgences, lorsqu'il s'agit de comprendre des indications, souvent imprécises, quant au lieu et aux circonstances d'un accident, ce mélange des genres choque de plus en plus. Chaque jour j'y réfléchis parce que chaque jour le fait se reproduit, comme une sorte de pollution de la réalité par du virtuel. Quel est le « devoir d'information » ? Passe-t-il sur le même plan que le devoir du secours ? Existe-t-il seulement ?

Frappent aussi les différences entre ceux qui font l'un et ceux qui font l'autre. C'est cela qu'il serait curieux de filmer, oui ! Cette inégalité. D'un côté les secouristes que l'on côtoie ici, longs, fins, l'œil vif, le geste rapide, précis, utile. De l'autre, les journalistes et cinéastes, lents et en général gros, le visage terne. Ce n'est peut-être pas entièrement leur faute ? L'actualité doit les faire passer d'un stade de football à des barrages routiers, de banlieues en crise à une D.Z... Ils accumulent les kilomètres, les chambres d'hôtel, les menus de restaurant... Nulle part ils n'ont le temps de bien comprendre. Mais peut-on s'étonner si l'information se répète dans une pénible conformité ?

Une variante intéressante est apportée par *Pioneer*. Ne revendiquant pas trop le transport en secours, les deux garçons ont adapté une caméra miniature à un casque de secouriste, certes un peu alourdi par l'appareil, mais le sauveteur qui le porte n'a à s'occuper de rien : ce qu'il fait, sa descente au treuil, ses gestes pour préparer le blessé, tout est filmé automatiquement.

Daniel Duret et Marc Ledwidge sont montés, avec le matériel de secours en crevasse, dans l'hélicoptère qui décolle. Puis sont emmenés le Dr. Lecoq, ainsi que Malineau un peu plus tard. Long secours, apparemment complexe.

Avant même que Place et Iglesis ne soient arrivés ici pour relayer les premiers, passe à la D.Z. un randonneur qui signale qu'il a vu tomber un parapente rouge, entre Planpraz et la Flégère. L'alerte est confirmée par un appel téléphonique signalant qu'un parapente orange et jaune s'est abattu. Sans doute est-ce le même. Il y a souvent variété dans les témoignages concernant un accident unique... Le parapente en question était d'ailleurs orange et violet, et l'accident très grave.

L'hélicoptère a transporté les secouristes qui ont repéré le blessé sur un pierrier raide et instable, entremêlé d'arbustes. Aussitôt qu'ils voient son état, ils demandent le médecin. *Bravo Lima* vient chercher le Dr. Lecoq à la crevasse, pour laquelle, fait prévu mais très rare, on mobilise un second médecin, Marsigny, car il en faut un sur chaque site.

Dans la crevasse, il y a un Allemand, en tee-shirt, coincé entre les parois de glace et se refroidissant rapidement. Il a fallu travailler beaucoup et utiliser du déglaçant pour l'extraire, hypotherme, avec descente sur la D.Z. d'urgence de l'hôpital.

Sur le pierrier, le parapentiste a eu une arcade sourcilière défoncée par une branche et il est dans le coma. Le secours se déroule sur une pente raide de moyenne montagne, dans un éboulis où rien ne tient, et qui est envahi de varosses, ces hauts buissons, d'environ trois mètres, enchevêtrés, par lesquels l'accidenté a été retenu mais blessé. Hors des sentiers, en moyenne montagne, on a parfois affaire au chaos originel. Les treuillages étaient impossibles dans ces arbustes. Ils ont eu lieu au-dessus, dans le pierrier, où Iglesis a trouvé un gros bloc pour l'assurance. Puis il fallait rejoindre le blessé qui, soulevé par ses suspentes, présentait un problème difficile à résoudre : si on le dégageait avant d'avoir pu le saisir, il filait vers le bas... Il a fallu réussir à le prendre, à l'accrocher, à le mettre dans un corset.

Secours qui n'était pas vraiment technique et pourtant extrêmement difficile en raison de la nature du terrain et d'un blessé mal en point. Le Dr. Lecoq a demandé la « réa », l'intubation, l'oxygène... Puis le médecin et les secouristes ont dû descendre l'accidenté plus bas, afin qu'il soit treuillé hors des varosses. L'ensemble du secours a duré deux heures tant l'opération a été délicate.

— J'aurais cru vingt minutes ! s'est exclamé François Lecoq en revenant. Dans une intervention comme ça, on est si concentré qu'on perd le sens du temps...

Puis il a ajouté :

— Je crois qu'il a eu le coup de Henri II... Sauf que c'était une branche au lieu d'une lance...

— Dans l'œil ?

— Non, juste au-dessus, mais si c'est ça, elle a pu lui traverser le cerveau. Il n'est pas bien, pas bien du tout...

Quant à Iglesis, qui en a vu beaucoup et commente rarement ses interventions, il a eu besoin de mots forts pour résumer l'opération :

— Ah ! Sur ce secours, on a galéré ! On a bataillé !

Mais les alertes continuaient de tomber tandis que se déroulaient ces deux grosses interventions. Du refuge des Conscrits, on avait signalé que, vers les Miages, on voyait une trace se terminant dans une crevasse alors que quelqu'un d'autre avait indiqué qu'il s'était produit « une glissade » dans le même secteur. Les informations tendent à s'imbriquer en raison du nombre de gens qui se déplacent avec des radios ou des portables.

Par ailleurs, il y a une entorse près du lac Cornu. Malineau y est déposé mais lui et l'accidentée doivent attendre longtemps, puisque le cas n'est pas grave, que l'hélicoptère ait le temps d'aller les prendre.

— Ce n'est pas si mal ! dit Fernandez. Ça permet de lier le contact avec les gens... Souvent, on n'en a pas le temps.

Il n'est aujourd'hui ni premier ni second à marcher, mais a été appelé en renfort tant les accidents de cette mi-journée mobilisent de secouristes.

A un moment où le chalet de la D.Z. se retrouve sans les journalistes, qui sont dehors, il ne peut s'empêcher de soupirer :

— Ils nous font bien caguer, ceux-là, avec les cinquante morts par an en montagne ! Il vient d'y en avoir cent-soixante-quinze en Algérie, des gosses et tout, mais pour offrir du sang au public, ici ça leur est plus facile...

On signale maintenant à Vallot « une personne en état d'épuisement total qui ne peut pas résister à l'endormissement ».

Marc Ledwidge et Daniel Duret ont été envoyés, avec Pierre Bernier, vers les Conscrits, donc à l'autre bout du massif, dès qu'ils en ont eu fini avec la crevasse de la Jonction. Là-bas, ils ont trouvé un dénouement heureux. Une cordée était effectivement tombée dans une crevasse, sans dommages, et venait de sortir par ses propres moyens.

Sept secouristes et deux médecins ont été mobilisés en même temps, ce qui est assez rare.

On redescend le malade de Vallot. Trente-trois ans, de Grenoble. Il arrive à la D.Z., un peu groggy. Pendant qu'on relève son identité, je lui demande s'il veut boire. Oui !... Je lui apporte un verre d'eau. Il a encore soif. Un deuxième verre... Un troisième verre... Il me semble que cela aide souvent les gens à reprendre contact avec la vallée où ils sont descendus si brusquement. Quand il est question de lui appeler un V.S.L. ou un taxi, je me charge de l'emmener tout de suite parce que je le trouve fatigué. Si manifestement fatigué que je porte son sac pour aller à la voiture.

C'est un cas typique du Mont Blanc. Les gens ont presque tous dans la tête l'idée que le Mont Blanc, c'est facile. Techniquement, c'est vrai. Mais c'est haut... Le Grenoblois s'est entraîné sur des sommets de 2 800 mètres, mais 2 800 et 4 800, ce n'est pas la même chose. Le Mont Blanc demande un entraînement à l'altitude dont peu de débutants peuvent se passer. En outre il faut compter avec la traversée dangereuse du couloir de l'Aiguille du Goûter, très miséricordieux cependant cette année. Pas un mort ! Le Mont Blanc, c'est aussi le froid, presque toujours, le vent, la lumière et l'addition de tous ces facteurs fait des ravages. Alors qu'il est si agréable de le gravir dans de bonnes conditions physiques !

Je raccompagne donc le M.A.M. de Vallot, dont le copain a été pris, là-haut, en charge par une autre cordée. Le principal problème, c'est qu'il ne connaît guère Chamonix et pas non plus le nom de son camping. Quel circuit, une fois de plus ! Nous parcourons en vain la route des Pèlerins. Une demi-heure plus tard, vers le Point I, au bout d'un mini morceau de route, il se retrouve enfin. Le malade a trois enfants, âgés de sept ans à neuf mois et campe avec eux et sa femme. Je le remets aux mains de cette dernière, charmante et surprise de ce retour sous escorte.

A l'hôpital maintenant, pour voir Alexei ! Je pense juste lui déposer un exemplaire d'un de mes livres, en anglais, qu'il m'a demandé, et me dis que la lecture lui tiendra compagnie, mais je reste avec lui une bonne heure car il a besoin de parler. Au fur et à mesure qu'il reprend des forces, le temps lui semble encore plus long. Il veut me montrer de nouvelles photos que quelqu'un lui a fait développer. Photos du Mont Blanc émergeant des nuages, alors qu'ils arrivaient en avion vers Genève... Photos de la compétition d'escalade qui a eu lieu sur blocs, en bas des Gaillands, et qu'ils ont trouvée drôle, mais assez stupide, quand la vraie montagne était là... Photos du Brévent, gravi dans les nuages... Photos de leur ascension au Mont Blanc... Photos d'Elena à la campagne, couronnée de ce qu'on appelait au Moyen Age un « chapeau de fleurs », parure si gracieuse... Découvrir, après sa mort, quelqu'un dont on sait qu'il n'est plus, mais qui peu à peu se révèle, cause une mélancolie extraordinairement douloureuse.

Alexei me pose des questions sur ce livre que je dois écrire. Je lui explique tous les doutes que j'ai eus, que je traverse encore. Il me dit qu'il faut continuer et cherche un mot pour qualifier cette persévérance qu'il me conseille, mais ne le trouvant pas, il prend un petit dictionnaire anglo-russe et me désigne *wisdom,* sagesse... Encore un qui veut que j'écrive ce livre qui me coûte. Mais des avis comme le sien m'y encouragent.

Retour à la D.Z. Un secouriste dort, assis à la table forestière, la tête dans les bras. C'est Julio et son incroyable faculté de récupération. Il dort partout, fût-ce une minute, se réveille en une fraction de seconde, aussitôt d'attaque. C'est un vrai don du ciel que de pouvoir dormir ainsi !

En mon absence, il y a eu une fracture de cheville, à la suite d'un saut de crevasse, vers la Jonction. Actuellement Marc Ledwidge et Malineau s'occupent, vers la Pointe Percée d'une chute hors sentier : deux bras cassés, me dit-on, et un traumatisme crânien avec délire. Le Dr. Lecoq y est aussi.

Iglesis s'est réveillé et nous bavardons. Je l'apprécie beaucoup. Excellent en montagne, il a aussi du jugement, de la décision, de la sagesse, exerce son métier avec passion, sait être à l'occasion malicieux et plein d'humour.

Daniel Poujol me disait récemment :

— Vous avez remarqué ces différences de personnalité qu'ils ont tous ?

Plus le temps passe, en effet, et plus elles me frappent. L'époque est loin où j'avais eu l'impression de débarquer chez les Schtroumpfs, trouvant les gendarmes tous en bleu et tous pareils... Pour faire ce métier-là, comme d'ailleurs pour désirer faire de la montagne, il faut de la personnalité. Il y a tant de gens banals, dans la vie, ordinaires, incolores. Pas ici. C'est sans doute pour cela que je m'y sens si bien.

Nouveau secours : un parapentiste, vers la Pointe du Tricot. François Lecoq qui a été emmené directement vers lui, de l'hôpital de Sallanches où il avait accompagné l'accidenté de la Pointe Percée, revient admiratif :

— Ce parapentiste... La grande classe ! Une fracture ouverte à un genou, le fémur de l'autre jambe cassé, et il nous attendait, assis, calme, gentil, sans une plainte... Un vrai seigneur !... Et la douleur, vous voyez comme elle est ressentie et vécue très différemment par les uns et par les autres.

Encore un secours, à la Verte. Un blessé à la main qui attend depuis un bon moment au-dessus de la rimaye du couloir Whymper. Mais l'accident semble peu grave et les autres secours ont eu priorité.

— Si ça se trouve, a remarqué Iglesis, ils finiront par le mouliner et ils descendront tout seuls...

Mais ils ont attendu et le secours a lieu.

Pioneer a retenu aujourd'hui, à partir de trois heures et demie, le Lama de C.M.B.H., que pilote Pascal Brun. Ces journalistes travaillant pour *Pioneer* me font enfin penser, et chaque jour davantage, qu'on peut exercer cette profession proprement. C'est vrai qu'ils cherchent à filmer les secours qui finissent bien, les secours dans le bon sens du terme, ceux qui viennent en aide, non ce qui est macabre. Et puis ils ont fait la démarche de louer un hélicoptère privé, plutôt que de s'implanter dans les autres. Il y a donc moyen de faire correctement ce métier. M'en rendre compte me rassure... L'aversion, les humeurs que m'ont inspirées beaucoup des journalistes et cinéastes que j'ai vu opérer ici ne tenaient pas à un parti pris inconscient, mais bien à leur façon d'être.

Donc, Pascal Brun emmène Gilles Perret et Ben Duncan au Whymper. S'étant concerté avec Daniel Poujol, il s'envole le premier pour filmer le décollage de *Bravo Lima*. Vu de la D.Z., ce début de ballet est superbe. La suite, apparemment l'a été plus encore. Le capitaine Gin, de repos aujourd'hui, avait pris place dans le Lama et revient enthousiaste. Le vol de Daniel Poujol suivi par Pascal Brun, ça devait être Paganini et Stradivarius... Et il paraît que l'arrivée de *Bravo Lima* vers le Whymper et la façon dont il a survolé les lieux avant le treuillage étaient éblouissantes. Enfin des images de télévision que l'on aura hâte de découvrir !

Le « blessé » du Whymper, guère blessé apparemment, nous arrive, plutôt valide. Autrefois, bien sûr, il se serait débrouillé pour descendre... Il a un geste de protection assez sauvage en voyant qu'on le filme. Les gens se sentent agressés lorsque l'on saisit leur image, surtout s'ils sont, en plus, affaiblis, dépendants.

François Lecoq examine la main, qui n'a pas grand-chose, semble-t-il. Je demande à l'accidenté s'il veut boire. Il refuse.

De toute façon, il n'est pas aimable, ou pas dans un bon jour. C'est un brun, le visage écarlate de soleil, avec des yeux très bleus mais un regard dépourvu d'aménité envers quiconque. Du coup, alors qu'il attend l'ambulance demandée, personne ne s'occupe plus de lui. Assis sur un banc, il appuie sa tête au bois du mur extérieur de la cabane du matériel et dort, ou boude.

Chaque jour est riche de leçons diverses. Ici, on accueille bien tout le monde, même les blessés très légers, mais il faut qu'ils témoignent d'un minimum de coopération. A quoi sert un mauvais contact ? Quelle différence entre le blessé léger de ce soir et le parapentiste gravement touché un peu plus tôt et que François Lecoq a qualifié de « seigneur » !

C'est tout pour la journée, à Chamonix du moins car Michel Médici a eu à ramasser un mort, assez âgé, tombé à la Dent d'Oche, et un blessé je ne sais où. Un vol de reconnaissance est encore demandé, un peu plus tard, mais tout allait bien.

Longue journée qui m'a donné l'occasion de parler avec beaucoup de ceux qui ont travaillé ici, comme Pascal Brun, voulant savoir comment s'organisait ce livre, ou Marc Ledwidge. D'autres encore. Vers le soir, arrivent à la D.Z. Max Buttoud, sa femme, une jambe dans le plâtre, et la collègue de sa femme qui était avec eux au Mont Blanc. L'équipe apporte des bouteilles de champagne et des biscuits pour fêter le secours de la veille. On se retrouve vite quatorze, et pourtant les journalistes sont partis. Robert Petit-Prestoud est là, Olivier Fernandez et sa femme Christine, infirmière aux urgences, les secouristes, les mécaniciens, Alain Charnay, tout le monde... On s'installe dehors, autour de la table forestière, on parle, on rit. Mme Buttoud m'apprend qu'elle travaille dans une perception et que, donc, leur couple n'a rien pour plaire : gendarme et impôts !... Elle me dit aussi que, ce Mont Blanc, elle-même et sa collègue l'avaient voulu et s'étaient bien entraînées pour le faire. Elle prend du bon côté, avec humour et gentillesse, la mésaventure finale.

Les étoiles s'allument, peu à peu. Nous avons passé des moments de gaieté, sous un beau ciel clair de nuages, avec l'impression que régnait dans la montagne la paix la plus parfaite. Des moments comme tous devraient l'être, à la D.Z. ou ailleurs, détendus, simples, dans l'amitié partagée et la belle nature.

-XXIX -

Quelques jours d'août encore

Ce qu'est une saison de montagne, les chapitres précédents ont pu en donner l'idée. Au 10 août, elle ne se termine assurément pas, mais il faut en présenter la suite plus brièvement, omettre un bon nombre des secours et ne retenir que ce qui a été frappant, nouveau ou significatif, afin de ne pas continuer une énumération, déjà faite, de M.A.M., d'entorses et autres fractures, même si pour chaque accidenté il s'agit d'une véritable aventure. C'est donc plus succinctement qu'il convient de traiter le reste.

Lundi 11 août

Incertitudes météorologiques. Depuis longtemps, de forts orages étaient annoncés pour la nuit et pour la journée. Hier encore, ils étaient prévus comme « violents ».

« Levez-vous vite, orages désirés ! », disait Chateaubriand. Chacun les souhaite après tant de jours épuisants et intenses. Mais, du matin au soir, ni la nuit suivante, ne se produit aucun orage. Le seul résultat est que, les alpinistes et les randonneurs ayant déserté la montagne, la journée de secours est calme.

Ce matin, néanmoins, très tôt, pour réduire les risques,

s'est déroulé l'épilogue d'une triste affaire. Dans la crevasse des Courtes, où étaient présumés se trouver les trois disparus du 4 août, le pont de neige principal, régulièrement surveillé, s'est effondré et hier on a aperçu, dans le fond, une corde. La recherche a été prévue pour ce matin et, comme il ne gèle guère, il planait des inquiétudes sur la sécurité de l'opération. Mais tout s'est bien passé. Alain Iglesis m'a raconté l'expédition, à laquelle il a participé. On a pu récupérer deux des corps. Le troisième était sous cinq mètres de neige peut-être, mais on a pu attacher sa corde à un gros rocher qui est au-dessus, dans la pente. Il n'ira pas plus bas et, si cela fond encore, on a des chances de le retrouver.

— C'est tellement mieux pour les familles ! m'a dit Iglesis. Et puis, même pour des corps, il faut y aller ! Sans ça les gens pensent : “Mais ils ne foutent rien !”... Ils ne se rendent pas compte... Enfin, c'est bon, puisqu'on en a retiré deux... Mais la journée qu'on a eue hier ! Et ce matin, recommencer à six heures... Ça fatigue ! »

Pour que lui, l'infatigable, dise ça, il en faut...

Le corps d'Elena a quitté la morgue et part demain, dans son pays, par Genève. Alexei a tenu à le revoir. Lui s'en ira, après-demain ou jeudi, avec son frère qui va arriver.

Ce qui sera très dur pour lui, il me l'a dit, ce sera de rentrer dans l'appartement où il vivait avec Elena et où il y aura tout d'elle. Il m'avait parlé, une fois, des géraniums qu'ils avaient installés ensemble sur le balcon, avant de partir. Je pense aux vêtements, aux livres, aux affaires dans la salle de bains, aux parfums, que sais-je ? Et apprendre à y vivre sans elle. De certains deuils, rien ne peut consoler.

Alexei, heureusement, n'était pas seul, lorsque je suis arrivée, mais avec un autre Russe, Igor, qui a su son malheur et est venu. Alexei et Igor parlaient en russe, Igor et moi en français, Alexei et moi en anglais. Conversation un peu complexe mais très amicale.

Cet Igor est un personnage surprenant. Un physique qui étonne, trapu, fort, comme une sorte d'homme de Néanderthal, avec une tête ramassée, mais rayonnante d'intelligence au travers de ses yeux bleus perçants. Il est guide, membre du G.H.M. [1], donc bon alpiniste. Mais maintenant, il organise, à Moscou, des voyages dans les Alpes. En somme, c'est un des nouveaux capitalistes naissants de la nouvelle Russie et le premier que je rencontre. Je crois qu'il ne connaissait pas Alexei auparavant mais une telle infortune a bouleversé tous ceux qui l'ont apprise.

Mardi 12 août

Neuf secours, y compris ceux qui ont eu lieu hors du massif, les plus nombreux et les plus graves concernant des randonneurs.

Cas frappant, celui d'un Belge de soixante-trois ans qui se trouvait au col du Brévent et a demandé qu'on vienne pour un « malaise cardiaque », mais il n'était que fatigué. Les symptômes qu'il avait décrits n'étaient d'ailleurs pas alarmants. Il a appelé à 12 heures 30, d'autres opérations étaient en cours, on l'a pris en charge à 13 heures, ce qui n'est pas mal dans ce type de journée. Il a été très mécontent de n'avoir pas été descendu aussitôt. Sa réaction illustre celle du secouru-consommateur, exigeant, n'imaginant pas qu'il peut y avoir aussi d'autres blessés. C'est l'attitude qui risquerait de se déve-

1. Groupe de haute montagne.

lopper si les secours devenaient payants, créant une clientèle d'assurés-assistés [1].

Autre cas, celui d'un charpentier, courageux mais têtu, qui s'est gravement coupé un doigt en travaillant au refuge de Platé et qui voulait absolument qu'on le recouse sur place afin qu'il puisse terminer son travail. Il essayait d'infléchir l'avis médical alors que, pour la suite, il était indispensable qu'il soit bien soigné, aussitôt.

Ma journée de D.Z. a été marquée par une longue conversation avec Benoît Cousineau, revenu de ses vacances. Il était absent lorsque nous avons connu ici une telle densité de drames. Je lui raconte l'étrange été que j'ai vécu, mes doutes, mes souffrances à travers celles des autres. Il comprend tout et l'analyse. Lui, qui a été médecin « casque bleu » au Liban, en Yougoslavie, il juge que la confrontation des secouristes à la souffrance et à la mort équivaut au traumatisme psychologique de guerre, mais qu'il n'en est pas tenu compte, que les visites médicales auxquelles les secouristes sont soumis, à Chambéry ou à Annecy, sont effectuées par des médecins qui souvent n'ont pas l'idée de ce qu'est la montagne et à qui ils ne racontent sans doute rien, faute de pouvoir être compris. Qu'ils ne peuvent guère se dire non plus tout ça entre eux, ni accabler leur famille. Qu'ils sont donc seuls pour surmonter l'épreuve.

Mon été, j'ai eu aussi à le surmonter seule et je comprends ce qu'il veut dire. Certes, ce n'était pas moi qui ramassais les blessés et les morts, mais je m'impliquais chaque jour, sans une pause, dans toute la mesure de mes forces, à la fois grandes et fragiles, et j'en ai vu le résultat.

Benoît me dit encore que cette mort que l'on peut avoir à

1. Voir en annexe *De la gratuité des secours.*

rencontrer ici, proche, violente, met chacun en face de sa propre mort. Cela aussi je l'ai vécu et même, c'est surprenant, davantage encore qu'à la mort qui m'a le plus dévastée, celle de mon père, longue, cruelle, terrible, douloureuse. Mais alors je ressentais aussi la brisure d'un très grand amour, tandis qu'ici où il s'est le plus souvent agi de la mort d'inconnus, on se sent parfois soi-même tout au bord. Il faut l'avoir vécu pour le savoir.

J'ai accompli cet été ma traversée du désert, sans trop y réfléchir d'ailleurs parce que je n'en avais pas le temps, et trouvé mon refuge, cette semaine surtout, avec évidence, dans les ressources spirituelles, comme la soif fait désirer la source. Toute épreuve est un creuset et j'émerge de celui-ci, qui était un creuset de feu, dans une plus grande clairvoyance. Je l'avais ressenti de même, il y a des années, après une embolie pulmonaire, enfer physique tel qu'on ne peut l'imaginer, deux semaines d'extrêmes souffrances. Il m'était alors apparu, dans une clarté lumineuse le besoin de la prière, bien que mon état m'en rendît incapable.

Sans souffrance physique personnelle, ou guère, qu'un dérèglement général et une forte crise d'hypertension, rien qui soit bien terrible donc, la compassion que j'ai éprouvée pour toutes les souffrances morales et physiques des autres m'a conduite à un grand besoin spirituel que comblent les célébrations. Ce soir-là je vais à une célébration pénitentielle, y apportant toute ma misère, mon impuissance, la crainte de ne pas savoir écrire ce livre comme il mériterait de l'être. Je me sens dépouillée comme au jour de ma naissance et à celui de ma mort. L'abbé Dominique dirige la réflexion commune sur le don aux autres, qu'on fait si insuffisamment, et là, merci ! Il me semble que j'ai donné !... Comme jamais... Jamais si intensément... Mais combien grande est la faiblesse humaine, la mienne surtout. Je reste à la messe qui enchaîne, communie, pardonnée. Voilà que cette écriture d'une saison de secours confine à l'aventure spirituelle ! Je suis dans un courant et je m'y laisse aller. De toute façon, le courant est plus fort que moi.

Hôpital. Visite à Alexei. Il attend son frère. C'est bien qu'il retrouve son cercle familial. Il me donne les photos d'Elena couronnée de fleurs. Il les fera refaire à Moscou. De l'été, elles ne quitteront plus mon sac. C'est cela, peut-être, la différence entre ce que j'essayais d'être et les journalistes que nous avons vus cet été. Eux auraient sans doute aimé les avoir, ces photos, les auraient achetées, revendues. Alexei me les donne pour l'amitié que je lui ai témoignée et la tendresse que je ressens pour le souvenir d'Elena.

Son frère arrive, très russe, très chaleureux, parlant assez bien le français et comprenant l'anglais. Je veux les laisser ensemble mais on prend le temps d'échanger nos adresses. C'est sans doute aussi notre adieu. Mais Alexei, Elena sont entrés dans ma vie, ancrés, à tout jamais.

Mercredi 13 août

Il fait assez beau. Dix secours. Dont certains typiques ou étonnants.

D'abord, il y a cet accident au paravalanche des Posettes, près du Tour. Pascal Brun, qui travaille pour le site annonce que le chef de chantier a reçu un caillou à l'arrière du crâne et qu'il nous le descend. Arrive le blessé dont, bizarrement, c'est le devant du tee-shirt qui est plein de sang.

Manu l'entraîne, pour le panser, dans la cuisine.

— C'est ça ! dit Rivière. Fais-le sur la table où on mange.

Rien de dramatique. Le blessé sort en tenant une compresse sur sa plaie désinfectée. Sans doute va-t-il avoir droit à une radio de contrôle.

— Ils devraient porter un casque ! dit Pascal Brun à Jean-Louis Oustry. Chaque fois qu'il y a un chantier de travaux publics, c'est beau quand il y en a un qui a le casque... Évidemment, ça gêne et ça tient chaud... Mais quelquefois, l'accident est vite fait... Tu me diras, moi, je travaille en short... C'est vraiment difficile de faire tout ce qu'il faudrait pour le cas où il arriverait quelque chose.

La remarque vaut pour tout et notamment pour la montagne. Heureusement que les sanctions sont finalement rares. Mais si l'on observait les moyens d'éviter les accidents dans leur ensemble, sans exception, comme dans une grève du zèle, la gêne et le temps perdu seraient si considérables qu'ils entraîneraient eux-mêmes des accidents. Ainsi, en course, c'est souvent un avantage de marcher ensemble, sans s'assurer, sans perdre de temps à tirer des longueurs. Les guides le savent bien. Plus on traîne et plus on augmente les risques objectifs. Mais si quelque chose survient et que les assurances s'en mêlent, « experts » ou pas, il est toujours facile de dire qu'il n'y avait pas de sécurité ou pas assez, comme dans le cas de Smiler. Seul un œil compétent peut juger à un moment précis, dans des circonstances précises et selon les conditions, ce qui est non parfait, certes, mais le plus sage.

11 heures 20. Appel pour « un gamin », à l'épaule du Tacul, donc à 4 000. Avec l'âge, dix ans et demi, et l'indication : « Ça presse ! ». Là-haut, la visibilité est moyenne. Des nuages traînent. Or il faut que l'hélicoptère puisse passer et qu'il arrive à repérer l'endroit... Il s'envole, avec Manu et Thibaud Ribiollet.

Ribiollet est un nouveau, ou presque, jeune. Des cheveux

châtain clair, coupés au bol, des yeux verts, de longs cils. On devine exactement le visage qu'il devait avoir petit garçon. Il a la minceur de la jeunesse mais déjà des épaules larges qui, plus tard, lui feront sans doute une carrure impressionnante.

Jean-Louis Oustry commente l'alerte :

— Elle est venue d'un guide, mais le guide n'est sûrement pas avec lui... Un guide n'emmènerait pas un enfant de cet âge !... C'est de l'inconscience de faire ça ! Le cœur, les poumons ne sont pas encore assez formés... Moi, mon aîné a attendu d'avoir dix-huit ans pour faire le Mont Blanc... Le second, c'est pareil, il le fera cet été, à dix-sept... Et tiens ! Le môme, on l'entend gueuler dans la radio... Les gens ne se rendent pas compte.

Gilles Bidon annonce une descente sur la D.Z. Mais il y a subitement changement de destination, vers la D.Z. de l'hôpital. Donc, en vol, Manu a jugé que ça allait moins bien, mais quand il nous rejoint, il nous décrit le syndrôme :

— *« Panic-attack »* !... C'est le mot, dans le jargon... Le gars se dit qu'il n'a pas assez d'air pour respirer, alors il s'angoisse, ça fait secréter des hormones qui provoquent de la vaso-constriction, notamment dans les poumons, donc moins d'air y arrive encore... C'est un cercle vicieux, quoi !

L'après-midi, après quelques secours de gravité moyenne, il y a une inquiétude au Dru. Des appels ont été entendus, venant de la face nord. Deux fois, l'hélicoptère y est allé, deux fois, il n'a pas pu passer, à cause des nuages. La météo du matin prévoyait « beaucoup de soleil, un peu de nuages » et il y a un peu de soleil, beaucoup de nuages. Tout le monde redoute qu'une histoire comme celle des Russes ne recommence.

Le temps passe. Les nuages s'épaississent, s'assombrissent, et celui qui enrobe maintenant le Dru est dense, compact, gris anthracite. L'orage gronde, un coup de tonnerre se répercute, de grosses gouttes commencent à s'abattre autour de nous. C'est peut-être au Dru que ça claque. Quelle impuissance, devant les éléments ! S'il y a une éclaircie, ce qui arrive souvent en fin de journée, le secours aura lieu. Sinon ce sera demain, à l'aube. Très fort orage. Puis il passe et s'apaise.

Nouvelle alerte. A n'y pas croire ! Il s'agit cette fois d'un enfant de six mois, près du Lac Blanc !... 2 400 mètres... Manu explique qu'un enfant est plus fragile à six mois qu'à deux, parce qu'il a évacué l'hémoglobine de sa mère. Et que, dans les oreilles, les trompes d'Eustache des bébés sont minuscules et fragiles. L'hélicoptère, orage calmé, va pouvoir y aller, avec un secouriste seulement.

— La seule chose à faire, dit Manu, c'est de le redescendre, vite !

Par Lorraine Afanassief, qui était au Lac Blanc ce jour-là, j'ai eu plus tard des détails sur cette expédition scabreuse. Les parents semblaient inconscients. Les deux hommes du groupe s'étaient aventurés, l'après-midi, sur des pentes herbeuses raides dominant une barre de rochers et quelqu'un avait dit :

— Ça va finir à la D.Z. !

Puis, quand le groupe a commencé à descendre pour rejoindre la Flégère, Lorraine leur a conseillé de faire boire les enfants, car il y en avait deux, d'enfants, l'un de six mois et l'autre de dix-huit !.

— On n'a pas d'sous !

Ils sont partis, ont pris l'orage, sont remontés difficilement. Les enfants étaient trempés. La petite fille de six mois avait les lèvres violettes, dans un visage très rouge, les mains et les pieds blancs. Pas un chandail, rien. Lorraine a voulu la déshabiller pour lui passer des vêtements secs.

— Elle aura froid, si vous enlevez les habits ! a dit la mère.

Mais Lorraine l'a fait, essayant de sécher l'enfant et de la frictionner pendant qu'on appelait les secours, ce à quoi les parents s'opposaient.

— Ça va coûter des sous !

Une seule rotation a suffi à descendre les deux jeunes femmes et les enfants. Le tout mouillé.

Comme dans l'affaire du gamin au Tacul, ce matin, c'est la facilité offerte par les remontées mécaniques qui est en cause. Jamais des parents n'auraient entraîné à 4 000 mètres un enfant de dix ans en partant à pied de la vallée... Et les autres n'auraient pas emmené deux bébés à 2 400 mètres s'il avait fallu les porter depuis le bas. Mais quand on monte haut, commodément, il semble aisé de continuer au-delà... C'est cela, par exemple, qu'il faudrait faire comprendre aux touristes. Ce sont des secours comme ces deux d'aujourd'hui qui seraient instructifs, si on les montrait à la télévision.

Des pompiers sont arrivés avant même que l'hélicoptère ne se pose. La petite fille de six mois est maintenant calmée, le gamin pleure encore. On lui sort, de je ne sais où, un morceau de chocolat. Un pompier souffle dans un gant de caoutchouc blanc pour en faire un jouet et le noue : ça forme un drôle de gros ballon avec de petits doigts. Les femmes, en short et en K-way sont jeunes, un peu ahuries, ne s'occupent pas des enfants. L'une d'elles demande :

— Est-ce qu'on vous doit quèque chose ?

— Rien ! répond Duret.

L'ambulance part avec son chargement. L'affaire est close.

Mais le Dru se dégage. Le vol a lieu. Nous pensons, au début, qu'il s'agit d'une cordée indemne mais un message du secouriste mentionne « la victime ». C'est un Hollandais qui nous arrive, un peu plus tard, après une description alarmante de Peyraud :

— Il pisse le sang de partout !

C'était sans doute quand il a touché au baudrier qu'il a dit ça car l'homme n'a qu'une grosse plaie à la cuisse. Il a fait une chute, avait un casque, mais en tombant s'est accroché à un piton ou à un spit qui lui a déchiré la peau sur une vingtaine de centimètres, en Y.

Sur le banc qui est devant la cabane du matériel, Manu lui administre les premiers soins. Il commence par couper dans le pantalon, s'interrompt soudain et demande poliment :

— Je peux couper ?

Tout le monde rit. Le pantalon, de toute façon est déjà abîmé par l'accident. Le blessé rit aussi, avec l'air de dire que son pantalon n'est rien à côté du reste.

C'est vrai, mais ce n'est pas la réaction de tout le monde. Il y a parfois des plaintes pour une polaire qu'il a fallu couper. Réaction fondamentalement humaine, bien que totalement décalée par rapport à la réalité. Le matériel est une chose à quoi l'on se raccroche, comme lié à la vie normale, sans doute.

Il y a un cas étonnant qui a eu lieu en Angleterre, à ce sujet, et qui y est resté célèbre. C'est celui d'un grimpeur, Antony Rawlison, qui fut plus tard président de l'*Alpine Club*. Il avait fait une terrible chute en tentant la première ascension de *Zero Gulley*, au Ben Nevis. On le ramassa grièvement blessé, dans le coma. C'est dans cet état qu'il arriva aux urgences. Sur lui, un superbe chandail en cachemire qui venait de lui être offert à Noël et auquel il tenait beaucoup. « Il faut couper le chandail ! », dit brièvement un médecin à l'infirmière. L'accidenté s'est alors, soudain, assis sur son séant, a prononcé *« Oh no you don't ! »*, a enlevé le chandail, puis est retombé, inconscient.

Sept heures du soir. Bernard Stoop est aujourd'hui le mécanicien en second. Nous parlons d'Elena, d'Alexei, dont je lui donne des nouvelles, et je lui apprends qu'il part demain. Bernard est resté très marqué par ce couple et son malheur. Il voudrait revoir Alexei, mais doit faire un graissage sur l'hélicoptère, qui prendra un quart d'heure environ. Ensuite aura lieu une reconnaissance aux Droites pour laquelle il n'est pas nécessaire. Nous décidons d'aller ensemble voir Alexei, dès que Bernard sera libre.

Surprise, Alexei n'est plus dans sa chambre. Son nouveau voisin nous apprend qu'il a eu une permission de la soirée et dîne, avec son frère, en ville. On lui laisse un petit mot d'amitié mais, en repartant aux voitures, nous le voyons et les adieux se font oralement. Alexei est touchant de gentillesse. Il dit que si Bernard, ou Olivier, ou moi, nous venons à Moscou, il nous recevra chez lui.

C'est cela aussi qu'il faut dire, à propos du secours en montagne. Qu'il se déroule entre gens très humains et que si, parfois, le plus souvent, en raison du nombre d'interventions, les relations cessent après le secours, parfois aussi elles engendrent des amitiés, comme cela peut être le cas entre un client et un guide, réunis un jour par le hasard du « tour de rôle ».

Dîner le soir chez des amis, où l'on se trouve nombreux. Occasion de m'apercevoir à quel point « l'opinion publique » penche vers les secours payants sans connaître rien au problème et sans avoir cherché à s'informer.

Quand on dit à son interlocuteur : « Alors, on laissera dériver dans la montagne, visibles, comme dans les Andes ou dans l'Himalaya, les corps dont les familles ne pourront pas payer la descente ?... Alors, d'humbles gens en vacances, qui voudront se promener sur le Petit Balcon, il faudra qu'ils s'assurent ?... Alors, si un randonneur voit tomber un parapentiste, il préférera ne pas le signaler pour se mettre à l'abri d'un recours éventuel fait contre lui, dans le cas où l'autre n'aurait rien ?... Alors, n'ira-t-on pas vers la déresponsabilisation complète ? Le manque de solidarité absolue ?... Et il y aura des morts, des blessés guère récupérables, qu'on aurait pu sauver en bon état... Et qui coûteront autrement cher à la société !... C'est cela, que vous désirez ?... Aujourd'hui, tenez, deux bébés que l'on a descendus du Lac Blanc... J'ai vu les mères. Elles n'avaient certainement pas de quoi payer un secours, certainement pas non plus d'assurance. Elles auraient cherché à descendre, avec leurs bébés gelés et trempés, quelles que pussent en être les conséquences... L'affaire n'aurait pas bien fini. C'est ce genre de choses, que vous souhaitez ? »

Quand on donne des exemples concrets, on s'aperçoit que les gens tiennent à un cliché abstrait, sans avoir aucune idée des faits. Et les faits, c'est cela qui compte.

Des tombereaux d'argent public s'envolent on ne sait où ni comment, mais on épingle ce grain de sable qu'est le secours [1], tâche utile et noble s'il en est.

Et pendant que commençaient ce dîner, ces conversations, avait lieu le secours le plus fou de la saison.

Sans oublier le fait que, d'un autre côté, près de Samoëns, le major Darrhort aidait à débloquer vingt-six randonneurs bloqués par un torrent en crue.

Mais revenons au secours le plus fou... Cocasse en plus, s'il n'avait été dangereux.

C'était, tout simplement, dans la face nord des Grandes Jorasses.

L'hélicoptère venait de faire la reconnaissance aux Droites,

1. Voir : *De la gratuité des secours.*

où ceux pour qui l'on s'inquiétait n'avaient que du retard. Il a alors intercepté une communication du refuge de Leschaux demandant un secours. Deux Coréens, engagés dans l'éperon Walker venaient de perdre leur matériel et leur corde ! Ils étaient en liaison-radio avec deux de leurs compatriotes qui se trouvaient au refuge et avaient alerté le gardien.

En vol dans le secteur, l'hélicoptère, piloté par Gilles Bidon, a fait un saut vers les Jorasses pour juger de la situation. Elle n'était pas brillante... Les Coréens étaient accrochés en paroi, séparés, vers 3 400 mètres d'altitude. Aussitôt, l'hélicoptère est descendu reprendre du kérosène mais a, en revenant, intercepté une autre alerte, émise de la Charpoua.

Le voyant indiquant le bas du niveau de kérosène était allumé, ce qui correspond à un quart d'heure de vol, mais l'appareil s'est cependant arrêté pour récupérer un aspirant-guide stagiaire qui s'était envoyé un coup de crampon dans un mollet. On l'a ramassé à grande allure, parce que le temps était mesuré.

Puis, à la D.Z., le blessé déposé, l'hélicoptère, ayant repris du kérosène, est rapidement reparti, avec comme mécanicien Noël Rivière, et comme secouristes Jean-Louis Oustry et Thibaud Ribiollet. Ce dernier a été déposé à Leschaux, pour alléger, et l'appareil s'est dirigé vers les Jorasses. Le vent avait forci, la couche nuageuse se faisait menaçante. Ribiollet avait la mission de surveiller les nuages et d'indiquer la façon dont ils évoluaient.

On se demande peut-être pourquoi ces Coréens, Kim Song Ho et Roy Ile Hee, se trouvaient suspendus ainsi, sans corde, dans la face nord des Jorasses, ne tenant à la paroi que par la longe de leur baudrier ? C'était simple et bête à la fois : ayant échoué dans leur ascension, ou pris l'orage, ils voulaient redescendre en rappel et la corde leur avait glissé des doigts... On dit les Coréens très stoïques. Il serait pourtant intéressant de savoir si la Walker a retenti, ou non, quand la corde a filé en bas, de quelques jurons exotiques.

Toujours est-il qu'ils n'avaient pas bougé depuis qu'on les avait aperçus. Ils se trouvaient à trois cents mètres au-dessus de l'attaque et à vingt mètres à droite de la voie de montée, dans des dalles lisses et compactes, n'offrant que de menues prises. Dalles raides. Pas verticales mais très raides. Ils étaient à trois mètres l'un de l'autre, l'un assuré sur un friend de 4 qui ne tenait guère, l'autre sur un coinceur de 3, mis à l'envers, ce qui fait qu'il devait tirer vers le haut pour qu'il tienne. Entre les deux, un assez gros becquet.

C'était après l'orage. La nuit commençait à venir. La moitié de la Walker, côté Linceul, était prise dans les nuages. Noël Rivière a dû treuiller Oustry de très haut. Celui-ci avait pris un gros sac pour passer, au besoin, la nuit avec eux, ou même, après avoir fait treuiller les Coréens par l'hélicoptère, être en mesure de battre en retraite, seul.

— Putain !... J'ai fait le secours de ma carrière ! l'ai-je entendu dire, encore ému, à Iglesis, le lendemain... Et Nono, qui m'a treuillé, il a eu peur !

Il fallait en effet, à cause de la nuit proche, le treuiller directement sur les Coréens, de très haut, quarante mètres, car la raideur de la paroi ne permettait pas à l'hélicoptère de descendre plus. A partir de ce moment ils furent quatre à vivre des moments d'une intensité extrême, mais complètement différents : Ribiollet, qui du refuge, surveillait les nuages et les voyait arriver vers le lieu du secours, s'épaissir, menacer ; Gilles Bidon, pilote, qui se savait très près de la muraille rocheuse et pris de plus en plus entre les nuages et la paroi, avec le crépuscule qui s'avançait ; Noël Rivière, le mécanicien, qui surveillait d'un côté le câble et l'appareil de l'autre, criant parfois : « Attention, les pales ! » ; Jean-Louis Oustry enfin, ayant à accomplir des manœuvres qui restaient à inventer, et cela vite, pour sauver les deux Coréens... Sans parler des moments, sans doute intenses aussi, que devaient vivre ceux-là, mais dont on n'a rien su.

Oustry a été descendu sur le becquet qui avait été repéré entre les deux hommes, un peu au-dessus d'eux, et où il espérait établir un relais. Mais lorsque, pendant au bout du câble, il l'a attrapé, celui-ci, instable, a bougé. Il l'a lâché et, comme il avait un peu de mou au câble, a glissé plus bas, provoquant l'émotion de l'équipage. Les deux Coréens le regardaient arriver comme un sauveur mais, un peu pétrifiés, n'aidaient pas. Aucune vire proche. Finalement, Oustry a réussi à prendre pied dans la paroi, légèrement au-dessus d'eux, sur d'infimes gratons, à établir un relais sur un becquet très exigu, à poser un petit coinceur dans une amorce de fissure et, ainsi assuré, autant que faire se pouvait, à se décrocher du câble.

Pour l'équipage, le temps de cette mise en sécurité, qui a duré environ cinq minutes, a semblé une éternité.

Oustry a vu à quoi tenaient les Coréens : à pas grand-chose. Il a demandé, par la radio incluse dans son casque, qu'on lui envoie la rondelle qui est au bout du câble et il a montré, par gestes, aux Coréens, comment s'y accrocher eux-mêmes. Sur ces entrefaites, pour compliquer la situation un peu plus encore, une oreille de sa radio, celle de l'écouteur, s'est détachée et il n'entendait plus ce que pouvait dire l'équipage, tout dialogue devenant impossible.

— Un détail !... Débile !... Mais emmerdant, ça, oui alors !... Chiant !

Il est arrivé à la remettre en place, a tendu la rondelle au Coréen le plus proche, a vérifié qu'il l'installait bien et a dégagé le friend qui le reliait à la paroi.

— Le type, m'a dit Gilles Bidon, il tenait un peu par le friend et beaucoup par le Saint-Esprit...

Enlevé par l'hélicoptère, le Coréen a été emmené et déposé à Leschaux.

Pendant ce vol, Oustry a pu prendre sa place, un peu meilleure que la sienne. Il a rassemblé le surplus du matériel qui traînait, y compris des pitons et des mousquetons rouillés que les Coréens avaient dû récupérer dans la voie. Le bloc instable le séparait du second Coréen. Par gestes encore, il a bien expliqué à celui-ci la manœuvre pour qu'à son tour, il s'attache au treuil. *Dragon* est revenu. Noël Rivière a renvoyé le câble. Mais l'oreille de l'écouteur du casque s'étant de nouveau détachée, Oustry ne pouvait plus communiquer. Il a réussi à la remettre encore. Le temps passait. L'obscurité devenait épaisse.

La rondelle du câble est arrivée sur Oustry qui l'a lancée au Coréen. Très adroit, celui-ci l'a attrapée du premier coup et s'y est accroché. En se penchant, Oustry a réussi à dégager son coinceur et le second Coréen a été enlevé à son tour par l'hélicoptère, au bout du câble. Oustry a récupéré son propre matériel. L'oreille de son casque est à nouveau tombée, mais il l'a remise en place plus facilement, par la force de l'habitude. Il était tellement pris par l'action qu'il ne s'est pas même aperçu de ce que voyaient les autres.

Ce que voyaient les autres, c'était, selon Gilles Bidon « que les nuages continuaient à envelopper le cinéma et que la nuit continuait à tomber, avec la scène qui se déroulait comme dans un puits, entre les nuages et la paroi ». Les nuages, en fait, déferlaient maintenant du col des Hirondelles par le Linceul.

La rondelle a été renvoyée vers Oustry.

— Nono a fait ça nickel ! Pas à deux-trois mètres comme souvent dans les treuillages... Mais une fois que j'ai été accroché, ils ont dégagé de la paroi à soixante ou quatre-vingt kilomètres heure... Il paraît qu'ils avaient déjà le phare, mais ils me l'ont dit après, je n'ai même pas fait attention... La paroi s'éloignait plein pot... Ça balançait terriblement, mais c'est tellement habituel !... Quand on est au bout du câble, on n'a qu'à subir !

— La menace des nuages était telle qu'on n'a pas perdu la minute nécessaire à le treuiller...

— Ah, les salauds, ils m'ont promené !... Et quand ils m'ont treuillé, c'est le seul moment de l'opération où j'ai vu Nono, et même l'hélico... On voit peut-être, mais dans un angle mort. On ne regarde pas. On est trop obnubilé par ce qu'il y a à faire... Jamais je n'ai vu un point aussi exigu pour arriver sur des victimes !... C'est rare quand même de se trouver dans des endroits aussi scabreux !... Sans relais !

Tout le monde s'est retrouvé au refuge de Leschaux où ont été laissés les Coréens.

— Ils ont dit merci, sûrement, a commenté Gilles Bidon, mais on n'avait pas de langage commun... Ils étaient tout de même assez inconscients de ce qui leur était arrivé !... Ou bien ils n'ont pas la même conception de la vie que nous ?... C'était un peu comme lorsque ça nous est arrivé, une fois, de faire du secours pour des moutons !... Ils ne se défendaient pas, ils laissaient faire... Les Coréens aussi, mais avec le sourire jusque-là !

Le lendemain, en tout cas, ces deux rescapés sont passés au P.G.H.M. Ils ont été ravis qu'on leur remette leur sangle, avec les pitons et les mousquetons rouillés. Pierre Bernier, qui les a reçus, a tenté de les semoncer :

— La prochaine fois, ça risque d'être la bonne !

— Mais comme c'est une peuplade qui rigole toujours,

m'a-t-on raconté, ils riaient, ils se sont penchés en avant pour saluer et sont repartis en rigolant.

Le jour suivant, on a appris qu'ils avaient retrouvé une corde, étaient remontés à Leschaux et qu'un de leurs copains, qui parlait un peu anglais, avait dit au gardien qu'ils repartaient pour la Walker...

L'ont-ils faite ? On n'a plus eu de leurs nouvelles.

-XXX -

Et encore d'autres jours

Jeudi 14 août

Dix secours, dont huit dans le Massif du Mont-Blanc.

Grave accident le matin au Dôme de Rochefort. Le Dr. Duperrex, Olivier Fernandez et Gilles Mathé, font le secours. Il s'agit d'Allemands, conduits par un guide allemand qui avait deux clients à sa corde et deux autres en cordée volante. C'est le guide qui a été blessé, à la descente en désescalade, dans une partie en terrain pierreux, raide, instable. Pourquoi est-il tombé ? On ne sait pas. Les clients l'ont vu passer à leur hauteur. La corde s'est prise dans un becquet et l'a retenu. De la « chance », donc, si l'on peut dire. Tous les trois auraient pu aller en bas sans ce becquet providentiel. Le guide a fait, quand même, trente mètres de chute. Il ne portait pas de casque.

— Avec un casque, me dit Duperrex, il n'aurait peut-être pas eu grand-chose...

Il a été sérieusement blessé : traumatisme crânien et traumatisme de la colonne vertébrale, il perdait beaucoup de sang et ne respirait plus. La cordée volante l'a rejoint et lui a fait du bouche à bouche, en attendant le secours, ce qui l'a peut-être sauvé. L'après-midi, il est transporté en neurologie à Genève.

Autre accident le matin, à la rimaye de Charmoz-Grépon. Cette fois, il s'agit d'un Italien. Traumatisme crânien, aussi, mais moins grave : ce blessé-là avait un casque, dans lequel une pierre a fait un trou « gros comme une balle de tennis », et qui l'a sauvé.

Dialogue un peu tendu avec un guide qui passe ici. Le connaissant, je lui dis ce que je pense écrire. Il voudrait qu'on ne parle de rien de ce qui touche aux accidents. Je réplique que lorsque des dizaines et des dizaines de journalistes, attachés à la télévision ou à des magazines amateurs de sensationnel, défilent ici et disent ensuite n'importe quoi, à tort et à travers, il est bon d'essayer de faire savoir ce qui en est vraiment, de dénoncer les idées fausses qui traînent, parler juste... J'ajoute que le tirage d'un livre est dérisoire, face aux millions de personnes qui constituent le public des télévisions et des magazines, enfin que cet ouvrage, j'entends l'écrire avec respect. Cela, il le reconnaît, mais il reste bloqué dans l'attitude qui consiste à étouffer les problèmes. Dialogue courtois mais dialogue de sourds.

Cela me fait penser à une scène qui s'est passée à la D.Z., l'autre jour, alors que je venais de partir et à laquelle je regrette de n'avoir pas assisté : une dame est venue chercher querelle aux secouristes, en disant que le secours, parce qu'on en parlait à la télévision, ça allait lui faire perdre des locations !... Elle n'aurait pas eu l'idée de s'en prendre aux médias, et comment, d'ailleurs ? Qui peut le faire ? Pas même le guide dont je viens de parler. Elle se rabattait donc sur ceux qui ont pour mission l'assistance. Étrange réaction.

Vers la fin de l'après-midi, on craint un gros accident au Dru, en bas de la directe américaine. Les premiers à marcher de cette après-midi sont Cazemajor et Fulbert. Éric Fulbert est un nouveau ici, grand, jeune, brun et gentil. L'hélicoptère part avec Cazemajor, mais l'alerte est minime : une entorse de cheville. Cela fait rire Fulbert :

— Un secours exposé au Dru qui se termine comme un vulgaire ramassage aux Planards !

L'accidenté est un Polonais, immense, qui s'appelle Matteus Marcinkovski.

— Ça veut dire Cazemajor en polonais, explique Fulbert.

On lui fait écrire son nom pour le procès-verbal.

— Com-me-il-faut ! scande Fulbert, qui commente à notre intention : Il écrit comme si c'était de l'arabe !

Le fait de scander les mots n'aide d'ailleurs guère le Polonais, qui ne sait pas le français... Mais il comprend, sourit et recommence.

— Et dans l'ordre ! exige Cazemajor, à propos des questions à poser... Il y a vingt-sept ans qu'on me fait travailler dans cet ordre-là et ce n'est pas maintenant qu'on va changer !

— Qu'est-ce que c'est dur de bosser avec des vieux ! soupire Fulbert.

L'atmosphère est détendue. L'ambulance arrive. On installe sur un brancard, où il s'assied, le Polonais. Mais ses pieds dépassent. Quand on roule le brancard à l'intérieur, sa tête frôle le toit.

— Attention la tête ! crie Cazemajor. On le descend pour une cheville et il a failli arriver à l'hôpital avec un trauma crânien !

Tout le monde rit, sauf le Polonais qui n'a pas compris. Ah ! Si tous les secours pouvaient être comme celui-là !

Nouveau départ, pour une crevasse à Argentière.

Plus tard, un peu avant huit heures, on reçoit des détails : hypothermie, jambe cassée, D.Z. d'urgence à l'hôpital. Olivier Fernandez, qui arrive pour la relève du soir, me dit :

— Y a qu'à voir Fufu, il est tout trempé !

Je sors. C'est vrai qu'il est trempé ! Il est descendu à quinze mètres dans la crevasse et l'eau lui ruisselait dessus. Le secours a été délicat, profond déjà, et la crevasse filait jusqu'à vingt-cinq ou trente mètres dessous, ce qui était d'autant plus inquiétant qu'il y avait un élargissement proche de l'endroit où le blessé s'était arrêté. Donc, un secours peu facile et long, sous des écoulements d'eau glacée qui ont inondé la combinaison d'escalade de Fulbert et même le tee-shirt en dessous. Je propose d'aller lui faire chauffer quelque chose.

— Ho ! Y va pas mourir ! s'interpose Cazemajor.

Gilles Bidon, le pilote, m'entraîne à l'écart et parie que je n'oserai pas poser à Henri Cazemajor une question qui le fera bondir. Je relève le défi, j'y vais, mais avec précaution quand même :

— Monsieur Cazemajor !... Monsieur Bidon prétend que vous n'allez pas me battre si je vous demande si vous avez tout à l'heure accompli votre 2 001ᵉ ou votre 2 002ᵉ secours...

Cazemajor bondit :

— Eh bien ! Si vous vous y mettez, vous aussi ! Vous avez de la chance pour cette fois ! Mais gare à la prochaine...

Vendredi 15 août

Quatorze secours au total, dont neuf dans le massif.

Parmi eux, un cas pénible de polytraumatisé, à la Brioche. Jeune militaire de vingt-deux ans, adorant la montagne, mais parti sans autorisation parce qu'il n'y avait pas d'encadrement. Cela risque de continuer pour lui par des problèmes... S'il aime tant la montagne, n'a-t-il pas des excuses ?... Il a bien assez payé avec son accident : trente mètres de chute, traumatisme crâno-facial, perte de connaissance, fractures de l'orbite, de la mâchoire, du bassin, du rachis, d'une partie de vertèbre lombaire, au moins quatre dents cassées devant... Et un *Glasgow* à 13. Le *Glasgow,* je l'apprends à cette occasion, c'est le score d'évaluation des traumatismes crâniens, dont l'échelle va jusqu'à 15. Mais le blessé avait repris conscience, s'efforçait de parler malgré ses difficultés. Lorsque le Dr. Cousineau téléphone les renseignements, il termine par :

— Dites : « État satisfaisant », pour qu'il n'y ait pas de panique ! Surtout dans la famille !

Vers l'heure du déjeuner, tandis que j'étais allée à l'apéritif de la fête des guides, a eu lieu un secours relativement banal qui a failli tourner au drame. C'était au col du Chardonnet, dans la partie raide. Une simple jambe cassée... On apprend, ici, à relativiser les « drames » : une jambe cassée devient, même pour moi, une « simple jambe cassée » puisque ça se ressoude !

Oui mais... Avant que n'arrive l'hélicoptère, quelqu'un avait étendu sur le blessé une couverture de survie, cette légère pellicule dorée qui aide à garder la chaleur. Mais quand l'appareil est arrivé, au souffle, au vent dégagé, elle s'est envolée dans les pales. Un bruit épouvantable. Le pilote, Gilles Bidon, a pensé (dans ces cas-là, la pensée est précise et se formule directement) : « Si ça merde, on y va ! » Il est redescendu mais, à cause du soleil, ne voyait pas un des instruments du cadran : la température du moteur. Il pensait que tout pouvait finir très mal si la feuille était sur la turbine. Lorsqu'il a pu voir la température, elle était correcte et il est parvenu à se poser sur la D.Z. du refuge d'Argentière. Ce qui était resté de la couverture de survie, après son déchiquetage par les pales, c'était un bout de feuille de la taille d'une page, qu'ils ont enlevée.

Et puis ils sont repartis, faire le secours. Le blessé hurlait dès qu'on le touchait. Il souffrait intensément et avait apparemment une fracture du tibia. Le soir, après bilan à l'hôpital, il n'avait rien, pas de fracture, un bleu. On m'a redit, et j'avais eu plusieurs fois l'occasion de m'en rendre compte, cet été, que la douleur diffère complètement selon les individus et qu'elle n'en est pas moins réelle, alors que, dans le même cas, un autre ne souffrirait pas.

Nouveau secours sortant des normes. A Sixt. Une chute au cirque des Fonds, sans précision. Il lui a été donné une priorité, avec raison, on s'en apercevra, sur une autre demande : un ouvrier pris d'un lumbago à une remontée mécanique, coincé sur une poulie mais, dans cette position, ne souffrant pas et pouvant donc attendre.

C'est Alain Place et Benoît Cousineau qui sont allés à Sixt. Une randonneuse. Cinquante-trois ans, bien chaussée, en groupe, passant sur un chemin schisteux, un peu raide, étroit et déversé. Un faux pas. Elle a dérapé sur de la poussière de schiste, est tombée, a glissé sur le derrière puis roulé, sur cinquante mètres, et a abouti à une ravine où elle s'est échouée dans un torrent. Ses amis l'ont sortie de l'eau, sans doute avec des précautions pour le cou et la colonne, mais c'était risqué, et la laisser dans quarante centimètres d'eau froide aussi.

L'hélicoptère a dû treuiller car le terrain, raide et schisteux, ne permettait pas une dépose. Le vent des pales faisait voler des pierres partout... Noël Rivière a donc treuillé Place, puis Cousineau qui, aussitôt près de la blessée, a cherché à piquer pour mettre une voie veineuse, mais les veines ne répondaient pas, en raison de la vasoconstriction due au froid et aux blessures. Il n'y avait pas de pouls périphérique, la température de l'accidentée était à 33°. Tout cela se déroulait dans l'eau, la boue, les pierres qui tombaient, la poussière noire... Benoît Cousineau a piqué chaque creux du coude deux fois sans réussir à entrer et a enfin trouvé une petite veine sur le dessus d'un poignet. La femme avait mal partout, souffrait. Il lui a administré un *nubain* pour calmer sa douleur. On lui a mis une minerve, puis un Ked (corset de lattes qui immobilise du cou aux cuisses et peut entrer dans la Piguillem). On l'a treuillée et déposée à l'hôpital.

Les nouvelles reçues dans la soirée ne sont pas excellentes. Des fractures de la colonne, de la tête aussi sans doute. Sur le terrain, la blessée ne bougeait plus ses jambes et on craignait le pire, mais à l'hôpital, elle les bougeait. En revanche, elle se plaignait de picotements, parce qu'elle a un œdème du rachis, c'est-à-dire de la moelle, et que la compression cause cette sensation. Il faut peut-être alors opérer les vertèbres, pour décompresser. Plus tard, en tout cas, *Bravo Lima* l'a transportée en urgence dans un service de neurochirurgie à Grenoble.

Durant l'intervention de Sixt, l'ouvrier au lumbago et à la poulie avait été décoincé et le secours n'était plus nécessaire.

Mais tombe un nouveau secours, au Nid d'Aigle, une luxation d'épaule.

— Tiens ! rit Iglesis, qui y est passé hier en descendant de sa quatrième arête de Peuterey, je connais ! J'aurais pu y laisser mon sac, si j'avais su !

Il part avec Cousineau. Et ils reviennent... avec la plus jolie accidentée de la saison ! Vingt-deux ans, une brune pulpeuse, aux longs cheveux noirs. Miss D.Z. de l'année, sans doute aucun !... On doit la soutenir, elle a un genou bandé, l'épaule bloquée avec un vêtement et des tissus. Stressée. Semblant beaucoup souffrir. En fait, on saura ensuite qu'elle n'avait rien. Française, née à Nantes, mais avec un nom exotique, genre princesse des Mille et Une Nuits. En relisant son nom, Julio me dit :

— C'est vrai, qu'elle était typée, hein ?

Typée, oui, mais typée quoi ? Méditerranéenne en tout cas. Byzantine peut-être ? Sa belle-mère, qui était sur place, était, paraît-il, très méfiante de la laisser partir en hélicoptère avec, ô angoisse, des hommes !

L'ambulance emmène cette extraordinaire beauté. Nous nous répandons en commentaires sur ses charmes.

— Et il fallait que ça tombe sur toi ! dit Place à Iglesis... Moi, tout à l'heure, j'ai eu un thon !

Vers huit heures, la journée semble finie mais ne l'est pas pour moi. Invitée à dîner à l'Eden, par mes amis Angel, j'ai le rare privilège de dîner avec un « futur secouru ». Ça, c'est original !

Il s'agit d'un cinéaste que j'ai déjà rencontré à Autrans et qui, demain, va faire le Mont Blanc du Tacul. Jean Afanassief, qui est aussi avec nous ce soir, a du travail et l'a, en conséquence, adressé à la Compagnie où on lui a donné un autre guide. Mais le « futur secouru » flippe très fort à l'idée de sa course. Il n'est pas ce qu'il est convenu d'appeler un « montagnard ». Afa lui a prêté des crampons et, quand il les a essayés à ses chaussures, il les mettait pointes vers le haut... Or, les conversations roulent beaucoup ce soir autour de la D.Z. dont on me fait parler, de ce qui s'y passe, de l'ambiance, enfin de tout, y compris des accidents...

Pendant le dîner, les plaisanteries fusent autour de notre « futur secouru ». Chacun l'accable de conseils afin d'éviter le probable accident. Afa lui explique qu'au Tacul, ça peut aller très vite : « On glisse, on saute une barre de séracs — et voilà ! ». Le « futur secouru » rit jaune. Je sors de mon sac la liste des secouristes du lendemain, lui donne leurs noms et lui indique que s'il tombe sur celui qui s'appelle Henri Cazemajor, il pourra mettre du liant dans les relations en lui demandant si c'est son 2 003ᵉ secours...

Et puis, tant qu'à faire, pour simplifier les recherches d'identité qui sont souvent si fastidieuses et complexes pour les gendarmes, surtout lorsque la victime n'est pas en état de parler, je lui propose de relever dès maintenant ses coordonnées : nom, prénom, date et lieu de naissance, adresse, etc. Je commence à savoir la musique... Tant qu'à faire, je me renseigne aussi sur le guide, mais le « futur secouru » ne connaît que son prénom : Antoine. C'est toujours ça !

Joyeux dîner, donc, qu'Afa agrémente en nous régalant régulièrement d'une chanson qu'il a chantée le matin dans la Chorale des guides et qui semble l'avoir marqué : « *Nous sommes les petits chevriers...* » Le « futur secouru », qui pense aux lendemains, qui peut-être ne chanteront pas, semble le seul à ne pas s'amuser de tout son cœur.

J'ai une idée pour le détendre et lui dis que, s'il a la chance de ne pas nous arriver à la D.Z. demain, par l'hélico, il n'a qu'à y venir vers sept heures et demie du soir avec deux bouteilles de champagne, pour célébrer son non-secours. Il envisage alors de faire, tout de suite, à pied, le kilomètre qui nous en sépare, de coucher devant le portail et de dire demain aux premiers à marcher :

— Voilà ! Je vous ai gagné du temps ! Je suis venu directement !

Il plaisante, mais reste tracassé... Dominique Angel et moi rions encore, en nous disant que, s'il a un accident demain, on culpabilisera drôlement d'avoir blagué toute la soirée là-dessus... Mais que ce serait quand même un sacré chapitre, pour le livre, que ce « Dîner avec un futur secouru ».

Quand nous nous séparons, le « futur secouru » est résolu à prendre tout à l'heure un somnifère pour ne pas trop réfléchir pendant la nuit. Je lui dis :

— A demain, à la D.Z., de toute façon !

Peut-être bien qu'ainsi il apportera du champagne...

Samedi 16 août

Six secours seulement. Quelques moments à retenir.

Le premier sauvetage a eu lieu dans le pilier Gervasutti pour deux grimpeurs « épuisés ». Épuisés, ils l'étaient, totalement ! Partis sans doute dans une course un peu au-dessus de leurs moyens, qu'ils pensaient « sortir » dans la journée, mais, à onze heures du soir, dans le haut, à cent cinquante mètres seulement du sommet, ils ont dû bivouaquer, peu confortablement, sur une arête effilée où ils étaient à trente mètres l'un de l'autre. Vingt mètres plus bas, il y avait une bonne terrasse mais ils étaient trop fatigués pour même redescendre, dans la nuit. Ces deux-là ont eu la chance qu'ils fasse beau.

Vers quatre heures du matin, ils ont lancé des fusées rouges. Puis, quand le jour s'est levé, ont essayé de repartir mais n'en pouvaient plus. La demande de secours a été l'objet d'une transmission curieuse : un avion de tourisme a vu les fusées, a alerté l'aéroport d'Annecy, qui a téléphoné au centre opérationnel de la gendarmerie à Annecy, lequel a prévenu le P.G.H.M.

Ce secours a été le premier de la journée, avec Cazemajor et Ribiollet. Comme il fallait que l'hélicoptère s'allège pour treuiller à près de 4 000 mètres, Henri Cazemajor a été déposé, en attente, au col du Midi, tandis que Thibaud Ribiollet partait exécuter le premier treuillage de sa carrière en secours, car il avait bien sûr derrière lui tout son apprentissage.

— C'était comme à l'entraînement, m'a-t-il dit, mais avec le plaisir de vraiment secourir !

Posé près d'un des alpinistes, il a refait un amarrage et signalé à *Dragon* qu'il en avait pour un moment. Il se rappellera toujours, je crois, les yeux reconnaissants, le regard ravi de celui qu'il rejoignait. Et le dialogue habituel s'est engagé :

— Bonjour ! Comment ça va ?

— Merci !... Ça va... On n'a rien de cassé... Mais on ne peut plus...

— Comment t'appelles-tu ?

— Christophe.

— Bon, Christophe, voilà ce qu'on va faire...

Il a récupéré du matériel épars, l'a remis dans le sac, préparé et vérifié les baudriers, puis rappelé *Dragon* qui a treuillé d'abord le grimpeur, lui ensuite, puis est descendu en vallée reprendre du kérosène.

Pour atteindre l'autre, il a fallu recommencer la manœuvre : descendre Ribiollet vers lui, au treuil. Ce second grimpeur était plus épuisé que le premier. Son assurance était faite par un petit *friend* et la corde descendant d'en haut, alors qu'il y avait un bon becquet non loin de lui. Mais dans l'obscurité régnante quand ils s'étaient décidés à la halte, il n'avait pas dû le voir... Celui-là manifesta plus d'angoisse à l'idée d'être hélitreuillé, mais fut repris de la même façon, ainsi que Ribiollet.

Non loin de là, le « futur secouru » qui voyait certainement naviguer l'hélicoptère éprouvait-il des inquiétudes ? Ou bien l'effort, dans sa réalité concrète, avait-il chassé les démons de la veille ?

Il y eut aussi un secours près du Lac Blanc, où une dame s'était cassé la jambe. Elle avait le pied à 90° sur le côté, ce qui fait qu'on la remuait le moins possible et que la Piguillem fut déposée directement sur le brancard de l'ambulance. Elle ne criait pas. Benoît Cousineau lui a quand même administré une piqûre de *nubain* et lui a ensuite courtoisement demandé :

— Voyez-vous des éléphants roses ?

— Non ! a-t-elle répondu. Mais s'ils commençaient à passer, ça ne m'étonnerait pas...

J'aime cet aspect du secours qui aide les gens à échapper

à leur drame, leur offre la bouée d'une relation humaine qui les détend.

Alerte au Pouce. Un guide a entendu des cris. Benoît Cousineau me dit :

— Ça peut être le secours de la journée ou rien !

Gilles Perret et Ben Duncan sont dubitatifs. Le Lama blanc de C.M.B.H. est libre, piloté par un Italien, ils peuvent le louer, l'espèrent, car c'est leur dernière journée ici. Mais le cas est douteux et ils hésitent, à cause de leur budget. Finalement, ils se décident. *Dragon* s'envole, avec Franck Junod et Gilles Mathé, suivi par le Lama.

Restée seule avec Benoît Cousineau, je lui demande quel est le comportement des secouristes face à l'acte médical. Très varié, me répond-il. Certains se concentrent sur l'aspect technique et les manœuvres à effectuer, jugeant que le côté médical est l'affaire du « docteur ». D'autres se passionnent au contraire pour cet aspect du secours. Régis Michoux s'y intéressait tant que Benoît juge qu'il aurait à peu près pu faire le travail d'un médecin : il préparait les seringues, aidait parfaitement. Les « pas tout jeunes », Yvon, Cazemajor, Paillé, s'y intéressent souvent plus que les jeunes pour lesquels le côté « montagne » prime.

Retour des hélicoptères. La réponse est : rien ! Ils ont fait le tour du Pouce, y ont vu de nombreuses cordées, mais tout allait bien pour tout le monde ! Fausse alerte... Ça arrive... Bonne volonté du guide... Mais une question à ceux qui souhaitent les secours payants : dans ce cas, qui aurait payé ? Le guide ? Mais alors, personne n'oserait plus signaler un accident !

Un peu plus tard, je m'aperçois qu'il y a une sorte de groupe à l'extérieur, près du grillage et même une altercation. Je sors. Trop tard ! J'ai manqué une scène. On me raconte :

— C'est le contribuable de base qui s'indigne qu'on revienne sans ramener un blessé ou un mort !

— Et il nous a engueulés !... Il a dit que cette vallée était polluée en bas par les camions du tunnel, en haut par les hélicoptères et que ça gênait ses vacances...

— Apparemment, il a un super-chalet aux Praz... Ça doit être un pilote de 747 qui a pollué toute sa vie et qui maintenant voudrait interdire les secours en hélico !

— Ou bien, un type qui a eu une cimenterie, une grosse usine, mais maintenant qu'il est en retraite, se fait le champion de l'écologie, parce qu'il estime que rien ne doit le déranger, pas même des secours !

Un grognon, donc. Et qui le soir, j'imagine, sera fier de lui : « Je leur ai dit ce que je pense, moi, à ces pilotes d'hélico... » Oui ! Mais quand sa femme aura une crise cardiaque en montant au Petit Balcon, ou que son fils aura sauté une barre rocheuse en V.T.T., ou que son petit-fils sera bloqué à Vallot par un M.A.M., il sera aussi le premier à s'indigner « qu'ils » n'y aillent pas plus vite, ou ne puissent décoller en pleine nuit dans le brouillard... La désinformation est totale, notamment chez les résidents secondaires qui, souvent présents dans la vallée, pourraient faire l'effort d'être mieux renseignés.

Le calme, relatif, de cette journée fait déjà penser à l'automne. Pas un souffle d'air. Des nuages immobiles planent autour des sommets. Sur les chemins, de premières feuilles jaunies. La saison s'achève peut-être, bien que le beau temps soit prédit pour les jours qui viennent.

Vers sept heures et demie du soir, le « futur secouru » n'a pas encore été secouru. Dans ce cas, ma suggestion de venir, quand même, à la D.Z. fêter son non-secours aura-t-elle trouvé un écho ?

Gagné ! Passé à l'état de « non-secouru », le « futur secouru » est là, avec deux bouteilles de champagne et Jean Afanassief. C'est l'heure de la relève, les équipages de la Sécurité civile sont sur place, ainsi que les quatre premiers à marcher. On est douze, on est quinze... je ne sais plus.

Étonnement général devant la générosité du « non secouru ».

— Eh bien ! S'ils commencent à venir avec du champagne quand ils n'ont pas eu besoin de nous...

— Ça en fera cinq mille par jour ! observe Benoît Cousineau.

— On n'a pas fini de boire ! conclut jovialement Henri Cazemajor.

— C'est lui, l'ancêtre ? me demande le « non secouru »... Mais il est jeune !

— Bien sûr, qu'il est jeune !... N'empêche qu'il a raté aujourd'hui son 2 015e secours...

Le champagne vient à point pour Thibaud Ribiollet qui fête son « premier treuillage en secours ».

Dimanche 17 août

Un secours en crevasse, au glacier des Rognons, qui est sous l'Aiguille Verte, du côté d'Argentière. Un jeune guide de Chamonix et son client descendaient. Le guide avait des anneaux de corde à la main. Le client a percé un pont de neige et est tombé dans une crevasse. Le guide a eu le réflexe de lâcher les anneaux et de sauter de l'autre côté, pour faire contrepoids, mais le client tombait trop vite et l'a entraîné. Plus de peur que de mal... Le client s'est fait une entorse et le guide s'est râpé la figure. Un ancien du P.G., devenu professeur à l'E.N.S.A., les a vus, un moment après, en passant près de la crevasse et a donné l'alerte. De toute façon, le guide avait une radio et, une fois ses esprits récupérés, il aurait pu appeler lui-même, voire sortir et faire sortir le client, mais ils auraient eu le temps d'avoir froid.

Le secours a été original : Gilles Bidon, qui pilotait, a commencé à poser Jean-Louis Oustry à côté de la crevasse mais, comme le trou était large, Oustry a jugé que l'on pouvait éviter d'installer le système du treuil-valise, au sol, et s'est donc fait remonter, puis treuiller par le mécanicien directement dans le trou, à une profondeur d'une douzaine de mètres, a détaché un des deux accidentés de sa corde, l'a accroché au *sling* et on les a treuillés ensemble hors du trou. Même manœuvre pour le second.

— Cette crevasse ! commente Jean-Louis Oustry à son retour, tant qu'il y aura le pont dessus, même troué, il y en a qui risquent d'y tomber encore ! Parce qu'elle a l'air bien bouchée et que le pont est large...

Plus tard, une demande de reconnaissance, faite par le gardien du Couvercle. Deux Allemands, qui ont laissé du matériel au refuge, sont partis hier matin pour le couloir Whymper, à la Verte, et ne sont toujours pas là. Peut-être vont-ils enfin revenir, sinon, il y aura une reconnaissance, impossible pour le moment parce que le cirque de Talèfre est tout bouché de nuages.

Vers onze heures et quart, quand ça se lève, *Dragon* y part et signale quelque temps après qu'il a repéré deux grimpeurs, vers 3 500 mètres, mais n'a pas pu les approcher de près à cause des nuages. La radio nous diffuse le message de Gilles Bidon :

— Ça doit être ces deux-là !... Ils ont fait signe qu'ils n'ont besoin de rien !... Ou alors, il y a un bras cassé.

La D.Z. s'esclaffe. Un seul bras levé signifie : « Nous n'avons besoin de rien », alors que les deux bras levés sont le signe d'une demande de secours. Évidemment, lorsque quelqu'un a le bras ou l'épaule cassée, il ne peut pas lever les deux bras. Mais ce signe de demande risque moins d'être confondu avec tous les saluts, d'un bras, que les gens font sur le passage de l'hélicoptère.

Il paraît qu'il n'y a presque personne en montagne. La météo avait prévu du beau temps nuageux, avec une éclaircie générale en milieu de journée, suivie de risques de pluie, mais c'est le contraire qui est arrivé. A une heure du matin j'ai vu qu'il pleuvait déjà en vallée. En milieu de journée, il pleut et le soir, le soleil revient.

Il n'y a pas alors que cette éclaircie à la D.Z. Il y a l'arrivée de Pouts, en congé de stage d'aspirants-guides pour ce dimanche. Philippe Pouts équivaut à lui seul à une éclaircie-soleil... On ne sait jamais ce qu'il invente ou ce qui est vrai, mais on rit tant !

Toujours est-il qu'il nous raconte que le 1er avril, où il était planton et où la journée était morose, il décrochait le téléphone en disant :

— Allo, ici le presbytère. Je vous écoute.

Il commente :

— Ça ne risquait rien. Les gens croient qu'ils se sont trompés et ils rappellent...

Et il mime des conversations :

— Pardonnez-moi, mon père ! Je voulais appeler le P.G.H.M. !

— Il n'y a pas de mal, mon fils

Et puis, un des coups de téléphone vient du colonel du Trémolet, qui commande l'E.M.H.M.

— Ici le presbytère, je vous écoute !

— Ici le colonel du Trémolet !... Mais !... Qu'est-ce qu'ils ont fait au standard ? Je voulais le P.G.H.M. !

Pouts, pour éviter que le standard ne subisse une remontrance, dit humblement :

— Poisson d'avril, mon colonel... Gendarme Pouts... Je vous présente mes excuses...

Et puis, brode-t-il ? :

— Eh bien, gendarme Pouts, vous me ferez huit jours... Poisson d'avril !

Pouts a un étonnant talent de conteur. Je le branche sur une autre de ses histoires :

— Quand vous êtes planton, c'est vous qui répondez toujours : « A qui ai-je l'honneur ? » Et c'est depuis que...

— Ah ! C'est depuis que j'ai traité un commandant de bourricot !... Ce n'était pas ma faute, il était originaire du côté de Toulouse et il avait exactement le même accent que Darrhort !... Il me demande de lui passer le capitaine... C'était le capitaine Thimothée, à cette époque. Je lui réponds :

— Pas de chance, il n'y est pas !

— Alors, passez-moi le major Mathieu !

— Tu n'as pas de chance, il vient de partir !

— Qui pouvez-vous me passer ?

— Arrête, eh, bourricot ! Tu crois que je ne t'ai pas reconnu ? Arrête tes conneries ! Tu ne m'as pas reconnu ? Je suis Pouts !

— Quoi ? Quoi ? Ici le commandant Métairie, adjoint du commandant de groupement de la Haute-Savoie ! Passez-moi un gradé !

« Et on a continué comme ça... J'étais toujours persuadé que c'était Darrhort, qui me faisait marcher... Il a raccroché... Quand même, je demande à un plus ancien :

— Il n'existe pas de commandant Matari... Motori... hein ?

— Ah ! Métairie ! Oui, l'adjoint du commandant de groupement.

« Je commence à me sentir mal... Alors, je téléphone à Darrhort... On me répond qu'il est en montagne... Je demande où... Oh ! Malheur, que je me dis, il n'a pas pu me téléphoner de là-bas...

« Et puis, ça se déchaîne... Faussurier :

— Vous allez me faire une déclaration écrite !

« Le major Mathieu, revenu :

— Pouts ! faites-vous remplacer et montez aussitôt dans mon bureau !

« Qu'est-ce que j'avais pas fait... Je reprends le téléphone, je demande Annecy, le commandant Métairie... Je lui dis :

— Gendarme Pouts, mon commandant... Je vous prie d'accepter toutes mes excuses... Je vous avais pris pour Darrhort, de Saint-Gervais, qui a le même accent que vous... On est tous un peu des Pyrénées, comme vous, n'est-ce pas ?... Alors, j'ai confondu...

« Oh ! Ce que je n'étais pas fier !... Enfin, j'ai fait ma déclaration écrite et il a été gentil, il l'a mise sous le coude... Comme il prenait sa retraite quatre ou cinq mois plus tard, elle doit y être toujours... Je m'étais fait une trouille !... Et maintenant, quand je suis planton, je me méfie : "A qui ai-je l'honneur ?"

Pouts continue :

— C'est comme le coup de Balladur !

On connaît tous l'histoire, mais c'est un tel régal ! Elle s'est déroulée lors de mon premier jour de D.Z., en 1993, et m'avait un peu interloquée. La D.Z., c'est aussi cela : se redire des histoires drôles, des secours insolites, s'équilibrer par de la bonne humeur. Gilles Bidon le remarquait l'autre jour :

— Ici, si on ne rigolait pas de temps en temps, on se suiciderait !

Pouts raconte :

— Je ne sais pas ce que j'avais bien pu faire au mécanicien, qui devait être Nono, mais il m'avait dit : « Ça, je te le revaudrai ! » Et voilà qu'il nous tombe un secours à la Montagne de la Côte... C'était le chien de Balladur... Enfin, non, pas son chien, mais son garde du corps... Balladur, qui était Premier ministre, il fallait qu'il soit toujours escorté par un garde du corps... Il était aussi avec Jean-Claude Charlet, le président des guides, et puis son chien, et le chien s'est foutu une trempe avec un autre chien... Le garde du corps a voulu les séparer mais c'est lui qui s'est fait foutre hors du chemin !... Et crac ! Une cheville !... On nous appelle, sans détails... On arrive au-dessus, dans une trouée où l'on voit des gens qui agitent leurs bras... Je me mets au treuil, je commence à descendre, et voilà l'hélico qui se déporte à quatre mètres, en plein dans les sapins !... Ah, les salauds !... Je me prends des branches dans tous les sens (il mime), j'arrive en bas, tout couvert de brindilles, d'aiguilles, de résine... Je cours vers le lieu de l'accident et je vois qui ? Le Premier ministre !

— Mes respects, Monsieur le Premier Ministre !

« Qu'est-ce que je devais avoir l'air con, avec mes branches !... Le blessé était déjà bien préparé par le guide. Je vérifie. Je l'amarre à la rondelle. On le treuille, tout droit. On me redescend la rondelle. Je m'accroche. On commence à me monter et, de nouveau, voilà l'hélico qui fait quatre mètres sur le côté et je me retrouve à gesticuler dans les arbres (il mime). J'arrive dans l'hélico et je leur dis :

— Faites pas les cons ! En bas, il y a le Premier ministre ! Et le blessé, c'est son garde du corps !

— C'est ça ! ils me répondent... Et il faut qu'on te fasse la commission qu'il y a le pape qui veut te voir et qui t'attend à la D.Z. !

« Ensuite, j'ai essayé de leur faire croire que Balladur passerait en personne remercier au P.G.... Vous imaginez !... Tout impeccable !... L'uniforme bien réglementaire... Le chien, il s'appelait Titus... Après, il est passé aux Guignols ou aux Nuls, à la télé. »

Tombe un secours : accident de V.T.T. vers la Flégère. Un bras, mais secours nécessaire car la tension du blessé, 23 ans, était en chute. Il s'agit d'un « animateur » dans la colonie d'une grande entreprise nationalisée. Il a beaucoup fait la fête, hier soir, et guère dormi, pour une raison ou l'autre. Réveil peu en forme. Il prend un lysanxia, médicament qui est quelque chose comme un calmant-somnifère, part faire du V.T.T. et finit dans le décor. Ce n'est pas malin, soit ! Mais encore une fois, on en revient à ce thème éternel de la gratuité des secours. Notre société, qui se réclame de la devise de liberté, d'égalité et de fraternité ne doit-elle pas prendre en charge, aussi, des types de ce genre, qui n'ont certainement ni assurance ni moyens de payer un secours ? Aurait-il fallu laisser ce pauvre garçon récupérer, peut-être, mais risquer aussi, vu son stress, un collapsus ? Il se montrait très agité, a paniqué en voyant qu'il avait une plaie au bras, hurlé :

— Je me vide ! J'ai perdu tout mon sang !

Ils ont eu du mal à le calmer. Il voulait qu'on téléphone immédiatement à ses parents et quand on lui a dit qu'il le ferait lui-même, il a crié :

— Mais je n'ai plus qu'un bras !

— Ne vous inquiétez pas, on peut très bien téléphoner avec un bras et vous récupérerez vite l'autre !

C'est cela aussi, le secours. Prendre en charge tout le monde, ceux qui sont sympathiques, conscients, sensés, courageux, reconnaissants, de même qu'il peût y en avoir qui sont légers, peureux, désagréables, grognons, râleurs, ingrats... Et faire au mieux avec chacun.

Suit un intermède gastronomique. Une dame a apporté une

tarte au citron. Tout le monde se regroupe à la cuisine. Pouts réapparaît.

— Y a la place qu'on veut à côté et vous vous mettez là où il y en a le moins !... Enfin ! C'est comme ça !

Et, comme il côtoie beaucoup de Chamoniards, au stage d'aspi, il nous raconte une bonne histoire, qu'eux-mêmes racontent, avec humour :

— Ça y est ! Je commence à me rentrer dans la tête des rudiments de patois chamoniard. Mme Sauvy, vous savez un peu de chamoniard ?

Je fais une moue de prudente expectative.

— Par exemple : savez-vous comment on dit en chamoniard : « S'il vous plaît, Monsieur, je n'ai pas parfaitement saisi le sens de votre dernière question. Pourriez-vous avoir l'extrême obligeance de me la répéter ? » Vous savez comment ça se dit, en chamoniard ?

Silence général. Pouts donne la réponse :

— Rhhhhhhhhhhôgn ?

- XXXI -

Un accident d'autrefois Guy Labour

Jours anniversaires d'un très célèbre secours, celui de Guy Labour, il y a soixante-trois ans.

Nous avons déjà évoqué ce dernier, à propos de Bobi Arsandaux [1], mais il a été lui-même victime d'une aventure de montagne si étonnante qu'il convient de la rappeler dans cet ouvrage, et de mettre en parallèle, une troisième fois, un accident du passé face à ceux d'une saison d'aujourd'hui.

Le cas de Guy Labour est d'ailleurs réputé. Il a eu droit à une place d'honneur dans le livre de Saint-Loup qui s'intitule *La montagne n'a pas voulu* [2] : son histoire termine en effet le volume, en beauté.

Mais entre les deux hommes, la sympathie n'était pas née. Leur rencontre avait eu lieu au refuge d'Argentière. « Il m'avait paru — m'a écrit Guy Labour — un peu... "ennuyeux". Il m'avait demandé une interview. Je ne pouvais

1. Voir : *Un accident d'autrefois. Bobi Arsandaux.*
2. Paris et Grenoble, Arthaud, 1949, pp. 167-205.

refuser, mais j'ai joué avec lui un jeu un peu rossard ! D'où son appréciation ! ! ! »

Et l'appréciation évoquée n'est pas des plus ardentes : « Devant la perspective d'une course solitaire, Guy Labour n'éprouve aucune exaltation, aucune crainte. Il a vingt-sept ans. C'est un homme froid, presque glacial, malgré sa jeunesse. »

Et encore : « Guy Labour a aujourd'hui près de quarante ans. Il est toujours froid, précis, comme au jour de sa chute. Quel souvenir a-t-il gardé de l'aventure ? "Un souvenir pénible dans l'ensemble... et qui ne donne pas envie d'en reparler", répond-il avec un léger sourire. Et M. Labour qui fait toujours de la montagne, malgré la perte de onze phalanges atteintes par le gel, reprend sa règle à calcul... ».

Froid, glacial, Guy Labour ? Un membre du G.D.B., l'homme qui à quatre-vingt-dix ans passés venait encore se recueillir, à Argentière, sur la tombe de son ami Bobi et qui envoie au capitaine Gin et à moi-même des lettres si sensibles ?

C'est donc pour apporter au livre de Saint-Loup un petit supplément, qui lui est nécessaire, que je raconte ici, brièvement, cette étrange aventure de survie [1].

Elle commença le vendredi 17 août 1934, date à laquelle Guy Labour, qui se trouvait à Chamonix, décida d'aller faire la traversée des Grands Charmoz, en solitaire, ses habituels compagnons de cordée étant partis. La course semblait un objectif raisonnable, dans ce massif qu'il connaissait bien. Un mauvais temps continu avait caractérisé la saison. Il faisait

1. Les renseignements qui suivent n'ont pas leur source dans le livre de Saint-Loup, assez inexact et de plus romancé, mais dans les lettres que j'ai reçues de Guy Labour et dans le texte d'une conférence qu'il fit en 1948 sur le sujet et qu'il m'a gentiment communiqué.

beau, enfin, et Guy Labour souhaitait mettre à profit les deux jours de vacances qui lui restaient. Il avertit la secrétaire de l'hôtel, lui indiqua le but de sa course, « pour le cas où... », et partit prendre le train du Montenvers.

Le soir, il bivouaqua dans son duvet, non loin du lac des Nantillons, sur la moraine. Au matin : « Départ nocturne. Solitude et silence. Lever de soleil. Épanouissement de la lumière. Jouissance de la solitude. » Il progressa ensuite dans l'ascension, connut quelques difficultés à la cheminée Burgener, où son sac déchiré laissa échapper une partie des vivres, mais fut mis en échec sur l'arête, par un gendarme qu'on franchissait habituellement par une courte échelle. Il espérait le passer en libre mais, malgré plusieurs tentatives, échoua et dut renoncer au sommet, le vent ne permettant pas d'essayer un lancer de corde. Redescendant, il rencontra, au Rognon, des Parisiens qu'il connaissait, parmi lesquels se trouvait Micheline Morin, alpiniste réputée.

Il continuait sa descente, piolet sous le bras, se rapprochant de la moraine, quand soudain, dans de la vieille neige, résidu d'avalanches anciennes, un de ses pieds s'enfonça. Il se cabra mais ne put résister et, tombant dans une crevasse, ressentit deux chocs violents et se retrouva allongé sur un plan de glace et de neige, à dix-huit mètres de profondeur, sans savoir ce qu'il y avait en dessous, mais le vide assurément se creusait plus encore.

C'était le samedi 18 août, à trois heures et quart de l'après-midi.

La secrétaire de l'hôtel ne prêta pas attention au retard de l'alpiniste. Le lundi 20 août, sa famille s'alarma de ne pas le voir, joignit son bureau où il n'était pas réapparu. On crut à un retard. Le lendemain, mardi 21, on s'inquiéta pour de bon. On téléphona à l'hôtel. La secrétaire se rappela que le jeune homme était parti depuis le vendredi. Où ? En montagne... On alerta les guides qui préparèrent la perche à transporter les morts. Quatre jours... Qu'était-il possible d'espérer ? Et où chercher, d'ailleurs ? Ce n'était pas l'époque où les reconnaissances se faisaient en hélicoptère... Et même...

Le frère du disparu était venu sur place, aussitôt. Sa mère le rejoignit. Ils étaient prêts à lutter, à ne pas perdre espoir, à tout faire pour que les recherches aient lieu et continuent. Les guides, eux, n'y croyaient guère. Certes, ils étaient payés pour leurs journées, mais avaient l'impression de perdre du temps, et le temps passait, en effet, réduisant plus encore les chances.

Le retard dans la mise en œuvre de l'alerte et des recherches avait, bien sûr, entraîné un retard dans les nouvelles. C'est le vendredi 24 août que les journaux parisiens en parlèrent, que la disparition fut connue, établie, rendue publique. Micheline Morin apprit ainsi l'accident à Zermatt, où elle était depuis lors. Elle télégraphia à Chamonix qu'elle avait rencontré Guy Labour à la date indiquée, sous le rognon des Nantillons, à la descente. On savait enfin où chercher, mais si tard !... Malgré l'incrédulité des guides et leurs scrupules à repartir, les parents demandèrent que les recherches se poursuivent. Une cordée, constituée par Paul Mugnier et Camille Ravanel, prit la route, le samedi 25 août.

— « Tiens ! Une corde dans la crevasse ! dit l'un d'eux, pendant cette reconnaissance sur le glacier... Et on appelle "Au secours !"... C'est Labour !

— Tu es fou !... Il y a longtemps qu'il est mort, Labour ! »

C'était bien lui. A son huitième jour d'attente.

Mais que s'était-il passé, durant ce temps ?

Il avait tout d'abord reconnu les lieux, du regard :

« Où je suis, la largeur est de quatre mètres environ. Au-dessus ? La paroi contre laquelle je suis appuyée est parfaitement lisse et quelque peu en surplomb. L'autre paroi ne vaut guère mieux... Pourtant, telle une colonne, une coulée de glace de cinq à six mètres de haut proémine. Au-dessus, la paroi ne surplombe pas, peut-être même n'est-elle pas tout à fait verticale. Et puis là-haut, bien haut, à dix ou quinze mètres, quatre ou cinq étages, il paraît y avoir un léger rebord.

« Encore plus haut, telle la trappe du couvreur montant sur le toit d'un sixième étage, vu du bas de la cage d'escalier, un trou rond : ma porte d'entrée ! Une écharde dans ce petit trou : c'est mon piolet qui est resté à la surface.

« Et maintenant comment sortir ?

« Sur la paroi à ma droite, le long de la coulée de glace, un itinéraire semble n'être pas invraisemblable.

« Mais je n'ai qu'un gros piton à rocher comme outil et deux poignets endoloris comme moteurs. »

Guy Labour décida de faire une tentative. Lorsqu'il se mit debout, il tituba et s'aperçut qu'il était plus secoué par sa chute qu'il ne l'avait pensé. Difficilement, en deux heures d'efforts, il tailla deux ou trois marches et jugea que mieux valait s'organiser pour le bivouac afin de recommencer, reposé, le lendemain.

Dans son sac, peu de chose : un chandail, une cagoule imperméable, une paire de chaussettes de rechange, cent grammes de raisins secs, huit tablettes de novaltine, trente grammes de confit d'amandes, un morceau de bougie, deux boîtes d'allumettes.

Il tremblait. Il s'allongea, recroquevillé sur sa corde de rappel, une bande molletière sous sa tête pour l'isoler de la glace.

Au deuxième jour, eut lieu la nouvelle tentative. Il parvint à atteindre le premier ressaut, formé par le haut de la colonne de glace. Puis, par petites étapes, au prix de beaucoup de temps et d'efforts, il gagna environ quatorze mètres, arriva sur ce qu'il pensait être une vire de glace mais qui n'était qu'un court rebord. Sans piolet, il était impossible de creuser le passage nécessaire. Il resta là longtemps, n'acceptant pas l'échec, entendit des bruits de voix lointains, appela, sans réponse.

Laissant la corde à cheval sur le ressaut atteint, il se résolut à redescendre, sachant que le secours ne viendrait plus que du dehors, calculant le moment où il pouvait l'espérer. Ses pieds s'engourdissaient en dépit des frictions.

La deuxième nuit fut très longue. Et le jour qui suivit aussi. Tout ce temps que Guy Labour passa dans la crevasse lui parut, d'ailleurs, infiniment long. Il tremblait continuellement, mais sans réellement sentir le froid, jugeant que l'organisme se défendait de la sorte par réaction nerveuse. De temps à autre, il appelait, par acquit de conscience, sachant que dans les crevasses le son ne monte pas, ou mal.

Troisième nuit. Il tremblait toujours mais avait la volonté absolue de « ne pas avoir froid » et pensait aux récits d'Alexandra David-Neel qu'il avait lus, certain que l'on pouvait réagir contre le froid autrement que par des moyens purement physiques.

Au réveil de ce quatrième jour, il décida de remonter, de voir s'il n'y avait pas, quand même, de la vire qu'il avait atteinte, un espoir de sortie. Les marches taillées au piton, l'avant-veille, lui permirent de la rejoindre assez vite. Résolu à essayer, coûte que coûte, il tailla des prises pour les mains et chercha à creuser des prises pour les pieds : il mit une heure à faire une marche, alors qu'il en aurait fallu vingt-cinq ou trente, revint vers la banquette en rebord et avisa derrière lui une espèce de fissure dans la glace, de trois mètres de haut environ, avec, peut-être, de la neige au-dessus. Il y démarra en coincement, mais soudain dérapa et bascula. Il se retrouva alors suspendu par un talon, le pied coincé par le crampon dans la fissure, le dos à la paroi, la tête en bas.

Après quelques essais infructueux pour se raccrocher par les mains à la vire, il sut qu'il fallait faire vite : il se congestionnait, s'épuisait. Voici son récit :

> « J'attrape le genou de la jambe coincée avec les mains, puis avec les dents et je remonte ainsi peu à peu le long de la jambe jusqu'à la hauteur de la cheville et saisit enfin une prise taillée sur le bord de la vire ; mais je suis complètement plié en deux, la tête sur la jambe, et je n'arrive pas à décoincer le pied. J'étouffe, mes mains s'engourdissent sur la glace, je ne les sens plus, dans quelques secondes, elles vont s'ouvrir, tout lâcher et ce sera fini... Je risque le tout pour le tout, je tire violemment sur les mains et le pied coincé, en me lançant avec tout le corps.
>
> « Le pied se dégage, je reste suspendu par les mains. Je rattrape les marches avec les pieds et remonte sur la vire presque inconscient. Les mains sont maintenant complètement engourdies par le froid et insensibles. Il ne me reste que la conscience de la nécessité de redescendre, et d'urgence.
>
> « Je referme les mains en crochet avec les dents, pour qu'elles tiennent sur les prises, avec l'espoir qu'elles ne s'ouvriront pas toutes seules. Je descends à la limite de la volonté. Je peux encore m'aider un peu de la corde laissée à cheval sur le bout de glace, à cinq ou six mètres du fond,

et m'écroule en arrière, évanoui, sans doute, aux derniers mètres. »

L'attente reprit, dans un état de semi-prostration. Guy Labour fit des efforts pour lutter contre l'engourdissement. Il entendit des appels, leur répondit, en vain.

A cinq heures de l'après-midi, son piolet tomba près de lui, venant du haut où il était resté accroché. C'était trop tard. Épuisé par la lutte, Guy Labour tremblait trop pour agir et ne pouvait tenir debout. Il indiqua dans son carnet de notes : « Les pieds gèlent de plus en plus... Espoir malgré tout. »

La quatrième nuit fut longue, scandée par le tremblement. La longueur du temps devenait obsédante. Au cinquième jour, malgré ses économies de vivres, il n'avait plus rien à manger. Ses orteils devenaient violet foncé, ses membres se refroidissaient. Il avait soif, sans doute la fièvre, froid jusqu'aux genoux. Il s'efforça de garder une immobilité complète, à part le tremblement qui l'agitait, se roulant en boule pour conserver sa chaleur.

Une cinquième nuit passa ainsi.

Sixième jour, immensément long :

« Rien... appels... Le froid monte. J'ai les jambes complètement engourdies. Je reste immobile, les yeux fermés. Ce soir, un orage, magnifique, éclairs, le tonnerre qui roule prodigieusement, fantastiquement, là-dessous. Chute de neige et de grêle. Je suis recouvert de cinq à dix centimètres pendant la nuit, la sixième.

« J'ai à peine l'énergie de me secouer, et puis une certaine indifférence... J'ai soif, j'ai mangé de la grêle. C'est fondant dans la bouche, bien mieux que la neige ou la glace. »

Septième jour :

« 135 heures. Malgré la couverture de grêle, je n'ai pas positivement froid, bien que les pieds soient gelés et le bas du corps engourdi jusqu'aux cuisses. Et puis, ce tremblement continuel... Est-ce cette idée qui reste désespérément accrochée que "JE NE DOIS PAS" avoir froid ? Et pourtant, à quoi bon ?

« J'ai certainement de la fièvre, j'ai soif. Par contre, je n'ai pas faim, malgré le jeûne relatif depuis près de sept jours et total depuis deux. Mais j'ai des idées de bonnes choses : ananas au sirop, gigot d'agneau bien saignant, etc.

« Aussi le désir de lieux ensoleillés et chauds. Évocation d'Hossegor, les plages au soleil...

« De temps à autre, malgré la demi-prostration, je lance toujours des appels, mais je me rends compte qu'ils deviennent faiblards. L'impression très nette que "ça baisse sérieusement".

« Nuit assez mauvaise, c'est la septième. Fatigue extrême, curieuse impatience d'en avoir fini... Ça dure trop, perte de courage.

« Huitième jour qui commence. Écroulement partiel sous moi vers le petit matin, du rebord de neige sur lequel je suis.

« Une jambe pend plus ou moins. Y en a-t-il encore profond dessous ? Onze heures... Cent-soixante-quatre heures que je suis là et pendant combien de temps vais-je encore compter les heures ?

Proche, une voix :

— Tiens !... Une corde dans la crevasse !

« Instantanément, par réflexe, j'appelle. J'ai le temps de

penser : “Faire vite avant que l’on ne s’éloigne”. Puis : “Ma voix a bien faibli.”
J’entends la même voix :
— On appelle “Au secours” !
« Alors, au plus profond de moi : “ÇA Y EST ! LE CONTACT EST ÉTABLI !”. C’est pour moi, en une fraction de seconde, un choc prodigieux, quasi électrique, instantané, extraordinaire. C’est un retournement, le sentiment, à une échelle immense (quels mots pour expliquer cela ?) que “l’histoire est terminée”. Et puis, aussitôt, une détente totale, absolue, de l’esprit. Je sais que, maintenant “cela fait partie du passé, des souvenirs à raconter”... Et c’est posément, presque techniquement, que je signale : “C’est Labour !”. Et la même voix répète : “C’est Labour !”. Alors une autre voix, plus lointaine, répond : “Tu es fou ! Il y a longtemps qu’il est mort, Labour !”. »

La longue histoire de cette aventure de survie s’acheva donc ainsi, le samedi 25 août.

Guy Labour fut amputé, aux pieds, de onze phalanges. Il passa quatre mois à l’hôpital, mais un an après son accident, en août 1935, il conduisit une caravane aux Grands Charmoz.

Les raisons expliquant comment et pourquoi il a tenu bon sont diverses. D’abord, un caractère positif, précis, serein, l’amenant à ne pas se laisser dominer par la peur, à ne pas imaginer le pire. Ensuite, la volonté de trouver, par lui-même, une solution et, devant l’échec, le refus du désespoir et, tout au contraire, l’attente confiante du secours extérieur, considéré comme probable. Enfin, des réactions physiques, liées à la certitude que l’on pouvait, comme Alexandra David-Neel l’avait observé au Thibet, se défendre contre le froid mieux qu’on ne le fait habituellement : se ramasser en boule, se concentrer. Il se souvenait d'un bivouac d'hiver, seul à Bleau, où, mouillé et gelé, sans réchaud, il avait eu l'impression de se réchauffer, roulé en boule, et de devenir sec. Il se souvenait aussi d'un bivouac au Dru où, tandis que ses trois camarades ne cessaient de s'agiter, danser, chanter, pour tenter de se réchauffer, lui s'était « mis en boule », sans bouger, et s'était trouvé au matin pas moins refroidi qu'eux et bien moins fatigué. Riche de ces expériences, il s'était répété sans cesse qu'il « ne voulait pas avoir froid ».

> « Cette certitude, m'a-t-il écrit, était à la fois raisonnée et, aussi, instinctive, ou plutôt, peut-être ancrée en moi : je n'avais pas besoin de "savoir qu'il fallait" ou bien de "m'obliger" à respirer. Ce "ne pas avoir froid" faisait alors partie de moi-même. Il y avait bien une lutte, certainement, mais elle faisait "partie de moi-même". Tout cela est terriblement difficile à expliquer. C'est la première fois que je mets cela sur le papier et au fil de la plume [1]...
> « Dernière chose, à ce sujet du froid : de la totalité des médecins à qui j'ai parlé de cela, médecins amis, ou grands médecins, ou généralistes, je n'ai jamais eu de réponse. Chaque fois, il y a eu un silence total et un changement de conversation [2]. »

Signalons enfin que c'est l'aventure de Guy Labour qui a inspiré à Roger Frison-Roche son célèbre roman : *La Grande Crevasse*.

1. Lettre du 7 décembre 1992.
2. Aujourd'hui, les phénomènes d'hypothermie sont mieux connus, mieux dominés. L'été qui suivit cette lettre, ou le suivant, j'ai eu le plaisir de présenter l'un à l'autre, à Chamonix, Guy Labour et le Dr. Foray, alors chirurgien à l'hôpital, très intéressé par les phénomènes d'hypothermie et de gelures.

- XXXII -

Fin d'août

Lundi 18 août

Cinq secours. A part cela : reconnaissance à la crevasse des Courtes où reste un corps : une nouvelle coulée y est tombée, rendant improbable les chances de récupération pour cette année, bien que la corde reliée à la sienne soit restée en place.

Grave : l'accident d'un jeune bûcheron électrocuté en abattant un arbre sous une ligne électrique de haute tension. Une branche a touché la ligne et le courant est entré par le bras qui tenait la tronçonneuse, ressortant par les pieds. Le père du jeune homme, qui était avec lui, est descendu en courant donner l'alerte à Saint-Nicolas de Véroce. L'hélicoptère et le médecin ont été sur les lieux dix minutes après cette alarme, une demi-heure seulement après l'accident. C'est cela aussi, le secours en montagne...

Plusieurs alertes tombent en même temps l'après-midi. Une petite fille mordue par une vipère, des Espagnols blessés et bloqués au fameux pas de IV de l'arête des Cosmiques, un couple de parents hollandais qui arrivent à la D.Z., la femme en pleurs, parce qu'ils ont perdu leurs enfants à la descente du Montenvers.

Tout cela s'organise, au détriment du major Darrhort, car chaque fois qu'il est premier à marcher, il y a caravane pédestre, le temps, les nuages ou l'aérologie empêchant les vols. Et aujourd'hui c'est encore le cas : grosse nébulosité et caravane pédestre pour aller chercher les Espagnols. Étonné par cette régularité du sort, Darrhort se prépare avec la résignation d'un héros grec poursuivi par la fatalité, tandis que je l'exhorte perfidement à ne rien oublier pour l'éventualité d'un bivouac.

Quant aux Hollandais, je m'en occupe un peu, émue par les larmes de la mère, lui explique en anglais que rien n'est inquiétant. Les enfants, qui étaient devant, ont sûrement pris une autre bifurcation qu'eux. Le Dr. Duperrex relève leur signalement vestimentaire. L'hélicoptère est occupé. Je conseille aux parents de retourner aux Bois, où ils ont abouti, puis à l'arrivée du chemin du Montenvers à Chamonix. La mère s'apaise. Un peu plus tard, ils reviennent remercier, rayonnants, les garçons retrouvés assis à l'arrière de leur voiture.

Mardi 19 août

Malheureusement un mort, aujourd'hui : un Allemand de vingt-neuf ans, au Whymper. Ils étaient trois camarades, lui l'aîné du groupe. Partis hier très tôt pour l'arête du Moine à la Verte. Pas très rapides, un peu perdus, renonçant vers trois heures de l'après-midi, après déjà treize heures de course, à atteindre le sommet. Ils n'étaient pas d'accord sur la descente et ont fini par une errance entre l'arête du Moine et celle de la Grande Rocheuse, naviguant tout autour du Whymper, le traversant, dans un sens, puis dans l'autre. Se sont à un moment décordés pour diviser les risques. Le dernier, qui avait la corde dans son sac, a été emporté par une chute de pierres mêlées de neige. Perdus dans le brouillard, ne voyant plus rien, ne sachant plus rien, sans corde, les deux autres ont pourtant réussi à descendre, à passer la rimaye, de nuit.

— Ils se sont fait peur, me dit-on... Ils ont "vu la mort".

Au jour levant, l'alerte ayant été transmise dans la nuit, l'hélicoptère a retrouvé le corps du troisième. C'est une triste histoire.

Plus reposante, plus commune, mais rare : la dénonciation, par un guide, d'un personnage qui semble un « guide marron », avec des clients, au Mont Blanc du Tacul. Un second guide fait la même dénonciation, un peu plus tard.

Leur qualité de gendarmes permet aux secouristes d'intervenir, même si ce genre de police d'altitude n'est pas très plaisante. Dans le cas où l'homme se serait fait passer pour guide, et si ses clients en témoignent, il peut avoir des ennuis graves. Les seconds à marcher, Pierre Bernier et Thibaud Ribiollet sont chargés de cette mission peu agréable, qui se révèle injustifiée car il s'agit d'un vrai guide, venu des Vosges. Peut-être sa technique glaciaire n'est-elle plus au goût du jour ou manque-t-elle de pratique ? Mais ce n'était pas un clandestin.

Secours à la Kuffner. Une cordée de deux clients avec un guide qui n'est pas d'ici. Un client blessé. Plaie à la cuisse. Il nous arrive ici très excité, on peut même dire furieux.

— Calmez-moi ! Calmez-moi ! criait-il, dans l'hélicoptère, au Dr. Duperrex qui lui expliquait qu'il ne pouvait pas faire une intraveineuse en vol.

Mais, à l'arrivée, il lui injecte un *nubain.*

— Mettez-moi une perfusion ! Une perfusion ! réclame l'homme.

Duperrex lui pose un cathlon, dans le pli du coude, afin qu'on puisse éventuellement s'en servir à l'hôpital.

En attendant l'hélicoptère, le guide avait bandé la cuisse, par-dessus le pantalon d'escalade, et Guy Duperrex a jugé préférable de laisser ce pansement en place, pour le transport.

L'ambulance n'est pas encore là. Jean-Jacques Malineau relève les données nécessaires au procès-verbal. L'homme a quarante-sept ans et n'est pas de bonne humeur.

— Vous étiez avec guide ?

— Oui ! grommelle la victime. Pour être sûr de ne pas avoir d'accident !

— Qu'est-ce qui est arrivé ? Vous avez reçu une pierre ?

— Une pierre ?... Un bloc, oui !... C'est la faute du papi qui était avec nous ! Il était au milieu. Moi le troisième parce que j'étais le meilleur !... Et le papi a détaché un bloc !

— Vous voulez dire qu'il a tiré sur une écaille qui n'a pas tenu ?

— Une écaille ?... Un bloc, je vous dis !... Plus gros que le brancard que vous avez là !... Tenez ! Gros comme l'hélicoptère ! Si je n'avais pas penché ma tête sur le côté, je le prenais dans le crâne !... Le guide était bien passé, lui !... Mais l'ancien, il m'a tout fait tomber dessus !

Sur notre D.Z., on voit souvent des gens stoïques. Ce n'est pas le cas de cet homme, qui a rugi de douleur quand on lui faisait l'intraveineuse, a poussé un hurlement sourd, venant des tripes, tandis qu'on le mettait, avec précaution, sur le brancard de l'ambulance. Il part pour l'hôpital. Nous ne verrons pas ses compagnons qui ne se sont pas faits redescendre et ont terminé la course.

Le soir, nous apprendrons que le blessé avait bien une plaie, assez profonde, mais qu'il a été plus agité encore à l'hôpital, où officiait François Lecoq.

— Pourtant ! Vous lui aviez fait un *nubain*, dis-je à Guy Duperrex.

— Oui, il semblait souffrir, mais ce n'était pas vraiment de la douleur. C'est plutôt un tranxène qu'il lui aurait fallu...

Faisant les secours hors du massif, Gilles Mathé a eu à ramasser un blessé gravement touché, après une chute en parapente, et un cavalier victime du coup de pied d'un cheval qui lui a fracturé la jambe. Hors du massif, les secours sont souvent atypiques.

Mercredi 20 et jeudi 21 août

Le 20, peu de chose. Une golfeuse qui s'était fait mal au dos quelques jours plus tôt, a été prise par une lombalgie au refuge d'Argentière. Accident de montagne ou accident de golf ?

Le 21, on sent que la saison touche à sa fin. Un seul secours important, en crevasse, à l'Envers où deux Italiens, un homme et une femme avaient fait la Ryan au Plan et decendaient le glacier. Elle a glissé dans la pente, il n'a pas réussi à l'arrêter, elle est tombée dans une crevasse, lui aussi. Il n'avait rien, est sorti par ses propres moyens, puis l'a extraite en halant la corde, ce qui a dû la faire souffrir mais valait mieux sans doute que la laisser se refroidir. Le temps que l'hélicoptère soit averti et arrive, une demi-heure environ après l'accident, elle était déjà à 35°. L'hypothermie s'aggrave si la blessure est importante et c'est un signe pour le médecin. Il y avait fracture du fémur et de la hanche.

Vendredi 22 août

Tellement soulagée de me dire que, ça y est, la saison est finie, je me contente le matin d'appeler la D.Z. au téléphone. C'est le Dr. Marsigny qui me répond.

— D.Z. des Bois, j'écoute.

— C'est Anne Sauvy... Je suppose qu'il ne se passe rien ?

— Rien... Façon de parler... J'ai ramassé un mort grave, à la Kuffner, ce matin... C'est quand même ce que l'on appelle un échec thérapeutique...

L'alerte était tombée à l'aube, 5 heures 05. Deux Italiens. Vingt-deux et vingt-quatre ans. Peu après leur départ du refuge de La Fourche où ils avaient passé la nuit, celui qui passait en tête est monté sur un bloc qui tenait mal et a été entraîné du côté de la Combe Maudite. Le bloc a coupé la corde. Un guide a ramené à La Fourche celui qui était indemne et a donné l'alerte.

Ce jour-là encore, un parapentiste qui s'est cassé la jambe, la chute en crevasse, vers Durier, d'un Polonais qui a eu une jambe et un bras cassés

La saison est-elle jamais finie ?

Samedi 23 août

Repos ! Pour moi du moins qui vais accueillir avec John, à Genève, Anthea Bell, ma traductrice anglaise qui vient nous offrir, joli cadeau, un chaton : Ninotchka.

C'est quand même la fin de la saison. Six secours cependant, pas dramatiques mais l'un d'eux illustre bien la mentalité d'assisté que peuvent avoir des alpinistes en bon état.

Appel pour une entorse, dans le secteur des Grands Mulets, à la descente du Mont Blanc. L'hélicoptère se pose.

— Ah ! Ces morpions qui s'agglomèrent, dès qu'il y a l'hélico vers le Mont Blanc ! s'indigne Jackie Paillé, au retour.

Non loin de la cordée du blessé, une autre, composée par un père et sa fille de quatorze ans. Le père dit :

— Vous allez nous prendre aussi ! On ne sait plus où ça va.

Jackie Paillé n'aime guère ce genre d'irresponsabilité :

— Vous ne voyez pas la trace ?

— Oui, mais on suivait les autres... Et d'ailleurs ma fille est pâlotte !

— Moi, je ne la trouve pas pâlotte du tout... Mais !... Où est votre corde ?... Sur glacier ! Vous n'avez pas la corde ! C'est inadmissible... Vous allez me faire le plaisir de remettre votre corde !

— Mais on va tomber dans une crevasse.

— Non !... Vous en avez déjà passées, vous passerez le peu qui reste... Et à corde tendue s'il vous plaît !

— On préférerait que vous nous descendiez.

— Ce n'est pas un taxi !... En une heure, maintenant, vous serez au télé !... Quand on veut faire une course, on la commence et on la finit.

— Oui, mais on ne savait pas que ce serait long.

— Monsieur ! Il y a deux organismes pour vous renseigner, ouverts tous les jours, l'Office de haute montagne et le P.G.H.M. Au P.G.H.M., c'est moi qui étais de garde avant que vous ne partiez et je ne vous ai pas vu... Alors maintenant, faites-moi le plaisir d'assumer vos responsabilités et de terminer la course comme il faut... Allez ! Il ne vous reste qu'une heure de marche !

Dimanche 24 août

Davantage de monde en montagne, ce dimanche. Et sept secours, plus une intervention pour une suspicion, à nouveau, de « faux guide ». Cette fois, il s'agit d'un Anglais. Pour qu'un guide anglais ait le droit de travailler en France, il faut que son diplôme soit reconnu par le ministère des Sports. C'est le contrôleur de la profession, enseignant à l'E.N.S.A., qui a été prévenu et a alerté le P.G.H.M. Questionnée au téléphone, la gardienne d'Albert Ier, a répondu qu'en effet, un Anglais était arrivé seul, parti seul du refuge le matin, mais qu'il avait parlé avec quatre autres personnes qui ne s'étaient pas inscrites avec lui. Tous allant à l'Aiguille du Tour.

Alain Place et Jean-Louis Oustry sont délégués et l'hélicoptère se pose près de la rimaye. Ils repèrent la cordée de cinq. Tout semble clair : flagrant délit !

La profession de guide est protégée par la loi contre les guides « marrons », sans diplôme mais se faisant payer. Il peut y avoir, en cas d'infraction, poursuite pénale, amende, poursuite fiscale, etc. Et même, dans le cas présent, poursuite pour travail clandestin d'un étranger en France.

Place et Oustry contrôlent une autre cordée avec guide, pour avoir l'air d'effectuer un contrôle de routine. Puis la cordée suspecte. Mais finalement la situation est normale. Il s'agit de personnel militaire venu en France pour cet entraînement. Les responsables se présentent au P.G.H.M. le soir avec les papiers officiels. Pas de guide marron, une nouvelle fois !

Beaucoup plus triste, la mort d'un Italien dans le couloir du Goûter. Un homme de la quarantaine, venant de Milan, emporté par une chute de pierres. Le couloir du Goûter, sur la voie normale du Mont Blanc, est dangereux. Cette année, il semblait avoir fait preuve de miséricorde. Mais non, voilà, quand même un mort...

Le corps a été transporté à la morgue. Sur le terrain de la D.Z., on examine le sac, qui est couvert de sang brun. Je demande à Guy Duperrex de quoi ce malheureux est mort. Il fait un geste d'impuissance.

— Il avait la moitié de la tête emportée, alors...

Le sac est peu à peu vidé, les papiers consultés. Je trouve cela poignant. Il y a dans le sac tout ce que l'on a de précieux pour une course, pour l'efficacité, la survie, le confort : un anorak vert, une polaire violette, des guêtres, des gants, un casque bleu.

Je dis :

— Ah ! Il n'avait pas mis son casque...

Un secouriste répond :

— Avec le coup qu'il s'est pris, casque ou pas, il y avait droit...

L'inventaire se poursuit : deux piolets, deux tickets de refuge... Il redescendait donc, devait avoir un compagnon, dont on ne sait rien pour l'instant. Les papiers, sa photo... Je me demande s'il avait une femme, des enfants... On saura le soir qu'il était célibataire... Dans ce cas-là, c'est mieux... Mais, bon, il devait avoir des parents... Il était employé de banque... Je remarque que son anniversaire était hier : le 23 août... Peut-être, sûrement même, avait-il fait le Mont Blanc pour l'aider à passer cet âge fatidique de la quarantaine. La mort de cet inconnu, qui devient moins un inconnu, se charge d'émotion.

Heureusement, il n'y a plus l'affluence journalistique de la pleine saison. Personne, pour cet accident-là.

Lundi 25 août

Principal secours de la journée en milieu d'après-midi. Un guide, qui n'est pas de la Compagnie, je le précise, demande un secours pour une de ses clientes, tombée dans une crevasse sur le glacier d'Argentière. L'hélicoptère part et la ramène en petite culotte... On espère que lui a été enlevé un vêtement plus consistant, mouillé par l'eau de fonte...

Mais rien ne s'est passé en sécurité. La course était finie. Et l'on s'amusait à sauter des crevasses, sans crampons, sans corde, sans baudrier, sans casque... La jeune femme est tombée de cinq ou six mètres dans une crevasse sinueuse, a heurté les bords deux fois, est restée coincée grâce à son sac. Le guide est descendu, l'a attachée et, parce qu'ils étaient plusieurs, les clients et lui ont réussi à la tirer à l'extérieur. Elle souffre de contusions et d'une plaie au menton.

— Et si elle attaque le guide, elle gagne ! remarque un des secouristes, ému par l'aventure.

Il faut dire qu'heureusement il y a très peu de plaintes, ce qui signifie que les gens sont prêts en général à assumer leur responsabilité. Du moins lorsqu'ils n'ont pas grand-chose...

— Vaut mieux passer pour un con, en mettant la corde sur un glacier où tout le monde se promène sans corde, conclut sentencieusement Dubrulle, que de prendre certains risques qu'on voit !

Mardi 26 août

Temps couvert. Nuages mouvants. Guère de soleil. Des turbulences en altitude.

Un accident au stage d'aspirants-guides. L'un d'eux a dévissé à un changement de glace, dans la goulotte Chéré au Tacul. Il était encordé avec un professeur et Philippe Pouts. L'assurance sur broche a tenu, mais il est mal tombé et s'est cassé le fémur. C'est donc grave et l'accident émeut ici parce qu'il s'agit d'un collègue du P.G.H.M. de Modane.

Mercredi 27, jeudi 28, vendredi 29 août

Le 27, deux M.A.M. à Vallot : en fait, deux Belges, saouls comme des Polonais, m'a-t-on dit... Claquages, petits secours et, plus sérieux, un œdème pulmonaire survenu au Couvercle. L'altitude, moins de 3 000 mètres, n'est pourtant pas extrême. Mais la victime est jeune : c'est un garçon de dix-neuf ans.

Le 28, tant de pluie que le hangar de l'hélicoptère n'a pas même été ouvert.

Le 29, quelques secours très ordinaires, mais vers sept heures du soir, alors que le temps est très nuageux, une nouvelle fois, il faut une caravane pédestre pour le pas de IV de l'arête des Cosmiques. Expédition qui prend des allures héroïques. L'hélicoptère a pu déposer au Plan de l'Aiguille Fulbert, Yvon, Place et Poirot. A cause du vent et des nuages, il ne pouvait pas aller au-delà. Mais la benne qui devait ensuite monter au sommet de l'Aiguille les quatre secouristes et leur matériel, treuil-valise, perche Piguillem, etc., n'arrivait pas à démarrer et il a fallu une demi-heure au cabinier pour la faire repartir. L'équipe était au sommet vers huit heures et demie du soir, la nuit n'étant plus bien loin.

En haut les attendait Louis, le plus aguerri de la cordée, un homme d'une quarantaine d'années qui avait donné l'alerte. Ses deux compagnons étaient des débutants, bloqués au pas de IV. L'aventure avait tout de ces épopées héroïques qui surviennent, justement, aux débutants. D'abord, ils n'étaient pas partis assez tôt, mais par la benne de dix heures. Il faut dire que lorsqu'on consulte les topos, la course n'a rien pour effrayer : deux heures, deux heures et demie...

Mais il y avait des épaisseurs de neige fraîche, au point qu'une cordée avec guide avait fait demi-tour. Pas eux. Ils ont essayé de suivre une autre cordée qui les précédait, mais quand ils sont arrivés au pas de IV, ils ne savaient pas comment les autres l'avaient franchi. Ils l'ont jugé trop dur, ont cherché au-delà et ont atteint le pied d'une dalle de quarante mètres de haut. En bordure gauche, un dièdre plein de glace...

Les épopées que vivent les débutants sont souvent plus émouvantes que les exploits accomplis par les as de la grimpe. Elles peuvent prêter à rire, quand par hasard on en a connaissance, et pourtant elles renferment des prouesses, relatives, des émotions terribles et réelles, des risques surmontés, parfois invraisemblables. L'arête des Cosmiques est identique, en vérité, à un petit morceau de course sérieuse, d'autant qu'elle se déroule à près de 3 800 mètres, mais on la considère comme facile parce qu'on y accède par le téléphérique. Combien a-t-elle dû connaître d'épisodes tragico-comiques, de tragédies peut-être, depuis quarante ans ou environ qu'existe le téléphérique ? Personne ne le sait mais la chronique, assurément, en serait longue. Et l'aventure, finalement, ne vaut que dans la proportion qui existe entre un objectif et les forces humaines qui lui sont opposées. Elle n'en est pas moins là si l'objectif est aussi modeste que les forces.

Donc, Louis, le plus âgé de la cordée a réussi à surmonter le dièdre de glace, puis il a fait monter Olivier, vingt-sept ans, le plus valide des deux autres, mais Brice, le plus jeune, vingt-six ans, même tiré, n'a jamais pu passer. Le passage était battu des vents. Il devait y avoir de l'ambiance !

Alors, le premier de cordée s'est résolu à aller demander du secours. Lorsqu'il a laissé ses compagnons, Olivier était en haut du pas de IV, et Brice sur la plate-forme en dessous. La corde les reliait et ils étaient à portée de voix l'un de l'autre, mais certainement ni réchauffés ni heureux. On ne sait pas, en vérité, comment l'affaire aurait fini s'ils avaient passé la nuit là. Très mal sans doute. A cette époque de l'année les nuits commencent à être longues et froides et, évidemment, ils n'avaient pas prévu le bivouac ni le matériel adéquat.

Place et Poirot, arrivés au sommet de l'Aiguille se sont hâtés vers eux pendant qu'Yvon et Fulbert équipaient le haut de l'itinéraire avec des cordes. Aucun d'entre eux n'était encordé, sur ce terrain pour eux banal, mais ils avaient emporté quatre cordes. Pour aller vite, Place et Poirot ont fait un rappel dans la grande dalle. Patrick Poirot s'est occupé d'Olivier, Alain Place rejoignait Brice, épuisé et frigorifié. Inutile de dire qu'ils avaient été l'un et l'autre soulagés, et plus encore, de voir arriver du secours... Les secouristes apprirent qu'Olivier était prêtre.

— Eh bien ! Vous avez dû en faire, des prières !

— Oui... J'en ai faites... Pour nous et pour vous...

A ce moment, comme une éclaircie semblait se dessiner, on a espéré que l'hélicoptère pourrait venir, ce qui, pour Brice, était souhaitable. Alain Place l'a descendu jusqu'à une terrasse d'où l'on pouvait hélitreuiller et l'y a rejoint. Pendant une dizaine de minutes, l'appareil a tenté de passer, mais les nuages fluctuaient sur l'arête, le vent, qui venait de derrière, se rabattait en rouleaux, enfin le coin est encombré de câbles qui constituent un danger pour les vols. Les tentatives furent vaines. La nuit tombait. Le secours devait définitivement se faire à pied.

Le problème le plus difficile à résoudre était la remontée de Brice. Il pensait pouvoir monter en s'aidant d'une poignée jumar, tandis que, du haut, Patrick Poirot tirerait la corde pour l'aider, mais il n'y parvint pas. Il ne restait plus que la solution consistant à le treuiller et comme elle n'avait pas été envisagée au départ, le treuil-valise avait été laissé sur la plate-forme d'arrivée. Très vite, Poirot, Fulbert et Yvon sont allés le chercher. Le treuil a été installé sur la grande dalle.

Ce « petit » secours, à proximité d'un téléphérique, s'est déroulé dans des conditions difficiles. Le thermomètre, au sommet de l'Aiguille du Midi et à l'abri, indiquait –10° et, dans le vent, il devait faire –15°, ce vent étant assez fort, environ quarante kilomètres à l'heure, donc glacé.

Sur la grande dalle, la corde de rappel était restée en place et a servi au contre-assurage. Alain Place et Brice ont été treuillés ensemble, jusqu'à la hauteur d'Olivier qu'Alain Place a alors rejoint. En longeant les cordes mises en mains courantes, un des secouristes a escorté Brice jusqu'au sommet de l'Aiguille. Alain Place a ensuite été treuillé avec Olivier, pour la partie de dalle qui restait, l'a accompagné vers le sommet et, tandis que les rescapés tentaient de se réchauffer dans le local des cabiniers, les quatre secouristes s'affairaient à reconditionner le treuil, à replier le matériel et les cordes.

Dans la benne qui les descendait tous, contemplant le spectacle qu'offraient Louis et Brice, affalés sur les sacs, cagoules de travers, lunettes de travers, l'air fourbu, Patrick Poirot a remarqué :

— Tu les regardes et tu crois voir une photo du grand secours aux Drus, autrefois !

Et, s'adressant à Olivier, Jean-Luc Yvon a dit :

— Le secours est gratuit, d'accord, mais pour vous, quand même, ce sera deux *Pater* et trois *Ave* !

Dimanche 31 août

Quand j'arrive à la D.Z. et que l'on essaye de me faire croire que lady Di est morte avec son play-boy égyptien milliardaire, cela me semble si baroque que je réponds en riant qu'on n'est pas le 1er avril. Mais c'est vrai !

On me raconte alors qu'ils étaient poursuivis par des journalistes cherchant à ajouter un peu plus de piment à cette actualité sentimentale, si un tel adjectif convient ici. Et tout le monde connaît ici les antipathies que j'ai ressenties cet été contre certains médias. Mais le cas dont il est question est totalement différent ! Qui a vécu par les médias peut bien périr par les médias. Or n'est-ce pas vivre par eux que de ne visiter des malades, embrasser des enfants du Tiers-monde ou faire frétiller ses toilettes dans un asile de vieillards, qu'après avoir fait avertir toute la presse par son secrétariat qu'on ira à telle heure à tel endroit ? La vraie générosité s'exerce sans flashes et projecteurs. Et cette femme, si elle était conforme à l'image qu'elle cherchait à donner, pouvait faire du bien, sans les tambours et les trompettes et les scandales dont elle avait choisi de s'entourer. Une seule de ses robes aurait payé un dispensaire en Afrique ou peut-être un scanner. Qu'on s'abstienne donc de clamer qu'elle était ce qu'elle n'était pas ! Voilà un cas où, justement, les journalistes peuvent être absous, car poursuiveurs et poursuivis jouaient le même jeu et en vivaient.

C'est bien différent quand il s'agit d'alpinistes ! A part quelques ténors, dépendant de leurs exploits et qui parfois cherchent une certaine publicité, ils font de la montagne pour leur plaisir et s'ils arrivent, par malchance, en mauvais état à la D.Z., ne font rien pour « passer à la télé ». Aussi, que certains journalistes arrivent comme des piranhas sur leurs douleurs, cela oui, c'est choquant.

Laissons les stars de l'actualité jouer leur rôle de vedettes, et voyons ce qui se passe ici et qui est plus sérieux. Pour ce dernier jour d'août, six secours dont deux importants.

Deux blessés, après un dévissage en neige, dans la face nord du Mont Maudit. Un homme et une femme. François Lecoq m'a résumé les cas de figures qui peuvent se rencontrer pour le médecin dans un secours :

– Deux indemnes, pas de problème. Deux morts, pas de problème. Un mort, un indemne, pas de problème. Un mort, un blessé, pas de problème. Un blessé, un indemne, pas de problème. Mais deux blessés gravement atteints, quel problème ! En général, on a tendance à s'occuper de celui qui crie le plus...

Ce matin, l'homme criait et la femme était dans le coma. C'est par elle qu'il a commencé. Puis il s'est occupé de l'autre, lui a mis une voie veineuse, a passé un analgésique. Tous deux avaient des traumatismes faciaux. Ils sont sauvés, ils vont vivre, c'est l'essentiel.

Autre accident l'après-midi, exceptionnel, imprévisible.

Six personnes, avec trois guides, pour le Mont Blanc en traversée. Il s'agit d'une course organisée par le comité d'une entreprise d'informatique. Le président du comité, ingénieur le plus brillant de l'établissement, a organisé cette course avec François Marsigny, frère de Bernard.

Tout s'est très bien passé. Mais à la fin, sur le sentier qui rejoint le Plan de l'Aiguille, alors que François Marsigny, en serre-file, marchait avec un client un peu fatigué qui traînait à l'arrière, il a vu l'organisateur, cet ingénieur, par ailleurs un colosse, assis contre un rocher, recroquevillé. Arrivant à sa hauteur, il lui a dit :

— Allez ! Lève-toi, c'est presque fini maintenant. On arrive au télé !

Mais l'autre s'est levé, l'a bousculé, attrapé par l'épaule, déchirant ses vêtements, puis l'a menacé de son piolet.

D'après le Dr. Lecoq, on peut tuer, dans une crise comme il en a eue une. Heureusement, celui-là n'a tué personne, mais a continué à avoir un comportement anormal, s'est dirigé vers le ravin d'un torrent, y est descendu, s'y est roulé, se cognant contre les rochers.

Appel immédiat du secours, pour « un agité » vers le Plan de l'Aiguille. Tel que cet appel est tombé, ça pouvait être tout ou rien. Mais c'était plutôt tout. Pour venir à bout de cet homme normal devenu forcené, il a fallu deux secouristes, Jackie Paillé et Olivier Renard, plus le médecin.

François Lecoq a cherché à évaluer la gravité du mal. L'homme comprenait. On lui disait :

— Ouvre la bouche.

Et il l'ouvrait. Mais il ne pouvait plus parler, plus dire un mot. Son cerveau avait perdu le langage. Et sans doute beaucoup d'autres choses. Sa nuque était raide. Il avait une hémorragie cérébrale, probablement due à une rupture d'anévrisme, c'est-à dire une déformation d'artère ou de veine, dans le cerveau. Cela peut rompre à l'effort, mais aussi à n'importe quel autre moment, et arrive souvent vers la trentaine, alors qu'aucun signe antérieur ne l'a laissé présager. Cet homme venait d'avoir vingt-neuf ans et était en parfaite forme.

Bien sûr, descente immédiate du malade, sur la D.Z. d'urgence de l'hôpital.

Plus tard, sont revenus à la D.Z. les secouristes et le Dr. Lecoq.

Jackie Paillé et Olivier Renard avaient le sac du malheureux dont ils devaient établir l'inventaire réglementaire : papiers, permis de conduire, cartes de visite professionnelles, carnet de chèques, nombre de chèques non utilisés, carnet d'adresses électronique, téléphone portable (avait-il téléphoné du sommet du Mont Blanc en disant : « Devine où je suis... » ?), etc. Un sac privé de son propriétaire a toujours quelque chose d'émouvant. Certes, l'homme n'était pas mort, mais le pronostic était réservé et les séquelles probables.

Est alors arrivé à la D.Z. François Marsigny, accompagné d'un jeune homme et d'une jeune femme du groupe. Tous bouleversés, chacun à sa façon. Il faut dire que le cas était aussi inattendu que rare.

François Marsigny était encore plongé dans la stupeur que lui avait causée les réactions de son client, pour qui la course s'était si bien passée, alors que tout était presque fini.

Le jeune homme, un collègue, n'arrivait pas à admettre la soudaineté de cet imprévu :

— Mais vous ne vous rendez pas compte ! Il était ingénieur en informatique ! C'était le plus brillant ! La boîte ne va jamais pouvoir se passer de lui ! Alors qu'est-ce qui va arriver ?

— Je vous mentirais si je disais que c'est bon, répondait François.

— Mais c'est terrible ! Comment va-t-on s'en tirer ? Et puis il faut prévenir sa mère !

— Il était marié ?

— Non. Mais il avait aussi un père, des demi-frères ou sœurs... Le père doit bien savoir où est la mère... Il faut téléphoner !

— Si j'étais vous, j'attendrais qu'il y ait un bilan définitif.

— Oui, vous avez raison.

Cet accident, si l'on peut parler d'accident, nous atteignait tous et il régnait une certaine effervescence de conversations, autour du sac vidé sur le macadam de la D.Z.

Sur ce dernier secours, s'acheva le mois d'août.

- XXXIII -

Fin de saison

Lundi 1er septembre

Ils arrivent parfois, ces accidents types qui correspondent à l'idée que le public s'en fait. Ils sont rares, mais il y en a. Surtout du côté du Mont Blanc. Aujourd'hui, en voici un, au Mont Maudit. Sans doute au cours de la traversée du Mont Blanc.

Un homme seul. D'un certain âge : soixante ans. Pas en baskets, quand même ! De bonnes chaussures, en cuir. Un blue-jean. Un ceinturon de cuir tenant lieu de baudrier, avec un mousqueton dedans. A part cela, un tee-shirt et une polaire, pas d'anorak. Des crampons avec des semelles anti-bottes. S'il avait un piolet ou un bâton de ski, il s'est perdu dans les trois cents mètres de chute. Cuir chevelu coupé un peu partout, une pommette cassée, des côtes cassées et un pneumothorax. Le soir, on m'a montré son sac à dos : une petite poche verte, comme les ados en portent sur le Boul'Mich, et dedans une gourde, un gros mousqueton et un bout de sangle.

Équipement bien léger pour ce solitaire. Que faisait-il là ? Ce sont les mystères de la montagne...

Le temps devient moins beau. On sent l'automne s'approcher. Des duvets d'épilobes volent au travers de la D.Z. L'air se pare d'un voile léger. Quelques nuages passent. Il fait chaud. Des criquets criquettent.

Installée au dehors, je rattrape du retard dans mes notes. Daniel Poujol, qui a pris le relais aujourd'hui, avec *Bravo Lima,* vient s'asseoir sur les marches. Nous bavardons. C'est cela, la D.Z. de cet été encore et c'est ce que j'y aime, un lieu de communauté, des gens qui souvent s'y renouvellent et avec qui les conversations sont toujours intéressantes.

Ce n'est pas ici qu'on pleurerait une poupée telle que Lady Di, car ici, confrontés que l'on est à la vie et à la mort, on sait juger de ce que valent les obscurs, les sans-grade, capables d'effort et de peines pour un bonheur qui n'appartient qu'à eux, et juger en retour de ces gloires fabriquées par la presse. Il n'y a que le G.A., hier, celui qui veut faire du vélo professionnel, que l'accident a semblé émouvoir.

J'ai pensé, ce matin, que nous avions de la chance que Lady Di n'ait pas eu l'idée de faire de la montagne et d'avoir un accident ici... Faire de la montagne, heureusement, elle n'en aurait pas eu les tripes... Mais le déferlement de journalistes qu'on aurait eu ! Alors, tout aurait été vraiment fou ! Daniel Poujol, lui, a un autre point de vue, un regret, que cet accident n'ait pas eu lieu un mois plus tôt, parce que les médias se seraient désintéressés de ce qui se passait en montagne. Et c'est vrai !

La télévision montre des foules en pleurs, même en France ! Ce besoin de vedettes à idolâtrer est surprenant. Faute de pouvoir se raccrocher à quelque chose de solide, les gens s'attachent à des idoles virtuelles, à des ectoplasmes. C'est triste de le constater.

Nouveau secours. Au même endroit : le Maudit. Il s'agit de quatre Allemands qui ont dévissé de cent cinquante mètres. Grimpeurs peu rapides car l'après-midi est déjà avancée. *Bravo Lima* doit faire d'assez longues manœuvres, avec posés intermédiaires, pour les ramener.

On apprend plus tard les causes de l'accident. Ces Allemands ignoraient qu'à la descente, c'est le plus compétent qui marche en dernier, donc plus haut, pour retenir une éventuelle chute. Ils ont donc mis le meilleur d'entre eux devant, en bas, le deuxième plus fort derrière lui, etc., et le moins bon en haut. Bien « chleu » ! La hiérarchie, dans l'ordre ! Moyennant quoi, c'est le plus mauvais — celui qui était en queue et au-dessus des autres — qui est tombé et a entraîné ses copains, impuissants à arrêter la chute !

Il faut néanmoins rendre hommage à l'esprit d'organisation, également germanique, qui a présidé à leur demande de secours. Ils transportaient avec eux un grand panneau de tissu marqué *« Help »* qu'ils ont étendu sur la neige et qui a dû être remarqué du Tacul. Ils ont construit un igloo, pour y passer la nuit au besoin. Et quand l'hélicoptère est arrivé, ils ont tiré vers lui une fusée rouge. Cela nous fait rire quand on l'apprend, l'idée d'accidentés qui descendraient un hélicoptère avec leur fusée rouge !

Et ils ont dû trouver un peu anarchiques ces Français qui passaient les rouleaux de vent pour venir les sauver et qui, y compris une bonne femme, moi, les accueillaient joyeusement à la D.Z. Il y a deux indemnes, avec de petites barbes blanches, ce ne sont donc vraiment pas des gamins. Et deux blessés qui ont pris des coups à la tête, que l'un a bandée, et l'autre a la figure écorchée un peu partout. Rien de vraiment cassé. Un qui boite. Le blessé majeur est installé sur le brancard de l'ambulance et l'autre pose à côté tandis qu'un troisième fait la photo-souvenir. Tout le monde les entoure en riant. C'est le bon secours, très humain.

Du mardi 2 au vendredi 5 septembre

Le 3, un secours qui surprend, d'autant plus qu'il s'agit d'un guide, avec son client, partis le 1er septembre pour le Mont Blanc et qui ont donc couché au Goûter ce premier soir. La météo annonçait une perturbation pour le lendemain, perturbation qui s'est produite. La cordée s'est trouvée prise dans la tempête et s'est perdue dans la descente, vers le col du Dôme. Cherchant à regagner le Goûter, elle est passée sur le versant Est au lieu de rester côté Ouest et s'est retrouvée dans une zone mouvementée. Les deux hommes sont d'ailleurs tombés dans des crevasses à plusieurs reprises et ont réussi à en sortir. Ils ont erré. Puis, voyant que la nuit venait et qu'ils la passeraient dehors, ils se sont installés dans une sorte de trou. Le guide, pas tout jeune, n'avait pas de radio. Ni l'un ni l'autre n'avait plus à manger ni de quoi bivouaquer : on ne prévoit pas de bivouac à la voie normale du Mont Blanc.

Le lendemain matin, inquiète, la femme du client a averti le P.G.H.M. Une reconnaissance a permis de les retrouver. Ils étaient dans des pentes raides exposées à des avalanches et extrêmement fatigués. En fait, ils couraient de grands risques d'avoir un véritable accident et c'est heureux que tout finisse bien.

Le 5, aucun secours mais une scène curieuse, au P.G.H.M., à laquelle j'assiste parce que nous sommes en train de bavarder, Jackie Paillé et moi, installés sur les fauteuils du petit hall, en bas.

Daniel Duret est à l'accueil. Entre un type bizarre, assez sale, longs cheveux frisottés, lunettes noires, un sac de plastique à la main. Vient-il déposer une demande de secours ? Non. Parlant à une vitesse qui le rend presque incompréhensible, sans dire bonjour ou quoi, il va vers Duret et formule la question suivante :

— Est-ce que vous pouvez m'indiquer où se trouve une église judéo-chrétienne proche, dans cette localité ?

Duret ouvre de grands yeux, garde son sérieux et sa courtoisie et répond :

— Excusez-moi ! Je n'ai pas bien compris votre question.

L'homme se fâche.

— Vous savez le français ? Je vous ai demandé où je pouvais trouver l'église judéo-chrétienne la plus proche d'ici. Une église, vous savez ce que c'est ?

Si l'homme était plus normal, je lui dirais que l'expression « judéo-chrétienne » est un de ces mots à la mode qui ne correspond à rien du tout, mais même avec deux ou trois gendarmes à proximité, je n'ai pas envie d'entamer une discussion avec le personnage.

Malgré son envie de rire, accentuée par le fait qu'il voit, derrière le bonhomme, un Jackie Paillé complètement hilare, Duret répond poliment qu'une église, il y en a une juste en face, de l'autre côté du rond-point.

— Bon ! dit l'individu. C'est tout ce que je voulais savoir !

Il sort précipitamment, dans de grands battements de porte. Va-t-il aller mettre une bombe dans l'église Saint-Michel, considérée comme « judéo-chrétienne » ? Tout semble possible. En tout cas, pas de déflagration dans les minutes qui suivent.

Il paraît qu'il se déroule ici beaucoup de scènes analogues, avec des fêlés.

Si je me trouvais au P.G.H.M., c'est parce que j'y avais rendez-vous avec Nicole Michoux. L'entretien est confiant et sensible. Je lui explique ma décision d'arrêter la rédaction de ce livre après la mort de son mari et pourquoi, finalement, je l'ai repris. Je suis heureuse qu'elle approuve :

— Moi aussi, me dit-elle, je vous dis : continuez !... C'est ce que Régis vous aurait dit lui-même, s'il s'était agi d'un de ses camarades. Il faut que vous continuiez.

Elle me dit encore à quel point Régis adorait le métier du secours en montagne, qu'il le vivait comme une passion, et qu'elle, qui se retrouve seule avec leurs deux enfants, ressent le P.G.H.M. comme une famille, tant elle s'y est trouvée épaulée, comprise, aimée, et tant on lui a apporté d'attention, d'amitié, de soutien, depuis que l'accident est survenu.

C'est bien. Dans les anciennes structures sociales, aux larges maisonnées, parents et grands-parents, enfants nombreux, tout un entourage proche menant la même vie commune, le deuil était plus collectif et l'entraide évidente. Mais le P.G.H.M., où tous sont d'ailleurs rapprochés par un grand habitat commun, tient ce rôle qui fait aujourd'hui souvent défaut.

Michel Médici et Pascal Saudemont quittent le P.G.H.M. pour le C.N.I.S.A.G. Nous allons assister à leur « pot » de départ qui, lui aussi, prend des allures de rassemblement familial, avec des cadeaux, des bouquets, des enfants qui se mêlent aux adultes.

Mardi 9 septembre

Tôt, le G.A. de la semaine m'appelle. Celui-ci, Jean-Noël Crettier, a le désir de parvenir, plus tard, au P.G.H.M. Presque tous l'ont d'ailleurs, à voir ce qui se passe ici... Il vient d'y avoir deux accidents au Chardonnet.

Le plus sérieux concerne une cordée de trois jeunes gens qui faisait une voie entre l'arête Forbes et l'éperon Migault. Une jeune fille de la vallée et deux garçons, l'un moniteur de ski et l'autre C.R.S. La fille était au milieu. Le garçon qui marchait en tête a ripé, il ne sait pourquoi. La neige semblait bonne mais était très gelée. Il a réussi à se bloquer en arrivant sur une vire, tandis que la jeune fille est tombée d'une quarantaine de mètres, retenue par le troisième de cordée qui se trouvait de l'autre côté d'une arête, ce qui a fait frein. La fille seule est donc blessée : fractures de côtes, de vertèbres, peut-être du bassin, une dent cassée. L'alerte a été très vite transmise, du sommet, par la radio de quelqu'un qui avait vu la chute, sans en savoir plus.

L'hélicoptère descend les deux camarades de la blessée, auprès de laquelle sont les secouristes, reprend du kérosène et part avec le Dr. Duperrex.

A la D.Z. ne restent donc que le G.A., les deux garçons et moi. Les jeunes gens nous racontent la façon dont l'accident s'est produit. L'attente est longue car il faut conditionner la blessée dans un matelas coquille. Le Dr. Lecoq, de garde à l'hôpital, téléphone pour s'enquérir de ce que nous savons de l'état de l'accidentée. Elle lui est conduite en D.Z. d'urgence, puis suivent diverses rotations concernant cet accident et celui de l'arête Forbes, moins grave.

J'ai relevé les identités : ça gagnera du temps et permet, sans que les jeunes gens aient à attendre, que j'en emmène un chercher sa voiture au Tour. Ils désirent avertir auparavant la mère de la jeune fille, pensant que ce sera bien pour la blessée de n'être pas seule. Celui qui appelle procède avec un maximum de précautions :

— Bonjour Madame ! Nous sommes redescendus... Il y a eu un tout petit problème, mais pas de quoi vous inquiéter !... Nous sommes quand même revenus en hélico... Rien de grave ! Je vous téléphone seulement parce que votre fille a été un peu secouée et qu'elle est à l'hôpital... Non, non ! Rien de sérieux !... Mais j'ai pensé qu'elle serait mieux si vous la rejoigniez, parce que nous sommes à la D.Z. et que nous devons encore attendre les sacs... Non ! Rassurez-vous ! Tout va très bien !

A peine ai-je eu le temps de le féliciter pour sa diplomatie que Guy Duperrex revient de l'hôpital avec une commission pour les garçons :

— Elle a dit : « Surtout, qu'ils ne préviennent pas ma mère ! »

Mais les nouvelles sont meilleures qu'on ne l'avait craint : la jeune fille pourrait sortir de l'hôpital après deux ou trois jours.

Accident qui, avec un peu de malchance, finissait nettement plus mal ! Je monte au village du Tour un des deux jeunes gens. C'est le C.R.S. Je l'interroge sur son travail. Il est en région parisienne depuis un an, n'a pas eu à couvrir de manifestation mais participe à des tâches de sécurisation en banlieue et trouve cela passionnant, la sécurisation et les contacts.

Ayant à déposer un mot rue du Lyret, j'y vois arriver Pouts et Iglesis qui rentrent d'un pilier à Blaitière, en tenue de montagne, avec les sacs, et ce regard brillant de quand on redescend. Nous échangeons quelques mots et plaisantons. J'ai dit à Pouts : « Bonjour, monsieur Putz ! », parce que c'est ainsi que *Zone interdite* l'a présenté, avant-hier. Mais je reste frappée par cette impression que ceux qui reviennent de montagne ont encore, sur leur visage, les traces d'un autre monde.

L'hélicoptère fait une reconnaissance aux Courtes, avec Poirot et Lafouge.

— On a repéré notre macchabée ! dit Michel Pierre en rentrant.

Poirot téléphone au P.G. Le corps resté dans la crevasse est en partie visible maintenant, mais bloqué sous de la glace et des rochers. Poirot estime le travail de dégagement à une demi-heure, avec des pioches, dans la crevasse, à une vingtaine de mètres de profondeur. Ce sera pour demain matin, quand il y aura moins de risques de chutes de neige et de pierres, car l'endroit est juste en bas d'une goulotte qui fait entonnoir.

Mercredi 10 septembre

La récupération du corps a eu lieu ce matin. Iglesis, Malineau et je ne sais qui y sont allés. Le corps n'était pas en très bon état parce que certaines parties s'étaient trouvées exposées à l'air. Lorsque je suis arrivée à la D.Z. vers dix heures, tout était fini depuis longtemps. Iglesis nettoyait un anorak jaune et noir, qui appartenait à la victime, et m'a dit que malgré de l'eau de Javel, il avait du mal à le rendre correct. Ses gants de caoutchouc rouge séchaient au soleil. Au cours de la saison, j'avais entendu un médecin évoquer les risques de sida qu'il pouvait y avoir à manipuler des blessés qui saignent lorsqu'on a, même sans s'en douter, une petite plaie. Il n'y a pas de règles imposées par la gendarmerie en ce domaine, mais tous portent des gants de caoutchouc, soit fins, soit épais.

Fin de septembre

Et, à un rythme plus lent, les secours ont continué. Luxations, fractures, entorses, tendinites, épuisement, traumatismes, ophtalmies, M.A.M., œdème, etc. Grimpeurs, randonneurs, parapentes, accidents du travail... Français, Suisses, Belges, Italiens, Britanniques, Polonais... Une plaque à vent, au Petit Plateau, a fait trois blessés et un mort. Il s'agissait de quatre Anglais gravissant le Mont Blanc par les Grands Mulets. L'un d'eux, le moins atteint, a pu aller avertir le secours. Deux autres étaient plus sérieusement touchés. Le quatrième enfin, tombé dans une crevasse, était mort et a été difficile à en extraire.

La nuit du 17 septembre il y a eu un immense éboulement aux Drus, qui a laissé dans la face ouest une gigantesque plaque grise que domine un surplomb. La veille, un guide suisse et son client se sont fait secourir, effrayés d'entendre le rocher craquer sous eux quand ils grimpaient !... Le lendemain, on a descendu deux jeunes gens qui étaient au bloc coincé durant la nuit, n'avaient pas été pris dans l'éboulement mais n'osaient plus bouger.

Le dimanche 28 a eu lieu le déjeuner de fin de saison, offert à tous les secouristes, équipages, médecins, épouses et enfants, sur le terrain de la D.Z. J'étais revenue de Paris pour la circonstance. Il faisait beau. Très beau. Trois secours ont eu lieu durant cette fête. Un Polonais s'est fait prendre par une chute de séracs sous la Charpoua ; son corps n'a pas pu être retrouvé. Un autre des secours, mais je ne l'ai pas su, concernait Annick Guérin. Excellente alpiniste qui avait fait, et cet été encore, avec Godefroy Perroux, de grandes voies dans la face italienne du Mont Blanc, elle s'était trouvée incapable de remonter des Cosmiques à l'Aiguille du Midi. Elle souffrait d'une maladie extrêmement rare que personne n'avait diagnostiquée, et l'eût-on fait que l'on n'y pouvait rien. Elle est morte le mercredi dans le service de cardiologie de l'hôpital de Grenoble. Je la connaissais peu, mais j'ai été saisie par la fin de cette jeune femme qui semblait si vaillante.

Le Dru, durant cette après-midi de septembre, s'est encore éboulé quatre fois.

Ainsi avons-nous atteint le terme de la saison. Était-ce une saison « normale » ? En fait, aucune saison ne ressemble à une autre. Celle-ci s'est articulée autour de la semaine noire où tant d'accidents se sont succédés que chacun en a été ébranlé au plus profond de lui-même. Les statistiques, néanmoins, permettent de juger avec plus de recul et de dire qu'en juin, juillet et août, il y a eu 415 interventions, 36 morts (3 de plus que l'année précédente), 1 disparu, 84 malades, 281 blessés, 183 indemnes qui étaient, la plupart du temps des gens en difficulté ou les compagnons d'accidentés. Mais, pour cette période, combien ont fréquenté la montagne ou les sentiers ? Des centaines de mille, assurément. Des centaines de mille auxquels il n'est rien arrivé, des centaines de mille qui ont été heureux. La montagne, c'est cela, avant tout, et quand on parle du secours, ce doit être en gardant en tête que cette frange sombre, et qui a sa noblesse, n'est que le liseré d'un vaste tissu de bonheur.

- XXXIV -

Les médias

Informer. Quelle belle tâche ! Encore faut-il qu'elle soit bien faite.

Bien faite, elle l'est, par certains. Par d'autres non, et malheureusement la plupart de ceux que nous avons vus à Chamonix cet été appartenaient à la seconde catégorie, d'où mes réactions parfois vives. Le problème a pesé durant toute la saison. Impossible de ne pas l'évoquer, dans son ensemble.

Il faut rappeler, d'abord, que le phénomène de la diffusion de l'information est récent, sur le plan de l'Histoire, et qu'il a uniquement découlé de l'évolution des techniques. Il exista, très tôt, des nouvelles manuscrites, même dans les civilisations anciennes, mais leur importance était mineure et c'est l'imprimerie qui, à partir du XVe siècle favorisa l'expansion de nouvelles imprimées. Puis naquirent des bulletins occasionnels, les *canards,* qui, dès le XVIe siècle, s'intéressèrent parfois aux faits divers. Là se situe l'origine de la presse populaire. Le premier journal périodique, hebdomadaire, *La Gazette*, parut en 1631, mais il fallut attendre le milieu du XIXe siècle pour que l'invention du papier de bois, jointe à des progrès dans l'impression, permette un extraordinaire développement de la presse tandis que parallèlement l'alphabétisation, devenue générale, avait créé un vaste public. Vinrent ensuite la radio, le cinéma, la télévision qui firent passer l'information à un degré plus primitif, utilisant l'oralité et l'image.

Mais, avant tout cela, on vivait !... Et peut-être pas plus mal.

Naguère, le fardeau des drames d'un village, d'un quartier suffisait largement à faire réfléchir les hommes sur la misère d'un accident, la maladie, la pauvreté, l'épreuve morale, la mort. A une échelle où chacun pouvait se sentir impliqué dans une solidarité éventuellement agissante. Il n'en est plus rien ! Si, par la télévision, on s'occupe d'émouvoir à propos du cancer et qu'on cherche à susciter des dons, c'est peut-être vrai mais c'est peut-être aussi pour remplir les poches d'un escroc, comme cela s'est vu récemment. On ne le sait pas, on n'a aucun moyen de contrôle. Il en est de même de toutes les propagandes, politiques et autres.

L'information a pris dans notre monde une place excessive, mais nous n'y pouvons plus grand-chose. Du moins doit-on souhaiter qu'elle procède avec un minimum de qualités d'honnêteté, d'exactitude, de respect humain.

Son importance est telle, en tout cas, qu'elle nécessite un constant approvisionnement, aussitôt supplanté par la suite, dans une sorte de course sans fin. Il faut ravitailler la presse en mots. Et surtout il faut ravitailler en incessantes images ce tonneau des Danaïdes qu'est la télévision. Peu importe, au fond, ce que l'on y enfourne, mais il faut enfourner, toujours plus, toujours plus vite. Toute pensée susceptible d'accompagner les images en devient secondaire.

A l'autre bout, on reçoit, on avale, on ingurgite, on gobe,

on zappe, on assimile l'information en même temps que des cacahuètes ou des chips, on regarde les blessés sanguinolents d'un attentat en coupant son carré d'agneau, on considère la misère des autres comme un autre pain quotidien, on se repaît tout à la fois d'atrocités, d'exploits sportifs, de déclarations politiques néfastes. Et l'on ne s'aperçoit même plus du scandale que cela représente.

Deux mondes s'affrontent : vous, qui êtes vivant et pensant — plus ou moins en tout cas. Et un monde virtuel : empli à ras bord d'exploits, de luxe provocant, d'érotisme aguicheur, de vols, de viols, d'assassinats sordides, de scandales en tous genres, d'avions s'écrasant en mer corps et biens, de marées noires anéantissant flore et faune, d'incendies ravageant des centaines ou des milliers d'hectares, de bébés mourant de faim, de femmes brisées et sanglotantes, de hordes humaines fuyant des tueurs, que sais-je ?

Toutes ces images ont été prises. Parfois avec des risques. Toujours à la va-vite. Diffusées de même. Et on recommence encore le lendemain et toujours...

Souvent, le commentaire aggrave l'image. Il ne présente que le pire. « Si on nous parlait des 88 % qui ont du travail, au lieu des 12 % qui sont au chômage, m'a dit une fille de quinze ans, ça nous donnerait plus de confiance ! »

Alors, tout cela ne concerne plus les spectateurs, parce que c'est trop ! Et parallèlement, cela les rassure d'être, eux, dans un moindre malheur, devant leur poste... Alors, la prochaine fois, et toutes les prochaines fois, on en remettra un peu plus, pour essayer de franchir la barre de l'émotion. Mais l'on émoussera ce pouvoir d'émotion davantage.

Plus grave, on en arrive à modifier les comportements, face à la vie. Quelque chose de profond est touché dans le ressort humain.

Un jour, boulevard Raspail, à Paris, j'ai vu une jeune voleuse, d'une vingtaine d'années, qui arrachait le sac d'une brave femme qui devait être une concierge portugaise. C'était la mi-journée et il y avait du monde, sur le boulevard. Chacun s'est mis à regarder. Je courais vite. J'ai poursuivi la voleuse, je l'ai rattrapée, je lui ai arraché le sac en lui disant des sottises. Elle s'est sauvée sans demander son reste. J'ai rapporté le sac à sa propriétaire qui m'est tombée dans les bras en pleurant d'émotion. Personne n'avait bougé ! Les passants s'étaient arrêtés, avaient regardé l'ensemble de la scène, intéressés. Ils se croyaient au cinéma. Ils n'étaient plus touchés par la réalité de la vie.

Cela, si on y est attentif, on l'observe continuellement. Parce que quelqu'un tombe dans la rue. Ou se fait coincer dans un portillon de sortie du métro, appelle... Les gens regardent, hébétés. Ils ne comprennent pas qu'à côté d'eux quelque chose se passe « pour de bon ». Leur réflexe d'aide est lent à se déclencher. Ils ne savent plus... Ils ont vu tant de scènes d'urgence à la télévision, calés dans leur fauteuil, que traverser l'écran pour devenir acteurs ne leur vient pas à l'idée, ou du moins à retardement. Ils passent par une période d'incompréhension, de réflexion, d'hésitation, avant de comprendre que leur intervention est possible. Ensuite d'ailleurs, peut-être choisissent-ils de ne rien faire...

Il est frappant aussi de voir à quel point il y a manipulation de l'information. Lors des grandes grèves des transports, fin 1996, à Paris, si j'avais à me déplacer je prenais ma voiture et en profitais pour ramasser tous les auto-stoppeurs que je voyais, venant de banlieue, ayant à marcher trois ou quatre heures par jour dans la neige et, sans exception, exaspérés. Si j'allumais la télévision, le soir, on ne me montrait que des piétons heureux disant qu'ils comprenaient les grévistes et que ça faisait du bien de marcher et de prendre l'air. Voilà comment on fabrique une « opinion publique » !

Et que nous offre-t-on d'ailleurs, aux informations télévisées ? Nous renseigne-t-on vraiment ? Non, on effleure les sujets, sans permettre de les comprendre, ce que même l'œuvre de fiction, paradoxalement, peut faire mieux car elle est réfléchie. Prenons l'exemple du roman de Stendhal *Le Rouge et le Noir*. Il a été écrit à partir d'un fait divers, presque banal, mais assimilé, construit, organisé, déployé. Aucun journaliste du temps ne pouvait atteindre la même force, le même accent de vérité... Et qu'aurait fait de nos jours un cinéaste-reporter ? Il aurait filmé l'image rapide de quelqu'un que l'on entraîne entre deux uniformes. Puis les lamentations d'une voisine : « C'était pourtant un jeune homme bien convenable... » C'est cela, l'information actuelle... Elle égratigne, elle reste en surface.

Et que dire de la presse à sensation ?

Après la mort de cette Lady Di, si éprise elle-même de médiatisation que justement sa fin n'était guère gênante, j'ai entendu un directeur d'agence de presse déclarer : « Le *people* est partie intégrante du *news* ! »

En français : « Une information idiote destinée à des masses payantes idiotes, c'est comme cela que nous concevons le métier. »

Faut-il accepter notre monde tel qu'il est, dominé par les médias ? Ou faut-il espérer le changer un peu ?

Les accidents de montagne sont souvent la proie de cette presse écrite ou parlée.

Comment la plupart des médias se comportent-ils dans le domaine de la montagne ? Par la recherche du sensationnel et par une simplification extrême.

Disons-le pour commencer, il y en a de bons et que l'on

peut citer. D'abord, bien sûr, la presse mensuelle spécialisée dans la montagne, où l'on a affaire exclusivement à des journalistes connaissant le sujet.

Dans la presse quotidienne, on rencontre, pas toujours, mais souvent, des gens sérieux. Un exemple : depuis que j'ai, en 1982, commencé à écrire des livres touchant à la montagne, se sont succédés au *Dauphiné libéré* de Chamonix, plusieurs journalistes qui faisaient proprement leur travail. Celui qui est en poste actuellement, je ne l'ai pas vu une seule fois de l'été à la D.Z. chercher à surprendre une image horrible et ses comptes rendus quotidiens reflétaient la réalité.

La presse hebdomadaire est des plus variables. Là se situent les pires périodiques, mais, l'été 1997, on a vu, à la date du 16 août, une double page du *Point* qui informait bien et ne contenait pas une erreur. Et, moi qui étais à la D.Z. presque toujours, j'y ai même appris quelque chose qui m'avait échappé : « La toute-puissante chaîne ABC, avec son étalage de moyens... fut quasi expulsée par les secouristes excédés. Ils n'en pouvaient plus d'être considérés comme les figurants d'une superproduction. »

Enfin, pour la télévision, nous en avons parlé, *Pioneer Productions* - entreprise britannique travaillant alors pour des Américains, utilisant un cinéaste français connaissant la montagne, passant sur le terrain tout le temps nécessaire, cherchant des moyens pour ne pas gêner, comme la caméra miniature fixée au casque d'un des secouristes — a su réaliser un travail sérieux qui débouchera sans doute sur un bon documentaire. Ces deux-là ont pris le temps, noué des contacts et auront même sans doute appris quelque chose tant ils auront vu et vécu le problème posé par les autres journalistes, avec la réaction qu'ils engendraient chez les secouristes, les équipages, les médecins, et, en prime, la mienne.

Mais à côté de ceux que nous venons d'énumérer, quelle invasion a connue la D.Z. de personnages travaillant à la va-vite, ignorants, prétentieux, sans gêne, odieux même. Avec un certain discours préliminaire :

— Ce que je cherche, c'est ce que le "public"demande.

Moyennant quoi on se défausse ainsi de toutes les accusations que l'on peut être enclin à porter. Ce n'est pas eux ! C'est la faute du public !... Bon prétexte !

Un prétexte et c'est tout ! Si le public était réellement demandeur de sang et d'atrocités [1] devrait-on d'ailleurs le satisfaire ? S'il y a demande de drogue ou de prostitution, la meilleure chose est-elle d'encourager *dealers* et proxénètes ? Mais le public est aussi ce qu'on le fait, lorsqu'on s'arroge le droit de juger pour lui et de lui inculquer des modes de pensée préfabriqués et faux, ce qui est le cas de plus en plus.

En toute bonne foi, je crois pouvoir affirmer que j'ai abordé cette saison de montagne sans préjugés spéciaux à l'encontre des journalistes — à part le sentiment banal que chacun ressent à leur propos — et que ce sont des expériences renouvelées, au cours de l'été, qui m'ont appris à poser, sur nombre d'entre eux, un regard différent et souvent douloureux.

J'aurais dû pourtant en savoir plus car, déjà, j'avais reçu, et je l'ai depuis retrouvée, une lettre que Philippe, un des rescapés du 9 août 94, m'avait envoyée quand, l'hiver suivant son sauvetage, sa femme et lui avaient été invités par une chaîne de télévision afin de présenter leur témoignage. Il m'y disait : « Nous voici parachutés dans les médias. L'expérience fut

1. Une autre question reste à poser à ce sujet. C'est seulement vers le XVIIIe siècle qu'une partie du public s'est intéressée aux malfaiteurs : Cartouche, Mandrin et autres. Cet attrait pour le banditisme, si développé aujourd'hui (gangsters, mafia) est-il la curiosité d'une société s'interrogeant sur elle-même ou la tendance suicidaire d'une civilisation à son déclin ?

"intéressante", mais j'ai été déçu par la mentalité des journalistes : très fermés sur eux-mêmes, aucun échange, aucune complicité possible avec les hors-médias que nous sommes, presque méprisants. »

Ces lignes, à l'époque, ne m'avaient pas frappée particulièrement. Je sais maintenant ce qu'elles signifient et dans quel univers coupé de la réalité et de toute tendresse humaine, naviguent les journalistes qui sont chargés de produire l'information concernant les « faits divers ».

Pourquoi les médias s'occupent-ils tant de la montagne ? Une moyenne de trente ou quarante morts par été dans le Massif du Mont-Blanc, soit. Mais c'est peu par rapport aux six cent cinquante noyades annuelles, en France, dont on ne parle pas. C'est peu par rapport aux actuels massacres en Algérie, comme il y en eut en Afrique noire, en Yougoslavie, etc., dont on parle, c'est vrai, mais autrement. Au moment où j'écris ces lignes, vient d'avoir lieu, précisément, en Algérie, le massacre de quatre cents personnes, soit plus de dix étés de secours... Rappelons encore, nous les avons déjà évoquées, les soixante-cinq mille morts actuelles, par an, en France, dues au tabac. Qui va filmer ces derniers jours, ces derniers râles ? Si l'on prétend faire de la prévention en filmant les accidentés de la montagne, n'y aurait-il pas une tâche de prévention beaucoup plus importante avec le tabac, l'alcool, la drogue, que l'on considérerait alors non comme des fatalités mais comme des fléaux méritant une réelle dissuasion ?

Alors, la montagne, pourquoi ? Parce qu'elle est proche, sans doute. Proche sans être immédiatement là. Quelques heures de voiture, certains jours d'été, et l'on a une chance d'accéder, vite fait, à un accident, de filmer un hélicoptère, un capitaine, un sauveteur, un blessé, ou un mort si l'on tombe bien... Et parce qu'elle ne s'applique pas à la plus grande partie du public. On peut donc montrer l'accident de montagne sans que les spectateurs se sentent concernés. En outre, c'est une habitude. L'accident de montagne est devenu un cliché nécessaire du mois d'août.

Mais la vraie réponse est peut-être plus subtile encore. La montagne est belle. Elle implique un effort, non une facilité. Elle correspond à une passion, parfois même à une quête d'idéal. Y toucher, c'est toucher non à des mœurs ou de mauvaises habitudes, des déviations communes de la société, mais c'est toucher à ce qui est rare, beau et pur. Quand on ne comprend pas, il est tentant de chercher à « salir » ce à quoi on n'a pas accès et de lancer une critique qui ne considère que le risque, en répandant clichés, platitudes, idées fausses, en suscitant l'indignation envers ces « imprudents en baskets », etc.

Jean-Claude Gin avait sur la presse un point de vue qui n'était pas le mien mais qui a sa logique. Selon lui, les journalistes qui viennent à Chamonix, et surtout ceux des télévisions, repartiront avec du texte, des images, du commentaire, d'où qu'ils proviennent. S'ils ne les obtiennent pas à la bonne source, ils feront le siège de la D.Z., pénétreront à l'hôpital, interrogeront au besoin un passant dans la rue, lequel leur sortira probablement d'énormes bourdes, et c'est avec cela qu'ils feront l'information. Si on leur explique bien de quoi il s'agit, si on leur donne de bons renseignements, le résultat ne pourra pas être pire et, peut-être, il sera meilleur. Sa thèse se tient. Il s'est donné un mal fou pour réussir à faire passer une information juste. Il y a réussi avec *Le Point*.

Mais à côté de cela, que de déceptions ! Parce que, il faut user du mot, certains journalistes sont indécrottables. Ils ne cherchent qu'une chose, l'exception et le sensationnel et ne voient pas plus loin que le bout de leurs idées reçues.

Le sensationnel, pour eux, c'est évidemment l'accident. Et plus grave il est, mieux c'est.

Un jour, naïf et du moins franc, un journaliste a demandé à Xavier Chappaz, président de la Compagnie des Guides de Chamonix.

— Quel est l'endroit où je peux trouver le plus d'accidentés de la montagne ?

Il s'est fait répondre :

— Au cimetière.

Car c'est cela en fait qu'ils veulent : des morts !... S'ils étaient seuls concernés encore... Mais ce qui est navrant, c'est qu'ils implantent dans l'opinion publique les idées fausses qui sont les leurs.

Xavier Chappaz, encore, m'a justement fait remarquer qu'aux yeux des journalistes, toujours simplificateurs à l'extrême, les alpinistes se décomposaient en deux catégories : les imprudents et les héros.

Et il ajoutait que, tout au plus, on passait d'une catégorie à l'autre. Le 23 juillet, Régis Michoux, ayant sauvé, avec Olivier Renard et Guy Bochatay, quarante « imprudents » perdus au Mont Blanc, était un « héros ». Le 28 du même mois, s'étant fait emporter par une coulée, il passait à l'état « d'imprudent » !... Dire, dans l'un ou l'autre cas, qu'il était un excellent professionnel, et qu'il était tombé en malheureuse victime d'un de ces choix inhérents à la nature même de la montagne, c'était trop simple, trop vrai, trop nuancé. Cela ne « passait pas » dans le moule médiatique.

De même, on peut voir accabler des « imprudents » perdus dans le mauvais temps, en quête de l'ouverture d'une première. Puis les mêmes, sortis vivants, dont on cherche à avoir l'interview, les photos, parce qu'ils sont reconnus pour « héros »... La logique d'une telle pensée ? Nulle ! C'est pourtant celle que nous subissons journellement.

Deux magazines à sensation ont donc sévi, l'été dernier. Nous avons compté, des secouristes et moi, près de quarante erreurs dans chaque texte. Textes qui n'étaient pas longs...

L'un d'eux a mis à la suite de sa signature « Chamonix », ce qui faisait « sérieux », mais il n'est pas de Chamonix. Il est arrivé de Paris et reparti le lendemain... Le P.G.H.M. — afin que lui et le photographe qui l'accompagnait voient de leurs yeux et bien ce qu'est réellement la haute montagne — avait délégué Pierre Raveneau pour les accompagner de l'Aiguille au col du Midi : très brève promenade d'altitude qui est une première initiation. Seulement, le journaliste, celui qui a utilisé ce mot de Chamonix, n'était pas venu pour se renseigner mais pour pondre ce qu'il désirait pondre. En arrivant en haut du téléphérique, il n'a pas voulu aller sur l'arête et est reparti dare-dare vers Paris, demandant au photographe de dire qu'il était resté les trois ou quatre jours pour lesquels il avait été envoyé... C'est ainsi qu'il a fait son texte : de loin, à la va-vite, en réutilisant tous les clichés qu'il pouvait avoir en mémoire. Quant au photographe, il est resté, a pris des photos, mais à la suite d'un désaccord avec son rédacteur en chef, une seule de ses photos est passée et le texte a été illustré avec n'importe quoi : images non prises à Chamonix, sauveteurs en rouge qui n'étaient donc d'aucun P.G.H.M... N'importe quoi !

Je comprends l'amertume de Jean-Claude Gin quand, prenant le parti de bien renseigner la presse, il se trouve devant des résultats identiques à ceux qu'il y aurait eus s'il n'avait rien fait. Après la parution de ces deux magazines connus, je l'ai vu désolé :

— On leur a donné de l'information exacte ! On les a aidés ! Et voilà ce qu'ils font !

Le malheur est que ceux qui sont engagés dans l'action, et en priorité les hommes politiques, ont maintenant besoin des médias. La gendarmerie elle-même en a besoin ! Et le P.G.H.M. aussi.

Besoin pour fortifier et légitimer son action. Parce que aujourd'hui cela se passe ainsi. Il ne suffit pas de bien faire, il faut le faire savoir. Même si l'information est déformée, faussée, déviée, sans rapport réel avec l'actualité, c'est elle qui rend compte, elle qui permet un certain témoignage.

Si on ne parle pas du P.G.H.M., les politiques ne sont pas au courant. Et ce sont eux qui disposent des crédits. L'argent public n'est pas inépuisable, on risque d'en retirer à certains pour en donner aux autres. Il faut être présent à l'heure de la pitance.

Alors, pour accéder aux désirs des journalistes il faut même parfois les emmener en secours, dans l'hélicoptère qui y participe. Peut-être gêner le secours lui-même, pour les satisfaire, eux. Phénomène aberrant, choquant. Le bien public ne suffit pas, il faut que quelque chose en soit répandu dans les médias.

— Si le P.G. existe encore, c'est grâce à la presse, m'a dit le capitaine Gin.

Triste chose. Et il m'a dit encore :

— La presse permet de faire une communication non seulement externe, mais interne.

La gendarmerie comporte 96 000 hommes, dont 250 seulement pour les P.G.H.M., nullement mieux rémunérés que les autres et sans prime de risque... Ce n'est guère, pour l'institution. Et cependant, peut-être, n'hésiterait-on pas à les supprimer s'il ne rapportaient du prestige.

Et ils en rapportent. J'étais un jour à la prison de Poitiers.

Comme invitée. Parce que les détenus lisaient mes livres. Je prévoyais alors d'écrire *Nadir*. Après un long entretien, voyant le contact bien établi, j'ai lancé :

— Devinez sur quoi je pense faire mon prochain livre.

Pas de réponse, évidemment.

— Les gendarmes...

Les mines se sont instantanément durcies.

— Les gendarmes qui font le secours en montagne.

Détente ! Sourires.

— Ah, oui, mais ceux-là, c'est les bons ! Ce ne sont pas les mêmes !

Par ailleurs, la presse, ou une certaine presse, a besoin du P.G.H.M. ou des autres secouristes. Elle se précipite, en juillet et en août. Sans le secours, pas de quoi remplir certaines pages ou certains moments d'informations télévisées. Avec des textes et des images. Mais lesquels ? J'aimerais que l'on puisse montrer ou décrire, dans sa réalité, un beau secours. Certes, c'est plus difficile que de montrer un sac, contenant un mort, qui arrive à la D.Z. et de tout centrer autour... Mais mieux vaudrait filmer une fois un grand secours que de se rabattre dix fois sur de petites, médiocres et dures images. Et mieux vaudrait, du moins, qu'on en traite, plutôt que ne soient adoptés la tragédie et le malheur comme unique source de l'information.

Nous en sommes là. La marche arrière est impossible. Il faut subir cette époque qui est la nôtre. De notre mieux. Chacun à sa façon. Nous pouvons tout au plus espérer rendre moins mauvais le monde qui nous échoit en partage. Ce ne sera pas par les partis politiques qui, indissolublement liés à tous les médias, ne cessent de s'éloigner du réel.

Faire de son mieux... Rendre le monde un peu meilleur... Ce peut être par le simple jeu d'une bonne volonté individuelle. Lorsque c'est réussi, on a Mère Teresa, qui n'avait pour arme que l'amour. Pour d'autres, cela peut être faire du secours en montagne, sans se préoccuper de le faire savoir...

Et du moins, faut-il tenter de refuser les sottises dont tant de médias nous entourent... La lutte est difficile car nous sommes englués dans un tissu d'habitudes, d'erreurs, de mythes, de mensonges. Mais toute bonne lutte vaut la peine d'être menée.

- XXXV -

La responsabilité en montagne

quelques cas litigieux

La responsabilité en montagne est un problème grave, car le terrain est à risques et d'une extrême variété. S'il a été possible de définir certaines règles pour le ski de piste, telle celle qui considère que le skieur le plus haut doit être maître de sa vitesse et qu'il est responsable en cas de collision avec un skieur situé plus bas, c'est parce que les données sur piste sont relativement simples. Les risques en montagne d'été sont tout autres et très divers, qu'ils soient dus à la force de gravité (dévissages, avalanches, plaques à vent, chutes de pierres, de séracs, chutes en crevasse, chutes hors sentier, chutes en parapente, etc.) ou au froid et à la fatigue. Facteurs multiples, donc, où le rôle d'un tiers peut intervenir, soit indirectement, par maladresse ou inadvertance, soit directement à la suite d'erreurs techniques (assurance défectueuse, manque injustifié d'encordement, mauvaises décisions quant au choix de la course par rapport aux capacités de la ou des personnes emmenées, mauvaises décisions sur le terrain, etc.). Enfin les responsables peuvent se trouver dans des situations très différentes :

amis, professionnels, responsables non qualifiés appartenant à des associations, inconnus.

Ajoutons qu'une certaine gêne entoure les cas de ce genre. Habituellement considérée comme un lieu de liberté, un des derniers, et un lieu de camaraderie, de bonheur partagé, la montagne se trouve alors apparaître comme le terrain d'un drame qui aurait pu être évité puisqu'une responsabilité humaine est mise en cause.

Il est en fait rare que cette responsabilité soit évoquée dans le cas de membres d'une cordée commune, liés par une relation amicale. Le cas existe néanmoins et il n'est pas forcément récent. La première ascension hivernale des Aiguilles du Diable, en 1938, fut une tragédie, quoique les trois participants aient survécu, et elle opposa violemment l'un d'entre eux aux deux autres, avec procès, durant des années.

Le plus souvent, s'il y a plainte, elle vient des proches et après un décès, soit pour obtenir des réparations financières si le défunt laisse une famille dans le besoin, soit lorsqu'il s'agit d'enfants dont les parents veulent tout à la fois faire sanctionner un ou des responsables, et prévenir d'autres accidents analogues si une organisation ou un professionnel est en cause, soit enfin des assurances qui se trouvent derrière eux.

Au début de cet ouvrage, nous avons évoqué deux cas concernant la responsabilité, l'un relativement ancien, celui de David Cuthbertson, guide dont la responsabilité n'avait pas été retenue au pénal mais avait été retenue au civil, par un jugement qui avait fait grand bruit en Grande-Bretagne, car il semblait considérer qu'il existait des principes absolus régissant l'assurance, sans tenir compte des autres données. Nous l'avons évoquée encore pour l'accident survenu au Whymper en juin 1997, après une ascension du couloir Couturier où il y avait eu désolidarisation des grimpeurs, tous amateurs, et demande trop tardive de recherche du membre de l'équipe qui avait été perdu de vue. Nous avons appris depuis que la famille de la victime a déposé plainte, l'assurance de ses deux camarades ayant demandé la communication du dossier.

Pour la saison de caractère estival, en 1997, en Haute-Savoie, département auquel nous nous bornons, se sont produits trois autres cas réellement litigieux, au sens strict, qui signifie « qui est ou qui peut être en litige », c'est-à-dire être objet d'une contestation en justice. On ne peut, bien sûr, préjuger de ce que sera ou seraient les jugements, mais on peut en exposer les données, telles qu'elles ont été communiquées à la presse. Nous écartons les accidents de type hivernal, qui concernent principalement le ski ou d'autres activités sur neige, comme on l'a malheureusement vu, en janvier 1998, pour l'accident qui a fait onze victimes au Lauzet et dont la presse a fait état en le situant inexactement aux Orres.

Le premier de ces cas de caractère estival a été l'objet d'une plainte, d'abord formulée par un père dont la fille était dans le coma, puis par la victime elle-même lorsqu'elle a repris conscience. L'accident s'est produit le 15 mai en école d'escalade, au rocher dit de la Grande Jeanne, près de Seynod. Il concernait une femme de quarante ans qui s'était inscrite à une sortie d'initiation à l'escalade du C.A.F. d'Annecy, encadrée par deux initiateurs brevetés, tous deux bénévoles. L'un d'eux a installé une assurance en haut de la falaise. Un participant devait assurer d'en bas, en « moulinette », la descente de la grimpeuse. Celle-ci n'est pas montée jusqu'à la vire du relais, ce qui exclut qu'elle y ait modifié quoi que ce soit. Dès qu'elle a entrepris la descente, elle est tombée et a fait une chute d'une quinzaine de mètres, entraînant avec elle la corde qui n'était donc pas fixée correctement en haut. Elle ne portait pas de casque. Les casques n'étaient recommandés qu'en cas de chute de pierres possible. Ils sont rarement portés en falaise car si l'on est bien assuré, les chutes n'y sont ni bien longues, ni bien graves. Mais la chute en question ne pouvait être sans dommages. La victime a souffert d'un traumatisme crânien, d'une contusion cérébrale responsable du coma, de diverses fractures de côtes, astragale, omoplate, dent, et de séquelles à la vue.

Deux hypothèses sont envisageables mais les témoignages, divers, rendent toute conclusion difficile. Ou bien la moulinette avait été installée sur le mauvais brin et, l'accidentée ayant retiré à la montée les points intermédiaires, n'aurait plus eu d'assurance en amont. Ou bien le mousqueton de sécurité n'aurait pas été verrouillé, ce qu'aurait attesté un témoin qui l'aurait vérifié dans l'immédiat, mais il aurait été fermé après coup. Quoi qu'il en soit, le problème est resté en suspens, la victime n'ayant pas le souvenir de l'accident lorsqu'elle est sortie du coma.

Un tel accident concerne des moniteurs bénévoles et la sortie était probablement gratuite. Les bénévoles, brevetés ou non, sont moins compétents que des guides professionnels, mais ils se trouvent souvent en charge de plus de participants qu'un guide n'aurait le droit d'en prendre. Le cas se retrouvera plus loin. Leur avantage est d'offrir des initiations, des randonnées ou des courses peu coûteuses.

Notons ici que le C.A.F., autrefois club, ayant des sections dans différentes villes, et affilié à la F.F.M.E. [1], s'est séparé de cette dernière en s'érigeant lui-même en fédération, les anciennes sections devenant des clubs propres à chacune des villes et affiliés à la « Fédération des clubs alpins français ».

1. Fédération Française de la Montagne et de l'Escalade.

Il m'est arrivé, rarement d'ailleurs, plutôt comme entraînement, de participer à des courses collectives organisées par la section de Chamonix, et tout se passait correctement. Il faut dire qu'elles étaient encadrées par des guides.

Le second cas litigieux est celui de l'accident douloureux que nous avons évoqué à la date du 27 juillet et qui a coûté la vie à un jeune homme de seize ans et une jeune fille de dix-sept, encordés ensemble, sous la direction d'un guide. Les deux adolescents faisaient un stage de « chef de cordée » destiné à leur apprendre l'autonomie, stage de trois semaines organisé par la caisse d'action sociale de l'E.D.F. Le centre faisait signer aux parents une décharge, formalité peut-être obligatoire lorsqu'il s'agit de mineurs. Vu l'âge des victimes, leur expérience ne pouvait être que limitée, même s'ils avaient de bonnes capacités.

En fin de stage, ils faisaient le Mont Blanc du Tacul, course qui n'est pas considérée comme une course difficile, mais qui dépasse les 4 000 mètres et présentait ce jour-là, hors de la trace, une pente en neige très gelée. Le guide n'était en charge que de deux cordées de deux, autonomes, et il évoluait de l'une à l'autre, en les conseillant. L'accident s'est produit parce qu'à la descente un embouteillage avait lieu dans un lacet de la trace. Rappelons qu'après une période de mauvais temps, il faisait enfin beau et que la montagne était extrêmement fréquentée. Doubler était délicat. Pour court-circuiter l'embouteillage et réduire l'attente qui s'ensuivait, le guide a conseillé à la cordée des adolescents de couper entre deux séracs pour rejoindre la trace plus bas. C'est lors de ce passage que l'accident est arrivé. Les jeunes gens ont fait une assez longue chute qui s'est arrêtée dans un sérac et n'a pas pardonné.

Le guide venait d'être engagé par le centre et ne connaissait pas encore les jeunes. Ce point ne semble pas important. Nombre de guides, désignés par le tour de rôle, sont souvent amenés à marcher avec de nouveaux clients sans que cela tire à conséquence. C'est la décision de sortir de la trace qui paraît avoir seule été cause du drame.

Le fait qu'un accident se produise avec un professionnel est, selon la jurisprudence, répréhensible tout autant qu'avec n'importe qui d'autre mais est jugé plus sévèrement. Cependant, si les responsabilités prises par un bénévole sont identiques, ne sont-elles pas alors équivalentes ? C'est ce à quoi fait réfléchir le troisième cas.

Il est question ici de l'autre accident qui s'est produit le même jour, 27 juillet, et au même endroit. La chute a, en fait, été antérieure, mais la victime est morte une semaine plus tard, à l'hôpital de Grenoble. Il s'agissait d'un jeune ingénieur, de vingt-quatre ans, non originaire des Alpes mais arrivé récemment dans la région et ayant peu d'expérience encore. La course à laquelle il s'était inscrite était organisée par le C.A.F. de Chambéry. La teneur du prospectus annonçant la sortie est étonnante car, s'agissant du Mont Blanc par le Tacul et le Maudit, course d'altitude, fatigante, engagée, elle était annoncée comme « randonnée pédestre » et cotée « M4 », au même titre que l'étaient l'Aiguille du Tour et le Buet qui, beaucoup plus courtes et plus faciles, ne sont aucunement comparables.

Le responsable était un accompagnateur bénévole, n'ayant pas de qualification spéciale du C.A.F. ou de la F.F.M.E. mais qui aurait pratiqué la montagne depuis une trentaine d'années. Un second accompagnateur était prévu mais il avait eu un empêchement l'avant-veille du départ et s'était décommandé. Le groupe s'est donc trouvé constitué de dix personnes avec un responsable unique. Un professionnel ne pourrait être en charge d'un tel nombre pour cette course. Le responsable a pris à sa corde, comme il se doit, les deux participants les moins expérimentés, dont le jeune ingénieur.

Au total, la course ne se déroula pas sans incident car un des membres de l'équipe décida de ne pas participer et de retourner seul à l'Aiguille du Midi. Par ailleurs, à la descente, un autre fut victime d'un M.A.M. au Dôme du Goûter et dut être évacué par l'hélicoptère [1]. Mais l'accident grave se produisit entre ces deux événements, quand, parvenu au Tacul, le jeune ingénieur déclara qu'il était fatigué et ne pouvait continuer. Ayant encore accepté de marcher jusqu'au col Maudit, il réitéra fermement sa demande. Il était quatre heures du matin environ, il faisait froid et il faisait nuit, pour plus d'une heure encore.

Que pouvait-il alors se passer ? Ou bien le responsable redescendait avec lui et les autres devaient alors soit renoncer à la course, soit continuer seuls sans en avoir sans doute la capacité puisqu'ils s'étaient inscrits à ce type de sortie dirigée. Soit on convainquait le jeune homme de continuer et, manifestement, il ne se sentait pas en état de le faire. Soit on le laissait à lui-même, ce qui se produisit.

Le jeune homme fut donc laissé seul et personne ne sait ce qu'il fit au cours des deux heures qui suivirent. Sans doute attendit-il que le jour se lève, ou que d'autres cordées commencent à revenir ? C'est à six heures passées, en tout cas, qu'il entama la descente et tomba. Un guide vit la chute et alerta aussitôt le secours. On crut alors qu'il s'agissait d'un solitaire. On le retrouva enfoui dans la neige, hypotherme et polytraumatisé. Il survécut une semaine et les efforts pour le sauver furent vains. Plainte a été portée par les parents.

1. Voir le chapitre *Le Temps des drames*.

Ce cas, plus encore que les autres, semble poser des questions. Les professionnels sont jugés plus sévèrement par la justice que les amateurs ou les bénévoles. Mais toutes les associations, et le C.A.F. est loin d'être seul en cause, qui organisent des randonnées, des sorties ou des courses en montagne, le font souvent sans professionnels, donc sans accompagnateurs rétribués mais qui prennent des responsabilités identiques à celles des guides, pour l'initiation et l'encadrement. Et ce sont souvent des débutants qui s'adressent à elles, parce qu'ils cherchent précisément une initiation et un encadrement, faisant d'autant plus confiance qu'ils n'y connaissent pas grand-chose, ou rien. S'il s'agit d'une randonnée en forêt de Fontainebleau, aucun problème. Mais s'il s'agit d'un terrain à risques ? Ne conviendrait-il pas mieux alors de faire appel à des guides, qui eux n'accepteraient, par mesure de sécurité, qu'un nombre plus limité de participants ? Et dans le cas d'un tel accident, et des deux précédents, qui est le vrai responsable ? Celui qui encadrait le groupe ? Ou bien le centre ou l'association qui laisse courir de tels risques ? Un décès survenu lors d'un cas analogue, dans les Calanques, a donné lieu, en premier jugement, à la condamnation du responsable de la sortie et de l'association, qui était dans ce cas le C.A.F. de Paris.

Il est certain que si, dans le troisième cas exposé, c'était un professionnel qui avait pris en charge tant de personnes et qu'il en ait laissé une, seule, à cet endroit et dans ces conditions, il aurait été mis en examen et peut-être écroué. Le fait de ne pas avoir de qualification professionnelle est-il une circonstance atténuante ? Le fait, pour une association, d'avoir recours à des cadres bénévoles, aux qualifications inégales, est-il justifiable ? Mais par ailleurs ce sont souvent des jeunes sans gros moyens financiers qu'on leur confie ou qui s'adressent à elles.

Notons par ailleurs qu'il faut prendre en compte l'aspect humain de ces problèmes dans leur totalité. Si les victimes sont à plaindre, en priorité, le professionnel, le bénévole, le camarade ou le groupement qui ont la responsabilité d'un accident en subissent, s'il ont le moindre sens moral, de lourdes conséquences, non seulement judiciaires mais aussi psychologiques.

Nous parlons de la France. On peut tout à la fois désirer que la montagne y reste une activité libre, et que ne s'y développent pas trop de cas de plaintes et des procès — sans pour autant écarter ceux qui vraiment se justifient — tout en souhaitant aussi que chacun assume le plus sérieusement possible ses responsabilités.

Mais si nous allons voir ailleurs, dans des massifs lointains, aux Andes et surtout en Himalaya, à l'heure actuelle, alors qu'il n'y existe aucun secours réellement possible, d'autant que les hélicoptères ne peuvent parvenir aux altitudes extrêmes, là, nous pouvons être confrontés à l'horreur et à la déresponsabilisation la plus totale. La presse alpine en a parlé, mais un nouveau livre de Joe Simpson qui vient de paraître en Angleterre, *Dark shadows falling*[1], fait état de cas effrayants.

Les conditions sont différentes, sans doute, infiniment plus sauvages. Mais ce sont quelquefois les mêmes grimpeurs, qui s'entraînent dans les Alpes, que l'on peut retrouver là-bas, dans l'irresponsabilité la plus folle.

Ces conditions ? Un terrain de très haute altitude, des dangers sans comparaison avec ceux de nos montagnes, un voyage coûteux, des tarifs élevés pour avoir accès à un sommet désigné. Ajoutons-y la raréfaction de l'air et des conditions

1. La traduction en est annoncée pour octobre 1998 aux éditions Glénat.

météorologiques extrêmes dues tant au froid qu'aux vents et à la rigueur des tempêtes. Alors, selon l'expression banale, il faut que ça passe ou que ça casse, et si c'est chez les autres que ça casse, tant pis, chacun ne s'occupant souvent que de sauver sa propre peau, voire de faire « son » sommet en dépassant des cadavres, et même des mourants, sans leur prêter assistance.

Les accidents là-bas peuvent être effroyables. Rappelons les douze morts du K2, l'été 1986, parmi lesquels Alan Rouse, Maurice et Liliane Barrard, Renato Casarotto[1]. Là, du moins, il y avait eu entraide entre les différents groupes, entre les différentes nations représentées, toutes européennes. Avaient échappé, parmi d'autres, Benoît Chamoux, Wanda Rutkiewicz et Jerzy Kukuczka qui, tous trois, ont depuis trouvé la mort en Himalaya.

En août 1995, une tempête fit six autres morts au K2, dont Alison Hargreaves.

Et en mai 1996, il y eut huit morts à l'Everest, mais le milieu a redoutablement changé[2]. Vendre le sommet de l'Everest est devenu une affaire touristique. Le Népal, pays pauvre, a pour ressource principale le tourisme. La Chine, s'étant emparé du Tibet, exploite aussi l'accès qu'il ouvre vers les montagnes. En 1991, le prix payé au gouvernement du Népal pour avoir accès à l'Everest, avec une équipe de nombre indéterminé, était de 2 300 dollars. En 1996, il était monté à 70 000 dollars pour une équipe de sept personnes, avec un supplément de 10 000 dollars par membre supplémentaire, et douze personnes comme nombre plafond. Ce ne sont plus nécessaire-

1. Voir le récit qu'a fait Christine Grosjean de cette tragédie dans le n° 92 d'*Alpirando.*, ainsi que Jim Curran, *Fascination du K2*, Albin Michel, 1989 et Kurt Diemberger, *K2 rêve et destin,* Arthaud, 1992.
2. Voir *Tragédie à l'Everest*, de Krakauer, Éditions Guérin, 1998.

ment les capacités sportives qui décident des participants à une expédition mais leurs capacités financières et certains, comme l'explique Joe Simpson, s'endettent à mort pour accomplir leur rêve de gravir l'Everest. Les clients de Rob Hall payaient 65 000 dollars pour faire partie de son expédition.

Les morts de 1996, parmi lesquels deux guides américains très expérimentés, faisant métier de ce genre d'entreprise, Rob Hall, justement, pour *Adventure consultants* et Scott Fischer pour *Mountain Madness* (*Madness,* folie, semble, hélas, un terme approprié) n'étaient pas tous à l'Everest, il faut le préciser, dans un contexte commercial, car un Taiwanais et trois ressortissants d'Afrique du Sud étaient présents en tant qu'expéditions nationales, subventionnées. Le Taiwanais survécut mais fut amputé de l'avant-bras droit et de tous les doigts de la main gauche. Le *leader* de l'expédition d'Afrique du Sud, laquelle ne parvint d'ailleurs pas au sommet, refusa de prêter sa radio pour aider au secours des autres. Certains, en revanche, comme le kazakh Anatoli Boukreev, hélas récemment tombé à la face sud de l'Annapurna, se dévouèrent sans compter.

Du côté tibétain de l'Everest, de semblables tragédies se produisaient dans le même mauvais temps et des Japonais dépassèrent des Indiens agonisants, sans leur porter secours, car ils désiraient réaliser leur objectif, uniquement. A leur descente, ils passèrent auprès du dernier survivant sans l'aider davantage. L'un d'eux déclara à son retour : « Au-dessus de 8 000 mètres, on ne peut se permettre d'être moral. »

Joe Simpson cite encore le cas, identique, peut-être pis encore, qui s'est produit en mai 1992 au col sud de l'Everest où cinq grimpeurs hollandais, sachant qu'un grimpeur indien, gelé mais vivant encore, agitait faiblement un bras à trente mètres de leur tente, ne firent rien pour le transporter et abriter ses derniers instants, ce qu'avec leurs deux sherpas ils pouvaient aisément réaliser, rien même pour aller le voir, lui offrir le moindre réconfort et la présence humaine qu'avec ses dernières forces il demandait. Ils le laissèrent mourir, seul.

On atteint là l'horreur pure, la barbarie, la bestialité... Et même, un chien peut-être aurait fait quelque chose ? Ces montagnes immenses et merveilleuses sont polluées, souillées de détritus, de bouteilles d'oxygène vides, de cadavres non descendus, non recouverts et, pis, souillées de comportements inhumains. Cela, il fallait l'évoquer.

Il fallait aussi évoquer l'espoir que de tels agissements marqués au coin du « chacun pour soi » ne se généralisent pas. On en pressent parfois des frémissements jusque dans nos montagnes.

Et il fallait encore, pour achever cet ouvrage, dire combien le secours, tel qu'il se pratique dans nos Alpes, spontané tout d'abord, et souvent de la part de guides, puis pris en charge professionnellement, avec respect, avec conscience, avec passion, avec amour, méritait qu'un tel livre fût fait.

Annexes

L'Organisation des secours

Le secours en France

Le devoir de secours est un des principaux que l'État doit ou devrait assumer. Le ministère de l'Intérieur en est responsable et le gère. Bien que la loi ait prévu en 1871 que la sécurité et les secours relevaient des communes (il s'agissait alors principalement des incendies), l'ampleur croissante de la demande et le manque de moyens des communes ont fait qu'il a dû se substituer à elles.

Néanmoins un phénomène contraire se développe actuellement : l'État, qui a en charge nombre d'activités fort peu en rapport avec ses devoirs essentiels (banques, comme le Crédit lyonnais, assurances, comme le G.A.N., construction d'automobiles, etc.) tend à se désengager du secours alors qu'il garde des domaines moins importants, souvent coûteux et y multiplie volontiers des fonctionnaires. Il tend à déléguer la responsabilité du secours aux collectivités territoriales, dont les ressources sont inégales et ne peuvent donc, ce qui est grave, donner lieu à des prestations partout équivalentes. Le public n'en est guère informé.

Notons donc que le désengagement auquel tend l'État quant à ses principales missions peut produire des phénomènes illogiques. Prenons le cas, ici neutre, de l'Éducation nationale.

Si, par exemple, l'État décidait de réaliser des économies dans le domaine de l'instruction primaire, il pourrait renoncer à assurer le traitement des instituteurs et confier le soin de l'éducation à des fonctionnaires départementaux ou municipaux, mesure qui bénéficierait, certes, à ses finances, mais sans doute pas aux enfants qui seraient privés de la compétence de leurs anciens maîtres et se trouveraient l'objet d'une instruction fort inégale selon la richesse ou la pauvreté des régions [1].

D'une façon ou de l'autre, ce sont les citoyens qui financent toutes les dépenses, que ce soit par les impôts sur le revenu, la T.V.A., etc., ou par les impôts locaux. Mais ils ne sont guère tenus au courant et on ne peut pas dire qu'ils ont les moyens de se défendre.

Insistons surtout sur le fait que lorsque l'État se retire de missions aussi importantes afin de s'en décharger sur les collectivités locales, il s'agit uniquement d'argent et non du désir de rechercher les meilleures solutions ou d'utiliser des compétences. En 1997, 70 % des investissements publics dépendaient des collectivités locales. Si l'État était un remarquable gestionnaire, on pourrait s'incliner devant ses choix. Ce n'est pas le cas. Dans le domaine du secours, les dispositions qu'il tend à prendre font, comme nous l'avons déjà laissé entendre, que les départements ou les communes riches peuvent disposer de moyens relativement confortables, alors que d'autres connaissent de sérieuses difficultés. Cela ne touche pas trop encore le domaine qui nous intéresse mais menace parfois.

Le principe national du secours est néanmoins le suivant : le ministère de l'Intérieur comporte une direction de la Sécurité civile et la mission de cette direction est le secours. Elle

1. Exemple déjà actuel : c'est aux régions qu'incombe le coût de la démolition et de la reconstruction des collèges dits « Pailleron », construits en leur temps par l'État.

a, dans chaque département français, un service nommé S.D.I.S. [1] et chaque S.D.I.S. a une cellule opérationnelle nommée C.O.D.I.S. [2]. C'est le préfet, représentant de l'État, qui a sous sa coupe le S.D.I.S., mais celui-ci est financé par le Conseil général. L'État garde donc la direction et la mainmise sur les secours, mais le financement en revient souvent aux collectivités locales.

A la tête de chaque S.D.I.S. se trouve un directeur, qui est un lieutenant-colonel de pompiers. Il y a de même, dans chaque département, un directeur départemental de la police nationale, un directeur départemental de l'action sanitaire et sociale, un commandant de groupement de gendarmerie départementale, etc. Le préfet ne leur donne pas directement des ordres mais il les coiffe de son autorité et c'est à lui que les directeurs doivent rendre leurs comptes.

On voit que le secours ne répond pas au même schéma que d'autres tâches d'intérêt général. Si nous reprenons l'exemple de l'Éducation nationale, elle est assurée en tous les points du territoire par des fonctionnaires dépendant directement du ministère de ce nom.

Le secours en montagne

A l'origine assuré par des volontaires, guides ou amateurs, avec la fondation d'associations dès le début du XXe siècle (exemple : Comité dauphinois de secours en montagne, 1910), le secours en montagne s'est peu à peu réglementé. Il est actuellement assuré par trois types de secouristes : gendarmes, C.R.S. et pompiers.

Le bénévolat existe cependant encore en Haute-Savoie, puisque neuf sociétés locales peuvent intervenir dans les opé-

1. Service départemental d'incendie et de secours.
2. Centre opérationnel départemental d'incendie et de secours.

rations se déroulant hors du massif du Mont-Blanc. Elles regroupent des bénévoles, pisteurs, guides, moniteurs, chasseurs, artisans, connaissant bien leur région et entraînés.

Gendarmerie

Le douloureux accident de Jean Vincendon et François Henry, qui reste après quarante ans un souvenir toujours sensible, a entraîné la création du P.G.H.M., dont l'histoire resterait à écrire. Dans ses débuts, le P.G.H.M. a été constitué par des gendarmes sportifs qui n'étaient encore en rien des professionnels du secours en montagne et qui faisaient appel à des guides qualifiés pour les opérations difficiles. Au fil des années, ils ont acquis la maîtrise de leur discipline, possèdent d'ailleurs presque tous le diplôme de guide, parfois celui de moniteur de ski, peuvent être aussi des amateurs très expérimentés de canyoning ou de parapente, et se soumettent à un entraînement permanent, tant dans le domaine des courses difficiles, voire extrêmes, que dans celui des manœuvres de secours, ce qui leur permet d'agir avec efficacité et rapidité.

Il existe actuellement en France quinze autres P.G.H.M. Les cinq principaux sont commandés par des officiers : ce sont ceux de Chamonix, avec un détachement à Saint-Gervais (qui opère seul dans le Massif du Mont-Blanc), Grenoble, avec un détachement à Bourg-d'Oisans, Bourg-Saint-Maurice, avec un détachement à Modane, Briançon et, dans les Pyrénées, Pierrefitte Nestalas. Les autres sont à Saint-Sauveur-sur Tinée, Jausiers, Oloron-Sainte-Marie, Bagnères-de Luchon, Savignac-les Ormeaux, Osséja et Corte. Tous n'ont évidemment pas la même activité, le même nombre de secouristes, le même type de secours. Celui de la Haute-Savoie est, de beaucoup, le plus important et requiert les meilleures aptitudes. Il existe en outre cinq P.G.M. dans le Jura, les Vosges et le Massif central : aux Rousses, à Xonrupt, à Munster, à Murat et au Mont-Dore. Un P.G.H.M. nouveau se constitue à La Réunion.

La formation du personnel spécialisé dans la haute montagne est faite à Chamonix au C.N.I.S.A.G. [1].

Compagnies républicaines de sécurité

Elles participent au secours en montagne depuis 1948. D'abord requises en fonction d'accidents importants (avalanches, avions s'écrasant en terrain montagneux), elles ont pris une place régulière dans le système. Dès le 4 janvier 1955 elles ont mis en place le plus ancien centre de formation spécialisé dans le secours en montagne, le C.N.E.A.S. [2], qui, après avoir été à Grenoble l'été et à Val d'Isère en hiver, est actuellement situé aux Bossons, près de Chamonix. Il est chargé de la sélection, de la formation et du recyclage des agents de montagne des C.R.S. et s'implique également dans des formations annexes, secourisme, spéléologie, canyoning, chiens d'avalanche.

Le C.N.E.A.S. participe aux recherches permettant d'améliorer le matériel de secours et c'est à lui qu'est dû le célèbre « brancard Piguillem », dont le nom reprend celui d'un de ses anciens commandants.

L'activité des C.R.S. de montagne s'exerce dans le double domaine du secours et de la prévention. Il y a en France dix-sept bases d'intervention dans les Alpes et les Pyrénées qui assurent le secours de divers secteurs en alternance avec le P.G.H.M. dans tous les départements montagneux, sauf la Haute-Savoie.

1. Centre national d'instruction de ski et d'alpinisme de la gendarmerie.
2. Centre national d'entraînement à l'alpinisme et au ski.

Sapeurs-pompiers

Les pompiers dépendent du ministère de l'Intérieur mais sont financés par les collectivités territoriales.

En fait, il en existe deux catégories : les professionnels et les volontaires. Tous sont payés par les collectivités locales, les professionnels au mois, les volontaires à l'action de secours.

Parmi les pompiers, deux cas spéciaux, où sont en place des militaires : les pompiers de Paris, dont la réputation n'est plus à établir, et les marins-pompiers de Marseille, également connus pour leurs performances et qui assurent le secours dans les Calanques.

Jusqu'à une époque récente, les pompiers professionnels étaient payés par les collectivités territoriales et les pompiers volontaires par les communes dont ils dépendaient uniquement. De plus en plus, le S.D.I.S. souhaite avoir la mainmise sur ces derniers, les soumettre à des stages, des visites médicales et autres contrôles, ce qui est souvent mal vécu. De telles décisions correspondent en effet à des contraintes, à du temps qu'il faut offrir, à des tracasseries administratives, alors que, très implantés dans le tissu local, ayant le désir de rendre service à la communauté, se transmettant parfois leur vocation de père en fils, les pompiers comprennent mal le développement de ces nouvelles exigences. Les jeunes sont moins attirés par une fonction sur laquelle pèsent des obligations sans intérêt.

Les pompiers sont en charge de régions qui ne sont pas spécifiquement montagneuses. Ainsi interviennent-ils dans le Verdon, dans les bassins de Chambéry et d'Aix-les-Bains, et, avec le P.G.H.M., en Haute-Savoie, à l'exception du massif du Mont-Blanc. Partout ailleurs en zone de faible altitude.

A Chamonix, en 1994, ils assuraient avec promptitude et efficacité les évacuations de la D.Z. Ils ont été dessaisis de ce travail, maintenant effectué par des ambulances privées gérées à partir d'Annecy. La rapidité des transports s'en est ressentie et le coût en revient désormais à la Sécurité sociale.

Ayant tant eu à observer, en action, le secours, je pense qu'une bonne unité de secours ne peut fonctionner correctement qu'avec une discipline et une organisation de type militaire. Ce n'est peut-être pas l'idéal, mais autre chose serait moins bien. Dans cette structure, chacun a accepté des règles et est prêt à s'y conformer. Que le secours soit mineur ou engagé, ceux qui ont à y aller y vont. Si libéral que l'on puisse être, il faut ici reconnaître la différence entre les organisations étatisées, avec ce que cela comporte de revendications permanentes et de grèves, ou les organisations privées qui mettent en jeu une rentabilité pouvant dans le domaine du secours engendrer des dysfonctionnements, tandis que la gendarmerie, militaire, les C.R.S. et les pompiers, de type militaire, sont aptes à fournir des volontaires qui acceptent une règle de jeu et lui obéissent. Dès lors que ces règles sont admises, le secours se déroule dans un état d'esprit qui est sain.

Par ailleurs, les accidents donnant de plus en plus lieu à des recherches de responsabilité, les gendarmes sont aptes à exercer des fonctions judiciaires, à procéder à des constats, à dresser des procès-verbaux, à informer les magistrats. La haute montagne est en effet un milieu où les preuves sont fugaces. La concomitance du secours et de l'enquête est donc une garantie d'efficacité.

Secours héliportés

Depuis une quarantaine d'années, les hélicoptères ont fait d'immenses progrès dans le domaine du secours en montagne. Les Alouette II des premiers temps ont été remplacées par des

Alouettes III [1]. Les treuils ont changé également : pneumatiques au début, avec l'inconvénient de consommer beaucoup de puissance prise sur le moteur et de geler au froid, ils sont maintenant électriques et leur câble est passé de vingt-cinq à quarante mètres. Ils parviennent, grâce à ces progrès techniques et à l'habileté des mécaniciens, à effectuer des treuillages d'une grande délicatesse, à peu de distance des parois. Les hélicoptères sont équipés de systèmes de radio spécifiques, de sacs de survie sur les côtés, de haut-parleurs pour s'adresser aux accidentés et leur annoncer l'attitude qu'ils doivent prendre durant les manœuvres. Encore faut-il, bien sûr, que les conditions météorologiques, vents et nuages, leur permettent de voler.

Ils appartiennent soit à la Gendarmerie, soit à la Sécurité civile. Celle-ci ne forme pas ses propres équipages d'hélicoptère mais les recrute le plus souvent dans l'armée [2].

A Chamonix, par exemple, environ 95 % des secours sont héliportés. Un hélicoptère peut intervenir en dix à quinze minutes en n'importe quel point du massif.

Problèmes ou menaces

Résumons donc l'organisation légale du secours. Représentant de l'État, le préfet est le responsable du secours en montagne dans chaque département concerné et il est chargé de l'élaboration d'un plan de secours. Ce plan s'impose à tous les acteurs, qu'ils soient gendarmes, C.R.S. ou pompiers. Les gendarmes dépendent du ministère de la Défense, les C.R.S. et les pompiers du ministère de l'Intérieur. La Sécurité civile est un organisme central, dont la direction est localisée à Paris et qui est financée par l'État.

1. Elles seront sans doute remplacées dans l'avenir par des BK 117.
2. S'il est besoin d'un hélicoptère très léger, on fait parfois appel à un Lama privé.

Deux problèmes pèsent dans ce système.

Nous avons déjà évoqué le premier qui est la tendance qu'a l'État à se désengager.

Le second tient à la volonté d'uniformisation de l'État, dans tous les départements, par le S.D.I.S. et le C.O.D.I.S., sans tenir compte des particularités locales ou événementielles. Certes, la centralisation excessive est en France une vieille affaire qui se confond, au cours des siècles avec l'histoire même du pays. Aggravée par Mazarin puis par Louis XIV au XVIIe siècle, aggravée encore par la Révolution, elle peut sembler logique mais aboutit souvent à des impasses. La décentralisation ou les délocalisations qui sont de mode ne sont pas vraiment réelles puisque le pouvoir reste entièrement aux mains de Paris.

L'uniformisation cherche donc, dans le domaine du secours, à tout contrôler à partir des C.O.D.I.S. où doit en principe aboutir chacune des demandes d'un département. Or celui qui tient l'alerte tient le secours. Par bonheur, les appels du massif du Mont-Blanc aboutissent encore directement au P.G.H.M. qui sait de quoi il s'agit. La langue utilisée et le terrain sont en effet extrêmement spéciaux.

Si un jeune pompier est appelé à la permanence d'Annecy pour un secours routier au carrefour de la route nationale n° tant et de la route départementale n° tant, il sait immédiatement de quoi il est question et ce qu'il doit déclencher. Si on lui parle des Grands Montets ou du Nant Blanc, il comprendra sans doute Grandes Montées ou Mont Blanc. Si on lui parle du quatrième ressaut de la Grutter ou de la *Williamine Dada*, si on évoque le gendarme de l'Androsace ou le Père éternel, on ne pourra pas lui en vouloir de flotter un peu, surtout si l'appel est fait en langue étrangère par un blessé qui n'est guère en état de bavarder... Le planton de Chamonix qui recevra l'appel sera, lui, en mesure de juger au plus vite de quoi il s'agit et, s'il le faut, de poser immédiatement la question appropriée à la compréhension de l'alerte.

Le même type de problème peut évidemment se poser dans d'autres massifs.

Les systèmes les plus sophistiqués, mais centralisés, ne peuvent parer à ce genre de cas où la proximité est toujours synonyme d'efficacité. Pour l'instant, donc, c'est le P.G.H.M. qui reçoit directement les appels à Chamonix, ainsi qu'à Grenoble et dans les Pyrénées. Le fait, en outre, qu'à Chamonix le secours soit médicalisé permet d'éviter qu'un médecin du S.A.M.U. d'Annecy ait à intervenir. Cette situation est la meilleure possible. Puisse-t-elle durer !

Le Secours en montagne à Chamonix

Jusqu'en 1958, à Chamonix, place-forte de l'alpinisme, la Compagnie des guides, l'École nationale d'alpinisme et l'École de haute montagne, étaient à tour de rôle en charge des secours. L'accident de Vincendon et Henry, évoqué plus haut, qui eut lieu fin décembre 1956 et début janvier 1957, donna lieu à la création d'un P.G.H.M., alors nommé P.S.H.M. [1] à Chamonix. En raison de la proximité du massif du Mont-Blanc et d'autres sites — tels que les Aiguilles Rouges, le désert de Platé, les Aravis et diverses falaises — tous très fréquentés par les promeneurs, les randonneurs et les grimpeurs, le P.G.H.M. de Chamonix est le plus important centre de secours en montagne de France et même du monde.

Depuis 1948 existait déjà sur place la Société chamoniarde de secours en montagne, fondée en tant qu'association régie par la loi de 1901. Ce n'est pas une unité de secours mais un organisme de gestion. Le président en est le maire de Chamo-

1. Peloton spécialisé de haute montagne.

nix, actuellement Michel Charlet, et les deux vice-présidents en sont le président en titre de la Compagnie des guides de Chamonix, actuellement Xavier Chappaz, et le chef de service du S.M.U.R.[1] lié à la montagne, actuellement le Dr. Bernard Marsigny. La Société chamoniarde de secours en montagne va célébrer son cinquantenaire en 1998.

Son rôle est de gestion, non opérationnel, mais elle offre une assistance administrative précieuse, sert à maintenir des liens entre les différents acteurs du secours et avec le milieu local. Nous traitons ailleurs du problème de la gratuité des secours. Tenons-nous en ici à ce qui existe : le secours en montagne ou en haute montagne est gratuit en France mais il ne l'est pas dans le cas du ski, que la loi permet de faire payer. A Chamonix, l'argent demandé pour le secours des skieurs est réglé au percepteur qui le verse à la mairie qui, elle-même, le reverse comme subvention, souvent augmentée, à la Société chamoniarde de secours en montagne. Cette somme est réinvestie dans du matériel, dont l'État ne fournit qu'une petite part. Ainsi presque tout ce dont dispose le P.G.H.M. comme câbles, cordes, perches de transport, réseau de radio, treuils, parachute thermique, etc., vient-il de la S.C.S.M. et permet un secours particulièrement performant.

Il existait, il y a peu d'années encore, deux P.G.H.M. pour la Haute-Savoie : celui de Chamonix et celui de Saint-Gervais. Leurs zones d'action respectives, pour le massif, étaient délimitées par l'arête qui va du col de Voza au sommet du Mont Blanc mais tous deux dépendaient du même capitaine, qui se trouvait à Chamonix. Aujourd'hui, les deux sont réunis sous l'appellation de P.G.H.M. de Haute-Savoie et les secouristes de Saint-Gervais, qui sont au nombre de dix, alors que ceux

1. Service médical d'urgence et de réanimation.

de Chamonix sont trente-neuf, assurent en commun la permanence des secours.

Il y a diverses D.Z. dans la région de Chamonix : la D.Z. des Bois, aux Praz, que nous avons évoquée, la D.Z. d'urgence de l'hôpital de Chamonix, la D.Z. de Saint-Gervais, la D.Z. d'urgence de l'hôpital de Sallanches utilisée pour certains secours de proximité, des D.Z. de refuge, les D.Z. privées d'Argentière.

A Chamonix, sont de permanence, en alternance, une semaine sur deux, l'hélicoptère rouge de la Sécurité civile, dont la base est à Annecy, et celui de la Gendarmerie nationale, bleu, dont la base est actuellement à Megève. En haute saison l'un et l'autre passent leur semaine de garde dans la vallée de Chamonix ainsi que leurs équipages.

Enfin, à Chamonix, depuis quelques années, on a procédé à des secours médicalisés, c'est-à dire qu'un médecin de garde, bon alpiniste, spécialiste des soins d'urgence, est emmené en secours. Il dépend soit de l'hôpital, soit de l'E.M.H.M. Son arrivée rapide sur le lieu même d'un accident se révèle extrêmement importante car il est capable de pratiquer dans l'immédiat, avant le transport, des actes essentiels : réduction des fractures, aspiration des muscosités, sang, neige, etc., intubation, réanimation de blessés ou de malades en arrêt cardio-respiratoire, oxygénation, piqûres intraveineuses, pose de perfusions, injection d'analgésiques puissants, etc. Lorsque plusieurs secours importants se déroulent au même moment, il faut parfois transporter le médecin d'un lieu à l'autre et il peut arriver que l'on cherche à mobiliser en urgence un second médecin s'il y a, en différents endroits, deux blessés gravement atteints. Le cas reste heureusement exceptionnel. La médicalisation du secours sauve des vies, ce qui est essentiel, mais permet également un soulagement rapide de la douleur. La réanimation sur place avec intubation sauve à elle seule 15 % d'accidentés qui autrefois mouraient sur place ou durant le transport.

L'Organisation du P.G.H.M. à Chamonix

Le P.G.H.M. de la Haute-Savoie est commandé, à Chamonix, par un capitaine ayant l'expérience de la montagne et du ski et qui reste à ce poste durant une période de quatre ans, cinq au plus. Il est assisté actuellement par deux majors ayant une grande expérience du secours en montagne, l'un à Chamonix, l'autre à Saint-Gervais.

Les décisions concernant les secours et la gestion de ceux-ci se font à Chamonix dans un bureau autrefois dénommé « service général » et maintenant « cellule de commandement », animé par les gradés de l'unité. Il n'en est pas suffisamment question dans mon texte car, ayant choisi comme lieu de travail la D.Z., où j'étais en prise directe avec l'événement, j'ai eu relativement peu de contacts avec la cellule de commandement. Il faut donc souligner qu'elle existe et que son rôle est capital.

Voyons maintenant comment se déroule un secours-type. Quelqu'un donne l'alarme. Ce peut être un gardien de refuge, un alpiniste témoin d'un accident ou d'un malaise, la cordée accidentée elle-même si elle est munie d'une radio, des parents ou des amis inquiets, à Chamonix, ou ailleurs et même à l'étranger, de n'avoir pas vu revenir ceux qu'ils attendaient.

Que l'alerte soit déclenchée par une visite au P.G.H.M. ou par un appel téléphonique, elle est reçue par le planton. Le planton est un des gendarmes-secouristes et il assure une permanence de vingt-quatre heures, sauf au moment des repas où il est relayé. Il prend l'alerte et la transmet à la cellule de commandement qui en examine les données. A certaines demandes, on ne donne pas une suite immédiate : « Ma famille est allée se promener au Lac Blanc et a annoncé son retour pour quatre heures ; il est 4 h 20 et elle n'est pas encore revenue. » On rassure et on attend la suite. D'autres cas, les plus fréquents, sont immédiatement pris en charge et donnent lieu à une recherche ou à un secours.

Ce secours est effectué par un ou plusieurs secouristes de permanence qui sont appelés « premiers à marcher ». Pour chaque période de vingt-quatre heures, il y a quatre premiers à marcher dont deux sont en priorité affectés à la matinée et au soir, les deux autres à l'après-midi.

En haute saison, ils se trouvent déjà sur place à la D.Z. des Bois, de même que l'hélicoptère. En saison creuse : mai et juin, octobre et novembre, l'hélicoptère doit partir d'Annecy, ou de Megève, selon la semaine de roulement, et il met de dix à trente minutes pour arriver à Chamonix. Durant ce temps, les premiers à marcher quittent le P.G.H.M. et rejoignent en voiture la D.Z. des Bois où ils préparent le matériel nécessaire au type d'opération indiquée. Léger retard, donc, pour le massif, mais à de telles dates la plupart des secours sont différents, comme des accidents du travail, et s'effectuent davantage sur l'ensemble du département.

Les premiers à marcher restent constamment équipés pour partir sans délai : combinaison d'escalade, chaussures de montagne, cuissard garni de mousquetons, couteau, etc., sac et matériel prêts. Ils chaussent éventuellement les crampons avant de monter dans l'hélicoptère.

Parfois, un secouriste suffit pour une intervention. Souvent, ils sont deux et, lorsqu'ils sont partis, les autres premiers à marcher gagnent aussitôt la D.Z. pour assurer une seconde opération, s'il y a lieu. En effet, rejoindre les blessés en haute montagne, les préparer, les soigner si le secours est médicalisé, peut demander un certain temps tandis que la rapidité de l'hélicoptère lui permet de faire face à divers secours simultanément en se déplaçant de l'un à l'autre.

Certaines opérations réclament un nombre important d'intervenants, comme ceux qui se font en crevasse, comme les avalanches, parfois les caravanes pédestres. On fait appel, lorsque les quatre « premiers à marcher » sont déjà pris, ou qu'il faut beaucoup de participants, aux « seconds à marcher ». Ceux-là ne sont pas prêts à un départ immédiat, mais disposent d'un maximum de vingt minutes pour le faire. Tous les secouristes alternent à ces différentes fonctions. S'il faut plus de six secouristes, enfin, on en appelle d'autres. Durant l'été 1997, j'ai vu le nombre de personnes engagées en secours aller jusqu'à onze.

Les recherches en crevasse mobilisent du personnel car elles exigent souvent l'emploi d'un treuil. Quant aux avalanches, il faut y travailler à la sonde. Dans l'un et l'autre cas, la rapidité de l'action est essentielle, car la menace d'étouffement et d'hypothermie des victimes est grande. On utilise, bien sûr aussi, lors des recherches en avalanche un chien spécialisé. C'est un chien de berger mâle, les femelles étant plus fantasques. Le P.G.H.M. en a deux, un à Chamonix et l'autre à Saint-Gervais, attachés chacun à un maître-chien, qui est lui-même secondé par un gendarme capable de les remplacer en cas d'indisponibilité.

Ajoutons que, chaque jour, un secouriste est affecté à la base d'hélicoptère qui n'est pas présente à Chamonix, pour les divers secours du département, et qu'en saison un autre secouriste assure à l'Office de haute montagne un rôle de conseiller.

Pour l'année 1997, le P.G.H.M. de la Haute-Savoie a dépassé le cap des 1 000 secours (1064 exactement).

Résultats

Les résultats sont au rendez-vous, tant pour la prévention que pour le secours.

En 1931, époque où Alpes et Pyrénées étaient infiniment moins fréquentées qu'aujourd'hui, la revue *La Montagne* faisait état de 27 morts en montagne en juin, juillet et août. Et, pour ne s'en tenir qu'au massif du Mont-Blanc, on considérait, en 1948, qu'il y avait une moyenne de 15 accidents mortels par été, et qu'il y en avait eu 27 en 1947. Le 22 juillet 1964, année il est vrai du grand accident de la Verte, on dénombrait déjà 30 morts depuis le début du mois.

Comparons avec les chiffres actuels qui s'appliquent à un nombre de pratiquants de la haute ou moyenne montagne infiniment plus élevé. Pour la Haute-Savoie entière, de début juin à fin septembre : 39 morts et 4 disparus en 1996, 44 morts et 2 disparus en 1997. Il faudrait disposer des chiffres, beaucoup plus difficiles à connaître, en particulier du nombre de personnes présentes à la même période dans le département, résidents, travailleurs saisonniers ou vacanciers, pour apprécier la différence. Il ne fait néanmoins aucun doute que les efforts investis dans la prévention et le secours correspondent à des résultats remarquables.

De la gratuité des secours

La question qui se pose.

Question capitale mais sujet épineux, non dans son fond, comme on espère le montrer, mais à cause des répercussions qu'elle a dans les esprits ou les médias, et souvent dans les esprits par les médias.

Or elle est essentielle car elle met en cause tout le principe de la solidarité, qui, lorsqu'il s'agit de vie et de mort, est l'un des plus importants devoirs d'une société, sinon le premier.

Mais le problème est mal connu car chacun croit pouvoir lui donner une réponse en fonction de clichés largement répandus et souvent erronés. On entend fréquemment, en effet, ressasser cette banalité qui résulte d'un manque d'information : « Ce sont des imprudents qui mettent en péril la vie des sauveteurs et il n'y a qu'à les faire payer. » Discours qui sous-entend presque une autre conclusion : « Les laisser où ils sont et payer leur imprudence par leur vie, sans en impliquer d'autres. »

Imprudents ? Rarement. Il y en a, mais relativement peu. Un bon nombre des personnes secourues n'ont pas fait preuve de témérité excessive, n'ont pas commis d'erreurs, tout au plus des maladresses, des inadvertances, et il ne faut pas perdre de vue le fait que beaucoup sont de simples randonneurs ou promeneurs. Devrait-on alors envisager de ne faire payer que les imprudents et comment déterminer leur degré d'imprudence ?

La vie des sauveteurs ? Certes, elle est parfois exposée, mais il faut ajouter que ceux-ci ont fait le choix d'exercer leur métier sans que nul ne les y force, par vocation, comme le font les guides, les coureurs automobiles, les pilotes d'essai, les pompiers, les vigiles et bien d'autres professions à risques. Dans la gendarmerie ou dans les compagnies républicaines de sécurité, personne n'est conduit ni obligé à faire du secours en montagne. Il s'agit d'une option personnelle, d'un goût de l'aide et d'un goût de la montagne tout à la fois, d'une passion souvent. Nul n'est tenu à persévérer dans ce choix si un jour il lui pèse.

Pourquoi le secours en montagne suscite-t-il l'attitude particulièrement négative que l'on rencontre parfois, alors que la mer ou la route ne soulèvent pas le même type de réaction ? C'est une question à laquelle il est difficile de trouver une réponse.

On constate en outre de curieuses discordances, dans l'opinion publique, quant à différentes prises de risques et ceci est dû, en grande partie, à la façon dont l'information est faite :

— Le danger couru par les alpinistes de pointe, sponsorisés, est minimisé par les médias, alors que ce sont ceux-là qui s'exposent le plus et qui ont les accidents les plus graves.

— Les autres accidents, qui concernent des grimpeurs de niveau moyen, sont dramatisés à outrance. Ceux des randonneurs n'apparaissent pas.

Le fond du problème.

Le fond du problème se résume à ceci : il est bon que le secours soit un service public, quel que soit ce secours, en ville, en zone suburbaine, en zone rurale, sur route et autoroute, en mer et aussi en montagne.

On ne saurait établir de distinction entre diverses formes de secours. On ne pourrait, sans incohérence, établir des différenciations, juger par exemple que le secours gratuit est dû à ceux qui sont accidentés dans l'exercice de leur profession mais non à ceux qui sont en période de loisirs, ni qu'il est dû, ou non, en fonction des classes sociales, des nationalités, des races, des âges, etc. Le secours est un devoir dans toute société civilisée. Qui voudrait le nier ?

Qu'en est-il ailleurs ?

Chaque pays a des positions différentes quant au secours en montagne, des organisations différentes. Celle de la France semble la plus saine et, alors que nous savons souvent nous critiquer, il faut savoir aussi se féliciter de ce qui fonctionne de façon satisfaisante.

La Suisse, qui est une confédération et non un état au sens strict du terme, a délégué le problème du secours aux polices cantonales. Celles-ci, jusqu'à une époque récente, s'occupaient des secours ou du moins les géraient, en faisant largement appel à des sociétés privées, onéreuses puisque la privatisation ne se conçoit que si des bénéfices en résultent. Le secours est maintenant entièrement remis aux sociétés privées, aux compagnies d'hélicoptères privées et devient une activité lucrative, non le résultat d'une solidarité. La police cantonale n'intervient que pour les cas judiciaires. Dans le Valais et l'Oberland bernois, une centrale est en charge de tous les secours, y compris le secours en montagne, qui est alors délégué à telle ou telle société. Tout est payant.

Nous verrons plus loin les inconvénients que cela entraîne, mais rappelons le cas, évoqué au début de cet ouvrage, où il a été demandé à un skieur blessé en hors-piste le numéro de sa carte de crédit avant que le secours n'intervienne.

En Italie, le problème est complexe car les systèmes diffèrent tant selon les régions qu'il est difficile de dresser un tableau d'ensemble. Évoquons seulement ce cas particulier, qui eut lieu en 1984 : un secours au glacier du Frêney qui avait duré tout au plus une heure, a été facturé pour quatre heures à l'assurance de l'accidenté. Il s'agissait très certainement de reporter sur une assurance des secours effectués pour ceux qui n'en avaient pas, ce qui rétablissait peut-être une forme de justice mais qui démontre bien le vice des systèmes de secours payants.

Aux États-Unis, les états interviennent peu et le secours est surtout centré sur le bénévolat, mais il comporte des interconnections avec les pouvoirs publics. Cela rappelle, en somme, ce qui existait en France au milieu de ce siècle.

Au Canada, le système se rapproche de celui de la France, mais il est lié aux parcs nationaux, où sont situées toutes les zones montagneuses, ce qui n'est pas le cas chez nous.

En France.

Lorsque, en 1957, après la mort de Vincendon et Henry qui démontra la faiblesse de l'organisation en place, dans certaines circonstances et face au développement de la pratique de la montagne, l'État sut prendre ses responsabilités et concevoir des structures de secours nationales. Le principe est appliqué sur la route, il est appliqué aux zones côtières, il est appliqué en montagne.

Depuis la « Loi Montagne » du 9 janvier 1985 (loi un peu fourre-tout qui concerne aussi bien le secours, les P.O.S., l'économie des régions montagneuses, etc.), le principe est confirmé mais donne aux municipalités la possibilité de demander le remboursement des frais pour certaines activités, prévues par un décret du 5 mars 1987 : le ski alpin et le ski de fond.

Dire que ce décret répond à une logique cartésienne serait inexact.

Qu'est-ce d'ailleurs au juste que le ski alpin ? Le terme n'est pas défini et il n'existe pas de décision de jurisprudence qui l'établisse véritablement. On considère, d'une façon générale, que le ski alpin serait en rapport avec l'utilisation d'une remontée mécanique. Mais comprend-il les autres activités de glisse : monoski, surf, etc. ? A quelle catégorie se rattache le ski de montagne, avec montée à peaux de phoque ? Tout cela reste flou.

Il n'en demeure pas moins que le système fonctionne actuellement ainsi et qu'on a rendu payants les secours apportés aux skieurs accidentés, du moment où les municipalités en ont délibéré, ont fixé des sommes forfaitaires et procédé à l'affichage de leur délibération.

Un peu étrange à première vue, cet arrangement, tel qu'il est, n'est pas négatif. On peut lui trouver une logique, non exprimée dans les textes, par le fait que le matériel de ski est coûteux, que les remontées mécaniques sont payantes et que l'on peut estimer que les skieurs ont les moyens de consacrer une certaine somme, soit à leur secours éventuel, soit à une assurance.

En fonction de ce décret, le conseil municipal de Chamonix a décidé de rendre payants les secours concernant le ski, avec trois types de forfaits, selon qu'il s'agit d'un secours en front de piste, en piste éloignée ou en hors-piste. L'argent récolté qui passe par le percepteur, puis la mairie, puis la Société chamoniarde de secours en montagne[1], sert à financer le matériel

1. Association régie par la loi de 1901, cf. *L'Organisation des secours*.

— cordes, radios, etc. que l'État ne prend guère à son compte, car il fournit principalement les hommes — et les recherches nécessaires à son amélioration. Ainsi, tout l'argent récolté en hiver sert-il à la cause du secours, hiver comme été.

Une circulaire du 4 décembre 1990 a rappelé que toute demande de remboursement des frais de secours pour des accidents liés à une activité sportive autre que celle du ski alpin ou du ski de fond présente un caractère illégal.

Arguments.

Nous avons évoqué la remarque peu réfléchie qui consiste à dire : « Faisons payer les imprudents. » Elle provient de ceux qui n'ont ni connaissance des problèmes réels ni des problèmes sous-jacents.

Voyons les arguments avancés par les uns et les autres.

— *Si les secours étaient payants, ils éviteraient les imprudences.*

La réponse peut catégoriquement être : non. En Suisse, où le secours est payant, cela n'entraîne aucune diminution du nombre des accidents par rapport à la France. Lorsqu'il y a une imprudence, elle n'est jamais réfléchie, calculée, mesurée. Personne ne commettrait une imprudence volontaire par une décision pesée résultant du fait que le secours est gratuit ou payant. L'enjeu est bien au-delà puiqu'il se situe dans l'atteinte physique ou même dans la mort. L'imprudence se caractérise par une absence de raisonnement.

— *De toute façon, beaucoup d'accidentés sont déjà assurés.*

Non. Les personnes assurées, notamment par diverses fédérations sportives, la carte Premier, etc. le sont en fonction du fait que le secours est gratuit et public. Les assurances évoquées ne couvrent que les suites éventuelles du secours (transport vers l'hôpital, rapatriement, versement d'un capital décès, etc.). Elles augmenteraient considérablement et donneraient lieu à des conflits multiples en cas de suppression du service public gratuit.

— Les activités de montagne sont le fait de loisirs volontaires qui ne doivent pas être pris en compte comme doivent l'être les dommages liés à l'exercice d'une profession.

Une telle disposition devrait alors inclure tout ce qui se rapporte aux loisirs volontaires : la baignade, la natation, le bateau, l'équitation, le planeur, l'aviation de tourisme, la randonnée en terrain non montagneux, une partie des déplacements en voiture, etc. En est-il question ? Les loisirs, les congés payés sont un fait reconnu par la loi, et même par la déclaration des droits de l'homme de 1948. Les citoyens qui en bénéficient doivent donc également bénéficier du secours de la collectivité.

La marge est d'ailleurs impossible à définir. Il y a, en montagne, des professionnels. Profiteraient-ils seuls d'une gratuité du secours ? Une quantité des activités qui sont pratiquées en montagne ne sont pas celles auxquelles on fait le plus souvent référence, c'est-à-dire l'escalade et l'alpinisme : promenades familiales, randonnée, canyoning, rafting, parapente, deltaplane, etc. L'alpinisme serait-il la seule cible visée et pourquoi ?

— L'État doit faire des économies. En voici une qui est réalisable. Le secours pèse sur le contribuable.

Argument spécieux s'il en est !

Le coût du secours en montagne est une goutte dans les

finances de l'État. Certes, le contribuable est harassé de dépenses discutables, parfois même scandaleuses, comme en témoigne régulièrement le rapport de la Cour des Comptes [1]. Chaque Français serait redevable, paraît-il, de six mille francs pour la mauvaise gestion du Crédit lyonnais, etc. Le sens des proportions est ici nécessaire [2].

Si l'on veut proposer des économies à l'État, il convient de le faire sainement, il convient de considérer le coût d'autres dépenses, médiatisées de façon très différente : cancer du fumeur, drogue, accidents routiers et notamment ceux qui sont dus à l'alcool, barrages routiers, grèves à répétition, grands travaux de prestige et tant d'autres. Pas ce qui touche au secours.

Personne ne s'indigne d'ailleurs ni même ne s'étonne que, pour sauver un navigateur solitaire, ou un bateau de pêche en dificulté, on déroute des navires, on envoie des hélicoptères et des avions. Le sens du secours est alors plus sainement perçu, sans qu'il soit question du coût. Quelle est la différence lorsqu'il s'agit de montagne ?

Notons par ailleurs que l'État subventionne un grand nombre d'activités dont l'intérêt public, sans être négatif, est néanmoins plus discutable : théâtres, aide au cinéma, aide à la traduction d'ouvrages étrangers en français, subventions aux partis politiques pour leurs campagnes électorales, subventions

1. Délocalisation ratée de l'E.N.A. à Strasbourg : 170 millions. Projet d'un centre de conférences quai Branly, non commencé et abandonné : 382 millions. Autoroute A14 entre La Défense et Orgeval : 287 millions le kilomètre. Projet de la « Tour de la terre » pour l'an 2000 (parmi cent autres chantiers) : 250 millions (Rapport public 1997).

2. Personne ou presque personne n'arrive en fait à percevoir les très grosses sommes, et surtout leurs rapports relatifs. On considère par exemple que les 400 millions que rapporte un « téléthon » sont une recette considérable, mais songer que les pertes faites par l'État en raison de la mauvaise gestion des seuls Crédit lyonnais et G.A.N. représentent cinquante années de « téléthon », cela ne vient pas à l'esprit. Il en est de même pour le secours, dont le coût peut être considéré comme marginal, alors que ses implications humaines sont très importantes.

à une immense quantité d'associations, etc. Dans le cas des P.G.H.M., y sont employés deux cent cinquante gendarmes alors qu'il y en a au total quatre-vingt-seize mille pour l'ensemble du territoire. Le chiffre est dérisoire par rapport au nombre de vies sauvées ou même d'accidents évités.

— *Le contribuable français est amené à payer des secours concernant des étrangers en vacances.*

Une partie non négligeable des revenus de la France provenant du tourisme, elle se doit d'offrir à ses visiteurs une qualité d'accueil dont le secours fait partie.

On a laissé se construire et s'installer, en abondance, des hôtels, des immeubles destinés à la location, des résidences secondaires, des campings, des téléphériques qui rapprochent la haute montagne, des refuges qui poussent à sa fréquentation. On cherche à « vendre » la montagne au maximum de touristes qu'il se peut, étrangers notamment. La contrepartie évidente est qu'il faut assumer les conséquences qui en résultent et principalement l'éventualité du secours.

Certes, les étrangers ne sont pas également fortunés. Que ferait-on alors avec les pauvres ? Que ferait-on pour les gens de l'Est, qui n'empruntent même pas un téléphérique faute de moyens ? Les laisserait-on ? Cela n'est pas pensable. Ce qui est sûr, néanmoins, c'est qu'eux-mêmes, et des Français aussi, hésiteraient à demander un secours nécessaire et que les conséquences humaines en seraient lourdes.

— *On responsabiliserait les accidentés potentiels en leur faisant payer les secours.*

L'expérience prouve que non. Lorsque les accidentés se transforment en simples assurés, ils deviennent en même temps moins responsables et même demandeurs. Le phénomène qui se produit alors est, tout au contraire, un abandon des scrupules concernant l'assistance : « Puisque j'ai payé, c'est mon droit d'être secouru. »

Roland Boutard, pilote de la Sécurité civile, m'a dit à ce sujet :

— Vous voyez, en Suisse, c'est payant. Et les Suisses s'assurent, mais alors, tout leur est dû !... Ils ont mal à la tête en refuge à trois heures du matin et réclament le secours, en disant : « J'ai payé ! » Est-ce cela que nous voulons chez nous ?

Le nombre de secours abusifs ne diminuerait donc pas, il serait en augmentation, ce qui irait à l'encontre du but recherché.

Par ailleurs, l'argent entrant en ligne de compte, la rentabilité devenant donc une priorité, des sociétés privées de secours se mettraient sur les rangs et l'on pourrait aboutir à une privatisation complète du secours en montagne, et dès lors de tous les secours. Autant il serait logique de privatiser nombre d'activités que l'État gère médiocrement, autant le secours mérite d'être un devoir de la communauté.

— *Cas particuliers.*

Que se passerait-il dans un grand nombre de cas, qui sont actuellement immédiatement pris en charge, si les accidentés présumés refusaient le secours, soit parce que, malgré une chute, ils seraient indemnes, soit parce qu'ils préféreraient effectuer leur descente malgré des blessures, faute de pouvoir payer ? Voici quelques-uns de ces cas, parmi beaucoup d'autres :

— Déclenchement d'une alerte par un gardien de refuge.

— Déclenchement d'une alerte par une cordée, ou par une

personne étrangère ayant assisté à un accident (de parapente, par exemple).

— Reconnaissance effectuée sans résultat.

— Non-solvabilité des secourus.

— Disparitions demandant de longues recherches, sans certitude de succès.

La liste pourrait être longue. Mais je vais citer ici, pour montrer la complexité du problème, un cas précis, arrivé à une de mes collègues et amies, Brigitte Moreau. Fin mars 1994, elle est allée à Zermatt, station qu'elle connaissait bien, afin de skier une semaine. Le manque de neige l'a conduite à partir faire une promenade, passe-temps banal pour lequel il n'était pas utile de mettre au courant ses hôteliers. Le soir, ne la voyant pas rentrer, ceux-ci se sont inquiétés, ont alerté les secours, puis la famille. Brigitte était célibataire. Les recherches entreprises par hélicoptère, le lendemain, sont restées sans résultat. La famille a demandé qu'elles soient poursuivies et elles ont duré plusieurs jours car, à la suite sans doute d'un faux pas, Brigitte était tombée hors du sentier, dans un trou d'eau où son corps était resté dissimulé, très difficile à repérer, d'autant que l'on ne savait dans quel secteur orienter les recherches et qu'il fallait donc les effectuer partout. Si elle avait une assurance pour le ski, ce que j'ignore, elle n'en avait certainement pas pour couvrir une simple promenade. La famille a donc dû assumer le coût de plusieurs journées de vol d'hélicoptère. Elle le pouvait apparemment, en tout cas elle l'a fait. Nombre d'autres familles n'auraient pu envisager un tel déploiement de moyens.

Rappelons aussi le cas de Guy Labour, retrouvé vivant après une semaine de recherches, en 1934, grâce à la volonté de sa famille qui avait engagé des guides et n'avait pas voulu désespérer.

En France, actuellement, de telles recherches seraient menées gratuitement, avec conscience, quel que soit le degré de fortune ou la nationalité des accidentés. Cela n'est-il pas juste, d'autant que le coût, pour la collectivité, est minime ?

En conclusion.

Le secours en montagne, comme le secours d'une façon générale, est actuellement fondé sur la solidarité. Cette solidarité a longtemps été exercée par l'Église (hôpitaux et hospices, enfants trouvés, distribution de repas, etc. ; en montagne, hospices des Grand et Petit Saint-Bernard, du Simplon, etc.) mais en France, dès la Révolution, il est passé aux mains de l'État. La première déclaration française des droits de l'homme, celle de 1789, place le droit à la sûreté au même rang que le droit à la liberté. La déclaration universelle des droits de l'homme, de 1948, s'en est inspirée pour mettre le droit à la sûreté au même rang.

Sûreté, sécurité, secours sont en France des services publics, parmi les plus utiles. Rendre payant le secours en montagne impliquerait deux conséquences : d'une part, la mesure risquerait de toucher progressivement les autres services de secours (mer, route, incendies, S.A.M.U., S.M.U.R., etc.), d'autre part, le résultat inévitable serait, à terme, la privatisation de ces services qui ont toutes raisons d'être publics, plus que bien d'autres (banques, assurances, chemins de fer, distribution de l'électricité, etc.). Nous souffrons dans ce pays de trop d'assistanat, c'est un fait avéré, mais vouloir précisément en supprimer les formes les plus importantes et les plus nobles relèverait du non-sens.

Ajoutons que les résultats sont là pour en témoigner. La rapidité des interventions, le secours médicalisé qui se pratique à Chamonix, les efforts de prévention qui sont menés font que, si le nombre des opérations augmente, dans le massif du Mont-Blanc, en raison du très net accroissement de la fréquentation de la moyenne et de la haute montagne, le nombre des morts, lui, n'augmente qu'à peine. On tend à l'oublier. Le résultat est pourtant significatif.

Prévention

Le récit d'une saison de secours serait bien incomplet sans l'adjonction de divers conseils de prudence. On en exprime souvent dix, peut-être à l'image des *Dix commandements* ou pour faire court. En fait, ils sont plus nombreux et leur observance réduirait certainement le nombre des accidentés et des morts, sans garantie totale néanmoins, car la montagne n'est ni un terrain banal, ni un terrain banalisable.

Voici les plus importants :

— Qu'il s'agisse de haute ou de moyenne montagne, il convient de préparer son itinéraire, d'emporter une carte, éventuellement une boussole et un altimètre, un topo. Le G.P.S. a ses limites en montagne et elles sont grandes. On l'a vu dans le cas des quarante égarés du Mont Blanc. Et si l'on s'aperçoit d'une erreur, il faut savoir rebrousser chemin à temps au lieu d'aggraver le problème en essayant de forcer le passage. En moyenne montagne, il est souvent dangereux de s'éloigner des sentiers.

— Lors de la préparation d'une course ou d'une randonnée, il est utile de prendre certains renseignements, la météo par exemple. Sans être totalement fiable, elle peut servir et est utile lorsqu'elle prévoit l'arrivée d'une grosse dépression alors qu'il fait beau. A Chamonix, par ailleurs, l'Office de haute montagne est là pour donner des renseignements sur l'état des voies. Un gendarme du P.G.H.M. y est détaché tous les après-midi, en été, dans un but d'information et de prévention.

— Il faut éviter de croire que l'on n'est pas concerné, car chacun l'est ! Personne n'est à l'abri de certaines erreurs d'itinéraire, d'une faute d'inattention, d'une accoutumance. Les accidents sur sentier sont plus nombreux que ne le croient les randonneurs, les promeneurs, les journalistes. Les secours concernent tous les âges, des enfants aux vieillards. Les deux doyens de l'été avaient quatre-vingt-quatre ans, les benjamins six et dix-huit mois... Et les accidents peuvent se produire là où on ne les attend pas. Donc la prudence et l'attention sont nécessaires, partout. Pour beaucoup de gens, les vacances correspondent à la liberté et la décontraction s'ensuit mais elle doit avoir ses limites.

— La sécurité est souvent fonction de la rapidité et d'un départ matinal. En haute montagne, on marche mieux, plus vite et plus sûrement lorsque la neige porte et lorsque le dégel ne favorise pas les chutes de pierres. En moyenne montagne, des incidents ou des erreurs d'itinéraire se produisant l'après-midi, ou le soir, peuvent conduire au bivouac.

— A moins d'une grande expérience, mieux vaut ne pas partir seul. Mais que l'on parte seul ou à plusieurs, il est important de confier à quelqu'un la date et l'heure du départ, ainsi que celles du retour présumé et une localisation, même approximative, de la course, de la randonnée, de la promenade. Lorsque le retour a lieu, il importe de le signaler. Combien de reconnaissances inutiles seraient alors évitées... Et dans le cas où un accident aurait eu lieu, le secours serait rapide.

— Bien juger de ses forces ou des forces de ceux qu'on emmène. Savoir aller dans un itinéraire adapté à celles-ci, que ce soit en haute ou en moyenne montagne. L'esprit de compétition est rarement de bon conseil.

— Savoir faire son sac. Un juste milieu est à observer entre le « trop » et le « pas assez ». Il faut prendre ce qui est utile ou est susceptible de l'être, comme matériel, vivres et vêtements. Mais transporter un sac pesant, chargé de matériel de bivouac « pour le cas où » peut justement contraindre au bivouac parce que le poids du sac a retardé la progression. Les secouristes imputent souvent ce dernier travers aux Britanniques. Une trousse de premier secours peut, en revanche, être utile, sans guère surcharger.

— Il convient de savoir faire demi-tour. Ce n'est pas agréable, mais mieux vaut manquer une course ou une promenade que risquer l'accident.

— Ne pas marcher sur un glacier, surtout si les crevasses sont bouchées par de la neige, sans s'encorder. Précaution de base, répétée et ressassée, mais bien des chutes en crevasses seraient évitées si elle était appliquée... Sous une neige apparemment unie peut se dissimuler un abîme de vingt ou trente mètres. La corde étant mise, encore faut-il qu'elle soit utile. Si les membres de la cordée marchent côte à côte, ou proches l'un de l'autre, avec des anneaux à la main, elle ne sert à rien, sinon, parfois, à les envoyer ensemble au fond... Il faut donc marcher sur glacier avec une grande distance d'encordement et garder la corde tendue entre chacun des membres de la cordée.

— Sur glacier toujours, éviter de se promener en short et en tee-shirt, lors d'une montée en refuge par exemple, et même s'il fait chaud. Une chute en crevasse est dangereuse en soi, elle l'est plus encore si le refroidissement qui s'ensuit est rapide.

— Emporter et garder aux yeux de bonnes lunettes noires, si possible protégées sur les côtés. Une ophtalmie s'attrape même sans soleil, même par temps de brouillard. En haute altitude, quand il y a du vent, les cornées peuvent geler.

— Porter un casque. C'est gênant mais très utile. En cas de chutes de pierres ou de morceaux de glace, présenter le haut du casque dans l'axe de la pente. Le casque protège aussi la tête lors d'une chute banale, en rocher ou en neige.

— Maintenir l'attention durant les descentes même si la fatigue, la chaleur, le relâchement y disposent moins. Une course, une voie ne sont pas terminées une fois le sommet atteint, mais seulement au retour dans la vallée.

— Ne pas emmener de jeunes enfants en altitude. Les téléphériques, rapprochant vite des hauteurs, en banalisent la notion, mais n'empêchent pas les risques de demeurer, soit à cause de l'altitude elle-même, soit parce que s'éloigner de la station d'arrivée est tentant, facile. Un bébé de six mois a été descendu en hélicoptère, cet été, mouillé, gelé.

Quant aux parents, bons montagnards, qui emmènent des pré-adolescents dans des courses d'envergure, sans doute savent-ils en juger, selon les cas particuliers, mais le phénomène est-il vraiment un exploit ? Un jeune est-il en mesure de réagir comme un adulte, face au mauvais temps, à l'accident ? Quelles raisons profondes sont en fait à l'origine de nombre de ces « prouesses » qui heureusement restent rares ? Il y a quelques années le P.G.H.M. a eu à s'opposer à l'ascension du Mont Blanc, médiatisée, par un nourrisson que son père emmenait ainsi, dans son sac...

— Les guides professionnels permettent d'effectuer des courses dans une plus grande sécurité, de meilleures conditions. Certains organismes font appel à eux pour des courses collectives. D'autres organismes enfin offrent un encadrement par des bénévoles, tantôt assez expérimentés, tantôt moins.

— Puisque le secours existe, il n'est pas blâmable et il est même recommandé, pour soi comme pour les autres, d'avoir une radio de secours permettant un appel immédiat. Ou des fusées rouges. D'avoir en ski hors-piste un A.R.V.A. [1] facilitant la localisation dans les avalanches. En randonnée, une sonde et une pelle à neige. Et de souscrire une assurance, puisque les secours sont payants en France, l'hiver et à ski, payants en Italie et en Suisse.

— Si l'on fait appel aux secours, veiller à ce que ce ne soit pas abusivement. Ne pas les demander pour des broutilles. Un des risques du secours payant, c'est justement de créer des mentalités d'assistés qui ne feraient que développer les secours inutiles. Or, non seulement l'heure d'hélicoptère et de secours est onéreuse, mais, surtout, un secours injustifié peut en retarder un autre qui, lui, serait motivé et urgent.

— Si l'on est témoin ou victime d'un accident, il faut réagir efficacement et au plus vite, mettre à l'abri, protéger, alerter. Et savoir transmettre l'alarme en indiquant ce qui est essentiel : le lieu, l'heure, la nature de l'accident (chute, avalanche, etc.), le nombre et l'état des personnes à secourir, les conditions météorologiques ou aérologiques locales.

— Enfin, il faut connaître les codes nécessaires. Combien de fois l'hélicoptère cherche-t-il en tous sens et ne peut repérer l'accidenté ? « Il y a un groupe autour de lui », a-t-on dit... Oui, mais en moyenne montagne ou sur certaines voies d'altitude, il n'y a que cela, des groupes... Pour demander le secours, pour signaler que c'est à cet endroit qu'il faut que vienne l'hélicoptère, le geste conventionnel est de lever les deux bras. Pour dire qu'il n'y a pas besoin de secours, on ne lève qu'un bras. Et surtout, il est déconseillé d'agiter les deux bras en tous sens pour dire bonjour à un hélicoptère ! S'il cherche quelqu'un, il pensera qu'on lui fait signe de venir...

— Dernière recommandation : oui, le secours en mon-

1. Appareil de recherches de victimes en avalanche.

tagne existe et il est performant, mais il ne faut pas pour autant le considérer comme une panacée. Le vol de l'hélicoptère n'est pas possible par tous les temps. De nuit, il n'a en principe pas lieu, non plus que dans les nuages ou en cas de vents rabattants. Mieux vaut donc partir dans des courses adaptées à son niveau, les mener sagement et n'avoir pas besoin de lui ! Aller en montagne, ce doit être avant tout savoir le faire dans l'autonomie, sans compter sur les autres.

Repères biographiques

1965 Après avoir fait des études de lettres et d'histoire, Anne Sauvy prépare le diplôme supérieur des Bibliothèques et choisit de se consacrer à la recherche en histoire du livre.

1966 — 1970 Attirée très tôt par la montagne, elle a fait environ 150 courses dans le massif du Mont-Blanc : Aiguille Verte, Brenva, Sentinelle rouge, Couloir Gervasutti, Arête Kuffner, faces nord de Bionnassay, d'Argentière, du Chardonnet, des Courtes, des Miages, du Grand Paradis, de la Lentzpize, de l'Ebnefluh, de l'Aletschhorn, du Lyskamm, etc.

1971 Mariage avec John C. Wilkinson, alpiniste et professeur à l'université d'Oxford.

1982 Parution de son premier recueil de nouvelles alpines : *Les Flammes de pierre.*

1985 Parution de *Le Jeu de la montagne et du hasard.*

1991 Parution de *La Ténèbre et l'Azur.*

1995 Parution d'un roman *Nadir.*

Actuellement elle est maître de conférences à l'École Pratique des Hautes Études, IV section.

Bibliographie

BELLIARD (Jean-René) et ROMET (René), *Secours extrême*. S.l., *L'Aventure vécue*, 1991.

LUMPERT (Jean-Louis), Les Compagnons de l'Alouette, *Paris, Arthaud*, 1973.

MOLINS (François), Le Secours en montagne. Présentation et aspects juridiques, *École nationale de la magistrature*, janvier 1997.

MOLLARET (Jean-Jacques), Au-delà des cimes, *Paris, Cerf*, 1975.

POULET (Philippe) et RAYLAT (Christophe), Secours en montagne, *Grenoble, Didier Richard*, 1994.

ROMET (René), Le Secours arrive du ciel, *Paris, Hatier*, 1976.

SARRAZ-BOURNET (Pierre) et GRAND (Jean-Louis), Montagne, droit et sauvetage, *Grenoble, P.U.G.*, 1988.

SCHMUTZ (Emmanuel) et TESTUD (Marc), La Montagne écorchée, *Paris, Denoël*, 1981.

Remerciements

Tous mes remerciements vont à :

P.G.H.M. Capitaine Jean-Claude Gin. — Les majors Gérard Mathieu, Alain Darrhort, Pierre Raveneau. — Les secouristes, Pierre Bernier, Olivier Bianchi, Xavier Bogo, Frédéric Boidin, Max Buttoud, Henri Cazemajor, Thierry Coquillat, Florian Cuinet, Philippe Debernardi, Marc Dubrulle, Daniel Duret, Roger Émin, Pierre Faussurier et Mme Faussurier, Olivier Fernandez, Éric Fulbert, Maurice Gardoni, Philippe Garnier, Philippe Godard, Michel Gonzalez, Cyrille Gravier, Bernard Guérin, Alain Iglesis, Lionel Isaia, Franck Junod, Philippe Klein, Christian Lafouge, Jean-Jacques Malineau, Michel Marquier, Gilles Mathé, Michel Médici, Régis Michoux† et Nicole Michoux, Jacques Ottonello, Jean-Louis Oustry, Jacky Paillé, Gérard Peyraud-Magnin, Alain Place, Patrick Poirot, Philippe Pouts, Olivier Renard, Thibaud Ribiollet, René Rosscil, Pascal Saudemont, Jean-Claude Tissot, Jean-Luc Yvon. Les secrétaires, Jean-Pierre Gallay, Jean-Louis Thomas.

Hélicoptères de la Gendarmerie : Christian Bare-Guillet, Philippe Buffenoir, Alain Charnay, Sylvain Haquin, Didier Méraux, Daniel Poujol.

Hélicoptères de la Sécurité civile : Gilles Bidon, Roland Boutard, Ivan Commène, Jean-Luc Labeyrie †, Yves Maréchal, Michel Pierre, Noël Rivière, Vincent Saffioti, Bernard Stoop, Jean-Michel Vialle.

Gendarmes auxiliaires : Matthieu Berlioz, Olivier Carnet, Arnaud Comte, Jean-Noël Cretier, David Depoisier, Sébastien Ertzbischoff, Sébastien Gosset, Jérôme Grandjean, Yohan Lemoine, François Sonnenshein, Pierre Sy.

Médecins : Emmanuel Cauchy, Benoît Cousineau, Guy Duperrex, François Lecoq, Bernard Marsigny.

Et aussi : Xavier Chappaz, président de la Compagnie des guides de Chamonix, Arnaud Pinguet, secrétaire général du Conseil supérieur des sports de montagne, Robert Petit-Prestoud, secrétaire de la Société chamoniarde de secours en montagne.

Et encore : Jean-Pierre Bailly, Guy Bochatay, Madeleine Bonnard, Gilbert Chappaz, Philippe et Marie Claveau, Philippe Dreux, Michel Durand, les familles Green et Vanderzwan, Guy Labour, Éric Lazzeri, Marc Ledwidge, Marie, le Dr. Loïc Mingant, M. et Mme Piveteau, Christian Van Cauwenberghe, les familles Verger et Voruz.

Régis Michoux (photo S.I.R.P.A.)

Crédits photographiques

Couverture
— Fond : Daniel Duret.
— Vignette : Annie Le Bras.

Table des matières

Deuxième partie

Dans la même collection

Antoine. *Globe flotteur, Bord à bord, Solitaire et compagnie*
Marcel Bardiaux. *Aux 4 vents de l'aventure 1. le défi au cap Horn*
Walter Bonatti. *Montagnes d'une vie*
Chris Bonington. *Everest ultime défi*
Norbert Casteret. *Ma vie souterraine*
Jean-Baptiste Charcot. *Le Pourquoi-Pas ? dans l'Antarctique*
Alain Colas. *Un tour du monde pour une victoire*
Willy De Roos. *Le passage du nord-ouest*
Jacques Dieterlen. *Le chemineau de la montagne*
Roger Frison-Roche. *Carnets sahariens*
Giusto Gervasutti. *Ascensions dans les Alpes*
Henri Guillaumet. *Pionnier de l'Aéropostale*
Anderl Heckmair. *Les trois derniers problèmes des Alpes*
Maurice Herzog. *Annapurna, premier 8 000*
Charles Lindberg. *Mon avion et moi*
Pierre Mazeaud. *Montagne pour un homme nu*
Robert Paragot et Lucien Bérardini. *Vingt ans de cordée*
Eric Tabarly. *Victoire en solitaire, De Pen Duick en Pen Duick*
Haroun Tazieff. *Cratères en feu*
H. W. Tilman. *Everest 1938*

N° d'éditeur : FZ922704
Dépôt légal : mai 1998
N° d'imprimeur : 83237

Imprimé en France en mars 2001
par Pollina s.a. , 85400 luçon